REFLEXÕES SOBRE A OBRIGAÇÃO TRIBUTÁRIA

Roque Antonio Carrazza

Professor titular da cadeira de Direito Tributário da Faculdade de Direito da Pontifícia Universidade Católica de São Paulo – PUC-SP – Advogado e Consultor Tributário – Mestre, Doutor e Livre Docente em Direito Tributário pela PUC-SP. Autor de diversas obras.

REFLEXÕES SOBRE A OBRIGAÇÃO TRIBUTÁRIA

São Paulo

2010

Produção gráfica/arte: Denise Dearo
Capa: Ney Faustini

CIP - BRASIL. CATALOGAÇÃO-NA-FONTE
SINDICATO NACIONAL DOS EDITORES DE LIVROS, RJ.

C299r Carrazza, Roque Antonio.
Reflexões sobre a obrigação tributária / Roque Antonio Carrazza. – São Paulo: Noeses, 2010.

Inclui bibliografia.
415 p.
ISBN 978-85-99349-41-0

1. Obrigação tributária. 2. Norma jurídica tributária. 3. Incidência tributária. 4. Impostos. 5. Crédito tributário. 6. Decadência/Prescrição tributária. I. Título.

CDU - 024.1

Outubro de 2010

editora
NOESES

Editora Noeses Ltda.
Tel/fax: 55 11 3666 6055
www.editoranoeses.com.br

Dedico esta obra ao eminente Professor JOSÉ SOUTO MAIOR BORGES, que, com a modéstia que somente os verdadeiros sábios possuem, revolucionou a Ciência do Direito Tributário, em nosso País.

Agradeço à minha mulher, Professora Elizabeth Nazar Carrazza, pela leitura do trabalho, seguida de oportunas sugestões, que, sem dúvida, contribuíram para afastar muitos desacertos. Devo-lhe mais do que as palavras conseguem exprimir.

SUMÁRIO

Segunda Parte

ANÁLISE DOS ARTS. 114 A 118 DO *CTN*

Terceira Parte

CONSIDERAÇÕES ACERCA DO LANÇAMENTO TRIBUTÁRIO

PREFÁCIO

Recebi, como deferência toda especial, o convite que o Professor Roque Antonio Carrazza me fez para prefaciar este livro. O Autor não precisa de qualquer tipo de apresentação. Trata-se de figura de enorme prestígio nacional, suficientemente conhecida no meio jurídico, a contar dos ministros das mais elevadas cortes de justiça, até os mais simples empresários que lidam com tributos, nas suas cotidianas atividades negociais, passando, como é óbvio, pela legião de alunos sempre ávidos por lições magistrais.

Antes, porém, de voltar à personalidade daquele que vem acrescentar, significativamente, a Dogmática tributária no Brasil, permito-me adiantar alguma coisa a propósito do tema escolhido. Dista de ser ele assunto cansado, batido, matéria "já cantada em prosa e verso", como pode parecer no apressado exame do primeiro instante. Quanto mais se escreva a respeito dessa categoria fundamental, tanto mais ficará devendo a doutrina sobre aspectos inerentes a conteúdo de tal densidade e relevância. Creio mesmo que as obras clássicas têm o condão de exprimir com muita força a premissa da inesgotabilidade da linguagem, mostrando, desde logo, como são insuficientes as aproximações inaugurais, os contactos que marcam o início do avanço do ser cognoscente em direção ao objeto que pretende descrever.

Numa visão histórica, tida aqui como análise longitudinal da realidade, é útil recordar que os mais antigos comentários sobre a figura do "tributo" detiveram-se no exame da *obrigação tributária*, ainda que dela se ocupassem no contexto de outros estratos de conhecimento, como a velha e superada Ciência das Finanças, que acabou por perder-se em virtude de sua abrangente e pretensiosa maneira de focalizar a atividade financeira do Estado, fim último de suas investigações. Durante longo período, a matéria que faz aqui nossos cuidados foi o grande eixo de referência para os estudos a propósito do "tributo". Até que o famoso artigo de Gastón Geze, publicado na Revista de Direito Administrativo n. 2, aparentemente deslocou a atenção para o chamado *fato gerador*, conquanto esse acontecimento linguístico tenha, por outro lado, enaltecido a própria *obrigação tributária*, pois o *fato gerador* era e sempre foi, o exclusivo responsável pelo nascimento daquele vínculo abstrato. O terceiro período é aquele pelo qual atravessamos, com acento na norma jurídica, estrutura lógico-sintática de significação, cuja hipótese prevê o fato e o consequente estatui a relação de cunho patrimonial a que chamamos de *obrigação tributária*.

Discorrer sobre o tema, certamente, não é empreendimento para iniciantes: é tarefa de iniciados, de quem já transitou, com insistência, pelos domínios da mente, entreligando atos, formas e conteúdos de consciência, precisamente aqueles que dizem respeito ao elo sem o qual não há falar-se em direitos subjetivos e deveres correlatos. Talvez por isso Roque Antonio Carrazza haja consignado a expressão *Reflexões sobre a obrigação tributária*, pois o texto é, sobretudo, um exercício constante de meditação sobre o assunto, um ir e vir da norma às situações concretas do mundo, realizando o movimento cognoscitivo peculiar do sujeito em face dos objetos sociais ou, em palavras próprias, operando o método empírico-dialético.

A esta altura dos acontecimentos, pode dizer-se que a experiência jurídico-tributária brasileira é substanciosa e respeitável. Nosso direito positivo tem manifestações expressivas, que permitem promover articulações relevantes, formando, com a criação dos jurisprudentes, um tecido organizado, pronto e inteiramente à disposição da Dogmática para suas elaborações crítico-descritivas. E o Autor deste trabalho move-se com grande desenvoltura no intervalo que separa o plano normativo dos horizontes da experiência, sabendo despregar-se da estreiteza textual para atingir o altiplano do Direito, o que muito valoriza a contribuição de suas mensagens doutrinárias. Em momento algum se entrega, imbele, à fórmula digital do comando legislado, contentando-se com aquilo que chamam de "interpretação literal" ou "lítero-gramatical". Pelo contrário, tem-na como mero pressuposto do processo interpretativo, pois não é possível dar início ao percurso gerador de sentido sem o travar contacto com o plano da expressão, com o suporte físico do enunciado prescritivo.

A obrigação tributária inclui-se entre as relações jurídicas de caráter prestacional, marcada pelo timbre da patrimonialidade. Sua vocação é extinguir-se por uma das formas previstas no Código Tributário Nacional. Não sendo pela modalidade do pagamento, meio que atende aos anseios impositivos do Estado-legislador, prevê aquele Diploma outras providências extintivas, cercando a dissolução do liame das garantias inerentes aos direitos e prerrogativas das partes envolvidas. O processo de desaparição do laço obrigacional é tratado com tanta minúcia que justifica a asserção doutrinária segundo a qual, além da patrimonialidade, há o traço inequívoco da *irresistível* vocação ao desaparecimento. O Direito, implacável senhor dos tempos e dos espaços, não admite que as situações jurídicas permaneçam indefinidas, gerando incertezas e provocando instabilidade no contexto social. Mas, no que tange ao laço obrigacional tributário, a disciplina é intensa, cuidadosamente tecida para contemplar os casos possíveis de ineficácia normativa, ciente o legislador dos importantes valores que entram em jogo com a implantação e subseqüente arrecadação dos tributos.

O Autor distribui a matéria em três partes, desdobrado o conjunto em quinze capítulos. Na primeira, oferece considerações genéricas sobre a estrutura da norma tributária, discutindo-lhe a percussão nas situações concretas da vida, para bem analisar a irradiação de seus efeitos. Trata da hipótese de incidência, decompondo-a, analiticamente, nos seus aspectos estruturais, e aproveita o ensejo para examinar, de modo isolado, as que considera como *confrontantes*, estabelecendo posição firme no sentido da impossibilidade jurídica de conflitos de competência. Em seguida, aplica a tese para demonstrá-la em casos específicos que envolvem impostos como ICMS, IPI, ISS, IPTU, ITR, ITCMD, ITBI e IOF. Só então ingressa na intimidade do consequente normativo, depositando sua atenção nos sujeitos do vínculo, bem como nos fatores que intervêm na apuração de seu conteúdo prestacional (base de cálculo e alíquota). A parte inicial do trabalho, que desse modo se conclui, revela a ponderação registrada linhas acima, quando inseri o Autor na mais avançada porção de nossos doutrinadores, justamente aquela que investiga a incidência do tributo como fenômeno normativo ou, conforme tenho preferido assinalar, reduzindo a multiplicidade dos enunciados prescritivos à regra-matriz de incidência, vale dizer, ao resíduo formalizado que se obtém quando desembaraçamos os preceitos do direito posto de seus revestimentos de linguagem natural. Na segunda parte, projeta as concepções anteriormente preparadas, testando-lhes o cabimento na análise dos artigos 114 a 118 do Código Tributário Nacional, ali mesmo onde se demoram as conexões que o legislador firmou, procurando implantar a ideologia que vigorava no momento histórico da edição da Lei n. 5.172/66. Neste passo, dá para notar, com hialina nitidez, a visão aguda e penetrante de Roque Antônio Carrazza, promovendo a junção da teoria e da prática, da ciência e da experiência, para produzir o conhecimento. E que conhecimento... Não é preciso dizer que o entrecho contém observações atualíssimas e valiosas sobre o direito positivo brasileiro, sobre as tendências dos tribunais administrativos e judiciais, ao lado de apontamentos oportunos sobre os rumos de nossa doutrina especializada. Eis a Ciência do Direito Tributário brasileiro, na sua autêntica missão crítico-descritiva, vibrando na pena de um Escritor de primeiríssima grandeza.

A terceira e última parte, composta por quatro capítulos, surpreende a legislação tributária em pleno processo de positivação, ao ocupar-se do lançamento, ato administrativo que introduz no sistema jurídico a norma individual e concreta do tributo. Aliás, tenho também acentuado, com insistência, que a edição do expediente representa o momento culminante da implantação do gravame, girando, em torno dele, a maioria esmagadora das questões tributárias que a prática suscita. Em qualquer instância ou tribunal, se decantarmos as questões debatidas no âmbito dos conflitos instaurados entre Fisco e contribuinte, encontraremos sempre um lançamento, já celebrado ou em vias de ser lavrado, como centro de uma constelação de disputas, e em torno do qual gravitam os conhecidos princípios, categorias e formas do Direito Tributário. Na sequência, os institutos da decadência e da prescrição passam pela análise fina do Autor, que a estende às figuras pouco exploradas da perempção e da prescrição intercorrente, nos parâmetros dos processos judiciais e dos procedimentos administrativos sobre o assunto.

Quanto ao estilo do Autor, muito haveria para dizer-se. Seu repertório de termos e expressões clássicas parece interminável... De vez em vez, intercala metáforas interessantes, palavras sugestivas, que dão vigor à mensagem, adjudicando-lhe brilho e expressividade. Roque vive bateando no caudal da tradição, à procura daquelas unidades que dão força significativa à oratória própria da linguagem científica. Nesse sentido, além de seguir à risca a recomendação de Rui Barbosa, na Réplica, – *Aspirar à clareza, à simplicidade e à precisão sem um vocabulário e uma gramática exata seria querer os fins sem os meios* -, consegue dar um toque literário que os textos científicos ordinariamente não logram oferecer. Mantém-se, contudo, nos trilhos da racionalidade, sem arroubos excessivos, como aquele que busca as regras da vida nos compêndios da imaginação. Mesmo porque reforça em cada trecho seu compromisso maior, qual seja o de transmitir didaticamente a doutrina jurídico-tributária sem estipêndios inúteis de erudição e, sobretudo, sem deixar de conceder arras à clareza.

Sim. Mestre Roque, para construir seu peculiar modo de falar e de escrever, andou, mão por mão, com os clássicos do nosso idioma. Leu e saboreou os belos volumes de Mário Barreto, neles aprendendo a evitar os bordões do estilo pedante, onde se rejeitam aqueles adereços que nada mais cumprem senão marchetar o discurso. Enquanto isso, atento nas lições de Geraldo Ataliba, desenvolveu e transmitiu o respeito e a devoção pela hierarquia do Direito, o que implica, em estreita síntese, proclamar alto e bom som, a supremacia do Texto Constitucional, expressão máxima dos valores, das crenças e das convicções da sociedade brasileira. Ora, se agregarmos a essa conjunção de modelos, o apego a recomendações e preceitos emitidos por Lourival Vilanova, que exerceu decisiva influência na formação científico-filosófica dos professores da Faculdade de Direito da PUC de São Paulo, teremos elementos suficientes para compreender, não só este livro, mas as estruturas de pensamento e a obra de Roque Antonio Carrazza, apreciada na sua integridade constitutiva.

Lendo textos como este acode à mente a lembrança de Gerardo de Mello Mourão: *a relação entre o saber e o poder vem regendo a história do mundo. Quem sabe, pode. Quem sabe arma seu aparato de dominação, submetendo o real. Eis o poder fundado no saber, o único que não é fácil, nem frágil, nem efêmero.*

Renovo aqui, portanto, aquela asserção anterior: um tema como o que é objeto deste escrito não poderia ter ficado em melhores mãos, reclamando autor de renome, forte na doutrina, respeitado no cenário de nossos melhores juristas e, ao lado disso, alguém que domina, com autoridade, o idioma que fala e escreve.

É uma satisfação para mim prefaciar livro do Professor Roque Antonio Carrazza. A amizade de, aproximadamente, 40 (quarenta) anos, sem flutuações episódicas ou ocasionais, fez crescer o respeito e consolidar a admiração que toda a comunidade jurídica manifesta e sabe existir.

Parabéns à Editora Noeses e ao meio jurídico brasileiro pelo advento de tão valiosa contribuição. A partir de agora, as *reflexões sobre a obrigação tributária* ver-se-ão engrandecidas, com extraordinário proveito para interessados, profissionais da área, estudantes, juristas e, sobretudo, para professores.

São Paulo, 25 de outubro de 2.010

Paulo de Barros Carvalho

Emérito e Titular da PUC/SP e da USP

Membro titular da Academia Brasileira de Filosofia

Introdução

"*Aquele que descobre uma nova verdade científica teve antes que triturar tudo o que havia aprendido e chega a esta nova verdade com as mãos sangrentas, por haver jugulado inumeráveis lugares comuns*" (Ortega y Gasset).

I- Neste livro analisaremos alguns aspectos da obrigação tributária, nomeadamente seu nascimento, formalização e extinção. Sendo mais específicos, nele levantaremos os pontos que nos parecem essenciais, para que se tenha uma imagem o mais possível exata da dinâmica da tributação, em nosso País.

Na empreitada, submeteremos ao crivo dos estudiosos pensamentos ainda pensantes, menos inacabados do que inacabáveis; pensamentos ainda vivos, vibrantes, carregados de energia.

Anima-nos, acima de tudo, o amor à verdade. Verdade que, segundo estamos convencidos, só se alcança fazendo refulgir e, por vezes, até mesmo arder as coisas. Do contrário, isto é, permanecendo em atitude de conformismo diante do preestabelecido, não apenas ficamos inertes, como regredimos, o que desserve à causa da Ciência.[1]

---

1. É o caso de lembrarmos, com Bertold Brecht, que "*o que é, exatamente por ser tal como é, não vai ficar tal como está*" (*A vida de Galileu*, Coleção Teatro Vivo, Abril Cultural, São Paulo, 1979, p. 23).

II- Pois bem. Na tentativa de contribuir para o aprofundamento do debate sobre o assunto, dividiremos a obra em três partes.

Na primeira, cuidaremos da norma jurídica tributária, dando ênfase à hipótese de incidência do tributo, com seus três aspectos (material, espacial e temporal), mas sem deixar de tratar do sujeito ativo, do sujeito passivo, da base de cálculo e da alíquota das exações.

A seguir, na segunda parte do trabalho, analisaremos os artigos do Código Tributário Nacional que tratam da hipótese de incidência tributária (arts. 114 a 118), cotejando-os, sempre que possível, com a Constituição Federal e os grandes princípios que ela alberga.

Por fim, na terceira parte do ensaio, debruçar-nos-emos sobre o lançamento, o auto de infração e os fenômenos da decadência e da prescrição tributárias, tudo com o intuito de demonstrar que o *fato imponível* carece, para produzir efeitos, de ser traduzido em linguagem adequada, e que há prazos para que o tributo venha validamente exigido.

III- Damo-nos pressa em registrar que passam longe de nós as pretensões vanguardistas. Assim, ao invés de rompermos com a doutrina prevalente, procuraremos, a partir dela, fazer uma reconstrução crítica de alguns aspectos dos fenômenos que giram em torno da obrigação tributária. Nesse sentido, colocaremos todo o empenho para que, nas linhas a seguir, venham encontradas *não muitas coisas, mas muito* (*non multa, sed multum*). Afinal, a sabedoria vem, não só da multiplicação dos conhecimentos, como também da reiteração do que já se conhece.[2]

Por outro lado, embora tenhamos objetivos didáticos – de que darão prova os vários exemplos com os quais procuraremos

---

2. Calha bem, a respeito, a frase de André Gide, em seu festejado *Tratado de Narciso*: "*Todas as coisas já foram ditas; mas como as pessoas não escutam, é preciso sempre recomeçar*".

esclarecer nossos pontos de vista – não nos furtaremos de nos afastar, aqui e ali, para a distância dos vastos horizontes, a tomar altura. Mas, sempre o faremos *iuxta modum*, com a maior das circunspecções e reservas, até porque não nos anima o propósito de sermos arquitetos de abstrações. Também não desejamos proclamar – o que, além de falso, seria anticientífico – que nos encontramos na posse de verdades absolutas ou de teorias indiscutíveis.

De qualquer modo, faremos empenho para que nossas especulações concorram para o aprimoramento dos estudos jurídico-tributários. Afinal, a Ciência, sempre que avança, cria problemas novos, que é preciso solucionar. E, quando finalmente as soluções são encontradas, novos problemas surgem, numa marcha que, se por um lado, é infinita, por outro, é altamente louvável, pois vai ampliando o campo do saber.

Depois, na batalha do pensamento, o derrotado sobrevive e, desde que não esmoreça, pode continuar lutando.

Por crermos nisso – tanto quanto cremos que as teses científicas nunca terminam em completa vitória –, é que, em muitos pontos do livro, faremos uma recapitulação crítica do que já publicamos, sempre que nossas meditações nos desvendarem novos panoramas.

IV- Seja-nos ainda permitida, neste breve intróito, uma observação acerca das referências bibliográficas. Elas serão feitas, não com o propósito de demonstrar erudição enciclopédica, mas para completar, ilustrar, contrastar ou, ainda que minimamente, orientar uma mais ampla investigação sobre a matéria que estiver sendo versada. Assim, pedimos aos leitores que não estranhem as ausências injustificáveis, até porque, acerca do nosso tema central, existe uma bibliografia excelente, abundante e, acima de tudo, acessível.[3] Também rogamos

---

3. É o caso de aqui invocarmos a espirituosidade de Miguel de Cervantes Saavedra, que, no prólogo de seu imortal *O Engenhoso Fidalgo Don Quixote de la Mancha*, assim justificou a ausência de citações na obra: "*De tudo isto*

que não se surpreendam quando, aqui e ali, citarmos algumas obras clássicas, hoje um tanto esquecidas. É que, segundo pensamos, elas comprovam a tese de que nem sempre o mais recente é o melhor.

Dadas estas explicações preliminares – e já ingressando na primeira parte do trabalho – cuidaremos de demonstrar a impertinência científica da expressão "*fato gerador*" e estudaremos a norma jurídica tributária, com todos os elementos que a integram, seja em seu *antecedente* (*hipótese de incidência*), seja em seu *consequente* (sujeito ativo, sujeito passivo, base de cálculo e alíquota).

---

há de carecer o meu livro, porque nem tenho que notar nele à margem, nem que comentar no fim e ainda menos sei os autores que sigo nele para pô-los em um catálogo pelas letras do alfabeto, como se usa, começando em Aristóteles, e acabando em Xenofonte, em Zoilo ou em Zeuxis, ainda que foi maldizente um destes e pintor o outro" (Tomo 1º, trad. dos Viscondes de Castilho e de Azevedo, Editora Edigraf, São Paulo, 1957, p. 9).

Primeira Parte

CONSIDERAÇÕES GERAIS

Capítulo I

QUESTÃO TERMINOLÓGICA. A *EQUIVOCIDADE* DA EXPRESSÃO *FATO GERADOR*. SOLUÇÃO PROPOSTA PARA SUPERÁ-LA

I- A *hipótese de incidência da obrigação tributária* (ou *fato gerador da obrigação tributária*, como quer a doutrina mais tradicional) é um dos mais relevantes temas do Direito Tributário. Embora não partilhemos da ideia, tão difundida, de que é o mais importante da disciplina, concordamos que, além de dizer de perto com o dever de recolher o tributo, exerce significativa influência sobre sua classificação em espécies e subespécies, bem como na prática do seu lançamento. Daí haver suscitado uma multiplicidade de estudos, no Brasil e no exterior.

Assim, movidos pelo intuito de contribuir para o debate, que está longe de apresentar sinais de saturação, teceremos, sem, no entanto, deixar de relatar a opinião esclarecida de outros estudiosos, algumas considerações sobre a matéria.

II- Muito bem. Para melhor desenvolvermos o assunto que faz nossos cuidados, comecemos por cuidar da questão terminológica.

Afinal, "*fato gerador*" é expressão apropriada?

Para respondermos à pergunta, precisamos, antes de tudo, discorrer um pouco sobre o papel da linguagem no Direito, já que, muitas vezes, nesta área, as palavras e expressões revelam-se equívocas, o que demanda um particular esforço hermenêutico para aclarar-lhes o sentido, no contexto em que se encontram.

De fato, as palavras e expressões jurídicas não raro padecem de ambiguidade, motivo pelo qual devem passar, para serem corretamente compreendidas, por um *processo de elucidação* (Carnap), no qual, quem as utiliza, indica expressamente o sentido que está a lhes emprestar.

É ponto bem averiguado que, em Direito, as realidades são reveladas pelo *regime jurídico*[4] a que estão submetidas e, não, pela designação recebida.

Corretíssima, a respeito, a lição de Pontes de Miranda:

> "*Na exposição científica do Direito não podemos deixar que a terminologia perturbe o sistema jurídico ou a visão dele*".[5]

As palavras e expressões são meros *rótulos* que utilizamos para designar as coisas que formam o Universo. Absolutamente não alteram a essência destas coisas, até porque *verba non mutant substantia rei*.

É por isso que Henry Bérgson as compara a *prisões*, dentro das quais se comprimem ideias em constante conflito. Cabe ao exegeta invadir estas *prisões*, quebrar-lhes a estrutura gráfica e desvendar-lhes o conteúdo.

Como preleciona John Hospers,[6] qualquer palavra ou expressão é conveniente, na medida em que nos colocamos de acordo sobre ela e a empregamos de maneira adequada. As

---

4. *Regime jurídico* é o conjunto de princípios e normas que incidem sobre um determinado objeto de Direito, moldando-lhe as feições.

5. *Tratado de Direito Privado*, vol. 22, Rio, Borsói, 1958, p. 13.

6. *Introdución al Análisis Filosófico*, Tomo I, Buenos Aires, Abeledo Perrot, 1966, p. 35.

palavras ou expressões manifestam, tão-só, o estabelecido convencionalmente pela linguagem comum ou científica, e não estão ligadas a exclusivas essências conceituais, determinadas como verdadeiras e únicas.

III- Pois bem. O *fato gerador* vem sendo designado de muitas outras maneiras: *hipótese de incidência, tipo tributário, fato-condição* etc. No direito italiano é conhecido como *fattispecie*; no espanhol, como *hecho imponible*; no francês, como *fait générateur*; no anglo-americano, como *tax event*.

No Brasil, a expressão *fato gerador*, empregada pelo grande juspublicista francês Gaston Jèze, no sentido de "*condição para que a Administração possa exercer sua competência de fazer nascer o crédito fiscal*",[7] logo ganhou foros de cidade, graças aos trabalhos pioneiros de Rubens Gomes de Sousa,[8] Amílcar de Araújo Falcão[9] e Bilac Pinto,[10] dentre outros, que a acolheram sem reservas ou restrições.

O próprio direito positivo encampou a expressão, que é encontrável em vários diplomas, a começar pela Constituição Federal (arts. 146, III, *a*, 150, III, *a*, 154, I e 155, § 2º, XI) e pelo Código Tributário Nacional (arts. 4º, 16, 19, 23, 29, 32, 35 e parágrafo único, 43, 46, 63, 77, 81, 97, III, 105, 114, 115, 118, 143, 144 e §§, 146 e 150, § 4º).

Todavia, logo se percebeu que a expressão "*fato gerador*" era ambígua, podendo significar tanto o fato descrito em lei,

---

7. "*Natureza e regime jurídico do crédito fiscal*", trad. de Carlos da Rocha Guimarães, in *Revista de Direito Administrativo*, vol. III, 1946, pp. 59 e ss.

8. "*O fato gerador no imposto de renda*", in *Revista de Direito Administrativo*, vol. 12, 1948, pp. 32 e ss.

9. *O fato gerador da obrigação tributária*, Edições Financeiras, Rio de Janeiro, 1ª ed., 1968.

10. "*Isenção fiscal-fato imponível ou gerador do imposto. Isenções pessoais e reais. Realidade econômica contra forma jurídica. Evasão fiscal*", in *Revista de Direito Administrativo*, vol. 21, pp. 357 e ss.

como o fato acontecido.[11] Com efeito, isoladamente considerada, tanto pode designar os conceitos gerais e abstratos, veiculados por meio de lei, que compõem o *pressuposto* ou *hipótese* das normas jurídico-tributárias (descrição legislativa dos fatos ou situações que, verificados, farão nascer o tributo), como pode referir-se ao fato jurídico acontecido no tempo e no espaço (a situação real de vida que realizou o *tipo legal tributário* e, bem por isso, fez nascer a obrigação tributária individualizada[12]).

Em suma, apenas no texto e no contexto[13] é possível saber em qual acepção a expressão *"fato gerador"* é utilizada. No próprio Código Tributário Nacional vamos encontrá-la ora no sentido de descrição hipotética da norma, suficiente ao surgimento da obrigação tributária (p. ex., no art. 114), ora no de evento concreto que realiza a previsão normativa (p. ex., no art. 144).

IV- Foi quando Geraldo Ataliba, em obra de referência,[14] distinguiu *(i)* o fato descrito na lei (hipotético, abstrato) e por ela considerado capaz de gerar uma obrigação tributária, *(ii)* do fato ocorrido no mundo fenomênico (real, concreto), que realiza o tipo tributário. Ao primeiro, denominou *"hipótese de incidência"*; ao outro, *"fato imponível"*. Ouçamo-lo:

---

11. O problema foi bem detectado por Paulo Caliendo, que aduziu tratar-se de *"um conceito 'impreciso', visto que não permite a distinção necessária entre a classe de fatos jurídicos previstos nas normas gerais e abstratas e o fato jurídico que compõe a norma individual e concreta"* (*Comentários ao Código Tributário Nacional*, obra coordenada por Marcelo Magalhães Peixoto e Rodrigo Santos Masset Lacombe, MP Editora, São Paulo, 2005, p. 934).

12. Note-se, que, em princípio, a vontade da pessoa que realiza a situação real de vida, que se subsume à *hipótese de incidência tributária*, é irrelevante para determinar o nascimento do tributo. O mesmo podemos dizer do erro sobre as consequências fiscais do fato praticado pelo contribuinte.

13. O significado de um termo jurídico depende do significado dos termos que o circundam. É por isso que se costuma dizer que não há texto que não seja moldado pelo contexto.

14. *Hipótese de incidência tributária*, Revista dos Tribunais, São Paulo, 1973. Esta obra, devidamente atualizada, já teve oito edições, as duas últimas póstumas.

> *"Há, portanto, dois momentos lógicos (e cronológicos): primeiramente, a lei descreve um fato e di-lo capaz (potencialmente) de gerar (dar nascimento a) uma obrigação. Depois, ocorre o fato; vale dizer: acontece, realiza-se.*
>
> *"Se ele revestir as características antes hipoteticamente descritas (previstas) na lei, então determina o nascimento de uma obrigação tributária colocando a pessoa (que a lei indicou) como sujeito passivo, ligado ao estado até obter a sua liberação, pela prestação do objeto da obrigação (tendo o comportamento de levar aos cofres públicos a quantia de dinheiro fixada pela lei).*
>
> *"Preferimos designar o fato gerador 'in abstracto' por 'hipótese de incidência' e o 'in concretu' por 'fato imponível'".*[15]

Convencidos pela força dos argumentos de Geraldo Ataliba, nós também adotamos as expressões de menor polissemia *hipótese de incidência* e *fato imponível*,[16] para designar, respectivamente, *(i)* a descrição legislativa do acontecimento ou situação que, uma vez presente, desencadeará o nascimento da obrigação tributária, e *(ii)* o fato jurídico que se subsumindo à *hipótese de incidência*, determinou tal nascimento. Não desdenhamos, porém, a expressão *fato gerador*, desde que acompanhada das qualificações *abstrato* ou *concreto*; assim: *a) fato gerador abstrato* (ou *in abstracto*), no sentido de descrição hipotética do fato que, acontecido, fará nascer a relação jurídico-tributária, que tem por objeto a dívida tributária; e, *b) fato gerador concreto* (ou *in concreto*), na acepção de fato jurídico que, ocorrido no tempo e no espaço, se subsumiu à *hipótese de incidência* (tipo tributário).[17]

---

15. *Hipótese de Incidência Tributária*, Malheiros, São Paulo, 6ª ed., 8ª tir., 2006, p. 55.

16. Não ignoramos que também a expressão *fato imponível* não é estreme de críticas, já que pode levar a crer que se trata de um fato sujeito à incidência tributária e, não, do fato que a determinou. De qualquer modo, a empregaremos porque, sendo de largo uso nos meios acadêmicos, já está sedimentada com este último sentido.

17. Na Itália foi encontrada a mesma solução, já que lá se fala em *fattispecie astratta* e em *fattispecie concreta*.

A partir de agora, portanto, empregaremos as expressões *(i) hipótese de incidência*, para designar a descrição do fato que, quando ocorrer, determinará o nascimento da obrigação tributária, e *(ii) fato imponível*, para nominar o evento que realizou, no mundo real, o tipo tributário.

Fixada esta premissa, podemos voltar nossas atenções para a norma jurídica tributária.

Capítulo II

A NORMA JURÍDICA TRIBUTÁRIA

I- A análise que estamos a desenvolver torna indispensável a enunciação de algumas ideias gerais preliminares. Cuidaremos, porém, de, nelas, ser muito breves, seja porque não é nossa intenção redigir um Curso de Teoria Geral do Direito,[18] seja para não nos desviarmos da rota preestabelecida.

Animados por esse propósito, damo-nos pressa em consignar que o ordenamento jurídico é composto pelo conjunto dos textos legislativos em vigor num determinado Estado.[19]

---

18. Para quem quiser aprofundar-se no estudo deste assunto, recomendamos a leitura, dentre outros, dos excelentes livros *Direito tributário, linguagem e método*, de Paulo de Barros Carvalho (Noeses, São Paulo, 3ª ed., 2009), *Das fontes às normas*, de Ricardo Guastini (trad. de Edison Bini, Quartier Latin, São Paulo, 2005), *Introdución al Análisis Filosófico*, de John Hospers (*op. cit.*), *Teoria geral das normas*, de Hans Kelsen (Fabris, Porto Alegre, 1986), *As estruturas lógicas e o sistema do direito positivo*, de Lourival Vilanova (Noeses, São Paulo, 3ª ed., 2005), Teoria *da Norma Jurídica*, de Norberto Bobbio (trad. de Fernando Pavan Batista e Ariane Bueno Sudatti, São Paulo, Edipro, 3ª ed., 2005), *Introdução ao Estudo do Direito*, de Tercio Sampaio Ferraz (Atlas, São Paulo, 4ª ed., 2003) e *Curso de Teoria Geral do Direito*, de Aurora Tomazini de Carvalho (Noeses, São Paulo, 2009).

19. Com a evolução da tecnologia o Direito se vale basicamente da linguagem escrita, sendo cada vez mais raras as meras manifestações orais (*v. g.*, os contratos verbais). Mesmo nos depoimentos de testemunhas, tudo acaba reduzido a termos escritos.

O ordenamento jurídico é, pois, o próprio *direito positivo* (ou *direito posto*, como querem alguns).

Por outro lado, o Direito está presente em toda sociedade, ou seja, onde há uma reunião de, pelo menos, duas pessoas.[20] Por isso que se diz que onde há sociedade há Direito (*ubi societas, ibi ius*). Realmente, o fenômeno jurídico está presente em toda e qualquer sociedade organizada. Assim, os dois conceitos (sociedade e Direito) interpenetram-se de tal modo, que, não raro, chegam a confundir-se. É que o Direito existe para regular o comportamento das pessoas, na vida social. Noutro giro linguístico, ele tem a finalidade precípua de comunicar *padrões de conduta* aos seus destinatários, que são justamente as pessoas físicas e jurídicas que integram a sociedade. Daí seu caráter nitidamente instrumental.

Com tais assertivas pretendemos significar que a legislação, formada pelas leis *lato sensu*, pelos decretos, pelas portarias, pelos atos administrativos etc., tem função prescritiva, vale dizer, volta-se para o campo das condutas das pessoas (condutas intersubjetivas), com o fito de disciplina-las. Tal se dá por meio de permissões (faculdades), proibições (vedações) ou obrigações (imposições).

Portanto, os *modais deônticos* do Direito são apenas três: o *permitido*, o *proibido* e o *obrigatório*. O primeiro (o *permitido*), milita em favor da liberdade das pessoas, ao passo que o segundo e o terceiro (o *proibido* e o *obrigatório*) a restringem.

É interessante notar que tais *modais deônticos* não se comunicam entre si. De fato, *(i)* o comportamento que é permitido, não pode ser nem proibido, nem obrigatório, *(ii)* o que é proibido, não pode ser nem permitido, nem obrigatório, e *(iii)* o que é obrigatório, não pode ser nem permitido, nem proibido.

---

20. Se um homem vivesse totalmente isolado, como um Robinson Crusoé, não haveria necessidade do Direito. Este, porém, nasceria assim que surgisse, no contexto, uma segunda pessoa, pois, a partir desse momento, seria imperioso delimitar-lhes a liberdade de conduta.

II- Sem descermos a maiores detalhes, temos que as leis *lato sensu*, os decretos, as portarias, os atos administrativos etc., são veículos introdutores de normas jurídicas.

As leis *lato sensu* (leis complementares, leis ordinárias, leis delegadas, decretos legislativos, medidas provisórias e resoluções), desde que observem os ditames constitucionais, têm força vinculante capaz de inovar inauguralmente o ordenamento jurídico, pelo que são *fontes primárias do Direito*.

Já, os decretos, as portarias, as instruções, as ordens de serviço e os atos administrativos em geral estão subordinados à lei, que devem irrestritamente obedecer. Como não inovam inauguralmente a ordem jurídica, são *fontes secundárias* do Direito.

Destaque-se que a legislação não se confunde com o conjunto de normas jurídicas; estas somente surgem com a *interpretação* da legislação.

III- Realmente, a partir dos enunciados do direito positivo, o exegeta, valorando-os, constrói as normas jurídicas[21]. Não se nega que estas tomam como ponto de partida os textos do direito positivo, porém seu conteúdo vem discernido pelo intérprete, que se vale, para tanto, de sua própria ideologia, isto é, de sua *pauta de valores*.[22] As normas jurídicas são, pois,

---

21. A expressão *norma jurídica*, como toda expressão linguística, padece de ambiguidade, podendo significar *(i)* o enunciado do direito positivo, *(ii)* o significado a partir dele construído, ou, até, como observa Aurora Tomazini de Carvalho, *(iii)* a "*significação deonticamente estruturada*" (*op. cit.*, p. 266). Nesse trabalho, empregaremos a expressão norma jurídica no sentido da significação construída pelo intérprete, após o exame dos enunciados contidos nos textos legislativos *lato sensu*.

22. Paulo de Barros Carvalho foi sobremodo feliz ao observar: "*Segundo os padrões da moderna Ciência da Interpretação, o sujeito do conhecimento não extrai ou descobre o sentido que se achava oculto no texto. Ele o constrói em função de sua ideologia e, principalmente, dentro dos limites de seu mundo, vale dizer, de seu universo de linguagem*" (*Direito Tributário, linguagem e método*, p. 192).

construções intelectuais do intérprete, efetuadas a partir da análise da legislação *lato sensu*. São elas que permitem que as realidades do universo venham, como observa Hans Kelsen, "*apreendidas juridicamente*".[23]

Adiantamos que a norma jurídica, conforme bem o demonstram os teóricos gerais do Direito, é um juízo estruturado na forma hipotético-condicional. Nesse sentido a precisa lição de Paulo de Barros Carvalho; *verbis*:

> "*As normas jurídicas têm a organização interna das proposições condicionais, em que se enlaça determinada consequência à realização de um fato. Dentro desse arcabouço, a hipótese refere-se a um fato de possível ocorrência, enquanto o consequente prescreve a relação jurídica que se vai instaurar, onde e quando acontecer o fato cogitado no suposto normativo. Reduzindo complexidades, podemos representar a norma jurídica da seguinte forma: H – C, onde a hipótese (H) alude à descrição de um fato e a consequência (C) prescreve os efeitos jurídicos que o acontecimento irá provocar, razão pela qual se fala em descritor e prescritor, sendo o primeiro para designar o antecedente normativo e o segundo para indicar seu consequente*".[24]

Curiosamente, João Guimarães Rosa, sem ser versado em Semiótica, intuiu, num lance de gênio, que "*somente renovando a língua é de que se pode renovar o mundo*" (entrevista concedida por Guimarães Rosa a Günter Lorenz, em Gênova, em janeiro de 1965, no Congresso de Escritores Latino-Americanos, trad. de Rosemary Costhek Abílio e Fredy de Souza Rodrigues, in *Ficção Completa*, vol. I, Editora Nova Aguillar, Rio de Janeiro, 2009, p. LVI).

23. Este o pensamento integral de Hans Kelsen: "*A ciência jurídica procura apreender o seu objeto 'juridicamente', isto é, do ponto de vista do Direito. Apreender algo juridicamente não pode, porém, significar senão apreender algo como Direito. Apreender algo como Direito, o que quer dizer: como norma jurídica ou conteúdo de uma norma jurídica, como determinado através de uma norma jurídica*" (*Teoria Pura do Direito*, tradução de João Baptista Machado, Arménio Amado – Editor, Sucessor, Coimbra, 3ª ed., 1974, p. 109).

24. *Direito Tributário, Linguagem e Método*, Noeses, São Paulo, 3ª ed., 2009, p. 137.

Em sentido análogo, Aurora Tomazini de Carvalho observa:

> *"Todas as regras do sistema têm idêntica esquematização formal: uma proposição-hipótese 'H', descritora de um fato (f) que, se verificado no campo da realidade social, implicará como proposição-consequente 'C', uma relação jurídica entre dois sujeitos (S' R S") modalizada com um dos operadores deônticos (O, P, V)".*[25]

Portanto, para regular comportamentos humanos, o Direito, por meio de suas normas (normas jurídicas), sempre *imputa* ao acontecimento de um ato ou fato, a instauração de um *vínculo jurídico*, entre duas pessoas (o sujeito ativo e o sujeito passivo), que renderá ensejo a um *direito subjetivo* e a um correlato *dever jurídico.*

IV- O liame abstrato pelo qual, alguém (o *sujeito ativo*), tem a faculdade de exigir de outrem (o *sujeito passivo*), o cumprimento de uma dada prestação (*objeto*), há nome *relação jurídica.*

Temos, assim, que a relação jurídica é formada entre dois sujeitos, com referência a um objeto.[26]

Retornando à ideia central, o Direito é formado por um conjunto de normas, de que são destinatários os membros de uma determinada sociedade, Tais normas (jurídicas) distinguem-se intrinsicamente das regras sociais de natureza diversa (morais, religiosas, de etiqueta etc.), por uma série de características, dentre as quais se destaca a da *coatividade*,[27] que se traduz, em último grau, na execução forçada e na pena privativa da liberdade.[28]

---

25. *Op. cit*, p. 273.

26. Cf. Francesco Carnelutti, *Teoría General del Derecho – Derecho Privado*, Madrid, 1955, trad. para o espanhol de F. Osset.

27. Por *coatividade* entendemos a propriedade que as normas jurídicas têm, de impor, se preciso com o emprego da força, o cumprimento dos mandamentos (comandos) nelas contidos.

28. Cf. Paulo de Barros Carvalho, *Teoria da Norma Tributária*, Lael, São Paulo, 1ª ed., 1974, pp. 19 a 42.

V- Toda norma jurídica é composta de dois elementos; a saber: *a)* a *hipótese* (ou *antecedente*), que é a mera descrição de um ato, de um fato ou de uma situação jurídica; e, *b)* o *mandamento* (ou *consequente*), que prevê a instauração de uma relação jurídica, sempre que ocorrer o evento apontado na *hipótese*. O *mandamento*, é bem de ver, traça o dever jurídico, cujo conteúdo é sempre um *dar*, um *fazer*, um *não-fazer* ou um *suportar*. Temos para nós, pois, que a norma jurídica é um *juízo hipotético* (e, não, um imperativo), que corresponde a algo que *deve ser* (e, não, a algo que *é* ou necessariamente *será*).[29]

Em apertada síntese, a norma jurídica imputa a um dado *antecedente*, certo *consequente*. Vai daí que o Direito, em última análise, é um conjunto de *consequentes*, que devem ser cumpridos a partir do momento em que ocorrem, no mundo real,

---

29. Como já vimos, o comportamento humano é o alvo das normas jurídicas. Dito de outro modo, elas determinam, às pessoas que se encontram numa dada situação hipotética, que procedam de um dado modo. As normas jurídicas limitam-se a ordenar isso, o que não significa, necessariamente, que serão obedecidas. Portanto, o conteúdo das normas jurídicas é uma conduta que *deve ser* (logo, ainda virtual, irrealizada), mas que, nem sempre, será.

Isto está longe de significar, no entanto, que o descumprimento dos deveres impostos por normas jurídicas válidas pode passar impune.

De fato, constitui verdade cediça, unanimemente proclamada pelos doutos, que inexiste direito sem sanção. A sanção é inerente ao Direito, ou, se preferirmos, é componente ínsito às normas jurídicas em geral.

Sempre há, para o descumprimento de cada obrigação, uma sanção, vale dizer, uma penalidade decorrente do inadimplemento do dever contido na norma jurídica. A sanção é a resposta que o Direito dá à conduta contrária à que ele, por intermédio de suas regras de conduta, determina.

Assim, se o destinatário da norma jurídica deixa de realizar a conduta obrigatória (ou realiza a conduta proibida) nela prevista, sofrerá inexoravelmente uma sanção.

Uma primeira leitura pode até dar a entender de que há normas jurídicas que não prevêem sanção, acaso descumprido o dever nelas contido. A impressão, porém, é falsa. Todas são dotadas de sanção, ainda que esta deva ser buscada no ordenamento jurídico como um todo considerado.

A ideia foi bem explicitada por Angela Maria da Motta Pacheco; verbis: "*Pode parecer que algumas normas jurídicas não têm sanção (a norma jurídica*

os respectivos *antecedentes*. Ou, como diria Kelsen, o Direito é a imputação de efeitos a determinados fatos.

Com a cientificidade que lhe é peculiar, José Souto Maior Borges, averba:

> *"As normas jurídicas atuam, na sociedade, segundo o princípio da imputação: dado um certo antecedente normativamente previsto, um descritor normativo ('Voraussetzung'), deve-se seguir um certo consequente, um prescritor normativo*

---

analisada isoladamente do sistema – teoria da norma). Mas elas terão. A sanção decorre do ordenamento jurídico, do sistema como um todo. Logo haverá sanção para cada norma desrespeitada mesmo que para esta norma não haja uma sanção específica" (*Sanções Tributárias e Sanções Penais Tributárias*, Max Limonad, São Paulo, 1997, p. 48 – grifamos).

Tudo aponta, portanto, no sentido de que a afronta ao *querer normativo* sempre traz à sirga uma sanção, pois é ela é que dá eficácia aos deveres contidos nas normas jurídicas.

Registramos, a propósito, que, por vezes, uma infração do contribuinte, ou seja, uma ação ou omissão por ele desenvolvida, que não se ajusta aos ditames da lei, acarreta aquilo que a doutrina italiana (v.g., Lorenzo Del Federico, *Le sanzioni amministrative nel diritto tributario*, Giuffrè, Milão, 1993) chama de *sanção anômala*.

Entendemos por *sanção anômala* a situação prevista em lei, que, embora não rotulada como sendo uma punição, a ela equivale, pelos efeitos desfavoráveis que causa ao contribuinte. Tais efeitos podem ser de caráter *processual* (*v.g.*, impedindo-o de utilizar meios de defesa que, não fosse a conduta por ele adotada, estariam ao alcance de suas mãos) ou *substancial* (*v.g.*, vedando-lhe deduções que, em outras circunstâncias, lhe seriam permitidas).

Alejandro C. Altamirano, em erudito estudo ("*Las sanciones tributarias anómalas*", in *Grandes Temas do Direito Tributário Sancionador*, coordenador Paulo Roberto Coimbra Silva, Quartier Latin, São Paulo, 2010, pp. 27 a 45), ao depois de subdividir as *sanções anômalas* em *(i) atípicas e (ii) impróprias* (ou *indiretas*), conforme os *efeitos aflitivos* derivados da conduta do contribuinte tenham, ou não, função repressiva prioritária, conclui que são inconstitucionais porque violam a "*garantia do devido processo legal*", o "*princípio da inocência*", o "*princípio da culpabilidade*", o "*princípio da proporcionalidade*" e, no caso dos impostos, o próprio "*princípio da capacidade contributiva*". Concordamos com o culto professor da Faculdade de Direito da Universidade Austral (Buenos Aires) e pretendemos, em outro trabalho, desenvolver este interessantíssimo tema.

> *('Folgerung'). Quer dizer: ao comportamento normativamente regulado imputa-se uma consequência juridicamente relevante".*[30]

Esquematicamente, temos, pois: "*Dado o fato A deve ser o efeito B*". Ou, de modo mais detalhado: "*Se ocorrer o fato A, então deve ser a relação intersubjetiva B*".

VI- Reiteramos, por vir a pelo, que o objeto de todos os mandamentos jurídicos é o comportamento humano (e, por extensão, o das pessoas jurídicas, que atuam por meio de seus representantes e dirigentes). Tal peculiaridade foi bem captada por Lourival Vilanova; *verbis*:

> *"O conteúdo possível do jurídico é a conduta humana e, quando os fatos do mundo puramente material são relevantes para o direito, é sempre em função da conduta humana".*[31]

Em suma, o comando contido na norma jurídica está sempre voltado para o disciplinamento da conduta humana.

VII- É importante assinalar, ainda, que, no mais das vezes, a norma jurídica não é encontrável num único diploma legal. Tampouco, num único artigo de lei, decreto, portaria etc. Ela é respigável, sim, no complexo de leis e atos normativos em vigor.[32]

---

30. *Obrigação Tributária (uma introdução metodológica)*, Malheiros Editores, São Paulo, 2ª ed., 1999, p. 20.

31. *Sobre o Conceito do Direito*, Imprensa Oficial, Recife, 1947, p. 67 (grifamos).

32. A procura pela verdade jurídica não pode terminar na simples e isolada leitura de um texto legislativo. Antes, há de ser buscada numa série de preceitos, vigentes *hic et nunc*, dispersos pelo ordenamento jurídico. De resto, raramente é possível extrair a norma jurídica de um único dispositivo, seja ele constitucional, legal ou infralegal.

Não é por outro motivo que o intérprete, ao entrar em contacto com um texto legislado, busca definir-lhe o sentido, o significado, a força e o alcance, integrando-o no sistema jurídico. Na maioria dos casos, vê-se compelido a sair à cata de outros enunciados, muitas vezes em diplomas diferentes daquele que examina, para, deste labor, extrair, do conjunto, a regra jurídica aplicável.

Esta assertiva, quando não vale para provar a importância da interpretação sistemática, reafirma cabedal postulado, qual seja, o de que o ordenamento jurídico forma um conjunto pleno, coerente, unitário e harmônico.[33]

Aprofundando a ideia, a análise gramatical da legislação, mormente da tributária, quase nunca traz resposta às dúvidas do operador do Direito. No mais das vezes, elas só podem ser afastadas investigando-se o *sentido da norma jurídica*, construído a partir da análise sistemática do direito positivo.[34] É que, como já se disse, "*o Direito fala sua própria língua*" e, assim, as palavras que compõem os textos legislativos têm um sentido técnico-jurídico que quase nunca coincide com o da linguagem corrente.

Também há de ser considerado, a respeito, o postulado hermenêutico de que cada parte de um texto jurídico

---

Nessa linha, Hans Kelsen, em inspirado lance, observou que "*cada norma jurídica reflete a natureza do direito, considerado em sua totalidade*" (*Teoría General del Estado, trad. de Legaz Lacambra, Ed. Nacional, México, p. 62).*

A norma jurídica não deve, pois, ser confundida com seus *veículos* (leis, decretos, portarias, atos administrativos etc.). Ela é construída, por meio da atividade interpretativa, a partir do conjunto dos textos positivados.

Afinal, como apregoava Stammler, "*quem aplica um artigo do Código aplica todo o Código*". Podemos ir além do grande jusfilósofo germânico, afirmando: "*quem aplica um artigo do Código aplica todo o Direito*". De fato, é sempre a representação mental de todo o Direito que incide sobre a representação mental do fato ocorrido, juridicizando-o.

Em suma, o elemento sistemático, desprendendo-se do significado literal das palavras, harmoniza o texto legislativo com todo o ordenamento jurídico.

33. Cf. Geraldo Ataliba, *Sistema Constitucional Tributário Brasileiro*, Ed. Revista dos Tribunais, São Paulo, 1966, pp. 4 e 5.

34. Nesse labor, há de ser levada em conta a hierarquia das normas jurídicas tributárias, que, como se sabe, não estão situadas no mesmo patamar, mas escalonadamente, de tal sorte que as superiores dão validade às inferiores, que, assim, não as podem contrariar.

A propósito, nunca é demais encarecer que a Constituição é o *critério último* de existência e validade das demais normas do sistema jurídico, inclusive do tributário (Cf. Marcelo Neves, *Teoria da Inconstitucionalidade das Leis*, Saraiva, São Paulo, 1988, p. 63) somente adquire seu verdadeiro sentido, mediante a ubiquação com o todo a que esta mesma parte pertence, com a inevitável consequência de que o todo é sempre *algo mais* e *algo diferente* da simples soma das partes que o compõem.

Michele Taruffo oferece-nos uma bela imagem desta ideia, ao observar – embora fazendo uso de outra construção verbal – que um mosaico "*vale*" mais do que a soma de suas peças, com seus brilhos, formatos e cores diversos, justamente porque a elas se agrega um desenho que não estava presente em nenhum objeto individual do conjunto.[35]

Assim, o verdadeiro sentido de qualquer norma jurídica se colhe tomando-a no contexto do ordenamento em que se insere. Não é a toa que Villey apregoava que "*levar unidade ao Direito é avançar já para além da letra da lei*".[36]

VIII- Realçamos que tudo quanto acaba de ser escrito acerca das normas jurídicas em geral, aplica-se às normas jurídicas tributárias. Estas, em seu aspecto formal, ou seja, em sua estrutura, em nada diferem daquelas. E nem poderia ser

---

35. Vale, a propósito, transcrever o seguinte trecho da lavra do consagrado catedrático de Direito Processual Civil da Universidade de Pavia (Itália); *verbis*: "*A conexão necessária entre as partes (palavras, orações, parágrafos) e o todo de um texto é um tema clássico no âmbito da hermenêutica. A passagem dialética contínua das partes ao texto completo, e do texto completo às suas partes – o chamado círculo hermenêutico – representa a dinâmica fundamental de qualquer interpretação (...). Os princípios gerais da hermenêutica podem, obviamente, ser aplicados também à interpretação das narrações jurídicas e, em particular, das narrações processuais. Em consequência, o sentido das partes individuais de uma narração somente pode ser determinado por referência ao texto completo do relato, e o sentido geral da narração pode ser interpretado somente por referência a todas as suas partes. Usando novamente a metáfora do mosaico, poder-se-ia dizer que o significado das peças individuais de vidro está determinado por sua posição no desenho completo, mas, também, que o significado do mosaico como um todo está determinado pelas cores e as posições dos fragmentos individuais*" (*Simplemente la Verdad – El juez y la construcción de los hechos*, tradução de Daniela Accatino Scagliotti, Marcial Pons, Madrid, 2010, p. 79 – vertemos para o português).

36. Archives de Philosophie du Droit, 1959, p. 178.

de outro modo, já que o Direito é cientificamente uno. Sua subdivisão em *ramos* é feita apenas para simplificar o processo de aprendizado.[37]

Assim, em que pese seu conteúdo próprio, também a norma jurídica tributária é um juízo hipotético condicional, cujo *antecedente* descreve um fato (ou estado de fato) de ocorrência possível e cujo *consequente* prescreve – caso constatada, pela autoridade competente, a realização, no mundo fenomênico, deste mesmo fato ou estado de fato – a instauração de uma relação jurídica, na qual o sujeito ativo e o sujeito passivo terão direitos e deveres recíprocos.

Nesse sentido, as normas jurídicas tributárias, apesar de terem um conteúdo próprio, devem ser interpretadas da mesma maneira que as normas jurídicas em geral.

IX- Todavia, ao contrário das demais normas jurídicas, que nem sempre estão diretamente atreladas ao *princípio da legalidade*, as normas jurídicas tributárias têm sua incidência coligada à realização de um fato (ou estado de fato) minudentemente descrito em lei.

Deveras, no campo tributário, o *princípio da legalidade*, veiculado, em termos genéricos, no art. 5º, II, da Constituição Federal ("*ninguém será obrigado a fazer ou deixar de fazer alguma coisa senão em virtude de lei*"), teve seu conteúdo reforçado pelo art. 150, I, do mesmo Diploma Magno. Este dispositivo, ao prescrever não ser dado às pessoas políticas "*exigir ou aumentar tributo sem lei que o estabeleça*",

37. A divisão da Ciência (inclusive da Ciência Jurídica) em "*ramos*" não significa que estes sejam compartimentos estanques, divorciados entre si. Pelo contrário, a perspectiva universal deve governar o conhecimento do particular, alcançando verdades universais e permanentes. Isto vale também para a Ciência Jurídica, uma vez que, sendo cada setor do Direito (Público, Privado, Administrativo, Civil, Tributário, Penal etc.) mera decomposição artificial de um todo, nada distingue, em sua estrutura lógica, as normas jurídicas tributárias das demais normas jurídicas.

deixou claro que qualquer exação deve ser instituída ou aumentada, não simplesmente com base em lei, mas, pela própria lei. Noutras palavras, o tributo há de nascer diretamente da lei[38], não se admitindo, de forma alguma, a delegação, ao Poder Executivo, da faculdade de instituí-lo ou, mesmo, aumentá-lo.

A lei, em suma, deve indicar todos os elementos da norma jurídica tributária, inclusive os quantitativos, isto é, aqueles que dizem respeito à base de cálculo e a alíquota da exação. Enfatizamos que somente a lei pode *(i)* criar o tributo e *(ii)* redimensionar, para mais, o *quantum debeatur*.

Nestes termos, aliás, se manifesta Humberto Ávila; *verbis*:

> *"Quando se fala em legalidade da tributação, inclusive da exigência de determinação fática, devemos pensar numa ideia diretiva que una princípios formais e materiais. Ou dito em outros termos: a imposição de encargos fiscais está em conformidade com o Direito, contanto e à medida que:*
>
> *"– estejam também o sujeito fiscal, o objeto fiscal, a base de cálculo e a alíquota (determinação fática da tributação)".*[39]

Podemos dizer, portanto, que, em matéria tributária, vigora, mais que o simples *princípio da legalidade*, o *da estrita legalidade* (ou *da reserva absoluta da lei formal*).

Afinal, nunca devemos perder de vista que a *estrita legalidade* é o principal instrumento de revelação e garantia da justiça fiscal, além, é claro, de estar profundamente relacionada com a segurança jurídica dos cidadãos.

---

38. Esta lei, evidentemente, deverá ser editada pela pessoa política competente, nos termos da Constituição, para tributar.

39. *Sistema Constitucional Tributário*, Saraiva, São Paulo, 3ª ed., 2008, p. 316.

Reiteramos, destarte, que as normas jurídicas tributárias incidem quando ocorre o fato (ou estado de fato) descrito, com retoques à perfeição, na lei da pessoa política competente.

É justamente sobre o fenômeno da incidência da norma jurídica tributária que dissertaremos, no próximo capítulo.

Capítulo III

A INCIDÊNCIA DA NORMA JURÍDICA TRIBUTÁRIA

I- Para que nasça *in concreto* o tributo, deve um fato corresponder fielmente à figura delineada na lei (*Tatbestand*), o que implica *tipicidade* (*Typizität*).

Escandindo a ideia, a *tipicidade* pressupõe que o tributo só seja exigível quando se realiza, no mundo fenomênico (mundo real), *a hipótese*, a cuja ocorrência a lei que minudentemente a descreve vincula o nascimento da exação. Se não se realiza o *fato imponível*, isto é, se não se cumprem integralmente os elementos *da hipótese*, traçada pela lei, não há falar em tributo, sendo inválidos, pois, seu lançamento e cobrança.

Recordamos meteoricamente que, por força do *princípio da segurança jurídica*,[40] que preside todo o fenômeno fiscal, o

---

40. O *princípio da segurança jurídica* hospeda-se nas dobras do *Estado Democrático de Direito*, consagrado já no art. 1º da Constituição Federal, e visa proteger e preservar as justas expectativas das pessoas. Para tanto, veda a adoção de medidas legislativas, administrativas ou judiciais, capazes de frustrar-lhes a confiança que depositam no Direito.

De fato, como uma das funções mais relevantes do Direito é conferir certeza à incerteza das relações sociais, as pessoas devem ter elementos para

tipo tributário há de ser um conceito fechado, exato e rígido. Vai daí, que a lei que o traça, longe de abandonar o contribuinte aos critérios subjetivos da Fazenda Pública, precisa descrever minuciosamente as circunstâncias que, uma vez acontecidas no mundo fenomênico, originarão o dever de pagar o tributo.

Em consequência, os elementos integrantes do *tipo tributário* devem ser formulados na lei, de modo tão preciso e determinado, que, de antemão, o agente fiscal já tenha como saber as principais ações concretas que deverá levar a efeito, para lançar e arrecadar o gravame.

Os *tipos tributários* como que *confinam* a realidade, não podendo ser *alargados*, de modo a alcançar situações novas, não previstas na lei que os traçou. É inadmissível, em nosso Estado Constitucional de Direito, que o agente fiscal *abra* aquilo que o legislador, atento aos ditames constitucionais, cuidadosamente *restringiu*. Afinal, o afã arrecadatório, absolutamente não legitima o arbítrio.

Registre-se que a tipicidade, no Direito Tributário, é, por assim dizer, mais rígida do que no próprio Direito Penal. De fato, neste, a lei confere, ao aplicador, no momento da imposição

---

conhecer previamente as consequências de seus atos e, assim, planejar com confiança o porvir.

Tal peculiaridade não escapou a Gomes Canotilho; *verbis*: "*O homem necessita de segurança para conduzir, planificar e conformar autônoma e responsavelmente a sua vida. Por isso, desde cedo se consideravam os princípios da segurança jurídica e da proteção à confiança como elementos constitutivos do Estado de Direito. Estes dois princípios – segurança jurídica e proteção da confiança – andam estreitamente associados, a ponto de alguns autores considerarem o princípio da confiança como um subprincípio ou como uma dimensão específica da segurança jurídica*" (*Direito Constitucional e Teoria da Constituição*, Almedina, Coimbra, 2000, p. 256).

Portanto, o *princípio da segurança jurídica*, com seu corolário de proteção da confiança, submete o exercício do poder ao Direito, fazendo com que as pessoas saibam, com relativa certeza, o que advirá das situações jurídicas a que derem causa.

da pena, uma considerável dose de subjetivismo, ao passo que, naquele, por injunção constitucional, lhe indica detalhadamente como proceder, no momento de identificar a ocorrência do *fato imponível* e definir o sujeito passivo tributário.

Eventuais lacunas legais não podem ser "*superadas*" pelo agente fiscal, que deve limitar-se, parafraseando o sempre lembrado Miguel Seabra Fagundes, a "*aplicar a lei de ofício*".

Quando a lei não descreve, de modo exaustivo, o *tipo tributário*, o gravame não pode ser validamente exigido. É o que a doutrina hispânica chama de *insuficiência* da *hipótese de incidência*, fenômeno que impede a *incidência*.

II- Mas, que é *incidência*?

Costuma-se dizer que *incidência* é o resultado do automático e infalível enquadramento de um fato a uma hipótese normativa (*subsunção*), que desencadeia as consequências previstas na regra jurídica. Esta é a posição, dentre outros, de Pontes de Miranda[41] e de Alfredo Augusto Becker.[42]

Em boa verdade científica, porém, as normas jurídicas nunca incidem por si sós sobre o fato ocorrido no mundo real. O mundo, tal como é (que Wittgenstein, em expressão conhecida, chamada de *mundo desesperadamente real...)*, ou seja, sem valor e sem sentido, não é apto a produzir a incidência jurídica. Esta apenas ocorre quando se dá a sobreposição do *conceito*

---

41. Entende Pontes de Miranda, que "*para que os fatos sejam jurídicos é preciso que as regras jurídicas incidam sobre eles, desçam e encontre os fatos, colorindo-os, fazendo-os jurídicos*" (*Tratado de Direito Privado*, Tomo I, Rio de Janeiro, 1954, p. 6).

42. Para Alfredo Augusto Becker, "*... com o acontecer dos fatos, vão se realizando (existindo no presente e no pretérito), um a um, os elementos previstos na composição da hipótese de incidência, quando 'todos' os elementos se realizaram (existem no presente e no pretérito), a hipótese de incidência realizou-se e, então, automaticamente (imediata, instantânea e infalivelmente) aquele instrumento entra em 'dinâmica' e projeta uma descarga (incidência) de energia eletromagnética (juridicidade) sobre a hipótese de incidência realizada*" (*Teoria Geral do Direito Tributário*, Saraiva, São Paulo, 2ª ed., 1972, p. 279).

(representação mental) do fato, ao *conceito* da hipótese normativa. Ora, como já se pode notar, tal medida somente pode ser tomada pelo operador do Direito, investido que é, pela ordem jurídica, de *competência*[43] para produzir a norma individual e concreta.

Realmente, o Direito, para ser bem aplicado, exige, de um lado, a adequada interpretação das normas jurídicas em vigor e, de outro, a correta análise dos fatos havidos no *mundo fenomênico*.[44] Cabe, pois, ao operador do direito competente, decidir acerca da aplicabilidade da norma jurídica (da qual extrai um *conceito*) sobre o fato da vida real (do qual extrai outro *conceito*).[45]

Nessa trilha, Karl Engish aduz:

> *"Tem-se dito que a sotoposição de um caso real individual a um conceito é um absurdo lógico. 'Somente um igual pode ser subsumido a outro igual'. A um conceito apenas pode ser subsumido um conceito. De conformidade com esta ideia, um trabalho recente sobre a estrutura lógica da aplicação do Direito acentua: a subsunção dum caso a um conceito jurídico 'representa uma relação entre conceitos: um facto tem de ser pensado em conceitos, pois que de outra forma – como facto – não é conhecido, ao passo que os conceitos jurídicos, como o seu nome o diz, são sempre pensados na forma conceitual'. São, portanto, subsumidos conceitos de fatos a conceitos jurídicos".*[46]

---

43. Com Ruy Cirne Lima, entendemos por *competência*, "*a medida do poder que a ordem jurídica assina a uma pessoa determinada*" (*Princípios de Direito Administrativo*, Malheiros Editores, São Paulo, 7ª ed., 2007, p. 385. E – permitimo-nos acrescentar – *medida do poder* para juridicamente obrigar outras pessoas (terceiros), ou, em mais preciso dizer, para editar *normas heterônomas*.

44. Toda norma jurídica contém uma *hipótese de aplicabilidade*, que ao operador do Direito incumbe investigar e descobrir, em cada situação fática que lhe é submetida. Logo, aplicar a norma jurídica nada mais é do que *pensar conjuntamente* os atos normativos que a veiculam e o caso concreto.

45. Entender a norma jurídica é, ao mesmo tempo, interpretá-la e aplicá-la. Mas, para descobrir o modo pelo qual a norma jurídica é aplicável, é preciso olhar sucessivamente para ela (premissa maior) e para o fato da vida real (premissa menor).

46. *Introdução ao Pensamento Jurídico*, tradução de J. Baptista Machado, Fundação Calouste Gulbenkian, Lisboa, 2ª ed., 1968, pp. 78-79.

Afinado no mesmo diapasão, Paulo de Barros Carvalho acrescenta:

> *"É importante dizer que não se dará a incidência se não houver um ser humano fazendo a subsunção e promovendo a implicação que o preceito normativo determina. As normas não incidem por força própria. Numa visão antropocêntrica, requerem o homem, como elemento intercalar, movimentando as estruturas do direito, extraindo de normas gerais e abstratas outras gerais e abstratas ou individuais e concretas e, com isso, imprimindo positividade ao sistema, quer dizer, impulsionando-o das normas superiores às regras de inferior hierarquia, até atingir o nível máximo de motivação das consciências e, dessa forma, tentar mexer na direção axiológica do comportamento subjetivo. (...)*
>
> *"Firmados nessas meditações podemos notar, com hialina clareza, que a incidência não se dá, 'automatica e infalivelmente', com o acontecimento do fato jurídico tributário..."*.[47]

Destas preciosas lições se extrai que a incidência não se perfaz automática e infalivelmente, mas mediante a intervenção da autoridade competente, que analisa a descrição contida na norma (*questão de direito*) e o fato acontecido (*questão de fato*), para, a final, atestar que houve a *subsunção*. Quando todo este *iter* é percorrido, aí sim se desencadeiam as consequências previstas na norma jurídica.

Em suma, a incidência dá-se quando a autoridade competente, após haver extraído, mediante um labor mental, o *conceito* da hipótese normativa e o *conceito* do fato ocorrido, declara que este se subsumiu àquele.

Transplantando tais noções, apenas bosquejadas, para nosso campo de trabalho, temos que o tributo somente nascerá

---

47. *Direito Tributário – Fundamentos jurídicos da incidência*, Saraiva, São Paulo, 2ª ed., 1999, pp. 9 e 10.

in concreto, quando houver a subsunção do conceito do *fato imponível* ao conceito da *hipótese de incidência*. E, quem extrai estes conceitos (inclusive o conceito do *fato imponível*[48]) e declara a *subsunção* é a autoridade competente, observados os procedimentos legais de praxe.

Note-se que, no preciso instante em que um fato se ajusta a uma *hipótese de incidência tributária*, o tributo nasce no mundo real, mas ainda não ingressa no mundo jurídico. Para que isso aconteça, é imprescindível a intervenção do agente fiscal competente, que fará a *subsunção* e, com ela, desencadeará a incidência da norma jurídica tributária. Aí, sim, o tributo nasce também perante o Direito.

Logo, o tributo somente pode ser considerado juridicamente existente quando *(i)* uma lei houver descrito minuciosamente sua *hipótese de incidência*, *(ii)* o fato nela previsto tiver ocorrido, em todos os seus aspectos, no mundo real, e *(iii)* a autoridade competente promover, observadas as cautelas de estilo, a *subsunção*. Com a conjugação desses três fatores haverá um *sujeito ativo*, com o direito subjetivo à percepção de uma soma de dinheiro, a título de tributo, e um *sujeito passivo*, com o dever jurídico de efetuar seu pagamento.

Do exposto, vemos que a afirmação, tão em voga (que didaticamente, vez por outra, também faremos), de que o tributo nasce quando um fato realiza a *hipótese de incidência tributária*, visa apenas simplificar a compreensão do fenômeno jurídico da incidência da norma jurídica tributária. Em rigor, nesse momento, ele nasce num plano pré-jurídico. Só surgirá no plano jurídico, quando a autoridade competente declarar, por meio dos procedimentos adequados, que um

48. Também o reconhecimento do *fato imponível* há de ser feito pelo aplicador da norma jurídica. Pode-se dizer, pois, que só depois de analisado o fato acontecido e constatado que ele realizou o *tipo tributário*, é que pode ser havido por *fato imponível*.

fato, ocorrido no mundo real, se subsumiu a uma *hipótese de incidência tributária.*

Munidos de mais estes esquemas de raciocínio, podemos, agora, voltar nossas atenções para a *hipótese de incidência tributária*, não sem antes fazer breve análise da influência decisiva que a Constituição Federal exerce sobre este assunto.

Capítulo IV

A *HIPÓTESE DE INCIDÊNCIA TRIBUTÁRIA*

SUMÁRIO: *1. Generalidades. A supremacia da Constituição Federal e de seus grandes princípios. A competência tributária e a definição de hipótese de incidência. 2. A função da lei complementar prevista no art. 146, da Constituição Federal. 3. Os aspectos da hipótese de incidência tributária: 3.1. Aspecto material – 3.2. Aspecto espacial – 3.3. Aspecto temporal – 3.4. Observação necessária. 4. O caráter unitário do fato imponível tributário.*

1. Generalidades. A supremacia da Constituição Federal e de seus grandes princípios. A competência tributária e a definição de hipótese de incidência

I- A Constituição Federal é, como se sabe, a norma fundamental do nosso sistema jurídico. Ocupa, dentro da chamada *pirâmide jurídica*, posição de inconteste supremacia, tanto que dá *fundamento de validade* a todas as manifestações normativas não só do Estado, como das pessoas, físicas ou jurídicas, que se encontram sob sua tutela.

Além disso, indica *(i)* o modo de produção das demais normas jurídicas do ordenamento e *(ii)* quem tem competência para editá-las. É o que, de resto, em bem dosada lição, ensina Heleno Taveira Torres; *verbis*:

> *"... provém da Constituição a indicação técnica dos órgãos de produção de normas jurídicas e respectivas competências materiais, como ponto de partida para a construção do ordenamento, (...) de tal modo que qualquer regra jurídica produzida mantenha sempre compatibilidade formal e material com aquelas que determinem seu conteúdo ou os regimes formais de sua produção, como procedimentos e outros".*[49]

Pois bem. Sua localização no cimo da ordem jurídica faz com que a Constituição não possa ser contrariada por qualquer outro ato normativo. Daí falar-se em "*conformidade constitucional*", ou seja, que as normas inferiores (fruto da interpretação de leis, decretos, portarias, provimentos etc.) carecem de estar em harmonia com a *norma normarum* da ordem jurídica.

II- Dentro da Constituição Federal existem normas jurídicas mais e menos importantes. As mais importantes são as que veiculam *princípios*, por isso mesmo *princípios constitucionais*. Estes, sobrepairam as outras normas constitucionais porque, com seu maior grau de abstração, veiculam as diretrizes do ordenamento jurídico.[50]

Conforme já tivemos a oportunidade de escrever, *princípio constitucional "é um enunciado lógico, implícito ou explícito, que, por sua grande generalidade, ocupa posição de preeminência nos vastos quadrantes do Direito e, por isso mesmo, vincula, de modo inexorável, o entendimento e a aplicação das normas jurídicas que com ele se conectam".*[51]

---

49. "*Conflitos de fontes e de normas no Direito Tributário – O princípio de segurança jurídica na formação da obrigação tributária*", <u>in</u>, *Teoria Geral da Obrigação Tributária (estudos em homenagem ao Professor José Souto Maior Borges)*, coord. Heleno Taveira Torres, Malheiros Editores, São Paulo, 2005, p. 114.

50. De revés, as normas constitucionais que veiculam simples regras possuem pequeno grau de abstração, impende dizer, referem-se a situações mais específicas.

51. *Curso de Direito Constitucional Tributário*, São Paulo, Malheiros Editores, 26ª ed., 2010, pp. 44/45.

Por tais motivos, na análise de qualquer problema jurídico, por mais trivial que seja (ou aparente ser), deve-se, preliminarmente, buscar as culminâncias dos grandes princípios constitucionais, a fim de verificar em que direção apontam. Nenhum ato normativo (pouco importa se veiculado por meio de lei, decreto, portaria, provimento etc.) poderá prevalecer se em descompasso com eles.

Em idêntico sentido, as ponderações de Luís Roberto Barroso:

> *"O ponto de partida do intérprete há que ser sempre os princípios constitucionais, que são o conjunto de normas que espelham a ideologia da Constituição, seus postulados básicos e seus fins. Dito de forma sumária, os princípios constitucionais são as normas eleitas pelo constituinte como fundamentos ou qualificações essenciais da ordem jurídica que institui. A atividade de interpretação da Constituição deve começar pela identificação do princípio maior que rege o tema a ser apreciado, descendo do mais genérico ao mais específico, até chegar à formulação da regra concreta que vai reger a espécie".*[52]

Em suma, os princípios constitucionais exercem função importantíssima dentro do ordenamento, já que orientam, condicionam e iluminam a edição e a interpretação das demais normas jurídicas, inclusive as de conteúdo tributário.

III- De fato, nossa Carta Suprema contém grande número de princípios, que informam a ação estatal de exigir tributos.[53] Tais princípios, conjugados com as regras constitucionais

---

52. *Interpretação e Aplicação da Constituição*, 1ª ed., São Paulo, Saraiva, 1996, p. 141.

53. Por meio do exercício da ação de tributar, o Estado (no Brasil representado pelas pessoas políticas) exige, pelos meios em Direito admitidos, uma fração da riqueza privada das pessoas. Como explica Parravicini, "*o ente tributante estabelece relações diretas com os contribuintes e os chama a lhe entregarem uma quota, ou alíquota, da riqueza de que dispõem, ou que produzem, ou que transferem, ou que consomem*" (*Scienza delle Finanze*, Giuffrè, Milão, 1970, p. 243).

que com eles se conectam, não só apontam os fatos que podem ser alcançados pela tributação, como estabelecem os limites e condições de seu exercício, deixando pouca liberdade ao legislador ordinário das pessoas políticas.

Noutras palavras, a Constituição Federal adotou a técnica de indicar, de modo minudente e exaustivo, as áreas dentro das quais as pessoas políticas podem levar a efeito a tributação. Forjou, portanto, um rígido esquema de delimitação e distribuição de competências tributárias entre as pessoas políticas.[54]

Apenas para registro, *competência tributária* é a aptidão jurídica para criar, *in abstracto*, tributos, descrevendo, legislativamente, suas *hipóteses de incidência* (fatos geradores *in abstracto*), seus *sujeitos ativos*, seus *sujeitos passivos*, suas *bases de cálculo* e suas *alíquotas* (elementos estruturais dos tributos). Exercitando regularmente suas competências tributárias, as pessoas políticas expedem normas jurídicas gerais e abstratas, que traçam os elementos que, uma vez verificados no mundo real, permitirão, ao fisco ou a quem lhe faça as vezes, a identificação, individual e concreta, do *an* e do *quantum* das exações.

Caminhando na mesma direção, Tácio Lacerda Gama, em erudito estudo, assim define a competência tributária:

> "(Competência tributária é) *a aptidão, juridicamente modalizada como permitida ou obrigatória, que alguém detém, em face de outrem, para alterar o sistema de direito positivo, mediante a introdução de novas normas jurídicas que, direta ou indiretamente, disponham sobre a instituição, arrecadação e fiscalização de tributos*".[55]

A Constituição Federal traçou rigorosamente as competências tributárias, subtraindo, ao legislador ordinário (da

---

54. A outorga de competências às pessoas políticas, inclusive em matéria tributária, é da índole dos Estados, que, como o Brasil, adotam a forma federativa.

55. *Competência Tributária – fundamentos para uma teoria da nulidade*, Noeses, São Paulo, 2009, p. 218 (esclarecemos no parêntese).

União, dos Estados-membros, dos Municípios e do Distrito Federal), a possibilidade de livremente definir o alcance das *normas jurídicas* criadoras *in abstracto* de tributos (*normas jurídicas tributárias*).

Como se vê, as normas constitucionais autorizam as pessoas políticas a instituirem legislativamente determinados tributos (*competência material*), obedecidos procedimentos bem delineados (*competência formal*).

A importância do assunto avulta, na medida em que a Constituição, ao demarcar as competências tributárias, também indica o *conteúdo semântico mínimo* de cada tributo (importar produtos estrangeiros, obter renda, transmitir *causa mortis* bens ou direitos, praticar operações relativas à circulação de mercadorias, prestar serviços de qualquer natureza etc.). Tal *conteúdo semântico mínimo* deve obrigatoriamente ser levado em conta, pelas pessoas políticas, seja na criação *in abstracto* de tributos, seja – e principalmente – em seu lançamento e subsequente cobrança.

Depois, o *conteúdo semântico mínimo* é um relevantíssimo fator de solução de conflitos de competência tributária, porque permite – se por mais não fosse, pelo critério de exclusão – distinguir, para fins de tributação, um evento de outro. Assim, *auferir renda* <u>não</u> <u>é</u> o mesmo que *manter patrimônio*; praticar *venda mercantil* <u>não</u> <u>equivale</u> a prestar, em caráter negocial, *serviço de qualquer natureza*; praticar *operação financeira* <u>não</u> <u>é</u> <u>o</u> <u>mesmo</u> que *doar bens* etc. As hipóteses de incidência dos tributos estão, como é fácil notar, prefixadas no próprio Texto Magno.

Isso tudo traz outra importante consequência, qual seja, a impossibilidade de uma lei que trata do tributo <u>A</u> ser interpretada de modo a incidir sobre fatos que a Constituição reservou ao tributo <u>B</u>. Exemplificando para melhor esclarecer, uma lei que trata de vendas mercantis (tributáveis por meio de *ICMS*) não pode se interpretada de modo a alcançar prestações onerosas de serviços de qualquer natureza (tributáveis por meio de *ISS*), ainda que estes exijam, para se efetivar, o fornecimento de materiais.

Ademais, a rígida discriminação de competências tributárias assegura a *isonomia* das pessoas políticas, já que lhes garante a autonomia financeira e, graças a ela, as autonomias política, administrativa e legislativa.[56] Assim, permitir que uma pessoa política, ainda que por meio de artifícios exegéticos, se aposse de competências tributárias alheias, é o mesmo que ferir de morte a igualdade jurídica que a Constituição quer que reine entre a União, os Estados-membros, os Municípios e o Distrito Federal.

Ora, tal ocorreria, fatalmente, se a pessoa política, de moto próprio, alargasse o conteúdo semântico mínimo dos tributos de sua competência, para alcançar, total ou parcialmente, outros *standards*, constitucionalmente atribuídos a pessoas políticas diversas. Nessa medida, por exemplo, o conceito "*operações relativas à circulação de mercadorias*" (aspecto material do *ICMS*, tributo de competência dos Estados-membros) não pode ser alargado para alcançar, ainda que indiretamente, os "*serviços de qualquer natureza*" (aspecto material do *ISS*, tributo de competência dos Municípios).

IV- Com tais assertivas, sempre mais resulta claro que *competência tributária*, no Brasil, é tema exclusivamente constitucional. O assunto foi esgotado pelo próprio *poder constituinte* (ou, como querem alguns, *poder constituinte originário*[57]).

---

56. Entendemos por autonomia financeira, o conjunto de meios, tributários ou orçamentários, que levam a pessoa política a obter os recursos com os quais garantirá as demais autonomias (autonomia política, autonomia administrativa e autonomia legislativa).

57. Pessoalmente, repudiamos a expressão *poder constituinte originário*, por entendermos que inexiste um *poder constituinte derivado*. Este, na realidade, não possa de um *poder constituído*: pode, é certo, modificar a Constituição, mas observados certos limites (materiais e formais, implícitos e explícitos), tecnicamente conhecidos como "*cláusulas pétreas*" ou "*cláusulas de identidade constitucional*".

Noutros termos, o impropriamente chamado *poder constituinte derivado* é, no rigor dos princípios, *poder constituído* e, bem por isso, subordinado,

Em vão buscaremos, pois, nas normas infraconstitucionais, diretrizes a seguir sobre a criação, *in abstracto*, de tributos. Neste campo, elas, quando muito, explicitam o que, porventura, já se encontra implícito na Constituição. Nada de substancialmente novo, porém, lhe podem agregar ou subtrair.

Pois bem. A Constituição Federal demarcou as competências tributárias da União, dos Estados-membros, dos Municípios e do Distrito Federal, retirando, do legislador de cada uma dessas pessoas políticas, qualquer possibilidade de livremente vir a definir o alcance e o conteúdo das normas jurídicas que se ocupam com os já mencionados *elementos estruturais* dos tributos.

Deste modo, os entes políticos só podem atuar dentro do *campo competencial tributário* que lhes foi reservado pela Constituição Federal, uma vez que dela receberam não o *poder tributário* (incontrastável, absoluto), mas uma parcela deste, bastante reduzida, aliás.

Nessa linha, já tivemos o ensejo de sustentar:

> *"... o legislador de cada pessoa política (União, Estados, Municípios ou Distrito Federal), ao tributar, isto é, ao criar 'in abstracto' tributos, vê-se a braços com o seguinte dilema: ou praticamente reproduz o que consta da Constituição – e, ao fazê-lo, apenas recria, num grau de concreção maior, o que nela já se encontra previsto – ou, na ânsia de ser original, acaba ultrapassando as barreiras que ela lhe levantou e resvala para o campo da inconstitucionalidade".*[58]

---

condicionado e secundário. *Subordinado*, porque regrado pelas próprias normas constitucionais. *Regrado*, porque seu exercício deve obedecer à forma prefixada na Constituição. E, *secundário*, porque seu *fundamento de validade* é a Constituição vigente, que atualiza e, desde que não esbarre em *cláusulas pétreas*, completa.

58. *Curso de Direito Constitucional Tributário*, Malheiros Editores, São Paulo, 26ª ed., 2010, pp. 411/412.

É que a competência tributária é improrrogável, vale dizer, não pode ter suas dimensões ampliadas pela própria pessoa política que a detém. A esta entidade político-constitucional falta titulação jurídica para tanto.

De fato, se a própria Constituição Federal define as dimensões das competências tributárias das pessoas políticas, segue-se que estas não podem praticar atos que ultrapassem o campo fiscal que lhes foi reservado. Assim, seja a que pretexto for, a União não pode tributar a propriedade de veículos automotores; os Estados-membros, as prestações onerosas de serviços; os Municípios, as operações mercantis; e assim por diante. Nunca é demais lembrar que, no Brasil, a competência tributária traduz-se numa legitimação para criar exações (aspecto positivo) e num limite para fazê-lo (aspecto negativo).

O que as pessoas políticas podem fazer, sim, é utilizar, em toda a latitude, as competências tributárias que receberam da Constituição Federal.[59] Caso, porém, por meio de norma legal ou infralegal, vierem a dilatar as raias destas competências, de três uma: ou a norma invadirá seara imune à tributação, ou atropelará direitos fundamentais dos contribuintes, ou vulnerará campos tributários reservados a outras pessoas políticas. Em qualquer desses casos, será inconstitucional.

Amílcar de Araújo Falcão, meditando sobre o assunto, averbou:

---

59. Observados alguns limites, materiais e formais, admite-se, em tese, que uma emenda constitucional possa ampliar ou restringir competências tributárias. Trata-se, porém, de possibilidade de uso bem restrito, até porque o redimensionamento das competências tributárias não pode anular a autonomia financeira das pessoas políticas, pressuposto inafastável da autonomia jurídica que o *princípio federativo* (*cláusula pétrea*) lhes garante. Emenda constitucional que o fizesse, porque "*tendente a abolir a forma federativa de Estado*", afrontaria o disposto no art. 60, § 4º, I, da Constituição da República.

> *"A competência (tributária) é, por isso, matéria de direito estrito e, como tal, inalterável. É ainda Forsthoff quem o afirma, ao asseverar que o titular de uma competência não pode transferir ou alterar poderes ou faculdades que se integram dentro da competência".*[60]

Os limites que a Constituição traçou para que as pessoas políticas tributem não podem ser deslocados nem pelo Código Tributário Nacional (ou diplomas normativos que lhe façam as vezes), nem por meio de leis complementares ou ordinárias, decretos, portarias, atos administrativos etc. Por muito maior razão, também a interpretação fazendária ou a vontade dos virtuais contribuintes não tem como ampliar ou restringir competências tributárias.

V- Repisamos que as competências tributárias das pessoas políticas foram perfeitamente desenhadas por grande messe de normas constitucionais. Tais normas guiam o legislador ordinário (federal, estadual, municipal ou distrital), enquanto institui, *in abstracto*, as várias exações.

De fato, a Constituição brasileira, ao discriminar as competências tributárias, traçou a *regra-matriz* (a *norma padrão de incidência*) de cada exação. Noutro falar, apontou, ainda que de maneira implícita, a *hipótese de incidência possível*, o *sujeito ativo possível*, o *sujeito passivo possível*, a *base de cálculo possível* e, num certo sentido, até mesmo a *alíquota possível*[61] das várias espécies e subespécies tributárias.[62] Destacamos

---

60. *Sistema Tributário Brasileiro*, Edições Financeiras, Rio de Janeiro, 1965, pp. 126-127 (esclarecemos no parêntese).

61. Embora a Constituição não tenha precisado a *alíquota possível* das várias exações, não resta dúvida de que deu indicativos suficientes para sua fixação, na medida em que determinou que nenhum tributo pode ter efeitos confiscatórios, que as exações devem atender ao primado da razoabilidade, que os impostos devem respeitar o *princípio da capacidade contributiva*, que o imposto sobre a renda deve ser informado pelo critério da progressividade e assim avante. Da conjugação destes ditames ressai a *alíquota possível* de todos os tributos.

62. *V.*, *infra*, neste Capítulo, *inc. Ia*, do *subitem 3.1*.

que, o legislador, ao exercitar quaisquer das competências tributárias reservadas à *sua* pessoa política, deverá ser fiel à *regra-matriz* do tributo, pré-traçada na Carta Magna. Não pode fugir deste "*modelo*" constitucional.

VI- Sempre mais se nota que o constituinte originário estabeleceu, de modo peremptório, alguns enunciados que necessariamente deverão integrar as normas jurídicas instituidoras dos tributos. Estes enunciados formam o *domínio mínimo necessário*, ponto de partida inafastável do processo de criação *in abstracto* dos tributos.

Nunca é demais lembrar que o tributo é exigido "*iure imperii*", isto é, a partir de um ato de autoridade, sem que, para seu surgimento, concorra a vontade do contribuinte. Ora, é justamente a Constituição, com seus grandes princípios, que mantém a ação de tributar dentro do "*Estado Democrático de Direito*".

Logo, ao mesmo tempo em que distribuiu competências tributárias, a Constituição indicou os "*padrões*" que o legislador de cada pessoa política deverá observar, enquanto cria as várias figuras exacionais. Ou, se preferirmos, reduziu cada tributo a um *arquétipo*, que não pode ser desconsiderado.

Em consequência, o âmbito de abrangência de todos os tributos encontra-se mapeado no Diploma Magno, de tal sorte que a pessoa política, ao instituí-los *in abstracto*, tem poucas alternativas, o que dá ao contribuinte a *previsibilidade* do que o aguarda, em termos de tributação, quando ocorrerem determinados atos ou fatos.

Colocando a ideia sob outro prisma, a pessoa política, ao exercitar sua competência tributária, deve necessariamente observar os padrões e os limites fixados na Carta Suprema, sob pena de atropelar direitos fundamentais do contribuinte e, assim, incidir em inconstitucionalidade.

VII- Nenhuma pessoa, física ou jurídica, pode ser tributada por fatos que estão fora da regra-matriz constitucional da exação que lhe está sendo exigida, sob pena de se imprimir ao tributo feições confiscatórias, violando-se, destarte, o disposto no art. 150, IV, da Lei Maior e, em última análise, o próprio *direito de propriedade*.

Destaque-se, ainda, que a ação de tributar de algum modo lanha a propriedade privada, que se encontra protegida nos arts. 5º, XXII, e 170, II, ambos da Constituição Federal. Isto explica, pelo menos em parte, a razão pela qual nossa Carta Magna disciplinou, de modo tão rígido, o mecanismo de funcionamento da tributação, ao mesmo tempo em que amparou os contribuintes com grande plexo de direitos e garantias contra eventuais excessos fazendários.

Assim, os tributos, longe de poderem ser exigidos atabalhoadamente, devem respeitar *extenso catálogo* de direitos fundamentais dos contribuintes (estrita legalidade, anterioridade, reserva de competência, igualdade, proporcionalidade etc.), que faz o contraponto ao inegável dever que a ordem jurídica lhes impõe, de suportá-los.[63]

---

63. O Min. Celso de Mello, no julgamento do Recurso Extraordinário 346.084/PR, deixou patenteada a importância dos princípios, na garantia do contribuinte contra os abusos no poder de tributar; *verbis*: "*A prática das competências impositivas por parte das entidades políticas investidas da prerrogativa de tributar não pode caracterizar-se como instrumento que, arbitrariamente manipulado pelas pessoas estatais, venha a conduzir a destruição ou a comprometimento da própria ordem constitucional. A necessidade de preservação da incolumidade do sistema consagrado pela Constituição Federal não se revela compatível com pretensões fiscais contestáveis do Poder Público, que, divorciando-se dos parâmetros estabelecidos pela Lei Magna, busca impor ao contribuinte um estado de submissão tributária absolutamente inconveniente com os princípios que informa e condicionam, no âmbito do Estado Democrático de Direito, a ação das instâncias governamentais.*

"*Bem por isso, tenho enfatizado a importância de que o exercício do poder tributário, pelo Estado, deve submeter-se, por inteiro, aos modelos jurídicos positivados no texto constitucional, que institui, em favor dos contribuintes, decisivas limitações à competência estatal para impor e exigir, coativamente, as diversas espécies tributárias existentes.*

"*O respeito incondicional aos princípios constitucionais evidencia-se como dever inderrogável do Poder Público. A ofensa do Estado a esses valores – que*

A propósito, convém lembrar que as normas infraconstitucionais, para terem validade, devem passar pela *filtragem constitucional*, na feliz expressão de Clèmerson Merlin Clève. Assim, o operador jurídico *lato sensu* somente estará sujeito à lei tributária enquanto válida, isto é, coerente com o conteúdo material da Constituição.

Em suma, o legislador de cada uma das pessoas políticas encontra, na Carta Suprema, perfeitamente iluminado e demarcado, o campo competencial tributário que, só ele, está credenciado a percorrer.

Salientamos que é o exercício, por meio de lei, da competência tributária, que cria "*in abstracto*" o tributo. De fato, somente após a edição da lei que desenha a norma jurídica tributária, em todos os seus elementos essenciais (hipótese de incidência, sujeito ativo, sujeito passivo, base de cálculo e alíquota), podemos falar que a exação encontra-se instituída. É, pois, a norma infraconstitucional – obviamente quando em compasso com o Diploma Supremo – que obriga seu destinatário a adotar o comportamento de levar dinheiro aos cofres públicos.

VIII- Também é oportuno enfatizar que um dos traços característicos da competência tributária é sua *privatividade* (ou, se preferirmos, com Geraldo Ataliba, sua *exclusividade*[64]). Cada pessoa política tem sua própria faixa competencial tributária, que nenhuma outra pessoa política pode invadir, sob pena de inconstitucionalidade.

---

desempenham, enquanto categorias fundamentais que são, um papel subordinante na própria configuração dos direitos individuais e coletivos – introduz, de um lado, um perigoso fator de desequilíbrio sistêmico e rompe, de outro, por completo, a harmonia que deve presidir as relações, sempre tão estruturalmente desiguais, entre indivíduos e Poder".

64. A contribuição de Geraldo Ataliba ao estudo do assunto é, como sempre, valiosa: "*Quem diz privativa, diz exclusiva, quer dizer: excludente de todas as demais pessoas; que priva de seu uso todas as demais pessoas. A exclusividade da competência de uma pessoa implica proibição peremptória, erga omnes, para exploração desse campo*" (*Sistema Constitucional Tributário Brasileiro*, Revista dos Tribunais, São Paulo, 1º ed., 1966, p. 106).

Como corolário, as pessoas políticas só podem criar *in abstracto* tributos, se permanecerem dentro das faixas tributárias exclusivas, que a Constituição lhes outorgou.

As normas constitucionais que discriminam competências tributárias encerram duplo comando; a saber: *a)* habilitam a pessoa política contemplada – e somente ela – a criar o tributo; e, *b)* proíbem as demais de fazê-lo.

Daí falarmos em *princípio da reserva das competências tributárias*.

Em consequência, as regras infraconstitucionais somente serão válidas, quando respeitarem este princípio[65] e, mais do que isso, forem aplicadas de modo a concretizar tal *reserva*, que não se altera, ainda que a pessoa política competente deixe de tributar.

Com efeito, o eventual não-exercício da competência tributária, por parte da pessoa política que a detém, não a transfere para outra pessoa política; tampouco a autoriza a dela se apossar. Afinal, como vimos, a competência tributária é *improrrogável*. Assim, diga-se de passagem, prescreve – interpretando bem os ditames constitucionais – o art. 8º, do Código Tributário Nacional.[66]

A reserva de competência tributária importa, *a contrario sensu*, interdição, que resguarda a eficácia de sua singularidade. Ao mesmo tempo em que *afirma* a aptidão daquela pessoa política, para criar *aquele determinado* tributo, *nega* a das demais, para fazerem o mesmo, ou seja, para o instituírem. É cláusula vedatória implícita, de endereço *erga omnes*, salvo, é claro, o

---

65. Note-se que as normas constitucionais, além de limitarem o poder do Estado, asseguram direitos individuais e coletivos. Daí a necessidade de se buscar a maior eficácia possível dos princípios constitucionais, sob pena de transformá-los em promessas inconsequentes da Carta Magna.

66. Código Tributário Nacional – "*Art. 8º. O não-exercício da competência tributária não a defere a pessoa jurídica de direito público diversa daquela a que a Constituição a tenha atribuído*".

próprio destinatário da faculdade: a pessoa política competente, nos termos da Constituição Federal.

A instituição (ou exigência) de um dado tributo, por pessoa política incompetente, viola normas constitucionais, não podendo a anomalia ser sanada, nem mesmo com o beneplácito de quem sofreu a usurpação. Quanto mais, diante de seu silêncio ou oposição.

Rubens Gomes de Sousa captou bem a ideia. Ouçamo-lo:

> *"Quando se alega incompetência, automaticamente se está alegando que alguém extravasou de limites. Portanto, talvez melhor do que a referência direta à competência, a referência indireta, pois a arguição de incompetência torna mais patente ainda que se trata de um ato exercido fora de limites prefixados".*[67]

Portanto, a pessoa política que cria legislativamente o tributo, de duas uma: ou tem competência constitucional para fazê-lo (e ele será válido), ou não na tem (e ele será inválido, já que constitucionalmente ilegítimo, por invasão de competência).

Em resumo, a faculdade de instituir tributos, conferida pela Constituição às pessoas políticas, está longe de ser ilimitada. Pelo contrário, a Carta Magna, ao tratar das competências tributárias, demarcou-lhes as *fronteiras*. *Fronteiras* que a União, os Estados, os Municípios e o Distrito Federal devem rigorosamente observar.

Impende notar que, o não-exercício da competência tributária, por parte da pessoa política que a detém, favorece aos virtuais contribuintes, que ficam, em decorrência da omissão, livres de sofrer o gravame fiscal. Aclarando a ideia, a competência que a pessoa política <u>*A*</u> recebeu da Constituição, em caráter privativo, para criar o tributo <u>*X*</u>, impede as pessoas

---

67. *Comentários ao Código Tributário Nacional*, em co-autoria com Geraldo Ataliba e Paulo de Barros Carvalho, São Paulo, EDUC/Ed. RT, 1975, pp. 68/69.

políticas B, C, D..., N de fazerem o mesmo; ainda que a pessoa política A se omita. Ou, fugindo da aridez da teoria: a competência que a União recebeu da Constituição, em caráter privativo, para, por exemplo, criar o *IPI* (art. 153, IV), proíbe as demais pessoas políticas de fazerem o mesmo; ainda que a União não a exercite ou não a esgote. Positivamente, nosso sistema jurídico não tolera usurpações de competência tributária.

De conseguinte, os contribuintes (pessoas físicas ou jurídicas) têm o direito constitucional subjetivo de só serem tributados pela pessoa política competente e, ainda assim, desde que esta observe a *regra-matriz exacional*, pré-qualificada no próprio Texto Magno.

IX- Desenvolvendo as assertivas *supra*, temos que a Constituição delimitou o *campo tributável* e deu, em caráter privativo, uma parte dele à União; outra, a cada um dos Estados-membros; ainda outra, a cada um dos Municípios; e, a última, ao Distrito Federal. Logo, cada uma das pessoas políticas recebeu, da Carta Suprema, faixas competenciais tributárias próprias.

Enfim, a Constituição Federal, para as pessoas políticas, é a *Carta das Competências Tributárias*: indica o que podem, o que não podem e o que devem fazer, enquanto criam *in abstracto* tributos.

Logo, *(i)* têm competência tributária, no Brasil, as pessoas políticas; *(ii)* as competências tributárias são privativas e exclusivas; e, *(iii)* o assunto é eminentemente constitucional, não podendo ser retrabalhado nem em nível legal, nem – é mais do que evidente – em nível infralegal.

X- Assim, embora a Constituição Federal não tenha criado tributos, deu às pessoas políticas competências para que, querendo, venham a fazê-lo. Também, como veremos mais adiante, classificou-os em espécies e subespécies.

A par disso, como já vimos, a Constituição apontou o arquétipo (a regra-matriz) das várias espécies e subespécies tributárias, ou seja, sinalizou, de modo bastante claro, quais devem ser suas hipóteses de incidência, seus sujeitos ativos, seus sujeitos passivos, suas bases de cálculo e suas alíquotas. Deixou, portanto, neste particular, pouca margem de liberdade para o legislador infraconstitucional.

De fato, os perfis dos tributos encontram-se traçados na Constituição Federal e, assim, as pessoas políticas, ao criá-los *in abstracto*, devem necessariamente a eles se ajustarem. Dando um exemplo, quando o Estado-membro cria *in abstracto* o imposto sobre operações relativas à circulação de mercadorias e serviços, não pode erigir qualquer figura tributária, tendo apenas o cuidado de pespegar-lhe o rótulo *ICMS*, mas, pelo contrário, há de fazê-lo com total observância do disposto no art. 155, II, e §§ 2º a 5º, da Constituição Federal.

Daí que a classificação constitucional dos tributos não é apenas nominal, mas, também, conceitual. Deveras, a Constituição, além de designar os tributos, indicou o regime jurídico que cada um deles deverá obedecer.

Com tal cautela protegeu aos virtuais contribuintes, que passaram a ter o direito subjetivo de só serem tributados de acordo com as regras-matrizes constitucionais. Afinal, um tributo criado, *in abstracto*, fora de sua regra-matriz, é inconstitucional, por assumir feições confiscatórias e, assim, afrontar o direito de propriedade.

XI- Muito bem. O tributo nasce quando se verifica, no mundo em que vivemos (mundo fenomênico), o fato, lícito, não-voluntário e juridicamente possível, minudentemente descrito na *hipótese de incidência* da norma jurídica tributária.[68] Nasce, pois, com a ocorrência do *fato imponível*, que, no entanto, deve ser traduzido em linguagem competente, como mais adiante veremos.

---

68. Em sentido aproximado ao nosso, Dino Jarach, observa que "*a relação jurídica tributária – apesar de existir por força da lei – exige, como requisito fundamental para o seu nascimento, que se verifiquem, na realidade fática, o fato ou os fatos definidos abstratamente, pela lei, como pressupostos da obrigação*" ("*Estrutura e elementos da relação jurídico-tributária*", trad. de Geraldo Ataliba, in Revista de Direito Público, vol. 16, p. 337).

Relembramos[69] que a norma jurídica tributária (como qualquer outra norma jurídica) apresenta uma estrutura lógica composta de um *antecedente* (*pressuposto de natureza jurídica* ou *suposto de fato*), a que se associam, caso ele se configure no mundo real, determinados efeitos (*consequente*).

Hipótese de incidência, em resumo, é o fato, descrito em lei, que, acontecido no mundo fenonêmico, faz nascer a relação jurídica tributária, que tem por objeto a *dívida tributária*. Ou, como quer Geraldo Ataliba, é o fato, descrito em lei, que, se e quando acontecido, faz nascer, para uma dada pessoa, o dever de pagar um tributo.

Tal fato – é bom que se frise – deve ser de ocorrência possível na realidade social (*v. g.*, obter rendimentos), pois, do contrário, não terá como produzir efeitos jurídicos; no caso, desencadear o nascimento do tributo.

Portanto, a lei traça, dentre os fatos de possível realização, a *hipótese de incidência*, que não deve ser confundida com o *pressuposto de fato*[70], a cuja ocorrência atribui o efeito jurídico de fazer nascer a obrigação tributária principal.[71]

Observe-se que o fato indicado pelo legislador, na *hipótese de incidência* da norma tributária, existe somente no plano das factibilidades, e, por isso, pertence ao mundo abstrato.

---

69. *V.*, *supra*, Capítulo II.

70. Pressuposto de fato é a porção da realidade que a Constituição Federal, ao discriminar as competências tributárias, considera passível de ser alvo de tributação. Revela, (i) nos impostos, capacidade contributiva (renda, patrimônio, propriedade de veículo automotor etc.), (ii) nas taxas, a atividade estatal que pode consistir ou num serviço público específico e divisível, ou num ato de polícia de efeitos concretos, e, (iii) na contribuição de melhoria, a atividade estatal que se traduz numa obra pública.

71. A *hipótese de incidência* tem uma função similar à encontrável no tipo penal, já que ambos descrevem uma situação jurídica que, verificada no mundo fenomênico, determinará o surgimento do tributo, no primeiro caso; do crime, no outro.

XII- Não devemos confundir este fato, descrito na lei, e por ela alçado à condição de *hipótese* ou *suposto*, com a *ocorrência real* deste fato. Noutros termos, mais técnicos, precisamos distinguir a *hipótese de incidência tributária* (*fato gerador "in abstracto" do tributo*), do *fato imponível do tributo* (*fato gerador "in concreto" do tributo*). Este último, por guardar total correspondência com o fato descrito na *hipótese de incidência*, origina – depois de realizada, pela autoridade competente e observados os ritos apropriados, a imprescindível *subsunção*[72]– a obrigação tributária principal.

Esta, diga-se de passagem, é uma distinção conceitual que a melhor doutrina vem fazendo com clareza. Deveras, uma realidade é o fato descrito em lei, que, acontecido, faz nascer o tributo (a *hipótese de incidência*) e, outra, muito diversa, é o *fato que aconteceu*, isto é, que realizou o *tipo tributário*[73] e determinou o surgimento, "*in concreto*", do tributo (o *fato imponível*). Como não é difícil notar, estamos, neste passo, diante de dois planos distintos e, assim, inconfundíveis: o primeiro, *abstrato*, *normativo*; o outro, *concreto*, *fático*. A *hipótese de incidência* está na lei, ou seja, no patamar das ideias, das construções normativas, abstratas; o *fato imponível*, no mundo fenomênico, concreto, materialmente tangível.

Apresentando a ideia sob outro enfoque, mais sintético, a *hipótese de incidência* é o *tipo tributário*; o *fato imponível*, o *fato típico do tributo*.

A realização do *fato imponível* determina o nascimento da obrigação tributária.[74] É, portanto, um *fato jurídico*, tomada a

---

72. *V.*, *supra*, Capítulo III.

73. Na precisa definição de Klaus Tipke e Joaquim Lang, o "*tipo legal tributário é a 'síntese' (Inbegriff) dos elementos típicos, que fundamentam o nascimento da pretensão tributária*" (Direito Tributário, vol. I, tradução da 18ª edição alemã, de Luiz Dória Furquim, Sergio Antonio Fabris Editor, Porto Alegre, 2008, p. 364).

74. A obrigação tributária nasce quando se realiza o *fato imponível*. Este momento é chamado "*devengo*", pela doutrina espanhola. Com a palavra

expressão no sentido de acontecimento que produz efeitos de direito; no caso, o efeito de fazer nascer a obrigação tributária.

O tributo só pode ser validamente lançado e exigido quando um fato ajustar-se rigorosamente a uma *hipótese de incidência tributária* (ou *fato gerador "in abstracto"*). E este fato outro não é senão o *fato imponível* (ou *fato gerador "in concreto"*).

Remarque-se que o tributo nasce, *(i)* no mundo real, no momento que ocorre o fato descrito na *hipótese de incidência* (*tipo legal tributário*), à qual a lei conecta o dever de efetuar a prestação e *(ii)* no mundo jurídico, quando a autoridade competente promove a *subsunção*.

XIII- Sempre a propósito, já se disse que a *hipótese de incidência* traça uma moldura e que o *fato imponível*, para assim ser considerado, deve preenchê-la por inteiro. Se faltar um aspecto, prazo ou pormenor, por mais singelo, ainda não ocorreu o *fato imponível* e, portanto, ainda não nasceu a obrigação tributária. Daí a sempre lembrada frase de Albert Hensel: "*só deves pagar tributo se realizas o fato imponível*".[75]

Seguindo na trilha do notável mestre germânico, temos que, para que ocorra o *fato imponível*, é necessário que se concretizem (no mundo real) todos os pressupostos erigidos pelo legislador, como condições suficientes para o nascimento do tributo.[76]

José Juan Ferreiro Lapatza, um de seus mais lídimos representantes: "... *nosso Direito positivo utiliza normalmente a palavra 'devengo' para designar o momento em que, realizado o fato imponível, nasce a obrigação de contribuir e, em consequência... o Estado adquire o direito de perceber o tributo*" (*Curso de Derecho Financiero Español*, Marcial Pons, Madrid, 12ª ed., 1990, pp. 484 e 485).

75. *Diritto Tributario*, trad. de Dino Jarach, Dott. Giuffrè – Editore, Milão, 1956, p. 148 (traduzimos para o vernáculo). Literalmente, a frase é: "*Il comando – tu devi pagare delle imposte – è sempre condizionato dalla frase: se tu realizzi la fattispecie legale*".

76. A doutrina italiana foi sobremodo feliz ao cunhar o termo *fattispecie*, palavra que contém, em seu étimo, o vocábulo latino *speculum* (espelho). Realmente, assim como o espelho reflete as imagens que sobre ele incidem, o *fato imponível*, reproduz, no mundo real (portanto, *in concreto*), a imagem

Positivamente não há espaço jurídico para a cobrança do tributo por meio do emprego da *analogia*.[77]

Como se vê, a obrigação tributária nasce *in concreto*, no instante mesmo em que ocorre o *fato imponível*, isto é, em que se realiza a *hipótese* eleita pela lei, como suficiente ao nascimento da relação jurídica em que se traduz o dever de recolher a exação. Rememore-se, no entanto, que tal nascimento, para produzir efeitos no mundo jurídico, precisa ser declarado pela autoridade competente.

XIV- Convém notar, ainda, que a *hipótese de incidência tributária*, conquanto forme um único conceito, pode ser logicamente decomposta em três aspectos:[78] o material, o espacial e o temporal.[79] Assim, somente estará completamente delineada,

---

abstrata construída pela *hipótese de incidência* da norma jurídica tributária. Só haverá tributo quando um fato ocorrido "*espelhar*" o arquétipo contido na hipótese de incidência.

77. A analogia é o procedimento lógico que consiste em aplicar, a um caso não expressamente regulado, norma que disciplina outro a ele semelhante. É meio de integração das lacunas jurídicas. É o que ensina Tércio Sampaio Ferraz: "*O uso da analogia, no direito, funda-se no princípio geral de que se deva dar tratamento igual a casos semelhantes. Segue daí que a semelhança deve ser demonstrada sob o ponto de vista dos efeitos jurídicos, supondo-se que as coincidências sejam maiores e juridicamente mais significativas que as diferenças. Demonstrada a semelhança entre dois casos, o intérprete percebe, simultaneamente, que um não está regulado e aplica a ele a norma do outro. A analogia permite constatar e preencher a lacuna*" (*Introdução ao Estudo do Direito – Técnica, Decisão, Dominação*, Atlas, São Paulo, 1988, p.274).

No campo tributário, todo ele submetido aos princípios da *estrita legalidade* e da *tipicidade fechada*, a analogia, embora possível, há de ser empregada com parcimônia, quando não com mão avara. De qualquer modo, nunca para prejudicar o contribuinte (analogia *in peius*), como, de resto, ressai da só leitura do art. 108, I, do Código Tributário Nacional ("*O emprego da analogia não poderá resultar na exigência de tributo não previsto em lei*").

78. Preferimos falar em *aspectos* (ou *critérios*) ao invés de *elementos*, palavra que encerra a errônea ideia de que a *hipótese de incidência* pode ser composta por diversos fatos isolados e independentes entre si, quando, como vimos, sempre descreve um único fato jurídico.

79. Paulo de Barros Carvalho argutamente observa: "*A hipótese das normas jurídicas representa sempre a descrição de um fato. Assim compreendida, tem*

quando a lei, ao descrever seu aspecto material, indicar o momento (aspecto temporal) e o local (aspecto espacial) em que o *fato imponível* será tido por realizado.[80]

Todos estes aspectos são igualmente importantes, já que, à falta de qualquer deles, não haverá ainda *hipótese de incidência tributária* e, assim, não poderá ocorrer o *fato imponível* do tributo.

Portanto, a hipótese de incidência deve descrever não só a ação do virtual contribuinte, idônea a fazer nascer o tributo, como quando e onde ela será tida por realizada.

Assinale-se, porém, que a rígida e minuciosa discriminação constitucional das competências tributárias praticamente retirou, do legislador das várias pessoas políticas, a liberdade para fixar tais aspectos. Eles já se encontram indicados, ainda que de modo difuso, no Diploma Maior, pelo que à lei, inclusive a complementar (prevista no art. 146, da *CF*) é dado apenas agregar-lhes elementos explicitadores e, nesse sentido, secundários.

É o que melhor passamos a expor e a fundamentar.

---

a integridade de todas as outras categorias jurídicas. Isso não impede, contudo, que possamos promover a decomposição lógica desse conceito, com a finalidade de destrinçá-lo para, dessa operação intelectual, enuclear dados fundamentais, que informarão estudo sistemático desta categoria jurídica" (*Teoria da Norma Tributária*, Max Limonad, São Paulo, 4ª ed., 2002, pp. 122-123).

Mutatis mutandis, esta linha de raciocínio vale para todos os objetos, sejam eles culturais ou materiais. Valemo-nos novamente de um exemplo de aula que ouvimos deste mestre: uma esfera forma um todo logicamente incindível, tanto que, dependendo de como a seccionarmos, teremos outras figuras geométricas (duas semi-esferas, um cone, um quadrado, uma pirâmide etc.). Isso não impede, entretanto, que ela venha estudada quando à cor, ao diâmetro, ao peso, ao brilho, ao material de que é feita e assim por diante.

80. Dentro da nossa óptica, os dados necessários para individualizar a pessoa que figurará no pólo negativo da obrigação tributária, bem como seus elementos quantitativos (base de cálculo e alíquota), encontram-se no consequente da norma jurídica tributária.

2. A função da lei complementar prevista no art. 146, da Constituição Federal

I- As competências tributárias que as pessoas políticas receberam da Constituição Federal não podem ser restringidas, ampliadas, ou, muito menos, anuladas, por meio de lei complementar; nem mesmo, pela aludida no art. 146, deste Diploma Magno; *verbis*:

> *"Art. 146. Cabe à lei complementar:*
>
> *"I- dispor sobre conflitos de competência, em matéria tributária, entre a União, os Estados, o Distrito Federal e os Municípios;*
>
> *"II- regular as limitações constitucionais ao poder de tributar;*
>
> *"III- estabelecer normas gerais em matéria de legislação tributária, especialmente sobre:*
>
> *"a) definição de tributos e de suas espécies, bem como, em relação aos impostos discriminados nesta Constituição, a dos respectivos fatos geradores, bases de cálculo e contribuintes;*
>
> *"b) obrigação, lançamento, crédito, prescrição e decadência tributários;*
>
> *"c) adequado tratamento tributário ao ato cooperativo praticado pelas sociedades cooperativas;*
>
> *"d) definição de tratamento diferenciado e favorecido para as microempresas e para as empresas de pequeno porte, inclusive regimes especiais ou simplificados no caso do imposto previsto no art. 155, II, das contribuições previstas no art. 195, I e §§ 12 e 13, e da contribuição a que se refere o art. 239".*

Para o desenvolvimento do nosso tema, interessam-nos particularmente os incisos I e III, *a*, do mencionado artigo 146. Assim, é sobre eles que nos demoraremos.[81]

---

81. Para melhor detalhamento do assunto, v. nosso *Curso*, pp. 961 a 1052.

II- A lei complementar a que alude o inc. I, do art. 146, da Constituição Federal, tem o papel de orientar a produção legislativa das pessoas políticas em matéria tributária, de modo a evitar conflitos de competência entre elas. Com isso, prestigia os princípios *federativo*, *da autonomia municipal* e *da autonomia do Distrito Federal*, de fora a parte contribuir para que venham reforçados os direitos e garantias dos contribuintes.

É certo que a esta lei complementar não é dado redesenhar as competências tributárias outorgadas às pessoas político-constitucionais. Tem, todavia, a importante função de remarcar as linhas, por vezes tênues, que separam os campos tributários da União, de cada um dos Estados-membros, de cada um dos Municípios e do Distrito Federal.

Realmente, embora a Carta Magna tenha tido extremo cuidado ao distribuir e delimitar as competências tributárias das pessoas políticas, o fato é que nela há pontos que podem suscitar insuficiências intelectivas. É aí que há espaço para que a lei complementar explicite os relatos constitucionais, prevenindo conflitos e, assim, evitando invasões de competência tributária.

Contemplando-a, o legislador das várias pessoas políticas encontra, enquanto cria *in abstracto* tributos, melhor mapeado o caminho que a Constituição o autoriza a palmilhar. As linhas divisórias (intransponíveis) que separam os campos tributários da União, dos Estados-membros, dos Municípios e do Distrito Federal já existem: foram traçadas pelas mãos cuidadosas do constituinte. À lei complementar está reservada, no entanto, a missão de torná-las mais nítidas.

Sabemos que, em tese, os conflitos de competência, em matéria tributária, não deveriam ocorrer, já que a rígida e cuidadosa discriminação de competências tributárias, levada a cabo pela Lei das Leis, os afastou. Reiterando o que sustentamos no início deste capítulo, se, nos termos do Texto Magno, o fato *X* somente pode ser tributado pela pessoa política *A*, logicamente não pode haver conflitos entre ela – enquanto submete à tributação o realizador deste mesmo fato *X* – e as demais pessoas políticas. Na prática, porém, amiúde acontecem, pela inexata compreensão do que se encontra constitucionalmente estatuído. Em ordem a superá-los, nosso sistema jurídico conta com o concurso da lei complementar ora em estudo.

Notamos, pois, que a lei complementar prevista no art. 146, I, da Carta Magna, tem a relevante tarefa de reforçar o perfil constitucional de cada tributo, desenhando-o mais em detalhe e circunscrevendo seus exatos contornos, tudo para que, *na prática*, não surjam conflitos entre as pessoas políticas tributantes. Parafraseando Pontes de Miranda, podemos dizer que ela é "*uma lei sobre leis de tributação*".

III- Já, como vimos, o art. 146, III, *a*, da Constituição Federal, preceitua caber à lei complementar, "*estabelecer normas gerais em matéria de legislação tributária, especialmente sobre definição de tributos e de suas espécies, bem como, em relação aos impostos discriminados nesta Constituição, a dos respectivos fatos geradores, bases de cálculo e contribuintes*".

Pelas razões expostas nos itens precedentes, temos por certo que este dispositivo absolutamente não autoriza a lei complementar a modificar as *regras-matrizes* dos tributos, que, constitucionalmente traçadas, não podem ter seus contornos alterados por normas jurídicas de inferior hierarquia.

Evidentemente, tal inciso, com sua alínea "*a*", deve ser entendido em perfeita harmonia com o sistema constitucional tributário, como um todo considerado.

IIIa- Avançando o raciocínio, a lei complementar que estabelecer normas gerais em matéria de legislação tributária – tanto quanto qualquer outra lei complementar – subordina-se à Constituição e a seus grandes princípios.

Com a asserção pretendemos significar que tal lei complementar não tem a prerrogativa de buscar, nela própria, *fundamento de validade*. Muito pelo contrário, somente poderá irradiar efeitos se e enquanto estiver "*dentro*" da *pirâmide jurídica*, em cuja cúspide situam-se as normas constitucionais.

Esta verdade científica não pode ser contestada. Observe-se, em reforço da ideia, que também as leis complementares veiculadoras de *normas gerais em matéria de legislação tributária* sujeitam-se ao controle da constitucionalidade a que estão submetidos os atos normativos em geral.

IIIb- Admitimos, num esforço de arranjo, que a lei complementar sob foco temático poderá iluminar pontos controvertidos de nosso sistema constitucional tributário, desde que não o altere, nem, muito menos, o destrua. *Não lhe é dado inovar, mas, apenas, enunciar*. Para além destas estreitas fronteiras, estará avocando atribuições que não lhe pertencem.

Notamos, pois, com facilidade, que o art. 146, III, *a*, da Constituição Federal, somente autoriza a lei complementar a reforçar o perfil constitucional de cada tributo, desenhando-o mais em detalhe e ressaltando seus exatos contornos.

IIIc- Também a Constituição não conferiu ao legislador complementar um *cheque em branco* para apontar os "*fatos geradores, bases de cálculo e contribuintes*" dos impostos nela discriminados.

Pelo contrário, a lei complementar deve limitar-se, no caso, a estabelecer os *pormenores normativos* que facilitarão a correta aplicação das normas constitucionais tributárias. Estabelecendo uma analogia, atua, em relação à Constituição, como o regulamento em face da lei: provê-lhe a fiel execução.

Daí por que, em rigor, não será a lei complementar que definirá os "*fatos geradores, bases de cálculo e contribuintes*" dos impostos discriminados na Constituição. Tudo isto foi feito por ela própria, com extremo cuidado e rigor.

A função da lei complementar, a respeito, é meramente *declaratória*, devendo materializar, apenas, o "*propósito de explicitação*" dos ditames constitucionais tributários. Se for além disso será inconstitucional e os legisladores das pessoas políticas, bem como os "*operadores do Direito*" deverão simplesmente desconsiderar-lhe os "*comandos*" (já que desbordantes dos lindes constitucionais).[82]

IIId- Não se nega que a Constituição indicou a materialidade dos fatos que as leis poderão validamente descrever, para, quando ocorridos, fazerem nascer o dever de recolher tributos não-vinculados. Assim, a lei complementar, ao definir os "*fatos geradores, bases de cálculo e contribuintes*" destas figuras exacionais, não lhes pode desvirtuar a regra-matriz constitucional.

Todavia, sendo múltiplas as pessoas políticas (a União, vinte e seis Estados-membros, aproximadamente seis mil Municípios, mais o Distrito Federal), e tendo cada uma delas competência para exigir impostos, à lei complementar é reservado o papel de direcionar os vários sistemas normativos tributários, tudo, evidentemente, sem desconsiderar os parâmetros constitucionais.

IV- De qualquer modo, devemos ter presente que o art. 146, III, *a*, da Constituição Federal, de modo algum autoriza a lei complementar a modificar as *regras-matrizes* dos impostos, que, constitucionalmente traçadas, não podem ter seus contornos alterados por normas jurídicas de inferior hierarquia.

Podemos afirmar, então, que: *A)* a Constituição *(i)* elegeu os fatos que, acontecidos, poderão fazer nascer, para alguém, o dever de pagar tributos, e, ao mesmo tempo, *(ii)* discriminou quais fatos poderão, em caráter exclusivo, ser tributados pela União, pelos Estados, pelos Municípios e pelo Distrito Federal; *B)* à lei complementar veiculadora de *normas gerais em matéria de legislação tributária* é facultado, apenas, dar operatividade aos comandos constitucionais, detalhando as *hipóteses de*

---

82. Neste sentido, a lei complementar poderá, quando muito, sistematizar os princípios e normas que regulam a tributação, orientando, em seu dia-a-dia, os legisladores das várias pessoas políticas, enquanto criam tributos. Ao menor desvio, porém, desta função simplesmente explicitadora, ela deverá ceder passo à Constituição.

incidência possíveis dos tributos das várias pessoas políticas; e, *C)* à lei das pessoas político-constitucionais cabe descrever, observados os ditames *supra*, a *hipótese de incidência* dos tributos de sua competência.

Evidentemente, caberá ao intérprete e ao aplicador da lei tributária buscar, nos preceitos constitucionais, mormente nos que dizem de perto com as competências tributárias das pessoas políticas, as soluções para os conflitos, dúvidas e impasses que, a respeito, possam surgir.

V- É certo que, não raro, uma norma tributária pode levar a uma interpretação que vulnere a Constituição Federal. Neste caso, cabe ao operador do Direito superar a antinomia, de modo a harmonizar a norma tributária legal com o Texto Magno.

Assim procedendo, estará sendo fiel ao propósito, sempre louvado pelos constitucionalistas, de preservar a higidez da legislação tributária, compatibilizando-a, ao mesmo tempo, com os princípios constitucionais que protegem os contribuintes de eventuais excessos ou desvios fiscais.

O próprio Poder Judiciário, antes de decretar a inconstitucionalidade de uma norma jurídico-tributária, deve fazer o possível para, mediante uma exegese mais adequada, preservá-la.

Nesse sentido, vale colacionar a clássica exortação de Lúcio Bittencourt; *verbis*:

> *"... os Tribunais, antes de fulminar a lei com a declaração de inconstitucionalidade, devem procurar interpretá-la de tal modo que se torne possível harmonizá-la com a Constituição. E somente no caso de se tornar isso de todo impraticável, é que se poderá reconhecer a ineficácia do diploma impugnado".*[83]

Em suma, apenas a interpretação da norma tributária legal que entra em incontornável conflito com a Constituição Federal, deve ser afastada.

---

83. *O Controle Jurisdicional da Constitucionalidade das Leis*, 2ª ed., Rio, Forense, 1968, p. 93.

Muito bem. Estabelecidos estes pressupostos, podemos, agora sim, estudar os aspectos da hipótese de incidência tributária.

3. Os aspectos da hipótese de incidência tributária

3.1. Aspecto material

I- O *aspecto material* da *hipótese de incidência tributária* descreve a *conduta* (ou *estado de fato*) do sujeito passivo tributário,[84] apta a fazer nascer o tributo. Sempre designa o comportamento das pessoas, em situações que poderíamos chamar de: *(i)* dinâmicas (*"fazer"*, *"dar"*, *"transferir"*, *"entregar"*, *"despedir"*, *"adquirir"*, *"vender"*, *"comprar"*, *"importar"*, *"exportar"* etc.) ou *(ii)* estáticas (*"ser"*, *"não ser"*, *"estar"*, *"não fazer"*, *"permanecer"* etc.). Mais: este comportamento deve estar necessariamente qualificado por um complemento, simples ou composto, que indique qual a *ação*, positiva ou negativa, ou qual o *estado de fato* que fará nascer a obrigação tributária (adquirir *"bem imóvel"*, ser *"proprietário de veículo automotor"*, obter *"rendimentos"*, praticar *"operação de crédito"*, prestar *"serviço de transporte intermunicipal"* etc.)[85].

Assim, o *aspecto material* da *hipótese de incidência tributária* vem expressado por meio de *(i)* um verbo, que descreve a ação ou omissão do sujeito passivo (*"vender"*, *"dar"*, *"obter"*, *"despedir"*, "fazer", "não fazer", *"importar"* etc.), ou a condição (estado de fato) em que ele deve se encontrar (*"ser"*, *"permanecer"*,

84. *V.*, *infra*, Capítulo VI, da Primeira Parte, *item III*.

85. O *aspecto material* da *hipótese de incidência* não deve ser confundido com o objeto do tributo, vale dizer, com a manifestação da realidade econômica que será alvo de tributação. Assim, por exemplo, o objeto do *IPTU* não é a propriedade imobiliária urbana, mas a circunstância de alguém ser proprietário de um imóvel urbano. Este o aspecto material da obrigação tributária, que é sempre uma relação que se estabelece entre duas pessoas: o fisco (ou quem lhe faça as vezes) e o contribuinte (ou quem o represente). Voltando ao exemplo, o que se tributa não é o imóvel urbano, mas a pessoa que detém sua propriedade, posse ou domínio útil.

"*estar*" etc.), sempre seguido de *(ii)* um complemento, que particularize este verbo (vender "*mercadorias*", dar "*em doação*", obter "*rendimentos*", despedir "*empregado*" etc.). Tal complemento pode referir-se a *bens físicos* (combustíveis, alimentos, imóveis urbanos etc.), a *operações jurídicas* (empréstimos de dinheiro, operações de seguro, operações mercantis etc.), a pessoas (empregador, empregado, empresa etc.) ou a *conceitos de Direito Privado* (renda, patrimônio, propriedade etc.), que o Direito Tributário encampa.[86] Em suma, da combinação do verbo com o respectivo complemento exsurge a materialidade do tributo.

Note-se que o aspecto material da *hipótese de incidência* serve para identificar a figura exacional. Mas, a liberdade do legislador, para descrevê-lo, está muito longe de ser ampla e irrestrita. Pelo contrário, é bem angusta.

É que, conforme já explicamos, a Magna Carta traçou, circunstanciadamente, o *arquétipo* dos tributos que as pessoas políticas estão credenciadas a instituir.

Ia- Abrindo um ligeiro parêntese, entendemos a exemplo de Geraldo Ataliba e Paulo de Barros Carvalho, que, em nosso ordenamento jurídico, estão previstas apenas três espécies tributárias: os *impostos*, as *taxas* e a *contribuição de melhoria*. Portanto, a nosso sentir, o tributo é o *gênero*, do qual *imposto*, a *taxa* e a *contribuição de melhoria* são as *espécies*.

---

86. Desenvolvendo a ideia – da qual, diga-se de passagem, foi o autor –, Paulo de Barros Carvalho anota: "*Regressando ao tópico da transcendente importância do verbo, para a definição do antecedente da norma-padrão do tributo, quadra advertir que não se pode utilizar os da classe dos impessoais (como haver), ou aqueles sem sujeito (como chover), porque comprometeriam a operatividade dos desígnios normativos, impossibilitando ou dificultando seu alcance. Isso concerne ao sujeito que pratica a ação, e bem assim ao complemento do predicado verbal, que, impreterivelmente, há de existir. Descabe falar-se, portanto, de verbos de sentido completo, que se expliquem por si mesmos. É forçoso que se trate de verbo pessoal e de predicação incompleta, o que importa a obrigatória presença de um complemento*" (*Curso de Direito Tributário*, Saraiva, São Paulo, 19ª ed., 2007, p. 287).

Embora não neguemos a natureza tributária dos *empréstimos compulsórios*, dos *impostos extraordinários*, das *contribuições parafiscais* e das *contribuições* a que aludem os arts. 149 e 195, da Constituição Federal (*contribuições interventivas*, *contribuições corporativas* e *contribuições sociais*), estamos convencidos de que, dependendo da materialidade de suas *hipóteses de incidência*, podem ser reconduzidos a, pelo menos, uma destas três espécies.

Deveras, temos para nós que os *empréstimos compulsórios* (art. 148, da *CF*) não passam de *tributos restituíveis*; as *contribuições parafiscais*, de tributos arrecadados por pessoa diversa daquela que os instituiu; os *impostos extraordinários* (art. 154, II, da *CF*), de meros impostos que a União, na iminência ou no caso de guerra externa, poderá criar, sem observar o *princípio da reserva das competências impositivas*; e, finalmente, as *contribuições* (arts. 149 e 195, da *CF*), de *tributos qualificados pelas finalidades que devem alcançar*.

Não ignoramos, porém, que doutrinadores da maior suposição sustentam que os *empréstimos compulsórios* e as *contribuições* em geral, pelas características especiais que possuem, são novas categorias de tributos (ao lado dos impostos, das taxas e da contribuição de melhoria).[87]

Tais discrepâncias, no entanto, não nos causam nenhuma mossa. É que as classificações – inclusive as jurídicas – têm sempre um quê de arbitrário. Dependem do critério eleito pelo *agente classificador*, ao dividir um conjunto de seres (objetos, coisas) em categorias.

Muito bem! Analisando, pelo *ângulo jurídico*, as normas constitucionais pertinentes, e considerando apenas o *aspecto material* da hipótese de incidência das exações (porque entendemos que não deve haver sobreposição de critérios classificatórios[88]),

87. Esta, por exemplo, é a opinião de Estevão Horvath (*Contribuições de Intervenção no Domínio Econômico*, Dialética, São Paulo, 2009, pp. 18 e 19).

88. Em certa enciclopédia chinesa foi encontrada a seguinte classificação: "*Os animais se dividem em: a) pertencentes ao Imperador; b) embalsamados;*

chegamos à conclusão de que há, no País, realmente apenas as supramencionadas espécies tributárias. Mais: que, dependendo da materialidade de suas respectivas hipóteses de incidência *(i)* os *empréstimos compulsórios* e as *contribuições parafiscais* podem assumir qualquer uma das aludidas três espécies, e *(ii)* as *contribuições* podem ser enquadradas seja na espécie *imposto*, seja na espécie *taxa*. Já – sempre a nosso ver –, os *impostos extraordinários* não passam de *tributos não-vinculados* da União, que, para serem validamente instituídos, devem cumprir os ditames do art. 154, II, da CF, dentre os quais figura a possibilidade de terem a mesma *hipótese de incidência* e a mesma *base de cálculo* dos impostos estaduais e municipais.

Nada impede, porém, que, com respaldo em outros critérios classificatórios, os tributos venham divididos em quatro, cinco, sete, dez ou mais modalidades.

O que importa considerar é que, quer na classificação dos tributos por nós proposta (impostos, taxas e contribuição de melhoria), quer na efetuada por outros estudiosos, os *empréstimos compulsórios*, os *impostos extraordinários*, as *contribuições parafiscais* e as *contribuições* dos arts. 149 e 195, da Constituição Federal são tributos, devendo, assim, tanto em sua instituição, quanto em sua cobrança, respeitar os princípios e normas constitucionais que regulam a ação tributária do Estado.[89]

c) domesticados; d) leitões; e) sereias; f) fabulosos; g) cães em liberdade; h) incluídos na presente classificação; i) que se agitam como loucos; j) inumeráveis; k) desenhados com um pincel muito fino de pelo de camelo; l) et coetera; m) que acabam de quebrar a bilha; n) que de longe parecem moscas" (Michel Foucault, *As palavras e as coisas*, Portugália, Lisboa, 1966, p. 3). Em rigor, esta classificação, que desperta o riso, somente é falha porque contém uma miscelânea de critérios classificatórios. Com efeito, se o critério classificatório eleito fosse, por exemplo, *animais imaginários*, nada impediria classificá-los em sereias, dragões, unicórnios, minotauros, centauros etc. O que não pode haver, segundo a Lógica nos ensina, é a mistura de critérios classificatórios, sob pena de se reproduzir a canhestra divisão *supra*.

89. Para maior aprofundamento do assunto, pedimos vênia para remeter o leitor ao nosso *Curso*, pp. 533 a 681.

Permitimo-nos acrescentar, para darmos fecho ao nosso raciocínio, que, como adiante melhor veremos, a espécie *imposto* foi dividida, pela Constituição Federal, em várias subespécies: imposto sobre a importação, imposto sobre a exportação, imposto sobre a renda, imposto sobre doações, imposto sobre operações relativas à circulação de mercadorias e serviços, imposto sobre a propriedade predial e terrritorial urbana, imposto sobre serviços de qualquer natureza etc. A espécie *taxa*, de seu turno, foi dividida, também pela Constituição, em apenas duas subespécies: *taxas de serviço* e *taxas de polícia*, conforme tenham por *hipótese de incidência (i)* a prestação efetiva ou potencial de serviços públicos específicos e divisíveis, prestados ao contribuinte ou postos à sua disposição, ou *(ii)* a prática de atos de polícia de efeitos concretos. Por fim, a espécie *contribuição de melhoria* não tem subespécies: a Constituição somente autoriza a criação da contribuição de melhoria que nasce da valorização imobiliária causada por obra pública.[90]

Com estas observações, podemos retomar o fio do nosso discurso.

II- No que se refere aos impostos – tributos não-vinculados a uma atuação estatal –, a Constituição, em seus arts. 153, 154, I, 155 e 156, veiculou a *regra-matriz* daqueles que podem ser criados, em caráter privativo, pela União, pelos Estados-membros, pelos Municípios e pelo Distrito Federal.

Assim, os Estados-membros são competentes para criar os impostos mencionados no art. 155, I a III, da Constituição Federal (sobre a transmissão *causa mortis* e a doação, de quaisquer bens ou direitos; sobre as operações relativas à circulação de mercadorias e as prestações de serviços de transporte interestadual e intermunicipal e de comunicação; e, sobre a propriedade de veículos automotores).

---

90. Nossa Constituição não autoriza a criação da contribuição de melhoria para financiamento de obras públicas, tributo existente, por exemplo, na Alemanha.

Os Municípios, de sua parte, estão autorizados a criar os impostos referidos no art. 156, I a III, do mesmo Diploma Supremo (sobre a propriedade predial e territorial urbana; sobre a transmissão *inter vivos*, por ato oneroso, de bens imóveis; e, sobre serviços de qualquer natureza).

Já, o Distrito Federal, em seu território, pode criar os impostos estaduais (art. 155, *caput*, da *CF*) e, também, os municipais (art. 147, *in fine*, da *CF*).

Finalmente, a União pode criar quaisquer outros impostos: os adnumerados no art. 153, I a VII, da Lei Fundamental e – desde que *(i)* o faça por meio de lei complementar, *(ii)* observe os princípios *da originalidade* (não invadindo os campos impositivos estaduais, municipais e distrital) e *da não-cumulatividade* (assegurando, em cada *fato imponível*, a dedução, do montante de imposto a pagar, das importâncias devidas pela ocorrência dos *fatos imponíveis* anteriores), *(iii)* leve em conta os direitos fundamentais dos contribuintes e *(iv)* partilhe 20% do produto arrecadado com os Estados e o Distrito Federal (cf. art. 157, II, da *CF*) – aqueles que a imaginação criadora do Congresso Nacional vier a conceber (*cf.* art. 154, I, da *CF*).[91]

Destacamos que mesmo a competência impositiva residual da União não é ilimitada, pois se apresenta tolhida pelas competências impositivas das demais pessoas políticas, bem como, pelos princípios e regras constitucionais que limitam a ação estatal de tributar. Ademais, sendo exercitável apenas por

---

91. Este rígido esquema de repartição de competências impositivas vale em tempos de paz. Já, no caso ou na iminência de guerra externa, a União, mercê do que estatui o art. 154, II, da Constituição Federal, ganha uma competência impositiva extraordinária, que a autoriza a criar quaisquer impostos, ainda que, para isso, acabe ingressando em searas reservadas, em épocas de paz, aos Estados-membros, aos Municípios ou ao Distrito Federal. Trata-se, porém, de situação anômala, que só confirma a regra geral da privatividade das competências impositivas. Ademais, é sustentável que, *in casu*, não é propriamente a União que cria os *impostos lançados por motivo de guerra*, mas a Nação Brasileira (que a União representa no plano internacional), que se fecha em copas para defender a soberania nacional, ameaçada pelo inimigo externo.

meio de lei complementar, absolutamente não convalida a tese – que alguns perfilhavam à época da Carta de 1967[92] – de que eventuais "*excessos*" da hipótese de incidência de impostos da competência explícita da União, cairiam na "*rede protetora*" do art. 154, I, do atual Diploma Supremo.

IIa- Do exposto, podemos facilmente notar que a partilha, entre as pessoas políticas, das competências impositivas, foi levada a cabo de acordo com um *critério material*. O constituinte originário, nesse passo, descreveu objetivamente eventos (o fato de auferir rendimentos, o fato de ser proprietário de imóvel urbano, o fato de vender mercadoria, o fato de prestar serviço etc.) que podem ser colocados, pelos Poderes Legislativos da União, dos Estados-membros, dos Municípios e do Distrito Federal, nas *hipóteses de incidência* dos impostos das suas respectivas competências.

Vai daí, que o aspecto material das *hipóteses de incidência* dos impostos já está indicado na Constituição Federal, o que vincula as pessoas políticas, quando forem traduzi-lo em lei.

É importante relembrar, ainda, que a pessoa política, ao criar *in abstracto* o imposto de sua competência, deve necessariamente associar-lhe, à materialidade (serviço, renda, operação mercantil, propriedade territorial urbana etc.), o verbo que, exprimindo uma ação ("*ser*", "*estar*", "*auferir*", "*prestar*", "*vender*", "*adquirir*" etc.), esteja em sintonia com princípios constitucionais (estrita legalidade, tipicidade fechada, segurança jurídica, capacidade contributiva, não-confisco, igualdade etc.) que o informam.

---

92. Registramos que esta nunca foi nossa opinião. Pelo contrário, sempre entendemos que, como o Direito vive de *formas*, se a União, a pretexto de criar um imposto de sua competência explícita (*v. g.*, o imposto sobre a renda), instituísse, por meio de lei ordinária, um imposto de sua competência residual (*v. g.*, o imposto sobre o patrimônio), ela estaria em situação de inconstitucionalidade. O assunto, porém – insistimos –, encontra-se superado, com a exigência que a atual Constituição Federal faz, no sentido de que os impostos residuais devem ser criados por meio de lei complementar.

Incontroverso, pois, que: *a)* a Constituição elegeu, expressa ou implicitamente, os fatos que, acontecidos, farão nascer, para alguém, o dever de pagar impostos; e, *b)* apontou quais desses fatos encontram-se no *campo tributário* de cada uma das pessoas políticas.

IIb- Notamos, neste passo, que, graças à rígida repartição de competências impositivas, garantiu-se, por um lado, a autonomia financeira (pressuposto da autonomia jurídica) das várias pessoas políticas e, por outro, o direito que cada contribuinte tem de somente ser tributado pela pessoa política competente e nos exatos termos da Constituição.

O que estamos procurando significar é que, se alguém aufere rendimentos, tem o direito constitucional subjetivo de, por este fato, somente ser compelido a pagar imposto (no caso, o *IR*) à União Federal; se, sendo comerciante, vende uma mercadoria, de, por este fato, ser compelido a somente pagar imposto (no caso, o *ICMS-operações mercantis*), ao Estado-membro onde a operação mercantil se deu; se presta um serviço de qualquer natureza, de, por este fato, somente ser obrigado a pagar imposto (no caso, o *ISS*) ao Município onde este fato se deu. Os exemplos poderiam ser multiplicados que são legião.

Uma coisa, porém, é mais do que certa: a própria Constituição Federal já prefine a *hipótese de incidência possível* dos impostos de competência das várias pessoas políticas. O legislador local, ao criá-los *in abstracto*, não poderá atropelar este paradigma, sob pena de irremissível inconstitucionalidade.

III- O mesmo podemos dizer do aspecto material das *hipóteses de incidência* das taxas e da contribuição de melhoria. A Constituição Federal também indica suas *regras-matrizes*, que as pessoas políticas não poderão ignorar; a saber: *a)* a prática de <u>atos de polícia</u>, de efeitos concretos (art. 145, II, 1ª parte), no caso das *taxas de polícia*; *b)* a prestação de <u>serviços públicos</u> específicos e divisíveis, prestados ao contribuinte ou postos à sua disposição (art. 145, II, 2ª parte), no caso das *taxas de serviço*; e, *c)* a realização de <u>obras públicas</u>, que causem valorização imobiliária (art. 145, III), no caso da *contribuição de melhoria*.

Ic- Saliente-se que a lei, ao descrever o aspecto material da *hipótese de incidência tributária* seja do imposto, seja da taxa, seja da contribuição de melhoria, seja, ainda, das demais figuras exacionais que podem ser reconduzidas a uma destas três espécies,[93] não precisa descrever todos os traços característicos do fato que, acontecido, fará nascer a exação. Basta que aponte os *essenciais*, isto é, os suficientes, de um lado, para comprovar que a pessoa política que a editou levou em conta a regra matriz constitucional do tributo, e, de outro, para dar ao contribuinte elementos aptos a aferir, com segurança e certeza, se realmente praticou o *fato imponível*.

Id- Em suma, o aspecto material descreve hipoteticamente o proceder da pessoa física ou jurídica (ser, estar, fazer, vender, comprar etc.) que, quando implementado, será havido por *fato imponível*.

3.2. O aspecto espacial

I- A *hipótese de incidência tributária* também contém um *aspecto espacial*. Noutras palavras, aponta, expressa ou implicitamente, o local onde deverá ocorrer a *conduta* (ou *estado de fato*) que será havida por *fato imponível* e, em consequência, fará nascer a obrigação tributária, após observados os procedimentos adequados.

Em resumo, o aspecto espacial refere-se às circunstâncias de lugar relevantes ao nascimento do tributo.

Dependendo do tributo, a lei que o instituir *in abstracto* apontará este lugar de modo *(i)* abrangente (qualquer ponto do território nacional, no caso, p. ex., do *IPI*), *(ii)* genérico (zona rural de Município, no caso, p. ex., do *ITR*), ou *(iii)* específico (nas repartições alfandegárias, no caso, p. ex., do imposto sobre a importação).

Todavia, ao tratar do assunto, a lei deve respeitar o *princípio da territorialidade*, que, salvo tratado ou convênio em

---

93. *V.*, *supra*, neste Capítulo, *subitem 3.1- Ia*.

contrário,[94] exige que a incidência se dê sobre fatos ocorridos dentro das fronteiras da pessoa política tributante, onde suas leis têm voga, vale dizer, propagam efeitos jurídicos.[95]

II- Também pode acontecer de a lei excluir da incidência tributária, certos pontos do território da pessoa política.[96] Neles, quando isso acontece, o *fato imponível* não ocorre. É o que se dá, por exemplo, no caso de uma lei municipal isentar de *ISS* os médicos que instalarem seus consultórios num determinado bairro periférico: neste ponto do território municipal, os médicos que implementarem a condição não realizam o *fato imponível* do *ISS* que, deste modo, deles não poderá ser exigido.

---

94. Cuidamos deste importante assunto em nosso *Curso*, nas pp. 238 a 247.

95. No caso do imposto sobre a renda, por força do fenômeno da globalização, o *princípio da territorialidade* vem cedendo passo ao *princípio da imponibilidade ilimitada* (igualmente chamado de *princípio da base global, princípio da renda mundial* ou *princípio do world-wide-income*), de modo que a incidência também alcança os rendimentos obtidos no exterior, por pessoa física ou jurídica, domiciliada ou sediada no Brasil. Daí falar-se em *aspecto espacial universal*: a lei tributária considera para fins de tributação específica, os rendimentos obtidos, pelo sujeito passivo (pessoa sediada ou domiciliada no território nacional), em qualquer ponto do orbe.

Para maior aprofundamento do assunto, *v.* nosso *Imposto sobre a Renda (perfil constitucional e temas específicos)*, Malheiros Editores, São Paulo, 3ª ed., 2009, pp. 530 e ss.

96. Esta possibilidade está expressamente autorizada no art. 151, I, in fine, da Constituição Federal: "*Art. 151. É vedado à União: I- instituir tributo que não seja uniforme em todo o território nacional ou que implique distinção ou preferência em relação a Estado, ao Distrito Federal ou a Município, em detrimento de outro, admitida a concessão de incentivos fiscais destinados a promover o equilíbrio do desenvolvimento socioeconômico entre as diferentes regiões do País*" (grifamos). *Mutatis mutandis*, quer-nos parecer que, pela mesma razão, dentro dos respectivos territórios, os Estados, o Distrito Federal e os Municípios podem conceder incentivos fiscais que alcancem apenas fatos praticados numa dada região. Este nosso raciocínio, aliás, encontra-se respaldado no parágrafo único, do art. 176, do CTN, que dispõe que "*a isenção pode ser restrita a determinada região do território da entidade tributante, em função de condições a ela peculiares*".

III- Sempre a respeito, a Constituição Federal, que, como vimos,[97] indicou o *aspecto material possível* da *hipótese de incidência* dos vários tributos, também lhes apontou o *aspecto espacial possível*.

Com esta cautela, preveniu de vez conflitos tributários entre as pessoas políticas.

No que concerne aos impostos, a regra geral é clara: cada pessoa política tributará os fatos ocorridos em seus territórios. Com isso, evitaram-se antagonismos, que só o critério material da *hipótese de incidência tributária* não teria forças bastantes para afastar.

Com efeito, isoladamente considerado, o critério material evita conflitos impositivos entre a União e as demais pessoas políticas, mas, não, entre os Estados, entre os Municípios e entre os Estados e Municípios e o Distrito Federal.

Melhor explicitando, os Estados, os Municípios e o Distrito Federal têm *competências impositivas materialmente concorrentes*. Nessa linha, todos os Estados podem criar os impostos cuja materialidade está indicada no art. 155, da Constituição Federal; todos os Municípios, aqueles cuja materialidade está apontada no art. 156, deste Diploma Magno; o Distrito Federal, aqueloutros cuja materialidade está revelada nos precitados arts. 155 e 156.

Pois bem. Tivesse a Constituição se limitado a apontar a materialidade dos vários impostos, os Estados entre si, os Municípios entre si, e o Distrito Federal, com os Estados e os Municípios, poderiam livremente empenhar-se em verdadeiras "*guerras fiscais*", cada qual não tendo outra bandeira que o próprio apetite. Nada impediria, por exemplo, que todos os Estados e o Distrito Federal exigissem *ICMS* de comerciante que viesse a praticar uma operação mercantil

97. *Supra, subitem 3.1-I.*

em qualquer ponto do território nacional. Também todos os Municípios e o Distrito Federal estariam autorizados a exigir *ISS* da pessoa que prestasse, em caráter negocial, um serviço de qualquer natureza, pouco importando o local onde ele se perfizesse.

Ora, tais conflitos não são juridicamente possíveis, porque nosso Estatuto Supremo adotou um *critério territorial* de repartição de competências impositivas. Noutros falares, levou em conta, para a solução de possíveis conflitos entre os Estados, os Municípios e entre estes e o Distrito Federal, o âmbito de aplicação territorial das leis que criam os impostos de competência destas pessoas políticas.

Por conseguinte, como já acenamos, as leis que instituem tais gravames, somente podem incidir sobre os fatos verificados no território da ordem jurídica que as editou.

Reforçando a assertiva, cada Estado-membro, cada Município e o Distrito Federal só podem exigir os impostos de suas competências, quando os respectivos *fatos imponíveis* se verificarem em seus territórios. E, isso, por uma razão muito simples: só a lei pode criar *in abstracto* tributos (art. 150, I, da *CF*). Ora, qualquer lei – aí compreendida, pois, a lei tributária – vigora e é aplicável num espaço físico determinado. Dito de outro modo, ela só pode colher fatos (imputando-lhes os efeitos jurídicos previstos) ocorridos dentro do seu âmbito de validade, ou seja, no território da pessoa política que a deu à estampa.

Este postulado, que tem morada na Constituição Federal, condiciona o agir dos Poderes Legislativos da União, dos Estados, dos Municípios e do Distrito Federal, que, assim, só podem indicar os respectivos territórios (ou pontos dos respectivos territórios), como locais aptos a fazer nascer, *in concreto*, os impostos de suas competências.

IV- Já, em relação às taxas e à contribuição de melhoria, a Constituição quer que somente venham exigidas dos contribuintes que se encontrarem sob a égide das leis da pessoa política que realizou a atuação estatal, vale dizer, da pessoa política que prestou o serviço público (no caso das *taxas de serviço*), que praticou o ato de polícia (no caso das *taxas de polícia*) ou que realizou a obra pública (no caso da *contribuição de melhoria*). A lei que descrever o aspecto espacial da *hipótese de incidência* de tais tributos deverá ajustar-se a esta diretriz.

Lembramos que as taxas e a contribuição de melhoria somente podem ser criadas "*in abstracto*" pela pessoa política que, nos termos da Constituição, tiver *competência administrativa*[98] para realizar a atuação estatal pertinente e, claro, a houver regulado, por meio de lei. Por outro lado, somente podem nascer *in concreto*, depois de a pessoa política competente haver desenvolvido a atuação estatal descrita na *hipótese de incidência* da norma jurídica respectiva (ou, no caso das taxas, a pessoa política competente tiver, pelo menos, reais condições de fazê-lo, logo após o recolhimento o tributo[99]).

3.3. O aspecto temporal

I- Também a *hipótese de incidência tributária* deve indicar, de modo expresso ou implícito, os elementos que permitem, diante do caso concreto, identificar o exato momento (*aspecto temporal*) em que a conduta (ou a situação de fato) nela descrita efetivamente ocorreu.[100] Este momento poderá ser *(i)* o

98. As competências administrativas para que as pessoas políticas prestem serviços públicos, pratiquem atos de polícia ou realizem obras públicas determinam as competências para que tributem, respectivamente por meio de taxas de serviço, de taxas de polícia e de contribuição de melhoria. Ora, como tais competências administrativas são privativas, segue-se que as competências tributárias para criar estes tributos logicamente também o são.

99. Como a contribuição de melhoria nasce da valorização imobiliária causada por obra pública, apenas depois desta estar concluída é que a exação poderá ser lançada e cobrada. Em relação a este tributo, portanto, a atuação estatal deve necessariamente preceder ao pagamento da exação.

100. Vale, a propósito, a lição de Paulo de Barros Carvalho, para quem o aspecto temporal da hipótese de incidência tributária "*...é o conjunto de*

primeiro dia do exercício financeiro, no caso do *IPTU, do ITR* e do *IPVA*, *(ii)* o átimo em que se dá a saída da mercadoria, decorrente de uma operação mercantil, no caso do *ICMS-operações mercantis*, *(iii)* o momento da morte do *de cujus*, no caso do imposto sobre transmissões "*causa mortis*", *(iv)* o acréscimo patrimonial havido ao longo do exercício financeiro, no caso do *IR*, e assim por diante. Enfim, os exemplos podem ser multiplicados, que são legião.

O importante é termos presente que o *fato imponível* somente será tido por realizado quando ocorrer o evento que a lei considera apto a fazer nascer a obrigação tributária.[101]

No plano pré-jurídico, alguns destes eventos demoram para ocorrer, o que dá a falsa impressão de que, ao lado dos *fatos imponíveis* instantâneos, há os *fatos imponíveis* complexos (ou *complexivos*, como querem alguns). Juridicamente, porém, o *fato imponível* sempre se consuma num *átimo*, vale dizer, no *preciso instante* em que se implementam, no mundo real, todos os requisitos (poucos ou muitos, não importa) apontados na *hipótese de incidência tributária*.

Saliente-se que cabe à lei da pessoa política competente descrever as circunstâncias de tempo – *tempo jurídico*, pois[102]

---

elementos que permitem identificar a condição que atua sobre determinado fato, limitando-o no tempo" (*Teoria da Norma Tributária*, Max Limonad, São Paulo, 4ª ed., 2002, p. 122).

101. Este momento não deve ser confundido com o prazo de recolhimento do tributo, que é o estipulado por lei, para que o contribuinte efetue o voluntário pagamento da exação. Com o pagamento, isto é, com a entrega da *res debita* (que, no caso, é a quantia de dinheiro correspondente ao crédito tributário), põe-se termo à relação jurídica entre o fisco e o contribuinte, liberando-se este último.

102. O tempo é o problema essencial da metafísica. Mas, infelizmente, é um problema insolúvel, embora, à primeira vista, pareça de fácil desate. Nisso estamos com Santo Agostinho que dizia "*se não me perguntam o que é o tempo, eu sei; se me perguntam, eu ignoro*". De certo, sabemos apenas que o tempo passa: o que é presente agora, logo se torna passado. Daí Platão haver proclamado que "*o tempo é a dádiva da eternidade*". Tendo surgido do eterno, quer voltar ao eterno e, por isso, é sucessivo; não se detém no presente.

– idôneas a determinar o nascimento do tributo. Tem, para isso, não resta dúvida, certa margem de liberdade. Poderá, por exemplo, estipular que o dever de recolher *IPTU* nascerá no dia 1º de janeiro de cada ano (como realmente acontece, ao que nos é dado saber, em todos os Municípios brasileiros) ou apontar qualquer outra data, dentro do exercício financeiro.

Entretanto, há um limite insuperável, posto pelo sistema jurídico em vigor, para a estipulação do aspecto temporal da *hipótese de incidência tributária*: jamais poderá ser indicado, como o tempo idôneo a marcar o nascimento do tributo, momento em

---

Há, a respeito, pelo menos duas teorias. Uma, mais difundida, compara o tempo a um rio, que corre do passado para o futuro, passando pelo presente. Outra, da lavra do metafísico inglês James Bradley, sustenta que o tempo corre do futuro para o presente, de modo que "*aquele momento em que o futuro se torna passado, eis aí o presente*". No fundo, o presente, por ser fugaz, não existe em si mesmo; só pode ser imaginado como algo que congrega uma partícula do passado e uma partícula do futuro.

Todas estas especulações aplicam-se ao *tempo natural*, que é submetido ao *princípio da causalidade natural*. Dominado pelo deus Chronos, corre sem cessar, numa marcha constante e inexorável. É possível medi-lo, pelos padrões terrestres, mas não é possível (pelo menos não o foi até hoje) nem detê-lo, nem revertê-lo, nem acelerá-lo.

Já, o *tempo jurídico* não se confunde com o *tempo natural*. O tempo jurídico é construído pelo direito positivo e obedece ao *princípio da causalidade jurídica*. Justamente porque presidido pelo Homem, pode ter, desde que observados o direito adquirido, a coisa julgada e o ato jurídico perfeito (art. 5º, XXXVI, da *CF*), seus termos iniciais e finais e a própria fluência, construídos pelo Direito. Em outras palavras, lhe é dado retroagir, parar ou, até, antecipar-se ao tempo cronológico.

Robson Maia Lins, a propósito, percucientemente observa: "*Mas o tempo unidirecional é tempo natural, regido pelo princípio da causalidade natural. Não o tempo jurídico. Este é regido pela causalidade jurídica; é construído pelo direito positivo, não havendo qualquer empecilho ontológico à sua multidirecionalidade. Pode, em tese, retroagir, como ocorre com as normas que passam a considerar lícitos comportamentos que antes eram ilícitos; pode ser suspenso, como ocorre naquelas hipóteses de suspensão dos prazos prescricionais do art. 174, CTN; ou nas causas suspensivas da exigibilidade do crédito tributário (art. 151, CTN); enfim, pode até ser movimentado mais rapidamente, como, por exemplo, na substituição tributária para frente*" (*A mora no direito tributário*, tese de doutorado, inédita, 2008, p. 40).

que ainda não tenha se verificado, no mundo fenomênico, o aspecto material da *hipótese de incidência* (a venda mercantil, no caso do *ICMS*; a prestação negocial do serviço, no caso do *ISS*; a morte do *de cujus*, no caso do imposto sobre transmissão *causa mortis*; etc.).[103]

II- Também é de se assinalar que, tirante eventual retroação benéfica, que, de resto, precisa ser expressamente autorizada, a lei aplicável, quando do lançamento,[104] é a que estava em vigor, no momento da ocorrência do *fato imponível*.

III- Impende notar, ainda, que a Constituição Federal, ao contrário do que pode parecer ao primeiro súbido de vista, também influi na fixação, pelo legislador das várias pessoas políticas, do aspecto temporal da *hipótese de incidência* dos tributos.

IIIa- Deveras, sistematicamente interpretada, determina que, nas exações que alcançam atos ou negócios jurídicos (a compra e venda, a prestação de serviços, a transmissão de direitos imobiliários, a transmissão de direitos *inter vivos* ou *causa mortis* etc.), o *fato imponível* somente pode ocorrer após estarem consumados. Assim, o *aspecto temporal* das *hipóteses de incidência* destes tributos deverá necessariamente ser apontado, pelo legislador da pessoa política competente, em momento posterior à ultimação dos preditos episódios.

IIIb- Também a Constituição Federal predetermina o *aspecto temporal* das *hipóteses de incidência* dos impostos cujos *fatos imponíveis* dependem, para se implementarem, do transcurso de considerável período de tempo cronológico. São os chamados *impostos por período* (imposto sobre a renda,[105] imposto sobre o patrimônio, *IPTU*, *ITR* e *IPVA*, dentre outros), que

---

103. Consideramos, pois, inconstitucional, seja a tributação antecipada (tributação por fato futuro), seja, na maioria dos casos, a tributação por estimativa ou com base em "*regime especial*".

104. *V. Terceira Parte* deste estudo.

105. *V., infra, subitem IIIc.*

alcançam *estados de fato* (ter disponibilidade de riqueza nova, ter patrimônio, ser proprietário de imóvel urbano, ser proprietário de imóvel rural, ser proprietário de veículo automotor etc.).

Há quem entenda que esses impostos, por incidirem sobre situações jurídicas permanentemente detectáveis (a situação jurídica de auferidor de renda, a situação jurídica de proprietário de bem imóvel urbano, a situação jurídica de proprietário de veículo automotor, a situação jurídica de detentor de patrimônio etc.), podem ser exigidos várias vezes ao ano (a cada semana, a cada mês, a cada trimestre, a cada semestre etc.), dependendo, apenas, do livre arbítrio do legislador. Estamos convencidos de que tal modo de pensar não procede.

Com efeito, a Carta Magna implicitamente determina que, em impostos deste tipo, seus *fatos imponíveis* só podem ocorrer uma vez, a cada exercício financeiro, ou seja, a cada ano civil. Assim, a lei, ao fixar o *aspecto temporal* das respectivas *hipóteses de incidência*, deverá levar em conta esta periodicidade.

É certo que a renda, o patrimônio e a propriedade podem ser obtidos ou conservados de forma continuada, ao longo de toda a existência da pessoa física ou jurídica. É igualmente certo, porém, que as pessoas políticas não podem, a qualquer momento, dentro de quaisquer marcos temporais, tributar quem aufere rendimentos, detém patrimônio ou titulariza propriedade. Pelo contrário, insistimos que somente poderão fazê-lo a cada exercício financeiro, até para que seja propiciado, ao contribuinte, planejar, com tranquilidade e segurança, sua vida econômica.

Esta linha de raciocínio, diga-se de passagem, vem ao encontro do *princípio da anterioridade*,[106] que, como se sabe,

---

106. Pelo *princípio da anterioridade*, veiculado no art. 150, III, *b* e *c*, da Constituição Federal, a lei que cria ou aumenta um tributo, ao entrar em vigor, fica com sua eficácia suspensa até o próximo exercício financeiro quando, só então, incidirá. Assim, elimina-se a tributação de surpresa, que destrói a confiança do contribuinte de que será tributado com base em regras de antemão conhecidas.

exige que o contribuinte tenha conhecimento antecipado dos tributos que lhe serão exigidos ao longo do exercício financeiro e, por isso, impede que, da noite para o dia, alguém venha colhido por novas exigências fiscais.

Depois, é mister termos presente que, por força do *princípio da anualidade orçamentária*, as próprias pessoas políticas devem atender a seus encargos econômicos, em cada exercício financeiro. Ora, até por uma questão de simetria, é de rigor que a lei considere ocorrido, somente uma vez em cada exercício financeiro, o *fato imponível* de tributos que incidem sobre situações jurídicas permanentes dos contribuintes.

Em suma, a periodicidade destes impostos só pode ser anual. A diretriz coincide com a que norteia o agir das pessoas políticas, obrigadas que são a levar em conta o Orçamento, sabidamente anual, tanto que também conhecido como "*lei ânua*". Efetivamente, o exercício financeiro público é anual,[107] coincidindo, com o ano civil (de 1º de janeiro a 31 de dezembro).[108]

Como se vê, acompanhamos as lições de José Artur Lima Gonçalves; *verbis*:

> *"Toda a amarração organizacional do funcionamento do Estado brasileiro é, de acordo com a sistemática constitucional, calcada na ideia de período anual. Dentre as inúmeras referências à noção de período anual, saliente-se que a organização e funcionamento dos aspectos e das questões financeiras (orçamentos, previsões, gastos, investimentos etc.) de que trata a Constituição são todos eles baseados em períodos de doze meses. (...)*

---

107. O art. 165, § 8º, da Constituição Federal, deixa claro que a lei orçamentária é anual ("*a lei orçamentária anual...*").

108. O art. 34, da Lei n. 4.320, de 17 de março de 1964 ("*o exercício financeiro coincidirá com o ano civil*"), recepcionado pelo art. 165, § 9º, I, da Constituição Federal ("*cabe à lei complementar: dispor sobre o exercício financeiro...*"), captou muito bem esta ideia, que deflui do exame sistemático da Constituição, máxime das partes que tratam da elaboração, execução e fiscalização orçamentária.

> *"A partir de uma consideração sistemática da Constituição, pensamos que as exigências implícitas à noção de período, como ocorre com o conceito de renda, devam ser consideradas em harmonia com as demais disposições que tratam da mesma questão. Parece, portanto, que – em matéria de imposto sobre a renda – a Constituição não se limita a impor, implicitamente, a consideração de um período. Entendemos que ela estabelece – ainda que de forma também implícita – que esse período seja anual".*[109]

Logo, o *fato imponível* dos impostos sobre a renda, o patrimônio, a propriedade e outros do tipo, somente pode ocorrer de ano em ano, acompanhando, neste ponto, o ciclo das leis orçamentárias e o próprio funcionamento do Estado Brasileiro, no que tange às arrecadações, dispêndios, investimentos etc.

Em resumo, o *IPTU*, o *ITR*, o *IPVA*, o *IR* e outros impostos que nascem de *estados da pessoa* (ser, estar, permanecer etc.) devem ter sua exigência renovada apenas a cada doze meses. Seus *fatos imponíveis* somente poderão ocorrer dentro deste intervalo anual, pois, do contrário, as exações assumirão feições confiscatórias, vedadas pelo art. 150, IV, da Constituição Federal.

IIIc- No que concerne especificamente ao imposto sobre a renda (*IR*) o aspecto temporal da hipótese de incidência ganha transcendental importância. De fato, ele é um tributo que, por suas peculiaridades, indicadas na Constituição Federal, só pode nascer de ano em ano. Se, neste período, for constatada a existência de saldo positivo, surgirá a obrigação tributária respectiva e, com ela, o dever de recolher uma dada quantia de dinheiro aos cofres públicos federais. Já, se, no mesmo período, o saldo for negativo, não haverá tributo a pagar. Demais disso, quando for o caso, o contribuinte ainda terá direito à devolução do que houver recolhido *a maior*, no *sistema de fonte*.

---

109. *Imposto Sobre a Renda – Pressupostos Constitucionais*, Malheiros Editores, São Paulo, 1997, p. 185.

O que estamos querendo significar é que não basta a obtenção de determinados rendimentos, por parte do sujeito passivo, para que este possa ser validamente compelido a recolher o *IR*. É preciso que os rendimentos surjam ao longo de determinado período de tempo. A razão disso é clara: uma renda auferida no início do período de apuração pode ser completamente absorvida por um gasto dedutível, suportado ao cabo deste mesmo período.

Em suma, o imposto nasce quando, transcorrido certo lapso de tempo, precisamente apontado na lei tributária, apura-se a existência de *rendimentos*. Só depois de delimitada cronologicamente – isto é, dentro de dois marcos temporais – a renda obtida, será possível apurar a base de cálculo da exação. Evidentemente, não interfere na quantificação do tributo a circunstância de sua declaração e pagamento vierem a ocorrer em momento ulterior.[110]

Destaque-se que a lei, ao situar a exigibilidade do *IR* a certa distância temporal da data da ocorrência do *fato imponível*, obedece a razões de comodidade e praticidade. De fato, é mais fácil apurar o *quantum debeatur* quando a renda e os proventos já estão temporalmente cerrados (e, portanto, já se encontram contabilmente determinados).

Não se nega que a renda e os proventos de qualquer natureza podem ser obtidos, de forma continuada, ao longo de toda a existência da pessoa, quer física, quer jurídica. A União, porém, deve atender a seus encargos econômicos, em cada exercício orçamentário, não podendo, destarte, ficar indefinidamente na aguarda do falecimento do contribuinte pessoa física ou do encerramento das atividades do contribuinte pessoa jurídica – que nem sempre se dá, como no caso dos bens

---

110. O contribuinte só pode adimplir a obrigação tributária no prazo legalmente apontado; o fisco, de seu turno, só pode exigi-la quando fluído, *in albis*, o prazo para seu voluntário pagamento. Neste sentido, as lições, dentre outros, de Abella Poblet (*Manual del Impuesto sobre la Renta de las Personas Físicas*, Madrid, 1980, pp. 593/4).

de instituições perpétuas (bens de mão-morta[111]) –, para só então, lançar e cobrar o imposto sobre a renda. Em razão disso, exige-se, até por uma questão de ordem lógica, que a lei considere ocorrido, de tempos em tempos, o *fato imponível* deste tributo.

Afinal, urge adaptar as obrigações tributárias ao ritmo das necessidades financeiras públicas. Se fosse necessário aguardar a morte da pessoa física ou o encerramento das atividades da pessoa jurídica, para, só então e de uma única feita, fazer incidir o *IR*, a arrecadação do tributo seria aleatória e absolutamente não atenderia às necessidades de caixa do Poder Público. Ademais, haveria a necessidade de criar-se um complexíssimo sistema de cautelas e garantias para, com esta quota única, não ferir de morte o direito a uma tributação justa, afinada com os ditames constitucionais. Isto sem falar na necessidade de compelir o contribuinte a diuturnamente ir separando parcela de seu patrimônio, vinculando-a ao recolhimento futuro.[112]

Em função do que acabamos de expor, temos por incontroverso que o imposto sobre a renda deve ser exigido de acordo com o ritmo dos encargos financeiros que a União é obrigada a suportar. É o que se convencionou chamar de *periodicidade* (ou *periodização*) do tributo.[113]

---

111. *Bens de mão-morta* são os que não se transmitem, por nunca deixarem de existir seus possuidores (comunidades religiosas, irmandades, Ordens Terceiras, Santas Casas de Misericórdia etc.).

112. A outra alternativa, seria exigir que o contribuinte, por conta do pagamento final, já fosse recolhendo o tributo, à medida em que auferisse receitas, mas este seria, como conclui Javier Lasarte Álvarez, "*um sistema similar ao dos tributos anuais, só que muito mais imperfeito*" (*Comentarios a la Ley del Impuesto sobre la Renta de las Personas Físicas*, Civitas, Madrid, 1983, p. 361).

113. Realmente, a obtenção de renda e proventos (tanto quanto a mantença de uma propriedade territorial rural, de uma propriedade predial e territorial urbana e de uma propriedade de veículo automotor) deriva de situação jurídica que se pressupõe contínua. Daí a necessidade de fazer o imposto incidir periodicamente, para que se assegure uma arrecadação razoável.

Mas, qual deve ser esta *periodicidade*?

Voltamos a insistir que esta periodicidade somente pode ser anual. Por quê? Simplesmente porque este é o período necessário para verificar os resultados econômicos do capital, do trabalho ou da conjugação de ambos. Ademais, como vimos, este lapso de tempo é o adotado, pela Constituição, para que a pessoa jurídica apure seus resultados econômicos e planeje seus investimentos.

Muito bem. Somente depois de transcorrido o *exercício financeiro* (ou *ano fiscal*) – que, no Brasil, coincide com o ano civil – é que se pode avaliar a renda da pessoa (física ou jurídica), descontando-se os investimentos e despesas que a ensejaram. Ressalte-se que as empresas invariavelmente planejam seus orçamentos, metas e atividades em termos anuais.

Logo, o *fato imponível* do imposto sobre a renda deve, pelo menos em linha de princípio, ocorrer uma vez a cada exercício financeiro. Apenas em casos excepcionais (*v. g.*, diante de um tipo especial de atividade), em que as entradas e saídas aptas a aferir a existência de renda ocorrem em período diverso, é que o sistema anual poderá ser afastado pela lei. Mesmo assim, sempre será dada ao contribuinte a oportunidade de fazer prova[114] de que o período alvitrado é insuficiente para revelar

---

114. Sobre a produção da prova, Suzy Gomes Hoffmann, tece percucientes observações; *verbis*: "*Então, em termos de sistema positivo de direito, temos que a prova pode apresentar-se em quatro das concepções apontadas: a) prova como um instrumento material de demonstração da ocorrência de algo; b) prova com o significado de confrontação; c) prova como um convencimento de algo; e, d) prova como um enunciado sobre a ocorrência de um determinado acontecimento.*

"*Na verdade, essas quatro significações guardam em si uma ideia de prova como demonstração de algo, porém, em cada uma delas, essa demonstração se dá de uma determinada forma; no primeiro caso, dá-se por meio do próprio instrumento de prova (a experiência relatada, o documento, o testemunho, entre outros); no segundo caso, dá-se por uma confrontação (prova-se algo a partir de outro fato ou por outro relato, e da confrontação de ambos se chega a uma conclusão); já, no terceiro caso, a prova apresenta-se por um convencimento; e, finalmente, na quarta hipótese a prova se apresenta por meio de um enunciado sobre a ocorrência de um determinado acontecimento.*

riqueza nova, hipótese em que caberá ao Poder Judiciário declarar inválido, por inconstitucional, o comando legislativo.

Acrescente-se que o próprio *princípio da anterioridade* (do qual já tratamos, posto sumariamente), ao qual também está jungido o *IR*, contribui para afastar a periodicidade inferior a um ano. De fato, se a lei que vier a majorar este tributo somente poderá incidir no exercício financeiro seguinte ao de sua entrada em vigor, e se o exercício financeiro coincide, como vimos, com o ano civil, segue-se que os ganhos do contribuinte só podem ser aferidos, para fins de tributação específica, ano a ano.

Tudo se conjuga, portanto, no sentido de que a lei que permite identificar o momento da ocorrência do *fato imponível* do imposto sobre a renda deve necessariamente levar em conta o aludido período anual, isto é, só poderá fixar este momento, uma vez a cada exercício financeiro.

IV- Insistimos, em remate, que o aspecto temporal da hipótese de incidência tributária é sempre um ponto determinado na linha do tempo, que não precisa necessariamente coincidir com o momento em que o evento é considerado ocorrido na Física, na Biologia, na Medicina, ou, mesmo, nas demais áreas do Direito (Direito Comercial, Direito Marítimo, Direito Penal etc.). Assim, por exemplo, embora, para o Direito Comercial, a importação ocorra quando vem firmado o contrato respectivo, para o Direito Tributário, tal se dá no instante em que o bem importado passa pelo desembaraço aduaneiro.

3.4. Observação necessária

Conquanto alguns estudiosos entendam que o aspecto material da *hipótese de incidência* seja o mais importante – é o

---

"Assim, resumindo essas quatro significações e considerando o nosso sistema jurídico, adotaremos o sentido de que a prova é a demonstração – com o objetivo de convencer alguém – por meios determinados pelo sistema, de que ocorreu ou deixou de ocorrer um certo fato" (*Teoria da Prova no Direito Tributário*, Copola Editora, Campinas, 1999, pp. 67/68).

caso de Alfredo Augusto Becker que o denomina "*núcleo da hipótese de incidência*"[115] – temos para nós que todos os aspectos são igualmente relevantes para determinar o nascimento do tributo. Tanto é assim que, se a lei omitir qualquer deles, o tributo não terá sido criado "*in abstrato*" e, em consequência, enquanto o legislador competente não suprir a lacuna, não poderá nascer "*in concreto*".

4. O caráter unitário do fato imponível tributário

I- A *hipótese de incidência*, ainda que composta de vários *elementos de fato*,[116] forma um todo unitário e incindível.

Sendo assim, segue-se logicamente que o evento que a realiza no mundo fenomênico (*fato imponível*) também apresenta tal característica.[117]

Com a assertiva estamos pretendendo significar que não merece guarida a classificação dos *fatos imponíveis* em *simples* (ou *instantâneos*), *continuados* e *complexos* (ou *complexivos*), conforme se consubstanciem, respectivamente, num evento único, ocorrido numa específica unidade de tempo (*v. g.*, uma venda mercantil), num evento que se afere periodicamente,

115. *Op. cit.*, p. 298.

116. O legislador, ao construir a *hipótese de incidência tributária*, pode buscar, no mundo fenomênico, uma série de fatos que, no entanto, juridicamente considerados, formam um único e indivisível fato. Este fato jurídico, quanto acontecido em sua integralidade – vale dizer, em todos os seus aspectos –, faz nascer *in concreto* o tributo.

117. Geraldo Ataliba assinala, a respeito: "*A principal consequência da unidade formal e substancial da hipótese de incidência está em que o fato imponível é também necessariamente – trata-se de postulado metodológico e axiomático exigido pela dogmática jurídica – uno e incindível. (...)*

"*É uma unidade lógica, entidade una, somente identificável consigo mesma. Por mais variados e diversos que sejam os fatos que o integram, como dados ou elementos pré-jurídicos, o fato imponível como tal – ou seja, como ente do mundo jurídico – é uno e simples, irredutível em sua simplicidade, indivisível e indecomponível*" (*Hipótese...*, pp. 72-73).

em data certa (*v. g.*, a propriedade de um bem imóvel) ou em vários acontecimentos, que se conjugam, formando um processo que se completa ao cabo de um lapso temporal (*v. g.*, a aquisição de disponibilidade de riqueza nova).

Ainda que abra espaço a explicações, análises e desdobramentos, o *fato imponível* sempre será uno e indivisível, e ocorrerá num momento certo: quando se implementar, por inteiro, a situação descrita na *hipótese de incidência tributária*.

Assim, do ponto de vista jurídico, o *fato imponível* é sempre *simples*, ainda que sua ocorrência pressuponha uma série de eventos preliminares (aquisição de matérias-primas, processo de industrialização, obtenção de ganhos isolados, realização de despesas, pagamento de salários etc.), que, isoladamente considerados, não têm o condão de fazer nascer a relação obrigacional tributária.[118]

Vale, a propósito, clássica lição de Paulo de Barros Carvalho; *verbis*:

> *"Havemos de convir em que não tem o menor fundamento jurídico, porque os 'fatos geradores' são todos simples. Senão vejamos, o 'fato gerador' do IPI é considerado como fato simples, por isso que se consubstancia na simples saída de produto industrializado do estabelecimento industrial ou que lhe seja equiparado (tomemos esta entre outras hipóteses). Por outro lado, o 'fato gerador' do imposto de renda seria da natureza dos complexos porque dependeria de vários fatores, que se entreligam, no sentido de determinar o resultado, que é a renda tributária. Na verdade, a incidência tributária atinge somente o resultado, seja o fato representado pela saída do produto industrializado de certo estabelecimento, ou o saldo final que determina renda líquida tributável, no caso do imposto de renda, pois, se não for possível concebermos renda líquida tributável independentemente das receitas e despesas relativas a determinado exercício, igualmente inviável será aceitarmos um produto industrializado independentemente do processo de industrialização. Em suma, o*

118. Se faltar um único elemento fático, ainda não há falar em *fato imponível*.

que interessa para a lei tributária é determinado resultado sobre o qual incidirá o preceito, desencadeando efeitos jurídicos. Óbvio será que, na condição de resultado, estará sempre a depender dos elementos que o determinaram".[119]

O preclaro jurista não poderia dizer mais, nem melhor. Só haverá *fato imponível* quando o evento contiver todos os elementos, sem exceção de um, do tipo tributário.

II- Note-se que uma mesma *hipótese de incidência* pode render ensejo a inumeráveis tributos: tantos quantos forem os *fatos imponíveis*, vale dizer, os fatos que a ela se subsumirem. A recíproca, no entanto, não é verdadeira, pois, cada *fato imponível* só faz nascer *in concreto* um único tributo.

A realização do *fato imponível* traz uma série de consequências jurídicas, dentre as quais merecem destaque *(i)* a identificação do momento em que nasce a obrigação tributária, *(ii)* a autorização para que o agente fiscal pratique o lançamento, *(iii)* a fixação da lei que deverá ser aplicada ao caso concreto, e *(iv)* a determinação do sujeito passivo do tributo.

A ocorrência do *fato imponível*, porém, não é suficiente para que o tributo se torne exigível. Para tanto, é necessário, ainda, que, sempre nos termos da lei, o fisco explicite, por meio de um ato administrativo (lançamento), os sujeitos ativo e passivo da exação, bem como a exata quantia a pagar.

Estes aspectos encontram-se no consequente da norma jurídica tributária, do qual trataremos no Capítulo VI.

Antes, porém, devemos nos ocupar com os impostos e as hipóteses de incidência confrontantes.

---

119. Conferência proferida no II Curso de Especialização em Direito Tributário, na Pontifícia Universidade Católica de São Paulo, em 1973.

Capítulo V

IMPOSTOS E HIPÓTESES DE INCIDÊNCIA CONFRONTANTES. IMPOSSIBILIDADE JURÍDICA DE CONFLITOS DE COMPETÊNCIA TRIBUTÁRIA

1. Considerações gerais

I- Os fatos que, com base na Constituição Federal, as pessoas políticas erigem como *hipóteses de incidência* dos impostos, ora são distantes entre si (*v. g.*, obtenção de rendimentos e propriedade de veículo automotor) ora são confrontantes (*v. g.*, prestação de serviços, com fornecimento de bens e operações mercantis).

Todavia, nem mesmo as hipóteses de incidência confrontantes podem levar à bitributação, ou seja, ao fenômeno pelo qual *o mesmo fato jurídico* vem a ser tributado por duas ou mais pessoas políticas.

Pelo contrário, o fato jurídico, descrito na hipótese de incidência do imposto, ainda que confrontante com outro fato jurídico, somente pode ser tributado pela pessoa política competente; nos termos da Constituição. Não pode a lei, por meio de ficções, presunções ou equiparações levar a imposições que a Constituição não autoriza. Menos ainda pode fazê-lo o aplicador.

Ouçamos, a propósito, a voz autorizada de Pontes de Miranda:

> *"Os conceitos que correspondem às diferentes espécies de impostos, se constam da Constituição, são conceitos de direito constitucional e não de legislação ordinária. O legislador ordinário somente pode trabalhar com as variáveis que determinam o valor do imposto, ou de alguns dos elementos do suporte fáctico ('e. g.', tantos por cento, se a renda exceder de x); não pode alterar, de modo nenhum, o conceito do imposto. Imposto de transmissão de propriedade imobiliária, como imposto sobre circulação de mercadorias, é o que se considera tal na Constituição: a revelação do que ele é entra na classe das questões de interpretação da Constituição. Como todos os outros conceitos, inclusive quando ela emprega dois conceitos contidos num só ('e. g.', sobre propriedade territorial urbana, sobre propriedade territorial não-urbana). Tem-se de desenvolver, completamente, o pensamento que nela se exprimiu, porque aí está o conceito, que a Constituição precisou, para a elaboração das regras constitucionais sobre competência, ou sobre direitos fundamentais, ou outras regras jurídicas da Constituição. Sobre esses conceitos é que se edifica o direito tributário. Uma das primeiras consequências é a de se ter de repelir a interpretação analógica".*[120]

---

120. *Comentários à Constituição de 1967 (com a Emenda n. 1, de 1969)*, tomo II, São Paulo, Revista dos Tribunais, 2ª ed., 2ª tir., 1973, p. 365 (os grifos constam do original).

Portanto, nem a lei complementar pode, neste ponto, redefinir os campos impositivos, rigidamente plasmados pela Constituição. Dúvidas que possam surgir, diante de questões concretas, são dirimíveis, em última instância, pelo Supremo Tribunal Federal, que é, como são se questiona, o garante da Constituição da República.

Para, porém, não ficarmos na aridez da teoria, vamos tratar de alguns casos concretos, em que, na prática, tem surgido "conflitos" de competência impositiva.

Comecemos por demonstrar a impossibilidade de *conflitos* de competência entre o *ICMS* e o *ISS*.

2. Da impossibilidade jurídica de conflitos de competência entre o ICMS e o ISS

2.1. O perfil constitucional do ICMS

I- A Constituição Federal, em seu art. 155, II, outorgou, aos Estados-membros e ao Distrito Federal, competência para criar impostos sobre "*operações relativas à circulação de mercadorias e sobre prestações de serviços de transporte interestadual e intermunicipal e de comunicação, ainda que as operações e prestações se iniciem no exterior*".

Percebe-se que a sigla *ICMS* hospeda, pelo menos, três impostos diferentes; a saber: *a)* o imposto sobre operações relativas à circulação de mercadorias; *b)* o imposto sobre prestações de serviços de transporte interestadual e intermunicipal; e, *c)* o imposto sobre prestações de serviços de comunicação.[121]

121. Embora se possa dizer que, sob certo aspecto, há mais dois impostos chamados *ICMS* (o imposto sobre produção, importação, circulação, distribuição ou consumo de lubrificantes e combustíveis líquidos e gasosos e de energia elétrica, e o imposto sobre a extração, circulação, distribuição ou consumo de minerais) o fato é que podem ser reconduzidos àquele que incide sobre operações relativas à circulação de mercadorias. Têm sido tratados à parte (nós mesmos fizemos isso, em nosso livro *ICMS*), porque "*descendem*", por assim dizer, dos *impostos únicos* da Carta de 1967, que eram de competência federal. Com o advento da Constituição de 1988, foram re-rotulados *ICMS* e passaram a ser impostos de competência estadual.

Muito bem. Estes *ICMS* são tributos diferentes, exatamente por terem *hipóteses de incidência* e *bases de cálculo* diferentes. Com efeito, como já vimos, o que distingue um tributo do outro não é o nome que possui, mas sua *hipótese de incidência*, confirmada por sua *base de cálculo* (cfr. art. 4º, do *CTN*). Reiteramos, pois, que há pelo menos três núcleos distintos de incidência do *ICMS*.

De qualquer modo, é fundamental termos presente que o *ICMS* somente pode incidir: *a)* sobre operações mercantis; *b)* sobre prestações onerosas de serviços de transporte interestadual e intermunicipal; e, *c)* sobre prestações onerosas de serviços de comunicação.

Como adiante melhor veremos, as prestações onerosas de todos os demais serviços (serviços diversos dos de transporte interestadual e intermunicipal e de comunicação), ainda que envolvam o fornecimento de materiais ao fruidor, são tributáveis apenas por meio de *ISS*.

Feito este esclarecimento inicial, voltemos nossas atenções para o *ICMS* que incide sobre as operações mercantis (*ICMS-operações mercantis*).

II- Ao iniciarmos a análise <u>deste</u> *ICMS* – o que faremos com as necessárias simplificações –, queremos deixar registrado que sua *regra-matriz* encontra-se nas seguintes partes do precitado art. 155, II, da Constituição Federal: "*compete aos Estados e ao Distrito Federal instituir impostos sobre... operações relativas à circulação de mercadorias... ainda que as operações se iniciem no exterior*".

Assinale-se, *ab initio*, que este imposto não incide sobre mercadorias. Tampouco, sobre episódios que envolvam circulação de mercadorias, como, por exemplo, a mera transferência de estabelecimento – que contenha, em seu estoque mercadorias –, para integralização de capital social.[122] O tributo incide,

---

122. Não é juridicamente possível exigir *ICMS* sobre meras transferências de ativos, ainda que estes também contenham mercadorias em estoque, como

sim, sobre a realização de operações relativas à circulação de mercadorias (circulação jurídico-comercial), vale dizer, negócios jurídicos mercantis que transfiram a posse ou a titularidade de uma mercadoria, impulsionando-a rumo ao consumidor final.

A lei que veicular a *hipótese de incidência* deste *ICMS*, somente será válida se descrever uma operação relativa à circulação de mercadorias.

Saliente-se que, para fins de *ICMS*, os conceitos de *operação*, *circulação* e *mercadorias* se interligam e complementam, de modo que, se os três não se apresentam concomitantemente, não há falar, sequer em tese, em incidência do gravame.

É bom esclarecermos, ainda, que tal circulação há de ser *jurídica* (e, não, meramente *física*). Ora, a circulação jurídica pressupõe a transferência, evidentemente de uma pessoa a outra e pelos meios adequados, da titularidade de mercadoria, vale dizer, dos poderes jurídicos de disponibilidade sobre ela. Sem tal mudança, não há falar em tributação válida por meio de *ICMS*. A idéia, abonada pela melhor doutrina (José Souto Maior Borges, Geraldo Ataliba, Paulo de Barros Carvalho, Cléber Giardino etc.), encontrou ressonância no próprio Supremo Tribunal Federal.[123]

---

forma de integralização de capital social de uma nova sociedade. Noutras palavras, a transferência de estabelecimento, como forma de integralização de capital social, não tipifica nenhuma operação mercantil, mas, simplesmente, uma operação societária envolvendo *sociedade controladora* e *sociedade controlada*.

Encareça-se que não é mercadoria o *estabelecimento empresarial*, embora este possa conter, em seu interior, um estoque (de mercadorias).

Assim, o repasse de mercadorias, por força de uma transferência de estabelecimento empresarial não tipifica uma operação mercantil e, por via de consequência, não acarreta a incidência do *ICMS*.

Positivamente, alienar *estabelecimento empresarial* não é o mesmo que vender mercadorias, mas, sim, transmitir a titularidade de uma *universalidade de fato*, o que nos reconduz à idéia de que não se implementa, no caso, o *fato imponível* do *ICMS*.

123. V. *Revista Trimestral de Jurisprudência*, n. 64, p. 538.

Ressaltamos que a circulação de mercadorias, apta a desencadear a tributação por meio de *ICMS*, demanda a existência de uma operação (negócio jurídico) onerosa, envolvendo um alienante e um adquirente.

De fato, a Constituição não prevê a tributação de mercadorias, por meio de *ICMS*, mas, sim, a tributação de "*operações relativas à circulação de mercadorias*", isto é, de operações que tenham por objeto circulação de mercadorias. Os termos *circulação* e *mercadorias* qualificam as operações tributadas por via de *ICMS*. Não são todas as operações jurídicas que podem ser tributadas, mas apenas as relativas à circulação de mercadorias, que, ainda por cima, sejam onerosas (*v. g.*, as compras e vendas mercantis). O *ICMS* só pode incidir sobre operações que conduzem mercadorias, mediante sucessivos contratos mercantis, dos produtores originários aos consumidores finais.

Neste sentido, encampamos clássica lição de Geraldo Ataliba; *verbis*:

> *"A sua perfeita compreensão e a exegese dos textos normativos a ele referentes evidencia prontamente que toda a ênfase deve ser posta no termo 'operação' mais do que no termo 'circulação'. A incidência é sobre operações e não sobre o fenômeno da circulação.*
>
> *"O fato gerador do tributo é a operação que causa a circulação e não esta".*[124]

Ora, tal operação é justamente o *fato jurídico* que desencadeia o efeito de fazer nascer a obrigação de pagar *ICMS*.

Logo, para que um ato configure uma *operação mercantil*, é mister que: *a)* seja regido pelo Direito Comercial; *b)* tenha sido praticado num contexto de atividades empresariais (visando, portanto, resultados econômicos positivos); e, *c)* tenha por objeto uma *mercadoria*.

---

124. *Sistema Constitucional Tributário Brasileiro*, 1ª ed., São Paulo, Ed. RT, 1966, p. 246.

III- É o caso de aqui enfatizarmos que *mercadoria*, nos patamares do Direito, é o bem móvel sujeito à mercancia. É, se preferirmos, o objeto da atividade mercantil, que obedece, por isso mesmo, ao *regime jurídico comercial*.

Não é qualquer bem móvel que é mercadoria, mas, tão-somente, o bem móvel corpóreo (bem material) que se submete à mercancia. Na verdade, o bem móvel corpóreo é o gênero, do qual a mercadoria é uma das espécies. Só é mercadoria o bem móvel corpóreo que, integrado ao estoque da empresa, destina-se à venda ou revenda.

Insistimos que somente configura mercadoria, o bem móvel adquirido pelo comerciante, industrial ou produtor, para servir de objeto de seu comércio, isto é, para ser revendido.

Daí que a existência de uma mercadoria não está na natureza do bem móvel, mas na sua destinação. Se o bem móvel for objeto de comércio, vale dizer, se ele se destinar à venda a outro comerciante ou ao consumidor final, então, sim, ele é juridicamente uma mercadoria.

Portanto, toda mercadoria é bem móvel corpóreo (bem material), mas nem todo bem móvel corpóreo é mercadoria. Apenas o bem corpóreo móvel preordenado à prática de operações mercantis é que assume a qualidade de mercadoria. Em suma, a qualidade distintiva entre bem móvel corpóreo (gênero) e mercadoria (espécie) é extrínseca, consubstanciando-se no propósito de destinação comercial.

Enfim, nada é mercadoria pela "*própria natureza das coisas*". De fato, como observa Paulo de Barros Carvalho, a natureza mercantil de um bem não deflui de suas propriedades intrínsecas, mas de sua destinação específica.[125]

IIIa- Logo, bens de uso próprio e materiais necessários à prestação de serviços (como o tecido necessário à confecção de

---

125. "*Hipótese de Incidência e Base de Cálculo do ICM*", in *Caderno de Pesquisas Tributárias n. 3*, Resenha Tributária, São Paulo, 1978, p. 331.

um terno), por não serem mercadorias, não abrem espaço à tributação, por meio de *ICMS*, das pessoas que com eles realizam negócios jurídicos. É que o gravame em tela só incide quando o objeto da operação for uma mercadoria, na acepção técnica aqui revelada.

Tornamos a insistir que, quando a Constituição se referiu a *mercadorias*, encampou conceito já perfeitamente desenhado pela lei comercial, que tem alcance nacional.

A ninguém deve causar estranheza assim seja, pois, como leciona Gian Antonio Micheli, catedrático de Direito Tributário da Universidade de Roma, o Direito Tributário é um *direito de superposição*, isto é, que capta conceitos e assimila institutos que lhe são fornecidos pelo Direito Privado (*v. g.*, pelo Direito Comercial).

Esta colocação, diga-se de passagem, está em sintonia com os arts. 109 e 110, do Código Tributário Nacional:

> *"Art. 109. Os princípios gerais de direito privado utilizam-se para pesquisa da definição, do conteúdo e do alcance de seus institutos, conceitos e formas, mas não para definição dos respectivos efeitos tributários.*
>
> *"Art. 110. A lei tributária não pode alterar a definição, o conteúdo e o alcance de institutos, conceitos e formas de direito privado, utilizados, expressa ou implicitamente, pela Constituição Federal, pelas Constituições dos Estados, ou pelas Leis Orgânicas do Distrito Federal ou dos Municípios, para definir ou limitar competências tributárias".*

Valem, a propósito, as seguintes ponderações de Misabel Derzi:

> *"Quando a Constituição usa um conceito, um instituto ou forma do Direito Privado, o nome empregado denota certo objeto, segundo a conotação que ele tem na ciência jurídica particular, da qual se origina. A conotação completa que advém da ciência do Direito Privado é condição prévia de inteligibilidade e univocidade do discurso constitucional. E*

> *se a Constituição se utiliza nesse sentido, extraído de certo ramo jurídico, para assegurar a discriminação e delimitação de competência, enfim o pacto federativo, não é dado ao legislador infraconstitucional alterá-lo. Permitir ao intérprete ou ao legislador ordinário que alterasse o sentido e alcance desses institutos e conceitos constitucionalmente empregados seria permitir que firmasse sem licença da Constituição, novo pacto federativo, nova discriminação de competência. Sendo assim, o art. 110 do CTN determina a cristalização da denotação e da conotação jurídica daqueles institutos, conceitos e formas, vedando-se ao legislador tributário a alteração de sentido que é própria do Direito Privado".*[126]

Enfim, os conceitos que a Constituição encampa do Direito Privado, ao tratar das competências tributárias, não podem ser alterados, nem mesmo pelo legislador, quanto mais pelo aplicador da legislação.

Do contrário, a própria rigidez das competências tributárias ficaria seriamente comprometida, quando não anulada. Bastaria, para isto, que o legislador infraconstitucional redefinisse os conceitos de Direito Privado, usados pela Constituição Federal, para discriminar e demarcar as competências tributárias, entre as pessoas políticas.

IIIb- Do exposto, temos que a lei tributária, ao referir-se a *mercadoria*, não pode voltar as costas ao Direito Comercial.

Logo, mercadoria, para fins de tributação por via de *ICMS*, é o que a lei comercial assim considerava, no momento da promulgação da Carta de 1988: bem móvel corpóreo que se submete à mercancia. Segue-se daí que não pode a lei dos Estados ou do Distrito Federal alterar esse conceito, para fins tributários.

Estas ideias encontram-se abonadas por De Plácido e Silva; *verbis*:

---

126. *Notas de atualização* ao livro *Direito Tributário Brasileiro*, de Aliomar Baleeiro (11ª ed., Forense, Rio de Janeiro, 1999), p. 492.

> *"MERCADORIA – palavra derivada do latim 'merx', que se formou 'mercari', exprimindo a coisa que serve de objeto à 'operação comercial'. Ou seja, a coisa que constitui objeto de uma venda.*
>
> *"É especialmente empregado para designar as 'coisas móveis' postas em mercado. Não se refere aos imóveis, embora estes sejam também objeto de venda.*
>
> *"A rigor, pois, mercadoria é a designação genérica dada a toda coisa móvel, apropriável, que possa ser objeto de comércio".*[127]

Mercadoria, enfim, é a *coisa fungível* (que se pode substituir por outra que tenha as mesmas características e sirva para satisfazer as mesmas necessidades), que se destina ao comércio.

Isso nos leva à conclusão de que, se inexistir mercadoria, não há falar em incidência de *ICMS*. Há, a respeito, uma única exceção: admite-se a exigência deste imposto quando houver a entrada de bem importado do exterior por pessoa física ou jurídica (cf. art. 155, § 2º, IX, *a*, da *CF*, com a redação dada pela EC n. 33/2001). Mas, tal autorização, porque excepciona a regra-geral (que é da tributação de negócios jurídicos envolvendo mercadorias), deve ser interpretada restritivamente, nos termos, de resto, da secular regra "*exceptio est strictissimae interpretationis*".

IV- O *ICMS* em análise incide, pois, sobre *atos jurídicos mercantis*, que são, justamente, as *operações relativas à circulação de mercadorias*, a que alude o art. 155, II, *1ª parte*, da Carta Magna.

Em suma, este *ICMS* deve ter por *hipótese de incidência* a operação jurídica que, praticada por comerciante, industrial ou produtor, acarreta circulação de mercadoria, isto é, transmissão de sua titularidade.

---

127. *Vocabulário Jurídico*, vols. III e IV, Editora Forense, Rio de Janeiro, 3ª ed., 1991, p. 181.

Podemos dizer, com apoio nas lições dos mais conspícuos tributaristas, que a *regra-matriz constitucional* do *ICMS* determina que ele incida sobre operações relativas à circulação de mercadorias, promovidas por meio de negócios jurídicos mercantis, realizados por produtores, industriais ou comerciantes.

Só há falar em *ICMS* se comprovadamente houver uma operação mercantil, ou seja, um negócio jurídico que implique circulação de mercadoria.[128]

O *ICMS* é devido, pois, quando ocorrem operações jurídicas que levam a mercadoria da produção para o consumo, com fins lucrativos. O tributo somente pode ser exigido após a efetiva ocorrência da operação mercantil. E isto só se dá com a transferência da *titularidade* da mercadoria. Sem ela, o dever de recolher o *ICMS* não nasce.

De fato, o dever de recolher *ICMS* só pode nascer com a mudança da titularidade do domínio ou da posse ostentatória da propriedade (posse autônoma, despida de título de domínio hábil) da mercadoria, que, como vimos, é um bem móvel direcionado à prática de atos de comércio.

V- Portanto, por meio de *ICMS*, tributa-se a *obrigação* (a operação jurídica) *de dar* uma mercadoria. O *ICMS* é um imposto que incide sobre o *negócio jurídico mercantil*. Tipifica, pois, modalidade de imposto sobre atos jurídicos (na conhecida classificação de Amilcar de Araújo Falcão). No mesmo sentido, Pontes de Miranda frisava que o *ICMS* é "*imposto sobre negócio jurídico bilateral, consensual... de que se irradia a circulação*".[129]

Seja-nos permitido ressaltar que não se enquadram no rol das operações mercantis – tributáveis, pois, por meio de

---

128. É equivocado o entendimento, que muitos esposam, de que a mera saída da mercadoria faz nascer o dever de recolher o *ICMS-operações mercantis*. Na realidade, a saída da mercadoria somente produzirá este efeito, se for causada por uma operação mercantil (v., a respeito, nosso livro *ICMS*, pp. 46 e ss).

129. *Comentários à Constituição de 1967*, 2ª ed., 2ª tiragem, Ed. R. T., São Paulo, 1973, vol. II, p. 507.

ICMS – as atividades desprovidas de substância jurídica negocial (as transferências, as remessas para industrialização, as perdas de estoque etc.), as prestações de serviços de qualquer natureza a que alude o art. 156, III, da Constituição Federal e as prestações de serviços públicos (*v. g.*, os serviços cartorários).

Obedecidos estes pressupostos constitucionais, aí sim, tudo passa a gravitar em torno da imaginação do legislador ordinário competente.

VI- Sempre mais se confirma, pois, que a materialidade (o núcleo) da ***hipótese de incidência*** do *ICMS* deve ser – porque assim o exige a Carta Constitucional – o ato de realizar operações (negócios jurídicos[130]) mercantis.

Positivamente, o *ICMS* é um tributo que incide sobre negócios jurídicos (realizados por comerciantes, industriais, produtores ou assemelhados) que implicam transferência da titularidade de mercadorias.

A matriz constitucional do *ICMS* determina que ele só pode incidir sobre operações relativas à circulação de mercadorias (direitos sobre mercadorias), promovidas espontaneamente e por meio de negócios jurídicos mercantis, por produtores, industriais e comerciantes, ou por quem lhes faça as vezes.

Do exposto, reafirmamos que o nascimento do dever de recolher *ICMS* encontra-se indissociavelmente ligado à concomitância dos seguintes pressupostos: *a)* a realização de operações

---

130. Para Miguel Reale, "*negócio jurídico é aquela espécie de ato que, além de se originar de um ato de vontade, implica a declaração expressa da vontade, instauradora de uma relação entre dois ou mais sujeitos, tendo em vista um objeto protegido pelo ordenamento jurídico*" (*Lições Preliminares de Direito*, Saraiva, São Paulo, 5ª ed., 1978, p. 135).

Estas ideias vêm completadas por Paulo Dourado de Gusmão, para quem o negócio jurídico "*... é a declaração expressa de vontade destinada a produzir efeitos jurídicos de natureza patrimonial, como os contratos*" (*Introdução ao Estudo do Direito*, Forense, Rio de Janeiro, 13ª ed., 1988, p. 334.

(negócios jurídicos) mercantis; *b)* a circulação jurídica (transmissão da propriedade); *c)* a existência de mercadoria enquanto objeto da operação; e, *d)* o propósito de lucro imediato, com a entrega (*tradictio*) da mercadoria.

VII- Reduzindo a ideia à sua dimensão mais simples, temos que o *ICMS-operações mercantis* alcança as vendas mercantis. Este o *conteúdo semântico mínimo* do tributo em pauta, a ser levado em conta, seja em sua criação *in abstracto*, seja – e principalmente – em seu lançamento e subsequente cobrança.

Ora, levando-se em conta que o *conteúdo semântico mínimo* é um relevantíssimo fator de solução de conflitos de competência tributária, temos que – se por mais não fosse, pelo critério de exclusão – *venda mercantil* não é prestação *negocial de serviços*.

Logo, vender mercadorias não é o mesmo que prestar serviços, independentemente, como veremos adiante, destes exigirem ou não, para se efetivarem, o fornecimento de materiais.

VIII- Pois bem. Dizer que uma pessoa deve recolher *ICMS* é o mesmo que afirmar que ela praticou um negócio jurídico com mercadoria; já, negar que ela há de assim proceder significa que não o realizou, ainda que uma das partes contratantes (o fruidor do serviço) receba um bem corpóreo, que, em outro contexto, isto é, caso não fosse um componente necessário do serviço prestado, seria considerado uma mercadoria.[131]

IX- Dentro deste quadro, ocupa posição de relevo a lei complementar, que, no entanto, ao veicular *normas gerais em matéria de legislação tributária* (art. 146, da *CF*) e ao dispor sobre questões de *ICMS* (art. 155, § 2º, XII, da *CF*), deverá, como vimos, limitar-se a explicitar as *regras-matrizes* deste tributo, plasmadas na Constituição.

---

131. Seria o caso da madeira vendida, por uma serraria, a um consumidor final. Não, porém, da madeira empregada pelo marceneiro para confeccionar, sob encomenda, um armário embutido.

E, de fato, a Lei Complementar n. 87, de 13 de setembro de 1996 (*Lei Kandir*), está em sintonia com as diretrizes acima apontadas. Ele reforça a ideia de que a incidência do *ICMS* somente ocorre diante da execução de uma *obrigação de dar* mercadoria.[132]

Assim, sob pena de invasão da competência tributária reservada aos Municípios, não é dado exigir *ICMS* sobre os materiais empregados nas prestações de serviços de qualquer natureza. Menos ainda, sobre o valor total de tais prestações.

Vejamos, agora, qual a *base de cálculo possível* do *ICMS-operações mercantis.*

2.2. A base de cálculo possível do ICMS-operações mercantis

Embora a Constituição não tenha explicitamente apontado a base de cálculo do *ICMS-operações mercantis*, dá diretrizes acerca do assunto, que nem o legislador, nem o intérprete, podem ignorar.

Realmente, nos termos da Constituição, a base de cálculo do *ICMS* deve guardar referibilidade com a operação mercantil realizada, sob pena de desvirtuamento do tributo.

Assim, a base de cálculo do *ICMS* deve necessariamente ser uma *medida* da operação mercantil realizada. Será, pois, o valor desta operação mercantil.

Estamos a confirmar que a *base de cálculo possível* do *ICMS*, nas operações mercantis, é o "*valor de que decorrer a saída da mercadoria*", conforme, aliás, consta da legislação ordinária de todos os Estados-membros e do Distrito Federal

---

132. Só se pode dizer que o *ICMS* é devido por uma pessoa, quando esta realizou, no mundo fenomênico (mundo real), uma operação mercantil *stricto sensu*, vale dizer, um negócio jurídico que teve por objeto precípuo a transferência da titularidade de uma mercadoria, rumo ao consumidor final e com fito de lucro.

(*v. g.*, do art. 24, da Lei paulista n. 6.374/1989). A própria Lei Complementar n. 87/1996 (*Lei Kandir*) está afinada no mesmo diapasão (art. 13, I), vale dizer, reforça a ideia de que a base de cálculo do *ICMS* é o valor da operação mercantil realizada.

Se a base de cálculo do *ICMS* levar em conta elementos estranhos à operação mercantil realizada (*v. g.*, o preço dos materiais necessários à prestação de serviços de construção civil), ocorrerá, por sem dúvida, a descaracterização do perfil constitucional deste tributo.

Na verdade, não é possível inserir, na base de cálculo do *ICMS*, valor de fato econômico que não tipifica operação mercantil. Isto ensejaria a cobrança de um adicional de um novo imposto, que refoge à competência tributária do Estado-membro e, pior, invade a competência tributária de outra pessoa política, além de vulnerar direito fundamental do contribuinte, qual seja, o de ser tributado na forma e nos limites da Constituição.

Logo, é sempre o valor da mercadoria que deve ser considerado para a apuração da base de cálculo "*in concreto*" (*base calculada*) do *ICMS-operações mercantis*.

Com isso queremos significar que a base de cálculo "*in concreto*" do *ICMS* deve colher, apenas e tão-somente, o valor da operação mercantil realizada, vale dizer, o preço livremente ajustado entre o comprador e o vendedor, para a realização do negócio cujo objeto é a mercadoria.

Diante do considerado, impõe-se, pois, a conclusão de que nenhuma fórmula matemática, nenhum ardil legislativo, nenhum artifício exegético poderão atropelar o preceito constitucional de que a base de cálculo do *ICMS* em foco é o *valor da operação mercantil realizada*.

2.3. Epítome

Ao cabo e ao fecho deste item podemos dar por assente que o *ICMS* somente pode incidir sobre *(i)* operações jurídicas praticadas com mercadorias (bens móveis postos *in commercium*), *(ii)* entradas de bens importados do exterior, por pessoas físicas ou jurídicas, *(iii)* prestações de serviços de transporte interestadual ou intermunicipal, *(iv)* prestações de serviços de comunicação.

Logo, em contranota, o *ICMS* jamais pode incidir sobre prestações de outros serviços, ainda que estes envolvam o fornecimento de bens materiais, equipamentos ou máquinas.

Para melhor demonstrarmos a tese, trataremos, em seguida, do perfil constitucional do *ISS*.

3. O perfil constitucional do ISS

I- A *regra-matriz* do imposto sobre serviços de qualquer natureza (*ISS*)[133] encontra-se desenhada no art. 156, III, da Constituição Federal; *verbis*:

> *"Art. 156. Compete aos Municípios instituir impostos sobre: (...)*
>
> *"III – impostos sobre serviços de qualquer natureza, não compreendidos no art. 155, II, definidos em lei complementar".*

Portanto, no Brasil, o Município é competente para tributar, por meio de impostos, os serviços de qualquer natureza,

---

133. O imposto sobre serviços de qualquer natureza (*ISS*) foi previsto, pela primeira vez, na Constituição de 24 de janeiro de 1.967, em seu art. 25, II; *verbis*: "*Art. 25. Compete aos Municípios decretar impostos sobre: (...) II – serviços de qualquer natureza, não compreendidos na competência tributária da União ou dos Estados, definidos em lei complementar*".

A Emenda Constitucional n. 1, de 18 de outubro de 1.969, voltou a tratar do assunto, agora em seu art. 24, II, que praticamente manteve a redação *supra*: "*Art. 24. Compete aos Municípios instituir impostos sobre: (...) II – serviços de qualquer natureza, não compreendidos na competência tributária da União ou dos Estados, definidos em lei complementar*".

Apenas para registro, à época, o Texto Supremo conferia à União competência para tributar, por meio de impostos, os serviços de transporte (art. 21, X) e de comunicações (art. 21, VII), ambos intermunicipais ou entre Município brasileiro e território estrangeiro.

exceção feita aos serviços de transporte transmunicipal e de comunicação, estes tributáveis por meio de *ICMS* (*ex vi* justamente do disposto no art. 155, II, da *CF*).[134]

Na realidade, o *ISS* não alcança propriamente os serviços de qualquer natureza, mas a *prestação* (onerosa) *destes serviços*.[135] Daí podermos avançar o raciocínio, frisando que o tributo em pauta só pode surgir da execução de uma *obrigação de fazer*, mais precisamente, do fato de alguém *prestar serviços*.[136]

Os serviços de qualquer natureza, em si mesmos considerados, não fazem nascer o *ISS*. O tributo só será devido quando tais serviços resultarem de um contrato oneroso firmado, sob regime de Direito Privado, entre um prestador e um tomador.

---

134. A Constituição Federal prevê vários impostos sobre serviços; a saber: *a)* o imposto sobre serviços de transporte interestadual e intermunicipal (*ICMS-transporte*); *b)* o imposto sobre serviços de comunicação (*ICMS-comunicação*); e, *c)* os impostos sobre serviços de outras naturezas (*ISS*). Os dois primeiros, a Carta Magna reservou aos Estados-membros (cfr. art. 155, II); os últimos, aos Municípios (cfr. art. 156, III).

Registramos que, em seu território, o Distrito Federal é competente para instituir todos estes impostos, por força do que estatuem os arts. 147, *in fine* e 155, *caput*, ambos da Constituição Federal.

135. Embora a Constituição, em seu art. 156, III, faça expressa menção a *serviços*, ela, elipticamente, está aludindo a serviços prestados a terceiros, ou seja, a *prestações de serviços*. Isto fica mais claro se cotejarmos este dispositivo com o art. 155, II, do mesmo Diploma Magno (referido no art. 156, III), que confere, aos Estados, competência para tributar, via *ICMS*, "*prestações de serviços de transporte interestadual e intermunicipal e de comunicação*" (grifamos).

Ademais, como o *ISS* deve obedecer a uma série de princípios constitucionais, dentre os quais o *da capacidade contributiva*, é necessário agregar, à expressão *serviços de qualquer natureza*, o verbo "*prestar*". Qualquer outro verbo ("*fruir*", por exemplo) negaria os postulados constitucionais informadores da tributação por meio de *ISS*.

136. Evidentemente, não são as *prestações de serviços* que podem ser tributadas pelos Municípios, mas as pessoas (físicas ou jurídicas) que as realizam. Só por amor à brevidade é que se proclama que o *ISS* incide sobre *prestações de serviços*. Em boa verdade científica, as prestações de serviços não passam do *aspecto material* da *hipótese de incidência* deste tributo.

Em suma, o *ISS* somente será devido quando o serviço de qualquer natureza, não-consistente nem em transporte transmunicipal, nem em comunicação, resultar, isto é, for objeto, de contrato oneroso firmado entre um prestador e um tomador.[137]

Notamos, pois, ser necessária a detida análise do contrato de prestação de serviços, para saber-se se o *ISS* é devido.[138] É o fim (*telos*) pretendido pelas partes contratantes, que, refletindo o próprio objeto do negócio jurídico, determinará, ou não, a incidência do imposto.

Mesmo assim – tornamos a insistir – tal incidência dar-se-á apenas após a efetiva prestação do serviço de qualquer natureza.

Em linguagem mais técnica, o *fato imponível* (*fato gerador in concreto*) do *ISS* somente ocorre quando, em razão de negócio jurídico firmado entre particulares, sob regime de Direito Privado (mas não trabalhista),[139] os serviços de qualquer natureza forem efetivamente prestados.

II- Abrimos um ligeiro parêntese para observar que o legislador, ao traçar a *hipótese de incidência tributária*, escolhe, dentre os fatos que podem acontecer no mundo físico (*mundo fenomênico*), os que reputa mais importantes. No caso

---

137. O "*querer*", ou se preferirmos, a "*vontade*" do tomador (titular do direito de exigir o cumprimento da obrigação) e do prestador do serviço (o obrigado a fazer o que foi pactuado), se adequadamente manifestada no contrato oneroso entre eles firmado, é que identifica a incidência, ou não, do *ISS*.

138. O mesmo se dá em relação ao *ICMS*: somente a análise do contrato revelará se o fato ocorrido, ainda que envolva o fornecimento de bens materiais, tipifica uma operação mercantil.

139. Concordamos com Marçal Justen Filho, para quem serviço é "*prestação de uma utilidade (material ou não) de qualquer natureza, efetuada sob o regime de Direito Privado mas não sob regime trabalhista, qualificável juridicamente como execução de obrigação de fazer, decorrente de um contrato bilateral*" (*O imposto sobre serviços na Constituição*, Revista dos Tribunais, São Paulo, 1985, p. 177).

da *hipótese de incidência* dos impostos, aqueles que melhor revelem capacidade econômica, da parte de quem os realiza.

No Brasil, porém, dado o sistema tributário rígido que aqui vigora, as opções do legislador são bem restritas, já que as competências tributárias das pessoas políticas tiveram seus limites cuidadosamente demarcados por grande cópia de princípios e normas constitucionais.

Indo ao ponto que ora faz nossos cuidados, quando a Constituição autorizou os Municípios a criarem o *ISS*, delimitou, de plano, o núcleo do fato que podem eleger como suporte material da *hipótese de incidência* deste tributo; a saber: a prestação de "*serviços de qualquer natureza, não compreendidos no art. 155, II*" (art. 156, III). Há, pois, uma noção constitucional de *serviços*, que não pode ser ultrapassada pelo legislador infraconstitucional (seja o complementar, seja o ordinário municipal).

Temos, deste modo, que a noção de "*serviços de qualquer natureza*" é constitucional, na medida em que o Texto Magno identificou-a com precisão, justamente para distingui-la de outros fatos, tributáveis pelas demais pessoas políticas.

Em rigor, se o legislador (ordinário ou, mesmo, complementar) tudo pudesse inserir no conceito "*serviços de qualquer natureza*", a rigidez de nosso sistema constitucional, plasmada pelo Constituinte, seria reduzida a tassalhos.

Daí podermos avançar o raciocínio, proclamando que, por injunção constitucional, o *ISS* surge da execução de uma *obrigação de fazer*,[140] isto é, do fato de uma pessoa, física ou jurídica,

---

140. Na *obrigação de fazer*, o objeto da prestação é sempre um ato do devedor; nunca a entrega de uma coisa. Pelo contrário, na *obrigação de dar*, o objeto da prestação consiste na entrega de uma coisa.

Aires Fernandino Barreto captou, com mestria, a essência do assunto; *verbis*: "*A distinção entre dar e fazer como objeto de direito é matéria das mais simples. Basta (...) salientar que a primeira (obrigação de dar) consiste em vínculo jurídico que impõe ao devedor a entrega de alguma coisa já existente; por outro lado, as obrigações de fazer impõem a execução, a elaboração, o fazimento*

realizar remuneradamente uma atividade, física ou intelectual, em favor de terceiro.

Somente pode haver incidência de *ISS* quando houver locação de serviços sob a forma quer de *locatio operarum* (locação de serviços *stricto sensu*, obrigação de meio, com o fito de atingir, sem garantia do resultado, uma utilidade), quer de *locacio operis faciendi* (empreitada, que envolve obrigação de atingir determinado resultado). Assim, para que a locação de serviços ocorra, há que haver uma relação jurídica, envolvendo, em caráter negocial, duas pessoas (um prestador e um fruidor).

III- É o caso, agora, de indagarmos: qualquer serviço abre espaço à tributação por meio de *ISS*?

O mesmo é propor a questão, que lhe dar resposta negativa.

Como cuida de demonstrar Elizabeth Nazar Carrazza,[141] só podem ser alcançados pelo *ISS* os serviços prestados – por particulares, empresas privadas, empresas públicas ou sociedades de economia mista – *sob regime de Direito Privado* (mas não trabalhista). Aduz, ainda, que a prestação de serviços há de configurar uma utilidade (material ou imaterial), como execução de *obrigação de fazer* (e, não, *de dar*).

A propósito, o *regime de Direito Privado* pressupõe a liberdade de contratar. Por isso, o serviço tributável por meio de *ISS* deve advir de um contrato de Direito Privado,[142] livremente pactuado entre o prestador e o fruidor.[143]

---

de algo até então inexistente. Consistem, estas últimas, num serviço a ser prestado pelo devedor (produção, mediante esforço humano, de uma atividade material ou imaterial)" (*ISS na Constituição e na Lei*, Dialética, São Paulo, 2ª ed., 2005, pp. 42/43).

141. *O ISS na Constituição*, dissertação de mestrado, inédita, apresentada, em novembro de 1976, na *PUC/SP*.

142. Pontes de Miranda, a respeito, é categórico: "*O contrato de serviços e o contrato de trabalho, estrito senso, são, no Código Civil e na legislação do trabalho, contratos de direito privado*" (*Tratado de Direito Privado*, 2ª ed., tomo XLVII, Rio de Janeiro, Borsói, 1964, p. 9).

143. No mesmo sentido, Aliomar Baleeiro pontifica: "*o fato gerador* (do ISS) *pressupõe prestação de serviços a terceiros como negócio ou profissão*" (*Direito*

Deveras, o *ISS* depende, para nascer *in concreto*, da existência de um serviço (esforço humano), prestado, a terceiro, com autonomia e fito de lucro, na esteira, diga-se de passagem do art. 594, do Código Civil.[144]

Tal também o entendimento de José Eduardo Soares de Melo; *verbis*:

> *"O cerne da materialidade da hipótese de incidência do imposto em comento (o ISS) não se circunscreve a 'serviço', mas a uma 'prestação de serviço', compreendendo um negócio (jurídico) pertinente a uma obrigação de 'fazer', de conformidade com os postulados e diretrizes do direito privado".*[145]

O serviço sobre o qual pode incidir o imposto em exame é o colocado *in commercium* (no mundo dos negócios), sendo submetido, em sua prestação, ao *regime de Direito Privado*, que se caracteriza pela autonomia das vontades e pela igualdade das partes contratantes.

V- Portanto, nos termos da Constituição, a *hipótese de incidência* do *ISS* só pode ser a prestação, a terceiro, de uma utilidade, com conteúdo econômico, sob *regime de Direito Privado*, desde que não trabalhista, tendente a produzir uma utilidade ao fruidor.

A ideia é suficientemente lata para albergar toda e qualquer prestação de serviço,[146] assim material (*v. g.*, uma obra de

---

Tributário Brasileiro, 10ª ed., Rio de Janeiro, Forense, 1981, p. 282 – esclarecemos no parêntese).

144. Código Civil – "*Art. 594. Toda a espécie de serviço ou trabalho lícito, material ou imaterial, pode ser contratada mediante retribuição*".

145. *Aspectos Teóricos e Práticos do ISS*, Dialética, São Paulo, 2000, p. 29 (esclarecemos no parêntese).

146. Afastamos, neste passo, a ideia de que o *ISS* incide sobre a utilidade que o serviço propicia a seu fruidor. Deveras, o *ISS* é devido, independentemente do benefício que o tomador do serviço puder vir a experimentar. Neste sentido, a lição de Aires Barreto; *verbis*: "*... o cabimento do ISS decorre de prestação de serviço efetuada e não de utilidade recebida. O que é objeto da tributação*

engenharia), que imaterial (*p. ex.*, os serviços prestados por profissionais liberais *stricto sensu*), que esteja voltada a terceiro, tenha conotação econômica, não tipifique *serviço público*[147] e – permitimo-nos insistir – não exiba vínculo empregatício.[148]

é o esforço humano (fazer para terceiros), independentemente da utilidade que ele possa proporcionar. À guisa de exemplo, é irrelevante se o tomador do serviço de diversão pública a tem por útil ou inútil; se, diante de uma sessão de cinema, ri, chora ou dorme; se o desfecho de atuação médica conduz à cura ou à morte do paciente. O que sobreleva é apenas a existência do fazer em que o serviço consiste". (*ISS*..., p. 163).

147. De fato, o serviço público, isto é, *a prestação de utilidade material, fruível individualmente, sob regime de direito público* (Celso Antônio Bandeira de Mello) escapa ao *ISS*, nos expressos termos do art. 150, VI, *a*, da Constituição Federal ("*Sem prejuízo de outras garantias asseguradas ao contribuinte, é vedado à União, aos Estados, ao Distrito Federal e aos Municípios: (...) VI- instituir impostos sobre: a) o patrimônio, renda ou serviços, uns dos outros*"). Este dispositivo veda que os serviços da alçada do Poder Público (serviços públicos) abram espaço à tributação por meio de *impostos*. Tais serviços, desde que específicos e divisíveis, somente podem ensejar *taxas* (*de serviço*).

Detalhando o assunto, Aires Fernandino Barreto averba: "*Será, pois, logicamente aberrante (e inconstitucional) a previsão de 'imposto' recaindo sobre o patrimônio, as rendas e os serviços das pessoas públicas – por isso, inclusive, referidos pela regra imunitória do art. 150, VI, a, da Constituição Federal. (...) Disso resulta evidente e manifesto que a prestação de serviços públicos – típica e ontológica atividade estatal que é – não pode consistir em hipótese de incidência de imposto; de nenhum imposto, inclusive do imposto sobre serviços*" (*ISS na*... p. 61 – grifamos).

Ademais, na medida em que as taxas não podem ter "*base de cálculo própria de impostos*" (art. 145, § 2º, da *CF*), elas só podem medir atuações estatais; nunca fatos regidos pelo Direito Privado, como, por exemplo, as prestações de serviço livremente contratadas, por particulares, mediante retribuição.

Logo, *a contrario sensu*, os impostos, aí compreendido o *ISS*, só podem tomar por base de cálculo o valor de fatos regidos pelo Direito Privado; jamais – sob pena de irremissível inconstitucionalidade – o valor de atuações estatais (*v. g.*, os serviços públicos específicos e divisíveis).

Serviços públicos específicos e divisíveis só podem ser remunerados por meio de *taxas de serviço*, *ex vi* do disposto no art. 145, II, 2ª parte, da Constituição Federal ("*A União, os Estados, o Distrito Federal e os Municípios poderão instituir os seguintes tributos: (...) II- taxas, em razão do exercício do poder de polícia ou pela utilização, efetiva ou potencial, de serviços públicos específicos e divisíveis, prestados ao contribuinte ou postos a sua disposição*").

148. Refoge à tributação por meio de *ISS* o auto-serviço, isto é, o serviço que a pessoa presta a si própria.

V- Saliente-se que, mesmo quando a prestação de serviços traduz-se em utilidades materiais (*v. g.*, num armário embutido, feito, sob encomenda, por um marceneiro), "*o fazer haverá de prevalecer sobre o dar*".[149] Mesmo nesse caso, o serviço redundará na entrega de algo novo, isto é, não preexistente (aproveitando o exemplo, num armário embutido, onde antes havia apenas ripas de madeira).

Vale relembrar que, juridicamente falando, serviço é a atividade que se implementa em favor de terceiro, tendente a produzir-lhe uma utilidade material ou imaterial.[150]

VI- É o caso de agora acrescentarmos que tais serviços, ainda que realizados com o emprego de matérias-primas (fabricadas pelo próprio prestador ou por terceiro) e/ou com a utilização de instrumentos ou maquinarias, não se descaracterizam, isto é, continuam a ser simplesmente *serviços*. Esta assertiva, em razão mesmo de sua complexidade, precisa ser melhor explicada.

Como bem o demonstraram Geraldo Ataliba e Aires Fernandino Barreto,[151] ao lado dos serviços ditos "*puros*", que se

---

O *ISS* igualmente não pode incidir sobre os serviços sem conotação econômica, impende dizer, irredutíveis ao denominador comum da moeda. É o caso do serviço familiar, do serviço de mera cortesia, do serviço filantrópico e do serviço religioso que, por não terem base de cálculo, são inalcancáveis pelo *ISS*.

Ademais, o *ISS* também não pode incidir, como vimos, sobre o serviço que o empregado presta a seu empregador? Por quê? Em primeiro lugar, porque este serviço desenvolve-se debaixo de um vínculo de subordinação: o empregado está subordinado a seu empregador, nos termos do contrato de trabalho e da própria lei (a *Consolidação das Leis do Trabalho*). Como se isto não bastasse, o salário que o empregado percebe corresponde a alimentos (não à contraprestação dos serviços prestados). Depois, o crédito tributário prefere a qualquer outro, exceção feita ao crédito proveniente da obrigação de prestar alimentos e ao crédito trabalhista (art. 186, do *CTN*), que equivale ao crédito alimentar.

149. Misabel Abreu Machado Derzi, Notas ao *Direito Tributário Brasileiro*, de Aliomar Baleeiro (10ª edição, Rio de Janeiro, Forense, 1999), p. 491.

150. No entanto, como já vimos, o *ISS* prescinde, para nascer, da circunstância do serviço vir a proporcionar um efetivo benefício (utilidade) ao tomador.

151. "*ISS e ICM – Conflitos*", in Suplemento Tributário 72-81/333.

desenvolvem sem o emprego de instrumentos ou materiais (*v. g.*, as consultas que, de viva voz, o advogado dá ao seu cliente), serviços há que só são exequíveis: *I) com utilização de maquinarias, instrumentos ou equipamentos* (*e. g.*, serviços de terraplenagem); *II) com emprego de materiais* (p. ex., o serviço de propaganda, consistente na distribuição de cartazes); e, *III) com ambos* (é o caso, dentre inúmeros outros, do serviço de blindagem de veículos). Também estes três últimos são serviços e, nesta medida, tributáveis apenas por meio de *ISS*.

VIa- Muito poucos os serviços "*puros*".

Na realidade, a maciça maioria dos serviços só se concretiza com o uso de equipamentos, máquinas, ferramentas etc. e/ou com a aplicação de materiais.[152]

Incontroverso, pois, que, sem o emprego de instrumentos ou materiais, uma grande cópia de serviços remanesceria no campo das impossibilidades. Os materiais ou instrumentos agregam-se de tal forma aos serviços que, dissociá-los, implica fazer desaparecer estes últimos. De fato, não podemos conceber, *v. g.*, um serviço de análises químicas, sem o emprego de materiais e sem a utilização instrumentos, isto é, de máquinas adequadas para realizá-las.

Desvenda-se, pouco a pouco, que os materiais que tornam possível um serviço (e que, portanto, dele fazem indissoluvelmente parte) não podem ser tributados por meio de *ICMS*, justamente porque não são, no que diz com nossa realidade normativa, *mercadorias* (bem móveis *in commercium*). São, sim, meros *componentes* do serviço ao qual se relacionam.

VIb- Tais materiais não passam de *realidades acessórias*, em relação aos serviços, *realidades principais*. Ora, como é de comum sabença, "*o acessório segue a sorte do principal*" (*acessorium sequitur suum principale*).

---

152. Com efeito, se atentarmos para a *Lista de Serviços*, agora veiculada pela Lei Complementar 116/03, facilmente constataremos a procedência da assertiva. A quase totalidade de itens e subitens que ela contém refere-se a serviços que só podem ser prestados com o emprego de instrumentos e materiais.

De fato, na medida em que os materiais se agregam indelevelmente aos serviços, a conclusão que assoma com a pujança as ideias congruentes é que devem receber o mesmo tratamento jurídico-tributário a estes últimos dispensado.

Definitivamente, materiais não são mercadorias, até porque não se destinam ao comércio, mas ao fazimento de serviços. Destarte, em alguns casos, não há como prestar serviços sem a utilização de *suportes físicos* que, porém – permitimo-nos insistir –, não podem ser tributados à parte (por meio de *ICMS*), como se fossem mercadorias e suas aplicações tipificassem operações mercantis.[153]

VIc- Enfatizamos que, se for contratado um serviço de qualquer natureza (art. 156, III, da *CF*), que exige, para

153. Incidiu, pois, em inconstitucionalidade, a Lei Complementar n. 116/2003, quando, ao veicular a *Lista de Serviços*, estipulou, em seu *subitem 7.02*, ficarem sujeitas ao *ICMS*, nas obras de construção civil, "*as mercadorias produzidas pelo prestador de serviços, fora do local da prestação dos serviços*".

A uma, porque, atropelando o *princípio da autonomia municipal*, "*diminuiu*" o âmbito de abrangência do *ISS*, traçado no art. 156, III, da Carta Magna.

A duas, porque "*alargou*" a *regra-matriz constitucional* do *ICMS*, de modo a nela inserir realidade que não se enquadra no conceito "*praticar operações mercantis*".

E, a três, porque os materiais aplicados, apenas viabilizam as obras de construção civil, não podendo, destarte, ser juridicamente consideradas mercadorias.

As assertivas *supra* permanecem válidas, mesmo diante da circunstância de os materiais necessários à prestação dos serviços de engenharia civil serem produzidos "*fora dos locais das prestações*". Ainda assim, o tributo devido é apenas o *ISS*, já que tais materiais continuam sendo os *meios necessários* à prestação dos serviços em questão. Seguem, portanto, a sorte tributária do principal: passam ao largo do *ICMS*.

Em suma, não interfere no *regime tributário* aplicável aos serviços de construção civil, o fato de as matérias-primas que os integram serem produzidas fora dos locais das prestações. O que importa considerar, sim, é a *personalização* dos serviços, em ordem a atender às *necessidades individuais* dos seus fruidores.

Ora, é justamente tal *personalização* que torna as obras de construção civil sujeita apenas à incidência do *ISS*.

implementar-se, a aplicação de materiais, haverá, *in casu*, juridicamente falando, apenas uma prestação de serviço com aplicação de materiais; nunca, uma prestação de serviços com fornecimento de mercadorias. É que o *regime jurídico* da avença indica uma aplicação de material, para a prestação do serviço e, não, uma venda mercantil para a prestação deste mesmo serviço. Nesse sentido, não há, nas hostes do Direito, prestações de serviços com fornecimento de mercadorias.

Isso nos leva a concluir pela impossibilidade de ampliação da base de cálculo do *ICMS*, para nela acomodar o preço de parte do serviço prestado (o custo dos materiais que viabilizaram a prestação do serviço).

Evidentemente, é defeso às leis dispor de maneira diversa, porquanto o assunto envolve competências tributárias das pessoas políticas, que só podem ser alteradas pelo constituinte originário.

Pelos mesmos motivos, eventual interpretação "*mais elástica*" não pode *incluir*, na *hipótese de incidência* do *ICMS*, materiais necessários à prestação do serviço.

Num caso ou noutro, serão extrapolados os lindes constitucionais, já que resultará ferida a *regra-matriz* deste imposto, que passará a alcançar fatos que só podem ser tributados pelos Municípios.

VId- Queremos também registrar, neste ponto de nosso raciocínio, que exigir *ICMS* sobre os materiais empregados na realização de um serviço de qualquer natureza fere direito subjetivo fundamental dos contribuintes, qual seja o de só serem tributados na *forma* e nos *limites* permitidos pela Constituição. Vale aqui invocar a clássica lição de Marnoco e Souza: "*o valor de uma Constituição não está tanto no que nela se encontra disposto, como no modo como ela é aplicada*".[154]

---

154. *Constituição Política da República Portuguesa*, F. França Amado, Coimbra, 1913, p. 44.

VII- Remarcamos que, por meio de *ISS*, só se pode tributar a prestação do serviço e, não, a relação jurídica (contrato) que a ela subjaz (isto é, que se instaura entre o prestador e o tomador). Com esta proclamação, desejamos significar que o imposto em exame deve necessariamente incidir sobre o *fato material* da prestação de um serviço. O *ISS* nasce de um *estado de fato*: a prestação efetiva – nunca a potencial – de um serviço.

Noutros falares, seu *fato imponível* não ocorre quando da celebração do contrato de prestação de serviços, mas, sim, quando o serviço é efetivamente prestado.

Reiteramos que o *ISS* incide sobre o fato *prestar serviços*. E um serviço só estará prestado quando posto à disposição do contratante.[155]

Portanto, por meio de *ISS*, tributa-se a *obrigação* (a operação jurídica) *de fazer* (prestar) um serviço. Tanto quanto o *ICMS-transporte* e o *ICMS-comunicação*, é um imposto que incide sobre fatos jurídicos (ao contrário do *ICMS-operações mercantis*, que incide sobre atos jurídicos).

Enquanto não ocorrer a efetiva prestação do serviço, inexiste, juridicamente falando, serviço tributável por meio de *ISS*. Afinal, serviço, nas hostes do Direito, é, como bem resume Aires Barreto, "*atividade em proveito alheio*".[156] Somente o serviço efetivamente prestado – não o potencial – abre espaço à tributação de que ora estamos cogitando. Xavier de Albuquerque sintetizou bem a ideia; *verbis*: "*o 'fazer' há de ser 'concreto e efetivo'; não meramente 'potencial'*".[157]

155. Embora a legislação silencie a respeito, parece-nos óbvio que a prestação do serviço de qualquer natureza só se ultima quando o usuário dele puder efetivamente dispor. E tal ocorre, não com a conclusão do serviço no estabelecimento do prestador, de conformidade com a encomenda; tampouco, quando vem simplesmente entregue ao tomador; mas, quando passa à sua livre disposição.

156. *Op. cit.*, p. 294.

157. "*ISS e 'Planos de Saúde' – Inconstitucionalidade do Item 6 da Nova Lista de Serviços*", parecer de junho de 1992, inédito, p. 12.

Sempre mais estamos a notar que o serviço tributável por meio de *ISS* traduz-se num esforço pessoal do prestador, em favor de terceiro (o fruidor). Inexistindo relação direta entre o prestador e o tomador do serviço, não nascerá esta figura exacional.

VIII- É de compreensão intuitiva, ainda, que o serviço tributável por meio de *ISS* deve ser desejado pelo tomador, ou seja, pelo terceiro que o vai fruir.

Daí podermos afirmar que o tomador do serviço ocupa uma posição de preeminência, na implementação do *fato imponível* do *ISS*. Este tributo só nascerá se o serviço tiver um destinatário que o deseje, e esteja disposto a pagar por ele. Serviço sem destinatário não é serviço, pelo menos para fins de tributação por meio de *ISS*.

IX- Por outro lado, os serviços tributáveis por meio de *ISS* devem ser remunerados. Caracterizam-se, pois, pela *onerosidade*.

A onerosidade, no caso, é essencial, já que qualquer imposto só pode advir de fatos econômicos, ou seja, apreciáveis em pecúnia.[158]

Acrescentamos que o serviço tributável por via de *ISS* há de ser aferível tanto pelo tomador, quanto pelo fruidor, possibilitando, destarte, a apreciação da equivalência das respectivas obrigações.

Mas, mais do que isso: os contratos de prestação de serviços (serviços que, quando efetivamente prestados, fazem nascer a obrigação de pagar o *ISS*) devem ser *comutativos*[159] e,

---

158. Assim é por força do princípio da capacidade contributiva, veiculado no art. 145, § 1º, 1ª parte, da Constituição Federal ("*Sempre que possível, os impostos terão caráter pessoal e serão graduados segundo a capacidade econômica dos contribuintes...*").

159. De Plácido e Silva dá-nos, a respeito, magnífica lição: "*COMUTATIVO. Determinativo de todo ato de troca ou permuta. Diz-se, particularmente, para designar os contratos onerosos, em que os contratantes se obrigam a recíprocas prestações, umas equivalentes às outras (...) 'Comutativo', precisamente, além*

não aleatórios. Neles, o prestador compromete-se a realizar (*fazer*) um serviço em favor do tomador. Este, de seu turno, obriga-se a remunerá-lo de modo adequado, isto é, com valores que correspondam, o quanto possível, ao dispêndio efetuado para a prestação do próprio serviço.

Noutros termos, para que se cogite de tributação por meio de *ISS*, há de haver, observada a normal margem de lucro, equivalência econômica entre as prestações do executor do serviço e os pagamentos efetuados pelo fruidor. [160]

X- Ao cabo de tantos considerandos percebemos, com facilidade, que a Lei Maior traçou, com riqueza de pormenores, os contornos do *ISS*, de tal sorte que o legislador ordinário municipal, ao instituí-lo, terá que respeitar uma série de ditames constitucionais.

Desenvolvendo a ideia, a lei municipal, ao cuidar do *ISS*, não poderá, por força do *princípio da rigidez das competências tributárias*, ir além do conceito de "*serviços tributáveis*", constitucionalmente posto. Mesmo que lei complementar – de modo indevido diga-se de passagem – a tanto a "*autorize*".[161]

Também o campo de incidência do *ISS* não poderá ser dilargado pelo labor exegético, ainda que em nome de conveniências arrecadatórias.

Atentemos, agora, para a parte final do art. 156, III, da Constituição Federal ("*definidos em lei complementar*").

---

dessa ideia de reciprocidade de prestações ou de obrigações, impõe a condição de equivalência entre as duas prestações. É precisamente da equivalência exata entre as prestações devidas, que advém, igualmente, o sentido de comutativo" (*Vocabulário Jurídico*, Vols. I e II, Rio de Janeiro, Forense, 3ª ed., 1991, p. 483).

160. É claro que, neste passo, não se exige precisão matemática absoluta, mas, apenas, uma dose de razoabilidade, capaz de sinalizar que a quantia paga pelo tomador está em compasso com o preço do serviço prestado.

161. A competência tributária municipal para criar o *ISS* está delineada na Constituição Federal, não podendo ter suas fronteiras alteradas por meio de lei complementar.

3.1. Os "serviços definidos em lei complementar"

I- Tem prevalecido o entendimento de que cabe à lei complementar apontar quais serviços podem ser tributados, pelos Municípios, por meio de *ISS* e, por oposição, quais os que escapam de sua incidência. Noutras palavras, a doutrina tradicional[162] sustenta que a *Lista de Serviços* é *taxativa*, de tal sorte que só quem presta os serviços nela referidos pode ser alcançado pelo *ISS*.

Com supedâneo nesta diretriz – que não discutiremos neste momento – a Lei Complementar n. 116/03 (que veio dar nova redação ao Decreto-lei n. 406/68, ao Decreto-lei n. 834/69 e à Lei Complementar n. 56/87 e à Lei Complementar n. 100/99) veicula uma *Lista de Serviços* tributáveis pelos Municípios. Sob esta óptica, somente a pessoa que vier a prestar um dos serviços nela expressamente referidos, poderá ser alcançada pelo *ISS*.

Dito de outro modo, a maioria dos juristas aceita que a *Lista* encerra um *numerus clausus*, de tal sorte que prestações que tipificam serviços podem perfeitamente nela não estar incluídas, inibindo, destarte, a competência tributária dos Municípios. Portanto, para os adeptos desta corrente, o Município não pode, nem mesmo por meio de lei, ampliar o rol de serviços constantes da *Lista*.

A posição doutrinária majoritária tem encontrado guarida em nossos Tribunais, sendo mansa, pacífica e remansosa no Pretório Excelso.[163]

Assim, vamos aceitar, como premissa de trabalho, que compete à lei complementar apontar os serviços que os Municípios

---

162. Lidera esta corrente o inolvidável mestre Aliomar Baleeiro, cujas lições, sobre este assunto, encontram-se bem expostas em seu clássico *Direito Tributário Brasileiro* (Forense, Rio de Janeiro, 11ª ed., 1.999, pp. 500 e 501).

163. Vezes iterativas, o Supremo Tribunal Federal decidiu ser *taxativa*, a *Lista de Serviços* tributáveis pelo Município. Tudo sinaliza, pois, que eventuais afrontas a esta posição cairão por terra, quando forem levadas à apreciação da mais alta Corte do País.

estão credenciados a tributar por meio de *ISS*. Em contrapartida, vamos igualmente ter por correto que, à falta de autorização em lei complementar, não é dado, aos Municípios, tributar qualquer serviço. Ou, em se preferindo, vamos ter presente que os Municípios podem tributar apenas os serviços de qualquer natureza que a lei complementar vier a definir.

II- Uma coisa, porém, é certa: fatos que não configuram prestações de serviços privados, ou que estejam no *campo material* de impostos federais ou estaduais,[164] não podem ser tributados por meio de *ISS*, ainda que uma lei complementar assim o "*permita*". Lei complementar deste jaez seria inconstitucional, porque estaria ampliando o âmbito de abrangência do *ISS* e, o que é muito pior, atropelando o direito que todos os contribuintes têm, de serem tributados apenas pela pessoa política competente, observadas as regras-matrizes exacionais, postas no Diploma Magno.

Ainda que se aceite a *taxatividade* da *Lista*, *serviços novos* nela só podem ser inseridos, por lei complementar, se forem, em tese, tributáveis por meio de *ISS*. Ou, se preferirmos, a lei complementar não pode "*definir*" ou "*arrolar*" fatos intributáveis pelo *ISS* (que poderíamos chamar de *não-serviços*).

Também a *Lista* não pode criar "*serviços tributáveis*" por analogia, equiparação, ficção ou presunção. Tampouco, considerar serviços, para fins de *ISS*, fatos regidos pelo Direito Público (*v. g.*, os serviços públicos).

É que não é dado a nenhuma lei complementar transformar em serviço tributável por meio de *ISS*, o que prestação de serviço privado não é, por faltar-lhe as características apontadas no *item 3*, *supra*.

III- Destacamos que também não cabe à *Lista* excluir do *ISS* materiais que integram o serviço de qualquer natureza,

---

164. Absolutamente não pode a lei complementar submeter ao *ISS* fato jurídico que a Constituição reservou à tributação dos Estados ou da União. Se o fizer, será inconstitucional, por atentatória ao *princípio da reserva das competências tributárias*.

"*mandando*" tributá-los à parte. Ou, se preferirmos, a lei complementar não pode considerar *mercadorias*, meros *componentes* do serviço, determinando que sobre eles incidirá o *ICMS*. É que, sob pena de desobediência ao *princípio da reserva das competências tributárias*, não lhe é dado transformar em *mercadoria*, o que não passa de bem material viabilizador da prestação do serviço alcançável pelo *ISS*.

IV- Tudo isto nos leva a sustentar que a lei complementar definidora de serviços tributáveis, não diz a última palavra, quando dá à estampa a *Lista de Serviços* (ainda que – insistimos – a *Lista* seja havida por taxativa). Não. Mesmo nesta hipótese, a última palavra já está dita pela Constituição Federal. A previsão em lei complementar, por si só, não garante que se está em face de uma verdadeira prestação de serviço, tributável por meio de *ISS*.

É que – tornamos a insistir – a lei complementar, ao cuidar do *ISS*, não poderá, por força do princípio da rigidez das competências tributárias, ir além do conceito de "*serviços tributáveis*", constitucionalmente posto.

V- Saliente-se, ainda, que, alguns itens da *Lista de Serviços* comportam interpretação extensiva, isto é, aplicação a serviços "*congêneres*" ou "*correlatos*". A providência, na verdade, longe de ampliar a *Lista*, acaba por cerrá-la ainda mais, sem, no entanto, imobilizar a tributação por meio de *ISS*.

De feito, a interpretação extensiva extrai do item *listado* um conteúdo que vai além da formulação literal, mas permanece dentro do preceito que está sendo considerado. Noutras palavras, permite que o item incida sobre casos que, embora não expressamente referidos, encontram-se implícitos no âmbito de validade da norma.

Como é fácil perceber, o aplicador, ao valer-se da interpretação extensiva, estará, em última análise, declarando o real sentido e alcance do item da *Lista* submetido a exame e, com isso, penetrando em seu espírito, em ordem a desvendar a *mens legis*.

Ademais, a interpretação extensiva da *Lista de Serviços* é necessária, pois, do contrário, como bem observou a Ministra Eliana Calmon, ao julgar o Recurso Especial n. 325344/PR,[165] ter-se-ia, pela simples mudança da nomenclatura de um serviço, a incidência, ou não, do *ISS*.

VI- De todo o exposto, é importante realçar que, não raro, para prestar um dos serviços referidos na *Lista*, o contribuinte precisa levar avante uma série de atividades preliminares, que envolvem a aplicação de materiais (bens corpóreos).

Estes, absolutamente não podem ser tributados à parte por meio de *ICMS*.

Tal nosso próximo assunto.

3.2. Das "atividades-meio", necessárias à prestação dos serviços de qualquer natureza. Sua intributabilidade por meio de ICMS

I- Temos para nós que não tipificam operações mercantis as meras *atividades-meio*, necessárias à prestação de serviços de qualquer natureza.

Em linguagem mais técnica, disponibilizar os meios e modos necessários à prestação dos serviços de qualquer natureza <u>não</u> <u>é</u> o *fato imponível* do *ICMS*. Ainda que isso implique aplicação de materiais.

De fato, a <u>série</u> <u>de</u> <u>atos</u> praticados com matérias-primas, que viabiliza a prestação de serviços de qualquer natureza, <u>é</u> <u>etapa</u> <u>propedêutica</u>, que não deve ser confundida com operação mercantil. Na realidade, as matérias-primas integram o próprio serviço e, portanto, sua aplicação não tipifica o *fato imponível* do *ICMS*, estando, pois, <u>fora</u> de seu campo de incidência.

---

165. Decisão datada de 08.09.2003.

Embora importantíssima, esta *atividade-meio* não deve, inclusive para fins tributários, ser apartada da *atividade-fim*, que, no caso, é a prestação do serviço de qualquer natureza. Noutras palavras, outros tributos – como o *ICMS* –, além do *ISS*, não podem incidir sobre as etapas necessárias à execução deste serviço.

Melhor dizendo, as ações prévias, que tornam possível o *fazer para terceiros*, ainda que levadas a efeito pelo próprio prestador, não podem ser havidas como operações jurídicas com mercadorias.

Logo, as atividades materiais que levam à prestação do serviço de qualquer natureza não podem ser consideradas em apartado, de modo a exigir-se do prestador o recolhimento do *ICMS*.

De outro lado, é importante termos presente que, em última análise, estas *atividades-meio* são levadas a efeito no interesse da própria pessoa (física ou jurídica) que presta, em caráter negocial, o serviço de qualquer natureza.

II- Muito bem. O que acabamos de escrever aplica-se aos serviços que, para serem executados, exigem a aplicação de bases materiais.

Estas medidas não passam, é bem de ver, de *condições* para a cabal prestação dos serviços. Não há falar, na hipótese, pelo menos pelo ângulo do prestador do serviço, em operação jurídica com mercadoria, de modo a acarretar-lhe a tributação por meio de *ICMS*.

É equivocado desmembrar estas *atividades-meio*, necessárias à prestação do serviço (*atividade-fim*), como se tipificassem operações mercantis. Reiteramos que todas elas estão a serviço da *atividade-fim*, não devendo, destarte, sofrer a incidência de *ICMS*.

Insistimos que, pela óptica do prestador do serviço estas *atividades-meio*, não podem ser isoladamente consideradas e, assim, não caracterizam operações mercantis.

Ora, se tais aplicações de materiais compõem os serviços de qualquer natureza, a conclusão que assoma com a força irresistível dos raciocínios congruentes é que devem, para fins tributários, receber o mesmo tratamento jurídico-tributário dispensado aos próprios serviços. Esta, aliás, é a simples aplicação, ao caso, da multissecular regra *accessorium sequitur suum principale*.

Evidentemente, à lei federal e ao ato administrativo de lançamento é interdito dispor de maneira diversa, porquanto nenhuma norma infraconstitucional, máxime em matéria tributária, pode modificar o que está explicitado na Constituição.

IIa- Reforçando a ideia, os serviços que, para serem prestados, demandam a aplicação de materiais, continuam a ser serviços. Noutro giro, se a aplicação de materiais é requisito inafastável à implementação dos serviços, aqueles (os materiais) assumem o papel de meros *suportes físicos*, que não desvirtuam, mas, pelo contrário, possibilitam a execução de obrigações *de fazer*.

Além de tudo, quando a *prestação-fim* é identificada no contrato como sendo *de fazer*, os bens materiais empregados na execução do serviço, bem como os que a ele se agregarem, não podem ser havidos como operação mercantil.[166] São, pois, intributáveis por meio de *ICMS*, porque ausente, no caso, a transmissão onerosa da titularidade de uma mercadoria.

Insistimos que somente quando o bem móvel destina-se ao comércio, é que pode ser havido por mercadoria. Aí, sim, a operação jurídica com ele realizada é passível de tributação por meio de *ICMS*.

Quando, pelo contrário, o material empregado é mero instrumento para a prestação do serviço, isto é, quando não

---

166. O "*querer*", ou, se quisermos, a "*vontade*" do tomador (titular do direito de exigir o cumprimento da obrigação) e do prestador do serviço (o obrigado a fazer o que foi pactuado), manifestada no contrato oneroso entre eles firmado, é que vai revelar a incidência do *ISS*.

passa de *condictio sine qua non* para a execução da obrigação de fazer contratada, não há falar em mercadoria e, portanto, em tributação por meio de *ICMS*.

Vejamos, agora, qual a *base de cálculo possível* do *ISS*.

3.3. A base de cálculo possível do ISS

I- Também no que concerne ao *ISS*, a Constituição dá precisa diretriz acerca de sua *base de cálculo possível*: a *medida econômica* da prestação do serviço.

A base de cálculo deste tributo há de necessariamente ser dimensionada a partir do próprio conceito de *preço do serviço*, que é o *valor* auferido pelo prestador, em razão das obrigações *de fazer*, executadas em favor do tomador.

Deveras, considerando que "*serviço*" é "*prestação de fazer, em caráter negocial, sob regime de direito privado, mas não trabalhista*", outra não poderá ser a base de cálculo do *ISS*, senão a quantificação do *facere*.

O art. 7º, da Lei Complementar n. 116/2003, fazendo coro com estes ditames constitucionais, aponta, como sendo a *base de cálculo* do *ISS*, o "*preço do serviço prestado*".

Ora, *preço do serviço* nada mais é do que a contrapartida econômica auferida pelo prestador. É, se preferirmos, a efetiva remuneração[167] pela prestação dos serviços contratados (desde que, é claro, estes serviços não sejam nem de transporte interestadual ou intermunicipal, nem de comunicação, tributáveis, como vimos, por meio de *ICMS*).

II- Vai daí, que o conceito de preço do serviço não se confunde com o conjunto das *entradas de caixa* que venham a ocorrer no curso das atividades desempenhadas pelos contri-

167. Por *efetiva remuneração* entendemos os valores intrínsecos à prestação dos serviços contratados; jamais, receitas estranhas, como, por exemplo, os montantes pagos a título de ressarcimento (reembolso de despesas).

buintes, na medida em que estas se revestem de distintos fundamentos de origem, cada qual sujeita a apreciação própria.[168]

Nesse contexto, pois, *"preço do serviço"* só pode ser a remuneração diretamente devida pelo desempenho da *atividade-fim* do prestador, ou seja, da pessoa contratada para executar, em prol do tomador, a obrigação de fazer.

III- Com apoio no raciocínio que desenvolvemos páginas atrás, é mais do que certo que nenhuma *fórmula legislativa* poderá atropelar o preceito constitucional de que a base de cálculo do *ISS* é o *preço do serviço* prestado.

Sempre a propósito, observamos que os Municípios só podem criar os três impostos arrolados no art. 156, I a III, da Constituição. Nenhum mais. Trata-se, portanto, de *numerus clausus*, que milita em favor dos contribuintes. Estes têm o direito constitucional subjetivo de não pagar, a tais pessoas políticas, nenhum outro imposto, ainda que *embutido* num daqueles três.

Repisando argumentos já exibidos, se o imposto é sobre serviços, sua base de cálculo só pode ser o preço do serviço prestado.

E nem poderia ser de outro modo, do contrário acabar-se-ia cobrando – inconstitucionalmente, diga-se de passagem – um *adicional* de *ISS*, que nada teria a ver com a expressão econômica da prestação do serviço.

Enfim, a base de cálculo do *ISS* sobre os serviços de qualquer natureza prestados, não pode albergar todas as *entradas* de dinheiro nos cofres do prestador, mas, apenas, as parcelas correspondentes ao efetivo preço dos serviços por ele prestados.

---

168. Assim, estão excluídas, por exemplo, as receitas ditas *financeiras*, que, como tais, não têm conexão com o objeto que corresponde ao exercício do labor profissional. Da mesma forma, não guardam passo com o conceito referido, os ingressos que traduzem, apenas e tão-somente, ressarcimentos feitos ao prestador dos serviços, pelos seus contratantes, de despesas havidas no exclusivo interesse destes.

Vejamos, agora, a impossibilidade jurídica de haver conflitos de competência tributária entre os Municípios e os Estados-membros, no que tange, respectivamente, ao *ISS* e ao *ICMS*.

3.4. Da impossibilidade jurídica de conflitos entre o ISS e o ICMS

I- Fazendo um esforço analítico, recordamos que, enquanto o *ISS* é uma exação que grava o *fato jurídico* da prestação do serviço de qualquer natureza (prestação de fazer), *o ICMS-mercadorias* incide sobre o *ato jurídico* que envolve a prática da operação mercantil (prestação de dar). Noutras palavras, o *ISS* incide sobre a *obrigação de fazer* (prestar) serviços, ao passo que, o *ICMS* (evidentemente sobre operações mercantis), sobre a *obrigação de dar* mercadorias.

Esse é o principal traço distintivo da hipótese de incidência dos dois impostos: a obrigação objeto da tributação por meio de *ICMS-mercadorias* é sempre um *dar*; da tributação por meio de *ISS*, um *fazer*.

Rememoramos que, na obrigação de *dar*, o devedor entrega ao credor algo preexistente, enquanto que, na de *fazer*, o devedor entrega ao credor algo que elabora de acordo com as necessidades específicas deste.

Importa ressaltar, também, que o *ICMS-mercadorias* distingue-se do *ISS*, não pelo tipo de esforço humano ou pela dificuldade em realizá-lo, mas, sim, pela prática de operações jurídicas que impliquem num *dar* algo corpóreo (uma mercadoria), que não decorra de encomenda específica do adquirente. Se o esforço humano, ainda que se traduza num bem material, leva a um *fazer*, em favor do tomador, o tributo devido será o *ISS*.

Logo, o *ICMS* incide sobre o ato jurídico de transferir a titularidade de uma mercadoria, ao passo que, o *ISS*, sobre a realização de uma atividade pessoal, que se traduz num objeto (artesanal, intelectual, artístico ou científico), que atende às especificações ou às necessidades do tomador. Noutro giro verbal, no *ISS*, o objeto do contrato é o esforço pessoal do prestador, ainda que, este, para cumprir a avença, acabe por entregar, ao tomador, um bem corpóreo.

Enfim, o critério básico para que se configure o *fato imponível* do *ISS* é que a obrigação contratada se concretize num *fazer* (*atividade-fim*), ainda que, para tanto, haja ações intermediárias, que envolvam um *dar* (materiais, objetos, produtos etc.). É que este *dar* não passa de um requisito para que se concretize o *fazer* (*atividade-fim*), e, como tal, não pode ensejar tributação por meio de *ICMS*.

Estas ideias, por si sós, afastam, segundo pensamos, qualquer possibilidade lógico-jurídica de conflitos de competência tributária entre os Municípios e os Estados, no que atina, respectivamente, ao *ISS* e ao *ICMS*.

II- Na prática, porém, tem havido conflitos entre estes tributos. É que os fenômenos da operação mercantil e da prestação de serviços, embora juridicamente não se confundam, apresentam alguns pontos de tangência.

O problema, como já vimos, agudiza-se quando se está diante de serviços que envolvem fornecimento de materiais ou emprego de ferramentas, em que, não raro, há quem vislumbre (equivocadamente) uma operação mercantil, apta a ensejar a incidência do *ICMS*.

Este entendimento é totalmente equivocado. Deveras, havendo uma prestação onerosa de serviço, o único tributo devido é o *ISS*.

III- Dúvidas também se apresentam nos chamados "*serviços por encomenda*", em que o bem material é entregue, não de acordo com a normal linha de produção, mas conforme as necessidades específicas do encomendante. Temos para nós, no entanto, que, como a produção do bem material é personalizada (e, não, comercializada), o único tributo devido é, apenas, o *ISS*.[169]

---

169. Diferentemente, quando há comercialização (venda para o mercado em geral) da mercadoria, aí sim, incide o *ICMS*.

Com efeito, neste caso, a *prestação-fim* é a de *fazer*, porquanto o dar (entregar o bem encomendando) não passa da *prestação-meio*.

É o momento, pois, de afastarmos, de uma vez por todas, a errônea ideia de que qualquer entrega, por força de negócio jurídico, de bens móveis é operação mercantil e, bem por isso, faz nascer o dever de recolher *ICMS*.

Muito de revés, há exclusivamente serviço (tributável apenas por meio de *ISS*), quando a *prestação-fim* consistir num *fazer*. A questão permanece inalterada mesmo quando o processo de modificação do bem material é *instrumental* à prestação do serviço, ou seja, tipifica "*conditio sine qua non*" do fornecimento da atividade em favor de terceiro. Ainda neste caso, há intributabilidade por meio de *ICMS*. O que persiste, sim, é a competência privativa do Município para tributar, por meio de *ISS*, a pessoa que, em caráter negocial, presta o serviço.

Bem material que for confeccionado (elaborado, manufaturado) sob encomenda, atendendo às especificações e necessidades do fruidor, abre espaço apenas à tributação por meio de *ISS*. É que este bem acaba sendo um produto único, com características próprias, que o diferenciam dos demais do mesmo tipo. A obrigação em tela é de fazer algo, isto é, de prestar um serviço, que se consubstancia na entrega, a um tomador certo e perfeitamente identificado, de um produto único, feito sob encomenda. Absolutamente não há, *in casu*, tráfico comercial, já que o bem material não é vendido, até porque é previamente absorvido pelo próprio processo de elaboração do serviço, que, afinal, vem prestado ao tomador. Nessa hipótese existe, como resultado final, um *fazer*, fato jurídico tributável – insista-se – apenas por meio de *ISS*.

IV- Registramos, a propósito, que todas as questões que surgem, em termos de conflitos de competência tributária dizem respeito a situações fáticas e, não, jurídicas, já que resultam de meros equívocos exegéticos.[170]

---

170. A propósito, tivemos o ensejo de escrever: "*Em verdade, o impropriamente denominado 'conflito de competência' é provocado: I- por uma lei tributária*

Exatamente por isso, os conflitos entre o *ICMS* e o *ISS* podem ser solucionados com as normas e princípios existentes em nosso direito positivo, máxime com os que indicam o *aspecto material* das hipóteses de incidência destes dois tributos.

De mais a mais, num esquema, como o nosso, de rígida repartição de competências tributárias entre as pessoas políticas, é inconcebível que uma dada realidade jurídica seja concomitantemente havida como prestação de serviço e como operação mercantil.

Considerando-se que a competência tributária encerra, a um tempo, uma autorização e uma limitação (Ernest Forsthoff),[171] podemos desde já deixar consignado que o *ICMS* não pode incidir sobre os materiais que possibilitam a execução de um serviço. Tal fato encontra-se exclusivamente no campo material passível de sofrer a incidência do *ISS*.

V- Eventual lei (complementar ou ordinária) que disponha de modo diverso, padecerá de irremissível inconstitucionalidade, já que atropelará o rígido esquema de repartição de competências impositivas (no caso, entre os Municípios e a União).

---

inconstitucional; II- por uma pretensão administrativa ilegal (ou inconstitucional) da pessoa tributante; e III- por uma insurgência do apontado sujeito passivo, que vai ao Judiciário para tentar demonstrar que: a) a lei que criou, 'in abstracto', o tributo é inconstitucional; b) o fato por ele praticado não é 'imponível'; e, c) o fato por ele praticado subsumiu-se à hipótese de incidência de tributo que, nos termos da Constituição, pertence a pessoa diversa daquela que dele o quer exigir.

"Nos três casos (I, II e III), caberá ao Poder Judiciário – e só a ele – quando invocado, 'dizer o direito'. Transitada em julgado a decisão judicial e produzida a coisa julgada, o pretenso conflito desaparece. Dizemos 'pretenso' pois, perante o Direito, ele nunca havia existido. Tanto que o Poder Judiciário, conhecendo do caso, expediu uma norma de efeitos concretos (Kelsen) e declarou a quem assistia razão, segundo o Código Supremo" (*Curso...*, p. 1001).

171. *Autorização* para tributar e, *limitação* para não ultrapassar as fronteiras além das quais o exercício desta competência torna-se indevido e, portanto, inconstitucional.

Por muito maior razão, a interpretação da legislação existente igualmente não pode romper estas barreiras constitucionais.

Em suma, quando a transformação dos materiais possibilita a prestação de um serviço, está-se diante de *atividade acessória*. Nesta medida, integra o serviço, não desfrutando de vida jurídica independente, o que significa que deve passar ao largo da tributação por meio de *ICMS*.

Lembramos que a Constituição apartou – quando pouco pelo critério da exclusão – os conceitos "*operações relativas à circulação de mercadorias*" e "*serviços de qualquer natureza*". Embora saibamos que a linguagem constitucional é atécnica e, nesta medida, marcada pela coloquialidade, é certo que nossa Lei Maior não utilizou estas expressões como sendo sinônimas.[172]

---

172. Pouco importa se, no direito comparado, não é assim. Na Europa, o *imposto sobre o valor agregado* (*IVA*), alcança as operações mercantis, as prestações de serviços, as operações com produtos industrializados e, em alguns casos, as próprias operações de seguro. No Brasil, cada um destes fatos é tributável por meio de um imposto distinto.

Conquanto seja sobremodo útil o recurso ao *direito comparado*, ele deve ser feito com cautela, até para que não se transplantem, para o nosso País, soluções que afrontam nosso sistema constitucional.

Geraldo Ataliba e Cléber Giardino eram de idêntico pensar: "*O emprego de técnicas discursivas e argumentativas de direito comparado obriga, para ser eficiente e útil, rigorosa noção dos pontos de semelhança e de diferença (e dos graus desta) entre os direitos positivos em cotejo. Requer, pois, que o exegeta saiba identificar com nitidez as peculiaridades, as características do 'seu' sistema jurídico, para adequado emprego dos recursos dessa técnica*" (estudo inédito sobre o *ICM* na Constituição, *apud* José Artur Lima Gonçalves, *Pressupostos Constitucionais Para o Estudo do Imposto Sobre a Renda*, tese de doutorado, PUC/SP, inédita, São Paulo, 1996, p. 13).

Estas lições crescem de ponto em matéria tributária, já que a Constituição brasileira é ímpar no mundo. Ao contrário das outras, só ela contém centenas de princípios e normas que pautam a ação estatal de criar tributos. O *direito alienígena* não deve e não pode ser aplicado acriteriosamente para resolver problemas tributários brasileiros.

Assim, "*operações relativas à circulação de mercadorias*", no Brasil, não abrangem – e nem podem abranger – "*serviços de qualquer natureza*". E, vice-versa.

Em rigor, se o legislador (ordinário ou, mesmo, complementar) tudo pudesse inserir no conceito "*operações relativas à circulação de mercadorias*", inclusive "*serviços de qualquer natureza*", a rigidez de nosso sistema constitucional, plasmada pelo Constituinte, não passaria de frágil rótulo.

VI- Ademais, a rígida discriminação de competências tributárias assegura a *isonomia* das pessoas políticas, já que lhes garante a autonomia financeira e, por conseguinte, a autonomia jurídica. Assim, permitir que uma pessoa política, ainda que por meio de artifícios linguísticos, se aposse de competências tributárias alheias, é o mesmo que ferir de morte a igualdade jurídica que nossa Constituição quer que reine entre a União, os Estados-membros, os Municípios e o Distrito Federal.

Tal ocorreria, fatalmente, se o Estado-membro, de moto próprio, alargasse o conceito "*operações relativas à circulação de mercadorias*" para alcançar, total ou parcialmente, outros *standards* (*v. g.*, os "*serviços de qualquer natureza*"), atribuídos a pessoas políticas diversas (no caso, ao Município).

Evidentemente, como pensamos haver demonstrado, também é defeso à lei complementar transformar em operação mercantil, fato que não se ajusta a este *arquétipo*. Se o fizer, será inconstitucional, não podendo, portanto, validamente nortear a atuação dos legisladores estaduais e autoridades fazendárias estaduais.

Como consequência, e ainda tendo em vista o *princípio da supremacia da Constituição*, nem a lei complementar, nem a lei ordinária, nem, tampouco, o labor exegético, podem fundir os conceitos "*operações relativas à circulação de mercadorias*" e "*serviços de qualquer natureza*".

VII- Avançando em nosso raciocínio, a ordem jurídico-tributária do Estado brasileiro constitui um sistema lógico, composto de elementos que se articulam harmoniosamente.

De modo algum aceita, nem mesmo em tese, a possibilidade de um mesmo fato estar sujeito à incidência de normas tributárias distintas, contrastantes entre si. Tal ocorreria, por exemplo, se o recondicionamento de motores pudesse configurar, ao mesmo tempo, o *fato imponível* do *ICMS-operações mercantis* e o *fato imponível* do *ISS*. Justamente ao revés, no ordenamento pátrio não podem coexistir normas tributárias coincidentes, editadas por pessoas políticas diversas.

Ora, a *regra-matriz* do *ICMS* em discussão, constitucionalmente traçada, já nos permite afastar da incidência deste imposto, tudo quanto não seja "*operação relativa à circulação de mercadorias*". É o caso, por exemplo, das prestações de serviços de instalação e montagem de centrais telefônicas (serviços de engenharia), que exigem, para serem realizadas, o emprego de materiais e a utilização de ferramentas.

Com efeito, sustentar que o legislador goza de total liberdade para estabelecer o conceito de *operações relativas à circulação de mercadorias* equivale a deixar sem nenhuma significação o preceito constitucional respectivo. Seria o mesmo que aceitar que o próprio legislador estadual pode fixar as raias de seu campo competencial tributário. Ora, isto é absolutamente inaceitável num sistema jurídico como o brasileiro, marcado, como vimos e revimos, pela cuidadosa discriminação de competências tributárias.

O legislador, ordinário ou complementar, não pode considerar "*operações relativas à circulação de mercadorias*" o que bem lhe aprouver. Deveras, as fronteiras do campo tributário do Estado-membro foram previamente demarcadas pela Constituição, não podendo, pois, ser ultrapassadas, mesmo porque isso implicaria *invasão de competência* de outras pessoas políticas, além – o que é muito pior – de configurar violência ao já mencionado direito subjetivo dos contribuintes de só serem tributados pela pessoa política competente.

A liberdade do legislador estadual não chega ao ponto de lhe permitir equipare, à operação mercantil, uma prestação de serviço, com fornecimento de materiais. É que – tornamos a insistir –, nos patamares do Direito, as operações mercantis não se confundem com as prestações de serviços, ainda que efetuadas mediante o emprego de matérias-primas.

Menos ainda, pode fazê-lo o aplicador da lei estadual, interpretando-a do modo que melhor "*atenda*" aos interesses fazendários.

VIII- Destarte, temos por bem travejada a ideia de que prestações de serviços de qualquer natureza, ainda que com o emprego de materiais, não configuram *operações mercantis*, não podendo, em hipótese alguma, sofrer a incidência do *ICMS*. É a Constituição Federal, com seus grandes princípios, que impede que isto aconteça.

Nossas colocações mais e mais se adensam se pensarmos que o Direito Tributário sempre se preocupou com o fenômeno da incidência, precisamente para defender os cidadãos dos abusos fazendários. Sendo assim, não podemos aceitar que venha costeada a rígida discriminação de competências tributárias que, se por um lado, fortalece a autonomia das pessoas políticas, por outro, protege os próprios contribuintes.

Ademais, insistimos que a Constituição descreveu as matérias tributáveis pelas pessoas políticas. Especificamente, ela atribuiu, *(i)* **aos Estados-membros**, competência para tributar, por meio de *ICMS*, as "*operações relativas à circulação de mercadorias*" (art. 155, II, 1ª parte, da *CF*), a "*entrada de bem ou mercadoria importados do exterior, por pessoa física ou jurídica*" (art. 155, § 2ª, IX, *a*, da *CF*), as "*prestações de serviços de transporte interestadual e intermunicipal*" (art. 155, II, 2ª parte, *1º conteúdo semântico mínimo*, da *CF*) e as "*prestações de serviços... de comunicação*" (art. 155, II, 2ª parte, *2º conteúdo semântico mínimo*, da *CF*) e, *(ii)* **aos Municípios**, as "*prestações de serviços de qualquer natureza*" (art. 156, III, da *CF*), ou seja, as *prestações de outros serviços*, aí compreendidas as efetivadas com o emprego de materiais.

De modo que a *tributação* de *prestações de serviços de qualquer natureza* pelo Estado, ainda que estes serviços sejam realizados com a aplicação de matérias-primas, não resiste ao *teste da constitucionalidade*.

IX- E nem se diga que, por força do disposto no art. 155, § 2º, IX, *b*, da Constituição Federal, enquanto um serviço prestado com o emprego de materiais, não estiver relacionado numa *Lista* veiculada por meio de lei complementar, o *ICMS* incidirá "*sobre o valor total da operação*".

Tal entendimento, que deflui da literalidade do citado dispositivo, não resiste, *data venia*, a uma análise mais científica.

Então, vejamos.

IXa- Estabelece o art. 155, § 2º, IX, *b*, da Constituição Federal:

> *"Art. 155. ('omissis') (...)*
>
> "§ 2º. O imposto previsto no inciso II (ICMS), atenderá ao seguinte: (...)
>
> *"IX – incidirá também: (...)*
>
> *"b) sobre o valor total da operação, quando mercadorias forem fornecidas com serviços não compreendidos na competência tributária dos Municípios".*

Impende notar, desde logo, que esta alínea *b* está inserida no rol dos dispositivos do Texto Magno que tratam da tributação por meio de *ICMS*. Ela se conecta, portanto, com o art. 155, II e §§ 2º a 5º, do referido Diploma Supremo, que devem presidir sua inteligência.

Muito bem, a Lei Maior, na passagem em exame, aponta um critério que o legislador ordinário deve necessariamente observar, quando fixa a base de cálculo do *ICMS*, nas operações que envolvem prestações de serviços de transporte transmunicipal ou de comunicação e circulação de mercadorias. Não, nas operações que envolvem prestações de outros serviços (tributáveis apenas pelos Municípios) e circulação de mercadorias.[173]

173. Note-se que inexistem, em nosso sistema jurídico, como aguisadamente observa Aires Fernandino Barreto (*ISS na...*, p. 49), serviços com fornecimento de mercadorias, mas, eventualmente – se houver dois negócios jurídicos

Em que pese à aparente *clareza* da norma em exame, ela carece de rigorosa interpretação, para que não se chegue a conclusões que agridam aos grandes princípios constitucionais tributários, mormente o da rigidez das competências tributárias.

IXb- Começamos por relembrar que os únicos serviços que, ao lume de nossa Constituição, os Municípios não podem tributar, são os *de transporte transmunicipal* e os *de comunicação*. Os demais se encontram no campo de incidência do *ISS*, que, traçado em sede constitucional, não pode ter suas dimensões alteradas por nenhuma lei (complementar ou ordinária), ato administrativo ou labor exegético.

De fato, dadas as características de nosso sistema constitucional, é juridicamente inconcebível que um serviço com emprego de materiais seja tributável por meio de *ICMS*, se uma lei complementar não o "*alocar*" no campo de incidência do *ISS*.

Quando muito, pode-se aceitar que, em face da taxatividade da *Lista* (posição majoritária, da qual – pedimos vênia para reiterar – não partilhamos), enquanto uma lei complementar não arrolar um dado serviço como tributável pelo Município, este deverá abster-se de exigir *ISS* das pessoas que o prestam. Nunca, porém, aceitar que, à míngua desta lei complementar, está aberto o caminho jurídico à tributação por meio de *ICMS*.

IXc- Mas, então, como interpretar, de modo adequado, o art. 155, § 2º, IX, *b*, da Constituição Federal?

---

distintos – serviços e fornecimento de mercadorias. Neste caso, sim, teremos duas incidências: do *ISS* (sobre o serviço prestado) e do *ICMS* (sobre a operação mercantil realizada).

Remarcamos, porém, que sobre a aplicação de material, na prestação do serviço, o que há, em boa verdade jurídica, é um simples serviço, tributável, apenas e tão-somente, pelo Município, por meio de *ISS*. Nunca, um serviço e uma operação mercantil.

Temos para nós, que sustentando que ele diz respeito, apenas, aos negócios jurídicos em que se sobrepõem operações de circulação de mercadorias e prestações de serviços de transporte interestadual e intermunicipal ou de comunicação. Tal se dá, por exemplo, quando o próprio comerciante que vendeu a mercadoria efetua sua entrega ao comprador, domiciliado em outra unidade federativa.

Havendo tais negócios jurídicos, o tributo será exigido sobre o valor total praticado, a ele se aplicando as bases de cálculo, alíquotas, formas de recolhimento etc. do *ICMS-operações mercantis*, ainda que a legislação ordinária aponte critérios diversos (*v. g.*, alíquotas menores) para o *ICMS-transporte* ou para o *ICMS-comunicação*.

Assim também se posiciona Aires Fernandino Barreto; *verbis*:

> *"Não pode o intérprete perder de vista que a alínea b do inciso IX do § 2º do art. 155 é meramente explicitadora do que, se mercadorias forem fornecidas concomitantemente com a) serviços de comunicação ou b) com serviços de transporte intermunicipal ou interestadual, o imposto (ICMS) incidirá sobre o valor total da operação. É dizer, o regime jurídico aplicável será o vigorante para as operações mercantis, com suas especificidades: alíquotas, base de cálculo, crédito, estorno etc. Com isso, busca a Constituição impedir que, mesmo diante de fixação de alíquotas (e/ou bases de cálculo, regimes de crédito, momentos de ocorrência do fato imponível etc.) diferentes para operações relativas à circulação de mercadoria e para os serviços referidos, se possa considerá-los 'de per si' (como, por exemplo, aplicar uma alíquota (ou base) para a operação mercantil e outra para a prestação de serviços de transporte transmunicipal ou para os de comunicação)".*[174]

Uma coisa, porém, parece-nos incontestável: o legislador ordinário, enquanto tributa por via de *ICMS*, não pode incluir

174. *ISS na...*, p. 50.

na base de cálculo desta exação o valor de prestações de outros serviços, que não os de transporte ou de comunicação transmunicipais. Por quê? Simplesmente porque todas as demais prestações de serviços são tributáveis apenas pelo Município em cujo território ocorrerem, independentemente de estarem, ou não, enumeradas em "*listas*" veiculadas por leis complementares.

Nossa conclusão mais se robustece se levarmos em conta que a base de cálculo serve também para confirmar a natureza jurídica do tributo. Ora, colocar na base de cálculo do *ICMS* fatos que este imposto constitucionalmente não pode alcançar equivale a ignorar-lhe a regra-matriz constitucional, o que, por óbvio, não é admissível, nem mesmo havendo o "*apoio*" de uma lei complementar (norma infraconstitucional).

IXd- Em suma, o *ICMS*, a teor do art. 155, § 2º, IX, *b*, da *CF*, incidirá sobre o valor total das operações que envolverem: *a)* circulação de mercadorias e prestação de serviços de transporte interestadual e intermunicipal; e, *b)* circulação de mercadorias e prestação de serviços de comunicação. O valor de outras prestações de serviços, ainda que realizadas com o emprego de materiais, por estarem no âmbito de incidência do *ISS*, em hipótese alguma poderá integrar a base de cálculo do *ICMS*.

Destrói a coerência interna do sistema tributário nacional, a "*interpretação*" de que o *ICMS* pode incidir sobre todo o valor da operação, enquanto uma lei complementar não incluir um dado serviço, prestado com emprego de materiais, no rol dos tributáveis pelo Município.

Daí se equivocarem os que, com base na alínea *b* em foco, sustentam que o *ICMS* é devido quando: *a)* na prestação de serviços não especificados na *Lista* (atualmente veiculada pela Lei Complementar n. 116/2003), houver fornecimento de "*mercadorias*"; e, *b)* a mesma *Lista* ressalva, submetendo-as ao tributo estadual, certos componentes (insumos) da prestação dos serviços. Mesmo nesses casos, o único tributo exigível é o *ISS*.

Permitimo-nos insistir não ser dado à lei complementar alterar as faixas competenciais dos Estados-membros e dos Municípios, "*transformando*" em mercadorias, bens móveis (materiais), que tornam possível a prestação dos serviços, ou, na feliz expressão de Aires Barreto, "*se dissolvem na própria atividade*".[175]

O *ICMS*, nunca é demais lembrar, somente pode incidir sobre operações mercantis e serviços de transporte transmunicipal ou de comunicação. Jamais sobre outros serviços, ainda que prestados com emprego de materiais, sob pena de lanhar-se a autonomia tributária dos Municípios. E isso, independentemente do que vier prescrito em qualquer lei complementar.

X- A propósito do *ICMS* incidente sobre as prestações de serviços de transporte interestadual e intermunicipal (*ICMS-transporte*), temos que a Constituição, ao outorgar aos Estados-membros a competência para tributá-las, excepcionou a regra geral, que atribui aos Municípios a aptidão para instituir "*impostos sobre serviços de qualquer natureza*".

Não há, porém, qualquer possibilidade de conflitos, nesta matéria, entre os Estados-membros e os Municípios. De fato, se as prestações onerosas de serviços de transporte forem estritamente municipais, isto é, se ocorrem no território de um único Município, serão por este tributadas, por meio de *ISS*. Já, se o serviço de transporte começar no território do Município *A* e terminar no território do Município *B*, serão tributadas, por meio de *ICMS-transporte*, pelo Estado-membro em cujo território estiver localizado o Município *B*.[176]

XI- Também não antevemos conflitos possíveis entre o *ICMS* incidente sobre prestações onerosas de serviços de comunicação (*ICMS-comunicação*) e o *ISS*.

175. *ISS na...*, p. 47.

176. Para maiores considerações a respeito, v. nosso *ICMS*, pp. 164 a 182.

A uma, porque tem prevalecido a ideia de que o Município não tem competência para, por meio de *ISS*, tributar tais serviços, ainda que estes forem estritamente municipais, ou seja, vierem a se desenvolver inteiramente no território desta pessoa política.

E, a duas, porque, mesmo que tal tributação fosse em tese possível, atualmente não está "*autorizada*", porque o serviço de comunicação estritamente local não se encontra arrolado na "*taxativa*" *Lista*, veiculada pela Lei Complementar n. 116/2003.

Como quer que seja, o assunto não é estreme de dúvidas, já porque a Constituição, em seu art. 155, II, alude simplesmente a "*serviços de comunicação*" (e, não, a serviços de comunicação interestadual e intermunicipal, como o fez em relação aos serviços de transporte), já porque, sendo a maioria destes serviços prestados por meio de ondas elétricas, eletrônicas ou eletromagnéticas (que não respeitam fronteiras), é sobremodo difícil precisar se um serviço de comunicação de fato se desenvolve dentro dos lindes de um único Município.

Mesmo assim, estamos convencidos de que há espaço jurídico para a tributação, por meio de *ISS*, dos serviços de comunicação estritamente locais.

Note-se que a circunstância de a Constituição não haver qualificado os serviços de comunicação como interestaduais ou intermunicipais, não afasta a possibilidade jurídica dos estritamente locais serem alcançados pelo *ISS*. Haveria, aí, mero erro de técnica legislativa, facilmente superável por meio da interpretação sistemática, que levasse em conta o *princípio da autonomia municipal*, consagrado nos arts. 29 e 30, da Constituição da República.

Além disso, serviços de comunicação há, incontendivelmente prestados dentro dos limites territoriais de um único Município. É o caso do serviço de telefonia local, que ocorre quando duas pessoas, localizadas no território de um mesmo Município, trocam mensagens, valendo-se, para tanto, dos meios materiais (aparelhos telefônicos) que lhes são disponibilizados, a título oneroso, pela companhia telefônica.

Esta nossa interpretação, embora não deflua naturalmente da letra do art. 155, II, da Constituição Federal, é, no mínimo, sustentável, ainda mais se considerarmos que os Municípios, instituindo e arrecadando livremente seus tributos (art. 30, II, da *CF*), reafirmam a ampla autonomia que têm em relação às demais pessoas políticas.

Como quer que seja, reafirmamos a impossibilidade jurídica de surdirem conflitos de competência entre o *ISS* e o *ICMS-comunicação*.

Cuidemos, agora, da impossibilidade de conflitos entre o *IPI* e o *ISS*.

4. O perfil constitucional do IPI

4.1. Noções gerais

I- A *regra-matriz de incidência* do *IPI* está sintetizada no art. 153, IV, da Constituição; *verbis*:

> *"Art. 153. Compete à União instituir impostos sobre: (...)*
>
> *"IV- produtos industrializados".*

Imposto federal, reveste-se de uma série de peculiaridades jurídicas que o tornam adaptável às flutuações da política, das finanças, da indústria nacional e, até, internacional. Este é assunto, porém, que não vem para aqui.

Importa-nos sublinhar, sim, que ele é um imposto que incide sobre *operações jurídicas praticadas com produtos industrializados*.

Ficando com o que é essencial, o *IPI* deve, por injunção constitucional, ter por *hipótese de incidência* o fato de alguém[177]

---

177. Por imposição legal, o contribuinte *de iure* do *IPI* é o industrial que promove a operação com o produto industrializado. Nosso ordenamento

industrializar produto e impulsioná-lo para fora do estabelecimento produtor, por força de um ato jurídico oneroso, que lhe transfira a titularidade.[178] É de bom aviso frisar, desde logo, que o contribuinte deste imposto deve revestir a condição jurídica de estabelecimento industrial ou a ele equiparado (em algumas poucas hipóteses, o estabelecimento comercial).

Não basta, é bem de ver, haja a industrialização de um produto,[179] para que o *IPI* seja devido.

Do mesmo modo, é insuficiente, para que venha exigido, que o produto industrializado saia do estabelecimento produtor.

Para que nasça a obrigação de recolher *IPI* é necessário que a saída do produto industrializado seja causada por um negócio jurídico, real ou ficto (*v. g.*, uma *compra e venda*).

Sem a concretização de tal negócio jurídico, não há falar em exigibilidade do *IPI*, até porque – seja-nos permitido insistir – sua hipótese de incidência é praticar operações jurídicas com produtos industrializados.

Podemos dizer, pois, que a hipótese de incidência do *IPI* é industrializar produto e levá-lo para fora do estabelecimento produtor, por força da celebração de um negócio jurídico translativo de sua titularidade.

---

jurídico, porém, desonera-o de sua carga econômica, já que autoriza venha repassada ao consumidor final (contribuinte *ex facto*). Por isso é que economicamente o *IPI* é um imposto sobre o consumo. Este, diga-se de passagem, era seu antigo *nomen iuris*.

178. As outras hipóteses de incidência constitucionalmente possíveis do *IPI* são: *a)* a importação de produtos industrializados do exterior; e, *b)* a arrematação de produtos industrializados levados a leilão. Este último fato foi excluído, pela legislação específica, do âmbito de abrangência do tributo.

179. *Produto* é todo bem móvel corpóreo. Este, diga-se de passagem, o sentido que nossos léxicos emprestam ao termo. Assim, por exemplo, Laudelino Freire, em seu *Grande e Novíssimo Dicionário da Língua Portuguesa*, registra: "*PRODUTO, ou PRODUCTO, s. m.. Lat. 'productus'. Resultado de produção; cousa produzida; efeito de produzir.// 2. Resultado de uma ou mais forças postas em ação*" (Volume IV, Livraria José Olympio Editora, Rio de Janeiro, 3ª ed., 1957, p. 4.142).

Noutro giro verbal, o *IPI* só é devido quando ocorrer o fato de um produto industrializado, sair do estabelecimento produtor (estabelecimento industrial ou a ele equiparado), em razão de um negócio jurídico translativo de sua titularidade.[180]

Analisemos, bem de espaço, a frase *supra*:

A) fato: acontecimento localizado no tempo e no espaço, que modifica a realidade das coisas, já que lhe acrescenta ou suprime algo;

B) de um produto industrializado: resultado de um processo, ocorrido no mundo fenomênico, mas legalmente qualificado;

C) sair: a saída, longe de ser a materialidade da *hipótese de incidência* do *IPI*, é, meramente, seu aspecto temporal, vale dizer, o momento, qualificado pela lei, em que ocorre a circulação do produto industrializado;

D) do estabelecimento produtor: a essência da materialidade da *hipótese de incidência* do *IPI* está na "*dinâmica*" do produto sair do local onde foi industrializado, isto é, submetido ao conjunto de operações que lhe modificaram a natureza ou a finalidade, ou o aperfeiçoaram para o consumo;

E) em razão de um negócio jurídico: não é qualquer saída que consuma o ciclo econômico tributável, mas, apenas, a decorrente de um negócio jurídico (só a saída do produto, causada por um negócio jurídico, real ou fictício, tipifica o *fato imponível* deste imposto); e,

F) (negócio jurídico) translativo de sua (do produto industrializado) titularidade: o tributo só nasce quando as saídas transferem a titularidade do produto industrializado.

II- Do quanto consignamos, ressai que o *IPI* demanda, para ser validamente exigido, a existência de um negócio jurídico (ato

180. Estas colocações são eminentemente jurídicas e, destarte, desconsideram tanto aspectos econômicos, quanto a motivação do legislador ou do agente fiscal.

jurídico), que dê causa à saída do produto, do estabelecimento onde passou por um *processo de industrialização*.

Por aí vemos que a dicção constitucional não está voltada isoladamente para o produto industrializado, mas, sim, para as operações jurídicas com ele praticadas.

Nascendo o *IPI*, quando da realização de operação jurídica que transmita a titularidade do *produto industrializado*, fica solarmente claro que este tributo só pode incidir sobre a execução de uma obrigação *de dar* (nunca, *de fazer*).

É certo que esta *obrigação de dar* é precedida de um *fazer*, ou seja, de um *trabalhar materiais*. Porém, para fins de *IPI*, o processo de industrialização deverá estar preordenado à comercialização, no mercado em geral, do produto (*prestação-fim*).

Nesse sentido, o *IPI* é <u>imposto sobre o consumo</u>, vale dizer, tributo que alcança a operação jurídica praticada com o consumidor final do produto industrializado.

Tal característica, diga-se de passagem, vem ressaltada no art. 153, § 3º, I, da Constituição Federal, que estabelece dever o *IPI* obedecer ao *princípio da seletividade*, isto é, ser seletivo em função da essencialidade dos produtos industrializados.

Evidentemente, o *princípio da seletividade* tem por escopo favorecer os consumidores finais, que são os que, de fato, suportam a carga econômica do *IPI*.

Melhor explicitando, como o montante do imposto adere ao preço do produto industrializado, o *princípio da seletividade* somente é atendido quando se levar em conta a figura do consumidor final. Daí porque, é exclusivamente sob sua óptica que deve ser aferida a essencialidade do bem.

III- Uma coisa, porém, é mais do que certa: fatos que não configuram operações jurídicas com produtos industrializados são intributáveis por meio de *IPI*, ainda que uma lei (complementar[181] ou ordinária) assim o permita. Aliás, lei deste jaez seria inconstitucional, porque estaria ampliando o âmbito de abrangência do tributo e – o que é muito pior – atropelando o direito que todos os contribuintes têm, de serem tributados apenas pela pessoa política competente, observadas as regras-matrizes exacionais, postas no Diploma Magno.

É que não é dado a nenhuma lei transformar em operação jurídica com produto industrializado, algum comportamento ou situação que, por faltar-lhe as características acima apontadas, tipifica outro fato.

Posto isto, vejamos, agora, qual o conceito de "*produto industrializado*", para fins de tributação por meio de *IPI*.

4.2. Conceito de produto industrializado, para fins de tributação por meio de IPI

A Constituição Federal não nos fornece nenhuma definição de *produto industrializado*, para fins de tributação por meio de *IPI*.

A expressão *produto industrializado*, porém, não é simples "*rótulo*". Tampouco, *venia concessa*, é "*caixa vazia*", dentro da qual o legislador, o intérprete ou o aplicador, podem colocar o que melhor lhes aprouver.

Pelo contrário, *produto industrializado*, no contexto do precitado art. 153, IV, da Constituição Federal, tem uma acepção técnica, que o Direito Tributário não pode desconsiderar.

A acepção científico-jurídica de *produto industrializado* foi bem captada pelo parágrafo único, do art. 46, do Código Tributário Nacional; *verbis*:

> *"Art. 46. ('omissis'): (...)*

---

181. Nem mesmo à lei complementar é dado mandar submeter ao *IPI* fato jurídico que a Constituição reservou à tributação dos Estados ou dos Municípios. Se o fizer, será inconstitucional, por atentatória ao *princípio da reserva das competências tributárias*.

> *"Parágrafo único. Para os efeitos deste imposto, considera-se industrializado o produto que tenha sido submetido a qualquer operação que lhe modifique a natureza ou a finalidade, ou o aperfeiçoe para o consumo".*[182]

Convém que se frise que esta definição, compatível com o Texto Magno, mereceu ampla acolhida por parte da doutrina. Tanto que opinadíssimos autores entendem que a própria Constituição de 1988 a levou em conta, quando, na passagem suso citada, aludiu a *produtos industrializados*.

É o caso do saudoso Mestre Geraldo Ataliba; *verbis*:

> *"Aceito de modo geral pela maior parte da doutrina e amplamente sufragado por nossos tribunais, presume-se que o legislador constitucional tomou como referencial este conceito, ao elaborar o texto de 1988. Nada indica deliberação de alterar tal conceituação".*[183]

De fato, a alusão constitucional ao conceito de produtos industrializados incorporou ideias consagradas em nosso Direito, quer pela lei, quer pela doutrina, quer pela jurisprudência. Portanto, em tão confortável companhia, não temos dúvidas em proclamar que um produto é industrializado, para fins de *IPI*, sempre que, mercê de uma operação física, química, mecânica, técnica etc., adquire utilidade nova para o consumo.

Esta ideia esforça-se nas lições clássicas de Aliomar Baleeiro:

> *"... o legislador estendeu esse conceito (de produto industrializado) a qualquer operação física, química, mecânica ou,*

---

182. Este conceito é um pouco ampliado pela Lei n. 4.502/64, que, em seu art. 3º, considera industrialização *"qualquer operação que modifique a natureza, o funcionamento, o acabamento, a apresentação ou a finalidade do produto, ou o aperfeiçoe para o consumo"*.

183. *"ICMS – Semi-elaborados"*, in Revista de Direito Tributário n. 48, p. 33.

> *enfim, técnica que modifique a natureza da coisa ou a sua finalidade, ou a aperfeiçoe para o consumo".*[184]

Estamos percebendo, pois, que somente há produto industrializado, na acepção do art. 153, IV, da Constituição Federal e do art. 46, parágrafo único, do Código Tributário Nacional, quando um bem "*in natura*" passa por qualquer tipo de ação, que lhe altere a natureza ou a finalidade ou, mesmo, facilite sua utilização, para satisfazer a uma necessidade humana.

Trata-se, como se vê, de um conceito de industrialização diverso do vulgar ou, mesmo, do técnico ou do meramente econômico.

Assinalamos, no entanto, que, no processo de industrialização, o bem corpóreo resultante deve ser padronizado e massificado, isto é, apto a ser repetido de modo exatamente idêntico (*standard*). Nessa toada, Marçal Justen Filho assevera:

> *"Industrializar, em suma, é conceito que reúne dois requisitos (aspectos) básicos e necessários, quais sejam: a) alteração da configuração de um bem material; b) padronização e massificação".*[185]

Realmente, os bens industriais são produzidos em larga escala, a partir de uma matriz, sendo, por isso mesmo, *fungíveis*. Ademais, só depois de elaborados, são colocados – nas lojas, nos supermercados, nos armazéns, nas butiques etc. – à disposição de qualquer um que queira adquiri-los.

Portanto, estaremos diante de um serviço, se a produção for feita especialmente para o consumidor final e em quantidade compatível com o trabalho pessoal ou artesanal do prestador; de um processo de industrialização, se a produção já

---

184. *Direito Tributário Brasileiro*, Forense, Rio de Janeiro, 11ª ed., 1999, p. 343 (esclarecemos no parêntese).

185. *O imposto sobre serviços na Constituição*, Ed. Revista dos Tribunais, São Paulo, 1985, p. 115.

estiver pronta, isto é, realizada para o mercado, e, ainda por cima, em larga escala ou em série.

Como podemos ver, não há espaço jurídico à incidência do *IPI*, quando o bem é personalizado, isto é, feito sob encomenda, a partir de especificações fornecidas pelo próprio consumidor.

Também o imposto não incide, quando a operação que modifica a natureza ou a finalidade de um dado produto é *atividade-meio*, necessária a que um serviço de qualquer natureza venha efetivamente prestado (*atividade-fim*).

Realmente, não rende ensejo à incidência do *IPI* a só circunstância de haver uma operação física, química, mecânica ou técnica, que altere a natureza de um bem material. Para que o tributo seja devido, é preciso que o produto seja objeto de uma transferência onerosa ao consumidor final.

Se, porém, tal operação apenas possibilita a prestação de um serviço, arrolado na *Lista* específica, o tributo exigível – após o cumprimento da *obrigação de fazer* – será o *ISS*, de competência municipal.

4.3. Da impossibilidade jurídica de conflitos entre o ISS e o IPI

I- Reiteramos que o *ISS* é uma exação que grava o *fato jurídico* da prestação do serviço de qualquer natureza (prestação *de fazer*), ao passo que o *IPI* incide sobre o *ato jurídico* que envolve operações com produtos industrializados (prestação *de dar*).

Importa ressaltar que o *IPI* distingue-se do *ISS*, não pelo tipo de esforço humano ou pela dificuldade em realizá-lo, mas pela prática de operações jurídicas que implicam num *dar* algo corpóreo, que não decorra de encomenda específica do adquirente. Se o esforço humano, ainda que se traduza num bem material, leva a um *fazer*, em favor do tomador, o tributo devido jamais será o *IPI*, mas, eventualmente, o *ISS*.

O *IPI* incide sobre o ato jurídico de transferir a titularidade de um produto industrializado, ao passo que o *ISS*, sobre a realização de um esforço humano, em cumprimento de um dever jurídico de natureza contratual, ainda que isto implique a entrega de bem material.

Tomemos, a guisa de exemplo, a recauchutagem de pneumáticos. Algumas pessoas podem entrever, neste fato, um processo de industrialização; outras (corretamente, a nosso ver), uma prestação de serviços, com aplicação de matérias-primas e emprego de maquinarias.

A questão está longe de ser bizantina. Pelo contrário, é fundamental, já que, se prevalecer a ideia de que recauchutagem de pneumáticos é processo de industrialização, competente para tributá-la será a União (por meio de *IPI*); se for considerada *prestação de serviços*, competente para tributá-la será o Município (por meio de *ISS*).

O que absolutamente não se pode aceitar é que esse fato tipifique, a um tempo, uma prestação de serviços e um processo de industrialização.

Com verdade – como acima adiantamos – a recauchutagem de pneumáticos é um serviço, que exige para implementar-se a aplicação de matérias-primas e o emprego de maquinarias.

Portanto, a recauchutagem de pneus só pode ser tributada – como de fato vem acontecendo – pelo Município onde se dá a prestação do serviço em tela.

Note-se que, com o fito de afastar um possível "*conflito*" entre a União e o Município, acabou sendo editada uma lei complementar, estabelecendo que a recauchutagem de pneumáticos é um serviço e que, destarte, só pode ser tributada pelo Município, por via de *ISS* (*subitem 14.04*, da *Lista de Serviços* anexa à Lei Complementar n. 116, de 31.07.2003).

Agora, porém, indagamos: e se, ao invés disso, tal ato normativo tivesse estabelecido que recauchutagem de pneumáticos é processo de industrialização e, como tal, tributável pela União, por meio de *IPI*?

Apressamo-nos em responder que ele seria inconstitucional, porque teria dilargado o campo tributário da União (nele enxertando uma prestação de serviços) e, o que é pior, restringido o campo tributário dos Municípios (impedindo-os de virem a tributar uma modalidade de prestação de serviços).

Por isso, uma lei complementar deste teor, acaso tivesse sido editada, deveria ser desconsiderada, seja pelos legisladores municipais (que buscam suas competências tributárias diretamente no Texto Supremo), seja pelo Poder Judiciário, que, dentre outras relevantíssimas funções, tem a seu cargo o controle da constitucionalidade dos atos normativos.

Confirmamos, assim, segundo pensamos, que inexiste qualquer possibilidade lógico-jurídica de conflitos de competência tributária entre os Municípios e a União, no que atina ao *ISS* e ao *IPI*.

II- É certo que, embora não se confundam, os fenômenos da industrialização e da prestação de serviços apresentam pontos de tangência, ainda mais quando ocorre a chamada "*industrialização por encomenda*", em que o produto é elaborado pelo industrial, não de acordo com sua normal linha de produção, mas conforme as necessidades específicas de quem o contratou (o encomendante). Temos para nós que, se a produção é personalizada (e, não, comercializada), o único tributo devido é o *ISS*.[186]

Com efeito, neste caso, a *prestação-fim* é a de *fazer*, porquanto o dar (entregar o produto encomendando) não passa de uma *prestação-meio*.

É o momento, pois, de afastarmos, de uma vez por todas, a errônea ideia – que deriva da <u>literalidade</u> do art. 46, do *CTN*

---

186. Quando há comercialização (venda para o mercado em geral), aí sim, incidem seja o *IPI*, seja o *ICMS*; nunca, o *ISS*. Quando, pelo contrário, há apenas uma prestação de serviço (ainda que esta demande o fornecimento de materiais), o único tributo devido é o *ISS*.

– de que qualquer ação sobre materiais é industrialização e, por isso mesmo, faz nascer o *IPI*.

Muito de revés, há exclusivamente serviço (tributável apenas por meio de *ISS*), quando a *prestação-fim* consistir num *fazer*. A questão permanece inalterada mesmo quando o processo de modificação do bem material é *instrumental* à prestação do serviço, ou seja, tipifica "*conditio sine qua non*" do fornecimento da atividade em favor de terceiro. Ainda neste caso, há intributabilidade por meio de *IPI*. O que persiste, sim, é a competência privativa do Município para tributar, por meio de *ISS*, a pessoa que, em caráter negocial, presta o serviço.

Em suma, quando a transformação dos materiais possibilita a prestação de um serviço a terceiro, está-se diante de *atividade acessória*. Nesta medida, integra o serviço, não desfrutando de vida jurídica independente, o que significa que passa ao largo da tributação por meio de *IPI*.

Portanto, *tertium non datur*: Ou se tem uma operação com produto industrializado (tributável exclusivamente por meio de *IPI*), ou se está em face de uma prestação de um serviço (tributável, agora, apenas por meio de *ISS*).

Cuidemos, agora, da impossibilidade de conflitos entre o *IPTU* e o *ITR*.

5. Da impossibilidade jurídica de conflitos entre o IPTU e o ITR

Também não há a menor possibilidade jurídica de haver conflitos de competência entre o *IPTU* (imposto predial e territorial urbano) e o *ITR* (imposto territorial rural).

De fato, o *IPTU*, de competência municipal (cf. art. 156, I, da *CF*), alcança os proprietários de imóveis urbanos; o *ITR*, de competência federal (cf. art. 153, VI, da *CF*), os proprietários de imóveis rurais.

Mas, o que é imóvel urbano e o que é imóvel rural?

Temos para nós, que, urbano, é o imóvel situado dentro dos limites dados, pelas leis municipais, à chamada *zona urbana* do Município e, rural, o situado em sua *zona rural*, pouco importando, pois, o gênero de construção nele existente ou a destinação que lhe seja dada.

Como se vê, discordamos dos que fazem empenho no sentido de que o Município é obrigado a buscar no Código Tributário Nacional (art. 32, §§ 1º e 2º) ou, o que é pior, em leis federais (*v. g.*, no *Estatuto da Terra*), "*diretrizes*" para delimitar sua zona urbana. Tal entendimento briga com o *princípio da autonomia municipal*.

Também não nos parece correto considerar urbano ou rural um imóvel, dependendo da utilização que dele faça seu proprietário. É que as competências tributárias, inclusive no que concerne ao *IPTU* e ao *ITR*, foram desenhadas pela Constituição Federal, não podendo navegar ao grado da vontade dos virtuais contribuintes.

Em resumo: o proprietário de imóvel localizado na zona urbana, assim considerada pela lei do Município, se sujeita à tributação por meio de *IPTU*; o proprietário de imóvel localizado na zona rural (a que estiver fora da zona urbana), à tributação por meio de *ITR*. As duas hipóteses de incidência, posto confrontantes, não se confundem.

6. Da impossibilidade jurídica de conflitos entre o ITCMD e o ITBI

Também não antevemos nenhuma possibilidade lógica de conflitos de competência entre o *ITCMD* (imposto sobre transmissão *causa mortis* e doação de quaisquer bens ou direitos), imposto de competência estadual, e o *ITBI* (imposto sobre transmissão *inter vivos*, por ato oneroso, de bens imóveis e de direitos a eles relativos), este de competência municipal.

Lembramos que a Constituição Federal, em seu art. 155, I, outorgou, aos Estados-membros, competência para criar impostos sobre "*transmissão 'causa mortis' e doação, de quaisquer bens ou direitos*" (*ITCMD*). Estas pessoas políticas estão credenciadas, pois, a instituir impostos sobre: I- a transmissão *causa mortis* de quaisquer bens ou direitos; e, II- a doação[187] de quaisquer bens ou direitos. Em verdade, ambos incidem sobre transmissões não-onerosas de quaisquer bens (móveis ou imóveis) ou direitos.

Já, compete aos Municípios tributar, por meio de imposto (o *ITBI*), a "*transmissão 'inter vivos', a qualquer título, por ato oneroso, de bens imóveis, por natureza ou acessão física, e de direitos reais sobre imóveis, exceto os de garantia, bem como cessão de direitos a sua aquisição*".

Em síntese, as transmissões onerosas de bens ou direitos, se gratuitas (doação) ou *causa mortis*, são tributáveis por meio de *ITCMD*; se onerosas, de *ITBI*.

Há quem sustente que a doação de bem imóvel, se feita *com encargo*,[188] deve ser tributada por meio de *ITBI*. Sem razão, porém. Desde que o encargo, por sua onerosidade (*v. g.*, se o encargo for o pagamento do preço do imóvel "*doado*"), não esconda uma verdadeira compra e venda (simulação que

---

187. Conforme preceitua o art. 538, do Código Civil, "*considera-se doação o contrato em que uma pessoa, por liberalidade, transfere do seu patrimônio bens ou vantagens para o de outra*".

Admissível, portanto, tanto a doação de bens, quanto de direitos. A doação de direitos – que se enquadra na ideia de *vantagens*, contida no precitado art. 538 – , no entanto, para ensejar a tributação por meio de *ITCMD*, há de aumentar o patrimônio (conjunto de direitos de conteúdo econômico) do donatário.

188. Segundo Agostinho Alvim, encargo "*é uma modalidade do ato jurídico, que aparece, ordinariamente, nos negócios gratuitos, restringindo a vantagem do beneficiado, por força de uma obrigação que se lhe impõe, a qual, em certos casos, redunda no modo de usar a coisa*" (*Da Doação*, Saraiva, São Paulo, 3ª ed., 1980, p. 45).

caberá ao fisco provar, pelos meios em Direito admitidos), ele não desnatura a doação, pelo que, também nesta hipótese, o único tributo devido será o estadual, vale dizer, o *ITCMD*.

Enfim, as hipóteses de incidência do *ITBI* e do *ITCMD*, posto confrontantes, não se superpõem. Em razão disso, não há conflitos juridicamente possíveis entre estes dois gravames.

7. Da impossibilidade jurídica de conflitos entre o IOF e o ISS

Inexiste, igualmente, a possibilidade de conflitos entre o *ISS* e o *IOF*, tributo federal, que, a teor do art. 153, V, da Lei Maior, alcança as operações financeiras *lato sensu*.

O *ISS* grava, como tantas vezes afirmamos, a execução de obrigações *de fazer*, traduzidas seja em *locatio operarum* (locação de serviços *stricto sensu*, atividade-meio para atingir, sem garantia do resultado, uma utilidade), seja em *locacio operis faciendi* (empreitada, que envolve obrigação de, mediante esforço pessoal, atingir determinado resultado).

As operações financeiras, de seu turno, envolvem a execução de obrigações *de dar*, correlacionadas a "*crédito*", "*câmbio*", "*seguro*" e "*títulos ou valores mobiliários*".

A hipótese de incidência do *IOF* é sempre um negócio jurídico, cuja formação pressupõe, evidentemente, a conjugação de vontades de duas partes. Negócio jurídico bilateral, pois. E negócio jurídico ligado a atividades de que resultem operações de crédito, câmbio, seguro <u>ou</u> relativas a títulos ou valores mobiliários.

Pois bem. Na medida em que *prestações de serviços* e *operações financeiras* juridicamente são episódios distintos, é forçoso concluir que as hipóteses de incidência do *ISS* e do *IOF* não se confundem, nem, tampouco, apresentam pontos comuns. Daí levarem a tributações igualmente distintas e inconfundíveis.

Eventual lei (complementar ou ordinária) que venha a dispor de modo diverso, padecerá de irremissível inconstitucionalidade, porque fará *tabula rasa* do rigoroso esquema de repartição de competências impositivas entre a União e os Municípios, plasmado pela Magna Carta.[189]

189. É o que, por exemplo, fez a *Lista de Serviços* veiculada pela Lei Complementar n. 116/2003, que estipulou, em seus *subitens 4.22*, serem tributáveis por meio de *ISS*, os "*serviços de*" (*sic*): "*4.22. Planos de medicina de grupo ou individual e convênios para prestação de assistência médica, hospitalar, odontológica e congêneres*". Deveras, ainda que se aceite a *taxatividade* da *Lista*, absolutamente não é dado, à lei complementar que a veicula, considerar serviços, fatos que com eles não se confundem (*v. g.*, as operações de seguro).

Capítulo VI

O *CONSEQUENTE* DA NORMA JURÍDICA TRIBUTÁRIA. OS ASPECTOS *PESSOAL* (ATIVO E PASSIVO) E *QUANTITATIVO* (BASE DE CÁLCULO E ALÍQUOTA) DA NORMA JURÍDICA TRIBUTÁRIA

I- Rememoramos que a norma jurídica tributária sempre *imputa* à ocorrência do *fato imponível* – reconhecida oficialmente pela autoridade competente –, a instauração de uma relação jurídica entre o fisco e o contribuinte, que tem por objeto o recolhimento de determinada quantia de dinheiro, a título de tributo. Ou, esquematicamente: dada a prática do *fato imponível* (*antecedente*) *deve ser* o pagamento da exação, que o sujeito passivo fará em favor do sujeito ativo da obrigação tributária (*consequente*).

Portanto, para criar *in abstracto* o tributo, a pessoa política vale-se do seguinte mecanismo jurídico: descreve, por meio de lei, um fato (a *hipótese de incidência*), a cuja realização (com o acontecimento do *fato imponível*) vincula o nascimento da obrigação de alguém (o sujeito passivo) pagar, a outrem (o sujeito ativo) uma determinada importância em dinheiro. Mas, não apenas isso: descreve, ainda, os *aspectos* (base de cálculo e alíquota) que, conjugados, permitirão fixar, com exatidão, o *quantum debeatur*, ou, se quisermos, a dívida que o sujeito passivo do tributo terá de saldar junto ao fisco ou a quem lhe faça as vezes.

Resumindo, a lei que traça a norma jurídica tributária aponta, em seu *consequente*, o sujeito ativo e o sujeito passivo da exação, bem como sua base de cálculo e sua alíquota, temas que, ainda que de modo sumário, passamos a desenvolver.

II- O sujeito ativo da obrigação tributária é o credor do tributo, ou seja, a pessoa que tem o direito subjetivo de arrecadar o tributo. É, se preferirmos, a pessoa que detém a titularidade do crédito tributário. É, enfim, a pessoa que titulariza a *capacidade tributária ativa*.

Capacidade tributária ativa, como já acenado, é a possibilidade jurídica da pessoa figurar no pólo ativo da obrigação tributária. Correlaciona-se exatamente com a pessoa que ocupa a posição de credor do tributo e, portanto, situa-se no plano da atividade tributária em sentido secundário, sendo lógica e cronologicamente posterior ao exercício da competência tributária.

O titular da capacidade tributária ativa, embora não ocupe uma posição de supremacia em relação ao sujeito passivo tributário, pela idêntica subordinação de ambos à lei, está por ela credenciado a obter, se preciso coercitivamente, a satisfação de seu crédito fiscal.

Nunca é demais repetir que, por força do *princípio da legalidade*, que, em matéria tributária, tem intensidade máxima, o titular da capacidade tributária ativa deve, expressa ou implicitamente, ser indicado na lei da pessoa política que criou *in abstracto* a exação. Nenhum ato normativo infralegal (*v. g.*, um decreto regulamentar) pode fazê-lo, ainda que por delegação legal.

IIa- No mais das vezes, a competência tributária e a capacidade tributária ativa acumulam-se numa mesma pessoa política. Logo, habitualmente, ocupa o pólo ativo da obrigação tributária a mesma pessoa política que, por haver exercitado a competência tributária, criou *in abstracto* o tributo. De fato, se dermos revista em nosso direito positivo, veremos que esta é a regra geral. Só para exemplificar, a União criou *in abstracto* o imposto sobre a renda e ela mesma o arrecada da pessoa, física ou jurídica, que obteve, durante o exercício financeiro, disponibilidade de riqueza nova; o Estado de São Paulo criou *in abstracto* o *ICMS-operações mercantis* e ele mesmo o arrecada, do comerciante que, em território paulista, vendeu uma mercadoria; o Município de São Paulo criou *in abstracto* o *ISS* e ele mesmo o arrecada, da pessoa que, em território paulistano, prestou, em caráter negocial, um serviço se qualquer natureza; etc.

Entretanto, como a capacidade tributária ativa é delegável por lei (ao contrário da competência tributária, que é indelegável, ainda que por meio de lei), nada impede que terceiro, vale dizer, pessoa diversa da que criou *in abstracto* o tributo, venha, preenchidos determinados requisitos, a arrecadá-lo. Basta que tenha recebido autorização legislativa para tanto.

Neste caso, duas situações jurídicas podem surgir, dependendo, evidentemente, do que a lei estipular: 1ª) a terceira pessoa arrecada o tributo, em seu próprio nome, mas para a entidade tributante[190]; e, 2ª) a terceira pessoa arrecada o tributo para si, vale dizer, para o implemento de suas finalidades.

No primeiro caso, está-se diante da *sujeição ativa auxiliar*, fenômeno raro em que a pessoa que arrecada o tributo não passa de um substituto *ex lege* do sujeito ativo; arrecada o tributo e repassa o produto arrecadado à pessoa política tributante. O sujeito ativo auxiliar, caso a lei a tanto o autorize (nem sempre isso se dá), tem a faculdade de exigir do contribuinte

---

190. Observe-se que não se está aqui tratando da instituição financeira, que, autorizada pela legislação, arrecada o tributo, em nome e por conta da pessoa política tributante. Está-se cuidando, sim, da pessoa autorizada, por lei, a exigir o tributo – inclusive valendo-se dos meios judiciais adequados –, com o encargo de encaminhar o produto arrecadado, à entidade tributante. É o caso, por exemplo, da empresa telefônica, que, no Estado de São Paulo, ao cobrar a taxa (impropriamente rotulada *tarifa*) de telefone, apura e arrecada também o *ICMS-comunicação* devido pelo usuário. O produto da arrecadação deste imposto é, por determinação legal, enviado à Fazenda Pública paulista.

algumas compensações pecuniárias (ágio, indenização de mora etc.), em ordem a cobrir os custos do serviço arrecadatório e a experimentar um pequeno ganho, que lhe permita levar avante suas atividades.

Já, no segundo caso, dá-se o fenômeno – este muito mais frequente – que há nome *parafiscalidade*. *Parafiscalidade*, em apertada síntese, é a delegação de capacidade tributária ativa (direito de cobrar o tributo) que a pessoa política, por meio de lei, faz a terceira pessoa (de direito público ou se de direito privado, perseguidora de finalidades públicas),[191] a qual, por vontade desta mesma lei, passa a dispor do produto arrecadado.

IIb- Ressalte-se que, em ambos os casos, o tributo não perde sua natureza jurídica, ainda que arrecadado por pessoa diversa daquela que o criou, como, de resto, procuramos demonstrar em nosso livro "*O Sujeito Ativo da Obrigação Tributária*".[192]

---

191. A parafiscalidade pode beneficiar: *a)* as pessoas políticas (União, Estados-membros, Municípios e Distrito Federal); *b)* as autarquias e fundações públicas; *c)* os entes paraestatais (pessoas jurídicas de direito privado, que, sem espírito de ganho, associam-se ao Estado, na consecução do bem comum); e, em casos excepcionais, *d)* as pessoas físicas, se e enquanto desempenham funções públicas, que serão custeados com o tributo (em geral uma *taxa*) arrecadado.

Note-se, a propósito, que o art. 119, do *CTN*, ao estatuir que "*o sujeito ativo da obrigação é a pessoa jurídica de direito público titular da competência para exigir seu cumprimento*", não infirma o que escrevemos no parágrafo anterior. É que, por não dispor sobre conflitos de competência tributária, nem regular limitações constitucionais ao poder de tributar, não veicula nenhuma *norma geral em matéria de legislação tributária*, na acepção do art. 146, da Constituição Federal. Simples lei federal, não alcança os Estados-membros, os Municípios e o Distrito Federal, vinculando apenas a União, que, por seu Legislativo, pode revogá-lo a qualquer tempo. Aliás, isso a União implicitamente já fez, a julgar pelo grande número de leis que, de 1966 a essa parte, editou, atribuindo a pessoas jurídicas de direito privado a faculdade de arrecadar tributos.

192. Ed. Resenha Tributária, São Paulo, 1977, pp. 36 a 56.

Inexistem obstáculos jurídicos a estas delegações de *capacidade tributária ativa*. A Constituição não as proíbe e o Código Tributário Nacional as prevê expressamente (art. 7º, *caput*[193]).

O que não se afigura juridicamente possível – permitimo-nos acentuar – é a delegação, aos entes meramente arrecadadores, da faculdade de apontar elementos essenciais da norma jurídica tributária, como, por exemplo, a base de cálculo da exação, que esta é matéria *sob reserva de lei* da pessoa política competente, nos termos da Constituição Federal.

III- O sujeito passivo da obrigação tributária também integra o consequente da norma jurídica tributária. É a pessoa – física ou jurídica, pública ou privada – compelida pela lei, a recolher o tributo, ao fisco ou quem lhe faça as vezes, após, é claro, a realização do *fato imponível*, a prática do lançamento e a regular notificação deste ato administrativo. Detém a chamada *capacidade tributária passiva*, em contraposição aqueloutra, acima estudada, *capacidade tributária ativa*.

Saber "*quem*" pode ser sujeito passivo tributário tem sido a grande preocupação dos maiores tributaristas, quer nacionais,[194] quer estrangeiros.[195]

A Constituição aponta o *sujeito passivo possível* de cada tributo, isto é, a pessoa que poderá ser colocada, pela lei, na

193. Código Tributário Nacional – "*Art. 7º. A competência tributária é indelegável, salvo atribuição das funções de arrecadar ou fiscalizar tributos, ou de executar leis, serviços, atos ou decisões administrativas em matéria tributária, conferida por uma pessoa jurídica de direito público a outra, nos termos do § 3º, do art. 18 da Constituição*" (refere-se à CF/1946).

194. Por todos os autores nacionais de boa ciência, permitimo-nos mencionar Renato Lopes Becho, em seu clássico livro *Sujeição passiva e responsabilidade tributária* (Dialética, São Paulo, 2000).

195. Gian Antonio Michelli, por exemplo, em conferência proferida no VI Curso de Especialização em Direito Tributário da PUC/SP, realizado nos idos de 1976, declarou: "*Neste ponto se coloca um primeiro problema, ou seja, precisamente quem pode ser sujeito passivo do tributo, isto é, quem a lei pode indicar como sujeito passivo do tributo*".

contingência de efetuar seu pagamento. É a pessoa que – evidentemente desde que apontada na lei – faz nascer a obrigação tributária, realizando seu *fato imponível* (*fato gerador "in concreto"*). Mesmo nos impostos da competência residual da União (art. 154, I, da *CF*), também chamados *impostos não-discriminados*, embora esta pessoa política tenha liberdade para fixar-lhes as hipóteses de incidência e as respectivas bases de cálculo, deverá necessariamente, eleger, como *sujeito passivo possível* da exação, a pessoa que realiza seu *fato imponível.*[196] Esta ideia, aliás, transparece cristalina no próprio Código Tributário Nacional, quando, em seu art. 121, p. único, I, estabelece que o contribuinte é a pessoa que tem "*relação pessoal e direta*" com o *fato imponível.*

Apenas o realizador do *fato imponível* – esta a regra geral – deve ter seu patrimônio diminuído, como consequência da tributação.

Como se sabe, a Constituição, ao mesmo tempo em que distribuiu competências tributárias, indicou a *regra-matriz* de cada tributo, não sendo dado, às pessoas políticas, desvirtuá-la (*v. g.*, apontando um sujeito passivo que nada tenha a ver com o tributo em questão).

Portanto, as pessoas políticas não possuem total liberdade para elegerem o sujeito passivo dos tributos que criam "*in abstracto*". Pelo contrário, devem necessariamente levar em conta o *sujeito passivo possível* da exação, assinalado na Lei Maior.

---

196. No mesmo sentido Renato Lopes Becho; *verbis*: "... *comungamos com a doutrina que vê na Constituição Federal os dados para se extrair cientificamente o sujeito passivo. (...).*

"... *para nós, o legislador não tem liberdade de escolha nos tributos discriminados. Há uma maior liberdade nos tributos não-discriminados, mais na escolha do critério material do que na do critério pessoal. Esse decorre da materialidade eleita, na qual há liberdade do legislador, nos limites constitucionais. Essa liberdade é reduzida quando deve o legislador apontar quem recolherá o tributo (ou ocupará o pólo passivo da relação jurídico-tributária)*" (*op. cit.*, pp. 77/78).

Positivamente o legislador não pode, tendo em vista apenas facilitar ou ampliar a arrecadação, considerar sujeitos passivos tributários, quaisquer pessoas, ainda que sem relação com o *fato imponível* (*fato gerador "in concreto"*). Elas têm o direito subjetivo de só serem consideradas sujeitos passivos de tributos: *a)* previstos na Constituição; *b)* criados legislativamente, em total sintonia com os ditames que ela consagra; e, é claro, *c)* após a ocorrência de seus *fatos imponíveis*.

Deveras, ou o assunto é assim entendido, ou se estará paradoxalmente admitindo que a Constituição encerra meras recomendações, que poderão ser seguidas por boas ou rejeitadas por inconsistentes.

É certo que a Constituição não indica, de modo expresso, o sujeito passivo de nenhum tributo. Todavia, sinaliza quem, ocorrido o *fato imponível*, poderá ser compelido a ocupar esta posição: a pessoa que provoca, desencadeia ou produz a materialidade da hipótese de incidência tributária.

IIIa- Desdobrando a ideia, o sujeito passivo está sempre coligado ao critério material do tributo, que é posto na Constituição. Assim, por exemplo, se o tributo, nos termos da Constituição, nasce da obtenção de rendimentos, seu sujeito passivo só pode ser quem os aufere; se o tributo, ainda nos termos da Constituição, nasce de importações de produtos, seu sujeito passivo só pode ser quem as promove; se o tributo, sempre nos termos da Constituição, nasce de operações mercantis, seu sujeito passivo só pode ser quem as pratica; e assim avante.[197]

Paulo de Barros Carvalho pensa do mesmo modo; *verbis*:

---

197. Naturalmente, quando a Constituição alude a conceitos de Direito Privado (compra, venda, operação mercantil, propriedade predial e territorial) é interdito ao legislador tributário alterá-los, conforme, aliás, didaticamente dispõe o art. 110, do *CTN* ("*A lei tributária não pode alterar a definição, o conteúdo e o alcance de institutos, conceitos e formas de direito privado, utilizados, expressa ou implicitamente, pela Constituição Federal, pelas Constituições dos Estados, ou pelas Leis Orgânicas do Distrito Federal ou dos Municípios, para definir ou limitar competências tributárias*").

> *"Não é demasia repetir que a obrigação tributária só se instaura com sujeito passivo que integre a ocorrência típica, seja direta ou indiretamente unido ao núcleo objetivo da situação tributada. A ênfase afirmativa está fundamentada num argumento singelo, mas poderoso: o legislador tributário não pode refugir dos limites constitucionais da sua competência, que é oferecida de maneira discreta, mediante a indicação de meros eventos ou de bens".*[198]

Há, pois, uma conexão necessária e inafastável entre a materialidade do tributo e seu sujeito passivo. De fato, se o critério material da exação é composto por um verbo e seu complemento (*v. g.*, exportar produto) e se o verbo designa uma ação (ou um estado) da pessoa, não há como desvincular uma coisa da outra.

Realmente, tendo a Constituição apontado o critério material (verbo mais complemento) de cada tributo, infere-se que o sujeito passivo só pode ser a pessoa que realiza este mesmo critério material.

Hector Villegas chama esta pessoa de *destinatário legal tributário*. Ouçamos a lição do ilustre professor titular da Universidade de Córdoba (Argentina):

> *"Se a hipótese de incidência diz 'venda', o destinatário legal tributário é o vendedor; se a hipótese de incidência diz 'aquisição', 'compra', o destinatário legal é o comprador. Depende da descrição objetiva da hipótese de incidência".*[199]

Dando tonalidade própria ao tema, Geraldo Ataliba denomina o *sujeito passivo possível* do tributo, de *destinatário constitucional tributário*.

---

198. "*Sujeição Passiva e Responsáveis Tributários*", in *Repertório IOB de Jurisprudência*, 11/96, pp. 257-8.

199. Debates havidos no IV Curso de Especialização em Direito Tributário da Faculdade de Direito da Universidade Católica de São Paulo, in *Revista de Direito Público* n. 30, p. 294.

Pois bem, na hipótese de, por deficiência técnica do legislador, a norma jurídica não apontar expressamente o sujeito passivo do tributo, limitando-se a definir sua materialidade, isto é, seu aspecto objetivo, o intérprete e o aplicador têm como desvendar quem, ocorrido o *fato imponível*, deverá ser colocado no polo passivo da obrigação tributária. A regra é absoluta: é sempre aquela pessoa que está coligada ao *fato imponível*, porque o realizou.[200] A ele corresponde, como enfatiza Jarach, a *causa* do tributo.[201]

IIIb- *Mutatis mutandis*, mesmo na *sujeição passiva indireta*, não há como fugir destas linhas mestras.

Como se sabe, por razões de expediência administrativa, **mas sempre com base em lei**, os tributos, não raro, vêm arrecadados, pelo menos num primeiro momento, de terceiras pessoas, juridicamente relacionadas com os contribuintes. São os *sujeitos passivos indiretos*, também chamados *responsáveis tributários*.

De fato, o Poder Público tem sentido a necessidade de arrecadar os *tributos* de terceiros, que não os contribuintes, por uma série de fatores. Dentre eles, merecem destaque a impossibilidade prática de, em muitos casos (produtores agropecuários, artesãos, empregados etc.), atingir-se diretamente o contribuinte (o realizador do *fato imponível*) e a imprescindibilidade de maior eficiência na arrecadação.

É certo que a doutrina mais tradicional, fulcrada na literalidade do art. 121, p. único, II, do Código Tributário Nacional, admite a tributação, sem maiores empeços, do "*responsável tributário*" (sujeito passivo indiretamente relacionado com o *fato imponível*, que a lei coloca na contingência de pagar o tributo *em nome e por conta do contribuinte*).

---

200. No mesmo sentido, Dino Jarach, *Curso Superior de Derecho Tributario*, Buenos Aires, Liceo Profesional Cima, 1969, pp. 194 e 195.

201. *Idem, ibidem.*

Em boa verdade científica, porém, o instituto da responsabilidade tributária há que ser utilizado com grande cautela, para que não restem atropelados princípios constitucionais.

Assim, é imprescindível, em primeiro lugar, que também o responsável esteja vinculado, de algum modo, ao *fato imponível*. Somente poderá ser onerado quem, de algum modo, participou da realização do *tipo* do tributo (*fato típico tributário*). Pudesse ser de outro modo, e o legislador teria aí o caminho para fugir dos limites da competência tributária outorgada à pessoa política, o que, convenhamos, é um absurdo, diante da rigidez de nosso sistema constitucional, no que se refere às exações. Logo, mesmo o responsável tributário há de estar em relação com o *fato imponível*.

Mas não basta isso para que a figura da responsabilidade tributária surja validamente: é imperioso, ainda, que a lei proporcione ao responsável *meios expedidos e efetivos*, para que se ressarça, sem maiores entraves, junto ao contribuinte.[202]

Uma coisa, porém, precisa ser destacada: independentemente de outros requisitos, a escolha, para figurar como sujeito passivo, de pessoa, que não o próprio realizador do *fato imponível*, só pode ser feita por norma legal expressa, que prestigie os ditames constitucionais. À míngua de lei expressa, a eleição de sujeito passivo desvinculado da materialidade do tributo, não pode ser feita nem pelo aplicador, nem pelo intérprete.

Em suma, a Constituição Federal fornece os dados necessários para que se infira quem pode ser sujeito passivo de tributos. Sob pena de incidir em inconstitucionalidade, não é dado, ao legislador ordinário das várias pessoas políticas, afastar-se destes dados. Muito menos podem fazê-lo o aplicador e o intérprete da lei tributária.[203]

---

202. Preenche estes requisitos, por exemplo, a chamada "*retenção na fonte*", na qual terceira pessoa, indiretamente vinculada ao *fato imponível*, separa parte da importância que paga ao contribuinte, para recolhê-la aos cofres públicos.

203. Admitir o contrário é aceitar que o intérprete ou o aplicador podem mudar a Constituição. Só para exemplificar, se lhes fosse dado, ao arrepio

Geraldo Ataliba e Aires Barreto têm inteira razão quando apregoam que "*efetivamente – por simples comodidade ou por qualquer outra razão – não pode o Estado deixar de colher uma pessoa, como sujeito passivo, para alcançar outra*".[204]

"*Substituição*" deste jaez feriria os mais elementares princípios constitucionais tributários. A pessoa que deve ter seu patrimônio diminuído, em razão da ocorrência do *fato imponível*, há de ser *aquela* que o provocou.

IIIc- Pois bem. Perante nosso direito positivo, a responsabilidade de terceiro, alheio ao *fato imponível*, pelo pagamento do tributo, só é possível nos casos de: *a)* sucessão (arts. 129 a 133, do *CTN*); *b)* impossibilidade do cumprimento da obrigação principal pelo contribuinte, hipótese em que o tributo será exigido das pessoas mencionadas no art. 134, do *CTN* (pais, tutores, inventariante, síndico etc.), nos atos em que intervierem ou pelas omissões de que forem responsáveis; *c)* prática, pelos administradores das pessoas jurídicas, de atos com excesso de poderes ou infração à lei, contrato social ou estatutos (art. 135, do *CTN*); e, *d)* prática de ilícitos fiscais (arts. 136 e 137, do *CTN*).

Mais e mais se aclara a ideia de que exigir o tributo de quem não realizou o *fato imponível*, só é possível nos restritos casos apontados na lei (*numerus clausus*).

IV- Também cabe à lei da pessoa política competente apontar a base de cálculo dos tributos.

Base de cálculo é a <u>unidade</u> <u>de</u> <u>medida</u>, apontada na lei, que traduz, numa *expressão numérica*, a hipótese de incidência

---

da lei, considerar sujeito passivo do imposto sobre a importação, a pessoa que transporta o produto, do estabelecimento importador para o porto ou o aeroporto, teríamos a União invadindo, dependendo do caso, o campo competencial dos Estados (que, via *ICMS*, estão credenciados a tributar os serviços de transporte transmunicipais) ou dos Municípios (que, via *ISS*, podem tributar os serviços de transporte estritamente municipais).

204. "*Substituição e Responsabilidade Tributária*", <u>in</u> *Revista de Direito Tributário*, vol. 49, p. 71.

tributária. É justamente sobre essa *expressão numérica* que será aplicada a alíquota, o que permitirá apurar o exato montante de tributo a recolher (*quantum debeatur*).[205]

Abrimos um ligeiro parêntese para elucidar que estamos a tratar da base de cálculo *in abstracto* (apontada na lei), que não se confunde com a base de cálculo *in concreto* (ou *base tributável* ou *base calculada*), apurada ao ensejo do lançamento.

Melhor dizendo, do mesmo modo pelo qual não se superpõem a *hipótese de incidência* (o *tipo tributário*) e o *fato imponível* (o *fato típico do tributo*), não coincidem a base de cálculo *in abstracto* (descrição normativa do valor econômico a considerar) e a base de cálculo *in concreto* (a real apuração do valor econômico apontado na lei).

Podemos, pois, estabelecer a seguinte *relação de proporcionalidade*: a base de cálculo *in abstracto* está para a *hipótese de incidência*, assim como a base de cálculo *in concreto* está para o *fato imponível*.

Em apertada síntese, ao Legislativo compete definir a base de cálculo *in abstracto* dos tributos; ao Executivo, apurar-lhes a base de cálculo *in concreto*.

Mas, o assunto é rico e abre espaço a várias considerações, que passamos a fazer.

IVa- As pessoas políticas, como adiantado, não têm total liberdade na escolha da base de cálculo dos tributos que criam legislativamente, já que ela tem seus paradigmas prefigurados na Constituição. Logo, ao tratarem do assunto, devem necessariamente levar em conta a *base de cálculo possível* da exação.

Afinal, a natureza do tributo é obtida, não apenas pelas normas que traçam sua *hipótese de incidência*, mas, também,

---

205. Tal a lição de Geraldo Ataliba, para quem a base de cálculo é a "*perspectiva dimensível do aspecto material da hipótese de incidência que a lei qualifica, com a finalidade de fixar critério para a determinação, em cada obrigação tributária concreta, do 'quantum debeatur'*" (*Hipótese de Incidência Tributária*, S. Paulo, Malheiros Editores, 5ª ed., 3ª tiragem, 1992, p. 97).

por aquelas que apontam sua *base de cálculo*. Se houver conflito entre ambas, o tributo deixa de ser o previsto na lei tributária, como bem o percebeu José Juan Ferreiro Lapatza: "*uma mudança nas normas que regulam a base supõe, necessariamente, uma variação no fato tipificado pela lei como fato imponível*".[206]

IVb- A base de cálculo dá critérios para a mensuração correta do aspecto material da *hipótese de incidência* tributária. Serve não só para medir a *matéria tributável*, como para determinar – tanto quanto a *hipótese de incidência* – a modalidade do tributo que será exigido do contribuinte (imposto, taxa, imposto sobre a renda, imposto sobre operações mercantis, imposto sobre serviços de qualquer natureza etc.).

Sendo a base de cálculo a expressão econômica da materialidade do tributo, deve prestar-se a mensurar, de modo adequado, o fato descrito na hipótese de incidência, em ordem a possibilitar a correta quantificação do dever tributário, a cargo do contribuinte.

De se ressaltar que a base de cálculo também está submetida ao *regime de reserva legal*, pelo que deve ser apontada na lei do ente político tributante.

Diretamente relacionada com a *hipótese de incidência*, a base de cálculo fornece, pois, critérios para, quando conjugada com a alíquota, mensurar o *fato imponível*. É, nesse sentido, o ponto de partida das operações matemáticas a serem realizadas pelo fisco, tendo em vista a apuração do *quantum debeatur*.

Não é por outra razão que a hipótese de incidência e a base de cálculo do tributo devem *interatuar*. Uma, há de encontrar respaldo e confirmação na outra, como, de resto, assinala Misabel Derzi; *verbis*:

---

206. *Direito Tributário – Teoria Geral do Tributo*, trad. de Roberto Barbosa Alves, Marcial Pons – Manole, Barueri, 2007, p. 257.

> *"Quando um tributo está posto em lei, tecnicamente correta, a base de cálculo determina o retorno ao fato descrito na hipótese de incidência. Portanto, o fato medido na base de cálculo deverá se o mesmo posto na hipótese".*[207]

Incumbe, pois, à base de cálculo, especificar, em termos matemáticos, a *hipótese de incidência* do tributo. Assim, por exemplo, se a *hipótese de incidência* do tributo for "*prestar serviços*", sua base de cálculo somente poderá ser o "*preço do serviço prestado*". Tudo o que fugir disso, não estará medindo de modo adequado o *fato imponível* e, no momento da apuração do *quantum debeatur*, fará com que o contribuinte pague além da conta, circunstância que lhe vulnerará, o *direito de propriedade*,[208] além de atentar contra o *princípio da capacidade contributiva*.

IVc- Por outro lado, o critério de medição da base de cálculo deve estar voltado, com razoabilidade e proporcionalidade, para o aspecto material da *hipótese de incidência* do tributo. O mesmo é o entendimento de Ricardo Aziz Creton; *verbis*:

> *"Essa relação de pertinência, adequação e conformidade que une indiscutivelmente o fato gerador e a base de cálculo de qualquer tributo há de pautar-se, é fácil inferir, exatamente pelos princípios gerais da razoabilidade e da proporcionalidade".*[209]

---

207. Notas de atualização ao livro *Direito Tributário Brasileiro*, de Aliomar Baleeiro (Forense, Rio de Janeiro, 11ª ed., 2002), p. 65.

208. A ação de tributar lanha a propriedade privada, que se encontra protegida nos arts. 5º, XXII, e 170, II, ambos da Constituição Federal. Assim, a tributação somente será válida se, também ela, encontrar apoio no Texto Supremo. Isto explica, pelo menos em parte, a razão pela qual ele disciplinou, de modo tão rígido, o mecanismo de funcionamento da tributação, ao mesmo tempo em que amparou os contribuintes com grande plexo de direitos e garantias contra eventuais excessos tributários.

209. *Os princípios da proporcionalidade e da razoabilidade e sua aplicação no direito tributário*, *Lumen Iuris*, Rio de Janeiro, 2001, p. 111.

Ademais, uma base de cálculo imprópria, é dizer, em descompasso com a hipótese de incidência, põe por terra o rígido esquema de repartição de competências tributárias, já que transforma o tributo em entidade difusa, desajustada de seu arquétipo constitucional. E, pior: com a apuração incorreta do montante a pagar, o contribuinte vê ruir a garantia, que a Lei Maior lhe deu, de somente se submeter a encargos tributários que lhe dizem respeito.

IVd- Parece-nos bem acrescentar que, na composição da base de cálculo de qualquer tributo, devem ser tomados valores exprimíveis em moeda, conforme, de resto, vem estatuído no art. 3º, do Código Tributário Nacional. Mas, não apenas isso: é imprescindível que tais valores derivem da própria natureza do tributo que se pretende dimensionar (preço do serviço de comunicação prestado, no caso do *ICMS-comunicação*; valor venal do veículo automotor do qual se é proprietário, no caso do *IPVA*; valor do produto importado, no caso do imposto sobre a importação; e assim por diante).

Portanto, é inconstitucional incluir na *base de cálculo* do tributo – pouco importando por meio de que artifício, ficção ou presunção – valores que extrapolam sua materialidade, descaracterizando-o. Tal se daria, por exemplo, se a lei determinasse a inserção, na base de cálculo do *IR*, das indenizações recebidas pelo contribuinte, que, longe de tipificarem *riqueza nova*, não passam de recomposições patrimoniais por danos sofridos.

IVe- Remarcamos que a base de cálculo precisa estar em perfeito ajuste com a hipótese de incidência, já que é ela que <u>confirma</u> a natureza jurídica da exação[210]. Havendo qualquer

---

210. Já se disse que a base de cálculo permite que se tire a *prova dos nove* da natureza jurídica do tributo. Exemplificando, é ela que demonstra que o tributo *A* é realmente sobre a renda (porque, tendo por hipótese de incidência, a obtenção de *riqueza nova*, sua base de cálculo é a renda líquida do contribuinte); que o tributo *B* é sobre serviços (porque, tendo por hipótese de incidência, a prestação de um dado serviço, sua base de cálculo é o preço deste mesmo serviço prestado); que o tributo *C* é sobre a propriedade (porque, tendo por hipótese de incidência, o fato de alguém ser proprietário de um imóvel, sua base de cálculo é o *valor venal* deste mesmo imóvel); etc.

descompasso entre ambas, o tributo, porque mal instituído, não poderá ser validamente lançado e cobrado.[211]

De fato, o divórcio entre a hipótese de incidência e a base de cálculo do tributo, descaracteriza-o, alterando-lhe a *regra-matriz*, desenhada na Constituição. Distorce, pois, o próprio sistema tributário, deixando o contribuinte perplexo, sem saber ao certo que exação está sendo compelido a suportar.

Vem ao encontro desta ideia de *unicidade*, o art. 154, I, da Constituição Federal, que ao autorizar a União a criar novos impostos, proibiu tivessem "*fato gerador e base de cálculo próprios*" dos discriminados nos arts. 153, 155 e 156, deste mesmo Diploma. Com isso, sinalizou nitidamente que a hipótese de incidência e a base de cálculo são realidades jurídicas distintas, que, sob pena de inconstitucionalidade, devem estar em perfeita sintonia.

Daí Luís Eduardo Schoueri argutamente haver observado:

> *"... o emprego de uma base de cálculo 'própria' de um fato gerador, sem o seu respectivo aspecto material, será taxado de inconstitucionalidade, não por invasão de competência, mas por ferir a relação de inerência ínsita ao texto constitucional".*[212]

Em resumo, será inexigível, por afronta à Constituição, o tributo cuja base de cálculo entrar em conflito com sua hipótese de incidência.

---

211. Discordamos dos que sustentam que, havendo descompasso entre a hipótese de incidência e a base de cálculo do tributo, esta última é que prevalece. Pensamos, pelo contrário, que o fenômeno torna inconstitucional a exação, que será diversa daquela que a pessoa política tinha competência para instituir.

212. "*Discriminação de competências e competência residual*", in Direito Tributário – Estudos em homenagem a Brandão Machado, Dialética, São Paulo, 1998, p. 100.

O que estamos querendo expressar é que ao legislador é interdito distorcer a *regra-matriz constitucional* do tributo, elegendo-lhe base de cálculo inadequada, isto é, que não se preste a medir o *fato tributável*. Caso isto venha a ocorrer: *a)* o tributo será inconstitucional; *b)* o contribuinte terá o direito subjetivo de não o recolher; e, *c)* o Judiciário, quando provocado, terá o dever jurídico de amparar esta legítima pretensão.

Outras vezes, é o próprio aplicador da lei que, interpretando-a inadequadamente, distorce a base de cálculo do tributo. As consequências do equívoco são igualmente danosas, o que dá, ao contribuinte, o pleno direito de, também neste caso, defender-se do abuso, pleiteando, quando necessário, a intervenção do Poder Judiciário, que está credenciado, pela Carta Magna, a controlar a legalidade dos atos administrativos.

IVf- Disso tudo ressai que a base de cálculo, como adiantamos, tem duas funções: *a) quantificar* a prestação do sujeito passivo, devida desde o momento em que nasce o tributo, com a ocorrência, no *mundo fenomênico* (mundo em que vivemos), do *fato imponível*; e, *b) afirmar* (ou *confirmar*) a natureza jurídica do tributo.

Realmente, a base de cálculo, é fundamental à identificação jurídica dos tributos. Por isso mesmo, precisa ser congruente com a *hipótese de incidência tributária*. Melhor esclarecendo, se o tributo é sobre a renda, sua base de cálculo deverá, necessariamente, levar em conta uma medida da renda (*v. g.*, a renda líquida); se o tributo é sobre a propriedade, sua base de cálculo deverá, necessariamente, levar em conta uma medida da propriedade (*v. g.*, o valor venal da propriedade); se o tributo é sobre serviços, sua base de cálculo deverá, necessariamente, levar em conta uma medida dos serviços (*v. g.*, o preço dos serviços prestados) e assim por diante.

Esta peculiaridade vem ressaltada por Juan Ramallo Massanet; *verbis*:

> *"... deve-se entender por 'congruência', que a base, em relação à hipótese de incidência, deve estar 'estreitamente entrocada' (Sáinz de Bujanda, Ferreiro, Araújo Falcão), deve guardar 'pertinência' ou 'inerência' (Araújo Falcão) e 'adequação' (Cortés), deve estar vinculada 'diretamente'".*[213]

Sempre mais se patenteia, pois, que a base de cálculo deve guardar uma *correlação lógica* (uma *conexão*, uma *relação de inerência*) com a hipótese de incidência do tributo.

Realmente, conforme já acenamos, o que distingue um tributo de outro é seu binômio *hipótese de incidência/base de cálculo*.

Somente cotejando estes dois elementos da norma jurídica tributária é que podemos proclamar, cientificamente, se estamos diante de um imposto, de uma taxa, de uma contribuição de melhoria etc.

Paulo de Barros Carvalho tece, a respeito, oportunas considerações; *verbis*:

> *"Uma das duas funções da base de cálculo é medir a intensidade do núcleo do fato imponível, que se consubstancia num comportamento de uma pessoa. Este atributo, além da característica mensuradora, é fator de enorme significação, pois revela ao estudioso precisamente aquilo que está sendo dimensionado, equivale a dizer, firma e declara, com solidez e exatidão, a natureza do fato que está sendo avaliado na sua magnitude. Pode ser utilizado, com ótimas perspectivas, para confirmar, infirmar ou afirmar o verdadeiro critério material das hipóteses tributárias. Confirmar, sempre que a grandeza eleita for apta para medir o núcleo que o legislador declara como a medula da previsão fáctica. Infirmar, quando a*

213. "*Hecho Imponible y Cuantificación de la Prestación Tributaria*" in *RDT* 11/12:31 (tradução livre nossa). No original consta: "*... lo que debe entenderse por congruencia se habla de que la base, respecto del hecho imponible, debe estar 'estrechamente entroncada' (Sáinz de Bujanda, Ferreiro, Araújo Falcão), que deve guardar 'pertinencia' o 'inherencia' (Araújo Falcão) y 'adecuación' (Cortes), que debe estar vinculada 'diretamente' (Blumenstein, Jarach)*".

> *medida for incompatível com o critério material enunciado pela lei. E afirmar, na eventualidade de ser obscura a formulação legal, fixando-se, então, como critério material da hipótese, a ação-tipo que está sendo dimensionada".*[214]

Seguindo esta linha de pensamento, podemos dizer que a *materialidade de cada tributo* já permite que se infira sua *base de cálculo possível.*

A ideia nos traz de volta à tese de que, para total garantia do contribuinte, de que está sendo tributado nos termos da Constituição, o Legislativo deve estabelecer uma *perfeita adequação* entre a base de cálculo e a hipótese de incidência dos tributos que cria *in abstracto*.

Também ao Executivo compete dar efetividade ao desígnio constitucional de que a hipótese de incidência e a base de cálculo de cada exação encontrem recíproco apoio. Em conseguinte, nenhuma interpretação fazendária poderá prevalecer, caso rompa com esta equação que exige, com respaldo na Carta Magna, que as bases de cálculo dimensionem adequadamente a materialidade das hipóteses de incidência dos tributos.

Do exposto, podemos ter por assente que, em havendo qualquer desarmonia entre a hipótese de incidência e a base de cálculo do tributo, este não poderá ser validamente exigido.

IVg- Vai daí que a base de cálculo é índice seguro para a identificação do aspecto material da *hipótese de incidência*, que – voltamos a insistir – confirma, afirma ou infirma, caso em que o tributo torna-se incobrável, por falta de *coerência interna* na norma jurídica que o instituiu.

Inexistindo tal *coerência interna* descaracteriza-se o próprio gênero jurídico do tributo, como bem o demonstrou Alfredo Augusto Becker; *verbis*:

---

214. *Curso de Direito Tributário*, São Paulo, Saraiva, 4ª ed., pp. 345/6.

> *"O critério de investigação da natureza jurídica do tributo que se demonstrará ser o único verdadeiramente objetivo e jurídico, parte da base de cálculo para chegar ao conceito do tributo. Este só poderá ter uma única base de cálculo. A sua conversão em cifra é que poderá variar de método: ou peso e ou medida e ou valor. Quando o método é o do valor, surge facilmente o perigo de se procurar atingir este valor mediante a valorização de outro elemento que consistirá, logicamente, outra base de cálculo e com isto, 'ipso facto' desvirtuou-se o pretendido gênero jurídico do tributo. Haverá tantos distintos gêneros jurídicos de tributo, quantas diferentes bases de cálculo existirem".*[215]

Rubens Gomes de Sousa pensa do mesmo modo; *verbis*:

> *"Se um tributo, formalmente instituído como incidindo sobre determinado pressuposto de fato ou de direito, é calculado com base em uma circunstância estranha a esse pressuposto, é evidente que não se poderá admitir que a natureza jurídica desse tributo seja a que normalmente corresponderia à definição de sua incidência. Assim, um imposto sobre vendas e consignações, mas calculado sobre o capital da firma, ou sobre o valor do seu estoque, em vez de o ser sobre o preço da mercadoria vendida ou consignada, claramente não seria um imposto de vendas e consignações, mas um imposto sobre o capital ou sobre o patrimônio".*[216]

Amilcar de Araújo Falcão também traz valiosa contribuição, ao estudo do assunto. Ouçamo-lo:

> *"(A)... base de cálculo tem que ser uma circunstância inerente ao fato gerador, de modo a afigurar-se como uma verdadeira e autêntica expressão econômica. (...)*
>
> *"... é indispensável configurar-se uma relação de pertinência ou inerência da base de cálculo ao fato gerador: tal inerência ou pertinência afere-se, como é óbvio, por este último.*

215. *Teoria Geral do Direito Tributário*, Saraiva, São Paulo, 1.963, p. 339 – os grifos são do autor.

216. Parecer publicado na *Revista dos Tribunais*, vol. 227, p. 65.

> *"De outro modo, a inadequação da base de cálculo pode representar uma distorção do fato gerador e, assim, desnaturar o tributo".*[217]

Cômpar no mesmo entendimento, José Eduardo Soares de Melo preleciona:

> *"A base de cálculo deve ater-se, irrestritamente, aos parâmetros constitucionais e, peremptoriamente, ao fato imponível, sendo que a circunstância de a Constituição não ter, especificamente, indicado as bases de cálculo dos tributos, não significa que o legislador ordinário esteja livre para qualificá-los, como melhor lhe aprouver".*[218]

Graças a tão sólidos subsídios doutrinários, podemos tranquilamente afirmar que, havendo descompasso entre a hipótese de incidência e a base de cálculo do tributo, este não foi corretamente instituído e, de conseguinte, não pode ser validamente exigido.

IVh- Com tais colocações queremos reafirmar que o legislador, ao definir a *base de cálculo* do tributo, tem o dever inafastável de apenas manejar grandezas ínsitas ao aspecto material de sua *hipótese de incidência*. Em outras palavras, deve imprimir uma *conexão*, uma *relação de causa e efeito*, entre a *hipótese de incidência tributária* e a *base de cálculo in abstracto* do tributo, que permitirá apurar *quanto exatamente* o contribuinte deverá recolher (*quantum debeatur*) aos cofres públicos, a título de tributo, após a ocorrência do *fato imponível*.[219]

V- Como acima adiantamos, a quantificação do tributo é feita não só pela base de cálculo *in concreto* (base calculada), mas também pela alíquota, que sobre ela será aplicada.

---

217. *Fato Gerador da Obrigação Tributária*, Rio, Edições Financeiras S. A., 1ª ed., 1964, pp. 155/156 (esclarecemos no parêntese e grifamos o último parágrafo).

218. *ICMS, Teoria e Prática*, Dialética, São Paulo, 8ª ed., 2005, p. 186.

219. Cf. Matias Cortés Domíngues, *Ordenamiento Tributário Español*, Madrid, Tecnos, 1968, pp. 444 e ss.

Alíquota é o critério legal, normalmente expresso em porcentagem (*v. g.*, 10%), que, conjugado à base calculada, permite que se chegue ao *quantum debeatur*, ou seja, à quantia devida pelo contribuinte, ao fisco ou a quem lhe faça as vezes, a título de tributo.

Acerca do assunto, Geraldo Ataliba anota:

> *"Não basta para a fixação do 'quantum debeatur', a indicação legal da base imponível. Só a base imponível não é suficiente para a determinação 'in concretu' do vulto do débito tributário, resultante de cada obrigação tributária. A lei deve estabelecer outro critério quantitativo que – combinado com a base imponível – permita a fixação do débito tributário, decorrente de cada fato imponível. Assim, cada obrigação tributária se caracteriza por ter certo valor, que só pode ser determinado mediante a combinação de dois critérios numéricos: a base imponível e a alíquota. O objeto de cada obrigação tributária (individual e concreta) é o pagamento de uma soma determinada. A fixação dessa soma depende integralmente da lei. Nem a administração, nem o contribuinte concorrem com qualquer margem de liberdade no processo de sua formação. (...)*
>
> *"A alíquota – disse-o implicitamente A. Becker – é uma quota ou parte ideal do fato posto como aspecto material da hipótese de incidência. São suas palavras: '... o tributo – sempre e logicamente – consistente numa parcela daquele fato que foi transfigurado em cifra (base de cálculo) por escolha e determinação da regra que estrutura a regra jurídica de tributação".*[220]

Va- Tanto quanto a base de cálculo, a alíquota está prédefinida na Constituição Federal. De fato, embora o legislador, ao criar "*in abstracto*" o tributo, tenha alguma liberdade para fazer variar a alíquota, não a pode elevar *ad infinitum*. Isto fatalmente imprimiria ao tributo o proibido caráter de *confisco*

---

220. *Hipótese de Incidência Tributária*, São Paulo, Malheiros Editores, 5ª ed., 6ª tiragem, 1997, pp. 102 e 103 – o grifo está no original.

(cf. art. 150, IV, da *CF*), vulnerando, por via reflexa, o direito de propriedade, constitucionalmente protegido (arts. 5º, XXII e 170, II, da *CF*).

Vb- Impende consignar que, dependendo do tributo e desde que não lhe imprima feições confiscatórias, a alíquota pode superar a base de cálculo *in concreto*. É o que não raro se dá na tributação de operações com bens supérfluos ou nocivos à saúde, em que o interesse de dissuadir comportamentos de virtuais contribuintes acaba falando mais alto.

Vc- Nos impostos (tributos não-vinculados), a alíquota é essencial para que se cumpra o primado da capacidade contributiva (art. 145, § 1º, 1ª parte, da *CF*).[221] Melhor esclarecendo, as leis que os criam *in abstracto* devem estruturá-los de tal modo que suas alíquotas variem para mais à medida que forem aumentando suas bases calculadas. Assim, quanto maior a base calculada do imposto, tanto maior haverá de ser a alíquota aplicável, na determinação do *quantum debeatur*.

Vd- Já, nas taxas (tributos vinculados), cuja base de cálculo é o valor da atuação estatal (portanto, *genérica*), a alíquota será sempre uma unidade de medida (metro quadrado, peso, volume, área etc.), apurável caso a caso (portanto, *específica*). Aclarando a ideia, nas taxas, quer *de serviço*, quer *de polícia*, a base de cálculo vem prefixada, por unidade de medida (*v. g.*, R$ 1,00, por metro cúbico de água potável domiciliarmente fornecida), e a alíquota é número de unidades de medida diretamente referidas ao contribuinte (*v. g.*, 100 m^3 de água potável consumida). É o que ensina Aires Barreto; *verbis*:

---

221. A nosso ver, são inconstitucionais os *impostos fixos* (impostos sem alíquota e sem base de cálculo), justamente porque não têm como ser graduados "*de acordo com a capacidade econômica do contribuinte*", de fora parte não permitirem que se confirme a materialidade da exação, ou seja, se ela é realmente sobre a renda, sobre a propriedade urbana, sobre a operação mercantil realizada etc.

> *"... nas taxas, a lei cuida de estabelecer os critérios para a investigação não mais da base de cálculo, necessariamente o valor da atuação estatal (única, genérica), mas para a exata aferição da alíquota aplicável".*[222]

Ve- Por fim, na contribuição de melhoria, sendo sua base de cálculo o *quantum* da valorização imobiliária experimentada pelo imóvel, em decorrência da obra pública realizada nas imediações,[223] a alíquota há de ser um percentual deste valor, fixado com prudente arbítrio pelo legislador da pessoa política competente.

---

222. *Base de cálculo, alíquota e princípios constitucionais*, Ed. Revista dos Tribunais, São Paulo, 1987, p. 73.

223. Este *quantum* é apurado por meio de *cálculos atuariais*, que o contribuinte poderá questionar, administrativa ou judicialmente, caso os considere incorretos.

Conclusão da Primeira Parte

Concluímos, *ex expositis*, que, embora a *hipótese de incidência* não contenha todos os elementos da norma jurídica tributária (já que lhe faltam os elementos *subjetivo* e *quantitativo*), ela possui grande relevância, já que é o pressuposto legitimador da exação. Quando realizada – o que se dá com a ocorrência do *fato imponível* –, o tributo nasce e, aí sim, podem ser praticados os atos que levarão à identificação oficial do sujeito ativo e do sujeito passivo da obrigação tributária, bem como à fixação do *quantum debeatur*, mediante a aplicação da alíquota à base de cálculo *in concreto*.

Assim agremiados, estudaremos, agora, a *hipótese de incidência* (*fato gerador "in abstracto"*), pela óptica do Código Tributário Nacional (Lei n. 5.172/1966[224]), que dedica, ao assunto, cinco artigos (arts. 114 a 118).

---

224. O Código Tributário Nacional (Lei n. 5.172, de 25.10.1966) foi votado como lei ordinária, porquanto, à época, inexistia no processo legislativo pátrio, a figura da lei formalmente complementar à Constituição. Continua, pois, a ser uma lei ordinária, em que pese à implantação, a partir de 1967, de novos regimes constitucionais, que passaram a prever a edição, pelas pessoas políticas, de leis complementares (a atual Constituição Federal trata do assunto em seus arts. 59, II e 69).

Em suma, embora o *CTN* continue a formalmente ser uma lei ordinária, materialmente é uma lei complementar, que trata dos temas indicados no art. 146, da atual Carta Suprema.

Segunda Parte

ANÁLISE DOS ARTS. 114 A 118 DO *CTN*

Capítulo I – O art. 114, do *CTN* (fato gerador da obrigação tributária principal) e suas implicações jurídicas

Capítulo II – O art. 115, do *CTN* (fato gerador da obrigação tributária acessória) e suas implicações jurídicas

Capítulo III – O art. 116, do *CTN* (situação de fato e situação jurídica)

Capítulo IV – O art. 117, do *CTN* (*condição suspensiva* e *condição resolutiva*)

Capítulo V – O art. 118, do *CTN* (a tributação dos atos ilícitos)

Conclusão da segunda parte

Capítulo I

O ART. 114 DO *CTN* (*FATO GERADOR DA OBRIGAÇÃO TRIBUTÁRIA PRINCIPAL*) E SUAS IMPLICAÇÕES JURÍDICAS

Sumário: *1. Considerações propedêuticas. 2. O princípio do não-confisco. Sua extensão às multas fiscais.*

1. Considerações propedêuticas

I- Estabelece o art. 114, do Código Tributário Nacional:

> *"Art. 114. Fato gerador da obrigação principal é a situação definida em lei como necessária e suficiente à sua ocorrência".*

O dispositivo expressa a ideia de que o fato que faz nascer a obrigação tributária principal é aquele minudentemente descrito em lei, ou seja, que contém todos os elementos que permitirão sua identificação, quando ocorrer no mundo real. Com a verificação deste fato – e adotados, pela autoridade competente, os procedimentos legais de estilo – instaura-se uma relação jurídica pela qual a pessoa que o realizou deverá recolher, ao fisco ou a quem lhe faça as vezes, uma soma em dinheiro, a título de tributo.

De forma bem abreviada, a pessoa política descreve legislativamente um fato (antecedente), acrescentando que, quem o realizar materialmente, deverá suportar o efeito (consequente) de recolher um dado tributo.

A *hipótese de incidência*, como produto que é da lei, sempre apresenta natureza jurídica, pouco importando se ela alude a uma realidade econômica (*v. g.*, a uma percepção de renda) ou a um ato ou negócio jurídico (*v. g.*, a uma compra e venda mercantil). Com efeito, a partir do momento em que um elemento da realidade pré-normativa é guindado, pela lei, à condição de *hipótese de incidência tributária*, a natureza prévia e intrínseca do mesmo passa para um segundo plano e se transforma num *fato jurídico*.

Queremos com tal assertiva exprimir que o fato descrito na *hipótese de incidência tributária* recebe, nas hostes do Direito, sempre uma interpretação jurídica, tornando-se, assim, um *fato jurídico*.[225]

Daí merecer loas o legislador do *CTN*, quando se limitou a referir que o fato gerador da obrigação tributária (*hipótese de incidência*) é "*a situação definida em lei*", sem, portanto, a qualificar, como *jurídica ou econômica*. Não sobeja repetir: mesmo um fenômeno de conotação originariamente econômica (*v. g.*, um rendimento recebido) transforma-se numa *situação jurídica*, quando a lei o encampa, ao descrever o *tipo tributário*.

II- Esclareça-se que *obrigação principal* ou *obrigação tributária principal* tem, neste contexto, o significado de tributo.

Só para nos situarmos no assunto, a obrigação tributária tem a acepção clássica, que remonta ao antigo Direito Romano, de vínculo abstrato pelo qual, alguém (o sujeito passivo), tem o dever jurídico de dar, fazer, não fazer ou suportar algo, em

225. Tal afirmação não exclui, evidentemente, a possibilidade de tal fato vir a receber outras interpretações (econômicas, contábeis, políticas, históricas, sociológicas etc.), que, no entanto, serão irrelevantes para o Direito.

favor de outrem (o sujeito ativo).[226] Noutro giro verbal, a obrigação tributária não deixa de ser uma "*relação jurídica por virtude da qual uma (...) pessoa pode exigir de outra (...) a realização de uma prestação*".[227]

A obrigação tributária não difere, em sua estrutura básica, das obrigações em geral. Por não ter características particularizantes, não é uma obrigação *sui generis*, até porque, em Direito, as coisas ou são ou não são; ou existem ou não existem: *tertium non datur*. Não há *minotauros jurídicos*, na saborosa expressão de Santi Romano.

Pois bem. A obrigação tributária principal tem por objeto um dar: *dar dinheiro* (*dare pecuniam*) ao Estado ou a quem lhe faça as vezes. Esta ideia vem explicitada pelo art. 3º, do Código Tributário Nacional, que estatui ser o tributo uma "*prestação pecuniária compulsória, em moeda ou cujo valor nela se possa exprimir*".

IIa- A propósito, a frase encerra duas redundâncias, que não podem passar sem reparos. A primeira: se a prestação é pecuniária, somente pode traduzir-se numa entrega de moeda (dinheiro). A segunda: aquilo que *em moeda se pode exprimir* equivale a moeda (caso do cheque, do vale postal, da estampilha, do papel selado ou por processo mecânico, que são as outras formas de pagamento do tributo, apontadas no art. 162, do *CTN*[228]). É razoável supor, todavia, que o art. 3º do *CTN* quer deixar claro que o tributo não se descaracteriza, ainda que seu pagamento se dê por meio de cheque, *DOC*, *TED*, vale postal etc.

---

226. "*Obligatio est juris vinculum, quo necessitate adtringimur alicujus solvadae rei*". Este é o conceito clássico de obrigação, que foi cunhado pelos romanos e se encontrava incorporado às *Institutas* de Justiniano.

227. Antunes Varela, *Das Obrigações em Geral*, Almedina, Coimbra, 10ª ed., 2000, p. 62.

228. Código Tributário Nacional – "*Art. 162. O pagamento é efetuado: I – em moeda corrente, cheque ou vale postal; II- nos casos previstos em lei, em estampilha, em papel selado, ou por processo mecânico*".

De qualquer modo, a locução "*ou cujo valor nela (em moeda) se possa exprimir*" abriu espaço a que a Lei Complementar n. 104/2001, inserindo um inc. XI, no art. 156, do *CTN*, previsse como causa extintiva de obrigações tributárias, também a dação de imóveis, desde que, no entanto, autorizada pela lei da entidade tributante. Assim, à míngua de lei autorizadora, não vemos como compelir o fisco a aceitar bens imóveis, em pagamento de tributos.

Sem embargo, o art. 3º, do *CTN* não deve ser interpretado como autorizador de tributos pagos "*in natura*" (em bens do sujeito passivo) ou em serviços (trabalho humano).

Muito bem. O tributo, sendo em moeda, tem cunho patrimonial, vale dizer, sua prestação é suscetível de avaliação econômica ou, se preferirmos, é patrimonialmente aferível.[229] A par disso, sempre nasce da lei (*obligatio ex lege*), sua única causa.[230]

---

229. Embora pessoalmente entendamos que a patrimonialidade é componente necessário das obrigações, há sérias divergências doutrinárias acerca deste assunto. Autores de grande gabarito intelectual entendem que a prestação das obrigações não precisa ser patrimonial. É o caso de Pontes de Miranda, que, aludindo às obrigações em geral, escreveu: "*Longe vai o tempo em que se não atendia ao interesse somente moral da prestação, e quem se dizia que a prestação tinha de ser patrimonial. O que se deve pode não ter qualquer valor material, como se A obtém de B que o acompanhe ao teatro por ser B de alta família. Nem o interesse é patrimonial, nem a prestação é de valor patrimonial, nem há ilicitude da promessa. Diz-se que é preciso ser suscetível de valoração econômica o que se presta. Se foi estabelecida pena convencional, nem por isso se deu valor econômico à prestação: estipulou-se pena para o caso de inadimplemento. No direito brasileiro, não há regra jurídica que exija às prestações prometidas o serem avaliáveis em dinheiro*" (*Tratado de Direito Privado*, vol. 22, Editora Borsoi, Rio de Janeiro, 3ª ed., 1971, p. 40).

Em matéria tributária, porém, o problema sequer não se coloca, já que o art. 113, do *CTN*, ao tratar da *obrigação principal*, estabelece que ela "*tem por objeto o pagamento de tributo*". Daí tratar-se de uma obrigação de dar dinheiro; com caráter patrimonial, pois.

230. Às obrigações *ex lege* contrapõem-se as obrigações *ex voluntate*, nas quais, sim, a vontade das partes é elemento relevante para o surgimento da relação jurídica. Tanto que, caso se comprove que a vontade de uma das partes foi violentada ou, mesmo, ilaqueada, a obrigação é nula ou anulável,

III- Como se vê, o *princípio da legalidade* domina o tema, tanto que é comum invocar o aforismo *nullum vectigal sine lege*, para por em destaque que a tributação tem for fonte exclusiva a lei.[231]

Esta lei há de ser geral, abstrata, igual para todos os que se encontrarem na mesma situação jurídica (art. 5º, I, e art. 150, II, da *CF*), irretroativa (art. 150, III, *a*, da *CF*), não-confiscatória (art. 150, IV, da CF) e assim por diante. Deve, ainda, conter todos os elementos essenciais da norma jurídica tributária (*hipótese de incidência*, *sujeito ativo*, *sujeito passivo*, *base de cálculo* e *alíquota*), não se admitindo, de forma alguma, a delegação, ao Poder Executivo, da faculdade de defini-los, ainda que em parte. Só ela pode disciplinar questões que girem em torno da criação, lançamento e extinção de tributos, por isso que é a fonte de produção primária por excelência das normas jurídicas tributárias.

Mas, para que se tenham por cumpridas as exigências do *princípio da legalidade*, não é suficiente uma superficial intervenção do Poder Legislativo na criação do tributo. É preciso, sim, que todos os elementos essenciais da norma jurídica tributária sejam definidos, com grande precisão, na lei da pessoa política competente.

Em suma, criar tributos não é apenas rotulá-los, mas indicar, de modo preciso, suas *hipóteses de incidência*, seus *sujeitos ativos*, seus *sujeitos passivos*, suas *bases de cálculo* e suas *alíquotas*.

---

dependendo das circunstâncias. O mesmo não se dá com o tributo, que, exatamente por ser uma obrigação *ex lege*, deflui, direta e imediatamente, da vontade da lei.

231. Esta linha de pensamento lastreia-se no princípio *no taxation without representation*, de solene profundidade histórica, que liga a legalidade tributária à democracia, já que faz com que a tributação dependa do consentimento dos próprios contribuintes – o que em nosso sistema jurídico se dá por intermédio de seus representantes, livremente eleitos.

Diante do exposto, a lei que se ocupa com o fenômeno da tributação ("*lato sensu*") deve, não só prescrever a conduta da Fazenda Pública, como dar-lhe diretrizes seguras, a partir das quais ela possa decidir cada caso concreto que seja levado à sua apreciação. Deseja-se, pois, que a autoridade fiscal, sem qualquer subjetivismo, subsuma o fato à *hipótese de incidência* ou, em termos mais técnicos, como já explicamos,[232] o *conceito* (a representação mental) do fato ao *conceito* da hipótese de incidência.

IIIa- Com a realização do *fato imponível*, o sujeito passivo do tributo passa a ter o *direito público subjetivo*[233] de recolhê-lo na forma e nas condições previstas na lei que, neste momento, descrevia a *hipótese de incidência*. Noutros termos, o regime jurídico da obrigação tributária a ser seguido é o apontado na lei que se encontrava em vigor, quando da ocorrência do *fato imponível*, como bem aduziu Amílcar de Araújo Falcão; *verbis*:

> *"Sendo uma obrigação 'ex lege' a relação jurídica tributária principal e ocorrendo o seu nascimento com o aparecimento concreto do fato gerador, marca este momento genetlíaco o regime jurídico porque se norteará a obrigação tributária.*
>
> *"Aplicável à sua regência será a legislação vigente em tal data".*[234]

Em suma, a questão de direito intertemporal se resolve aplicando-se a lei tributária que estava em vigor, quando da ocorrência do *fato imponível*. Um fato apenas pode ser tributado quando a respectiva tributabilidade haja sido legalmente fixada antes de sua prática.

---

232. *Supra*, Capítulo III, da Primeira Parte.

233. *Direito público subjetivo* é o que deriva de normas que conferem aos destinatários direitos oponíveis ao Estado. Caso este os ignore, o destinatário terá legitimação ativa para ingressar em juízo e fazê-los valer.

234. *O Fato Gerador da Obrigação Tributária*, Forense, Rio de Janeiro, 6ª ed., 3ª tir., 1997, p. 75.

IV- Retomando o fio do raciocínio, é certo que, num sentido amplo, todas as obrigações são *ex lege*, já que, direta ou indiretamente, devem buscar *respaldo de validade* numa lei, até por força do que estatui o art. 5º, II, da Constituição Federal (*"ninguém será obrigado a fazer ou a deixar de fazer alguma coisa senão em virtude de lei"*). Todas as obrigações, nesta acepção, são *ex lege*, porquanto o fato que as faz nascer invariavelmente deve subsumir-se a uma lei.

Todavia, ao afirmarmos que o tributo é uma obrigação *ex lege* queremos expressar a ideia de que ele decorre diretamente da lei, sem, pois, a intermediação da vontade de quem quer que seja. A vontade do fisco ou do contribuinte, está, por assim dizer, *desativada* pela vontade contida na norma legal que veicula a hipótese de incidência tributária. O contrário se dá com as obrigações *ex voluntate* que, conquanto tenham por fonte mediata a lei, dependem, para validamente surgir, da direta manifestação volitiva (fonte imediata) daqueles que a elas se vinculam. A vontade das partes é, pois, o *fator determinante* do nascimento das obrigações ditas *ex voluntate*; não das obrigações *ex lege*, entre as quais se inscreve a obrigação tributária.

Realmente, a obrigação tributária não nasce de um ato de vontade, seja do fisco, seja do contribuinte. Nasce, sim, da vontade da lei. Melhor dizendo, nasce quando ocorre o fato nela genericamente previsto e considerado idôneo a gerar obrigações tributárias.

Isso não significa, porém, que a vontade do contribuinte nunca está presente no momento do nascimento do tributo. Significa, apenas, que esta vontade não é considerada, na gênese da obrigação tributária. É que o acontecimento que gera o tributo, mesmo que tipifique um ato ou negócio jurídico (compra e venda, aquisição de imóvel, prestação onerosa de serviço etc.), é considerado, para fins fiscais, como puro *ato* ou *fato jurídico*.

Estas ideias foram bem desenvolvidas pelo celebrado jurista Antonio Roberto Sampaio Dória; *verbis*:

> "*... é evidente que um 'ato voluntário' não pode se constituir em fonte de obrigações tributárias. Pois não está na vontade das partes determinar se do ato praticado há de nascer uma consequência necessária (pagamento de um tributo), ou não. À primeira vista, pode-se confundir essa situação com a faculdade de o indivíduo decidir praticar certo ato de que resultem efeitos tributários que lhe parecem indesejáveis (a compra de mercadorias, por ex., sujeita a um imposto de vendas). Mas, veja-se bem, sua opção está na prática do 'ato' (compra e venda) e não no surgimento de um efeito colateral (obrigação tributária), que deriva não do ato em si, em sua configuração jurídico-formal mas de um 'fato econômico' que ele exterioriza (circulação de riqueza). Dir-se-á, porventura, que se o indivíduo resolver não desempenhar nenhum ato tributável, ele estará se furtando, voluntariamente, a qualquer obrigação fiscal. Aparte o absurdo dessa objeção, pois ninguém, dentro de uma sociedade organizada, pode subsistir sem a prática de alguns atos suscetíveis de imposições fiscais, é óbvio que seus eventuais deveres tributários teriam inexistido não por sua vontade em deixar de assumi-los, mas porque teria se abstido da realização de certas ações de que, subsidiariamente, aqueles deveres provém. O elemento vontade, pois, no campo tributário funciona como fator 'negativo', que não influi diretamente no surgimento da obrigação, mas sim no pressuposto fático que a condiciona*".[235]

Assim, quando muito, a vontade do contribuinte poderá ter *relevância indireta* para o nascimento do tributo. Tal se dá quando ele cumpre, ou não, uma condição, para beneficiar-se de uma isenção tributária. Tomemos um exemplo: digamos que uma lei federal estabeleça que as indústrias fruirão de uma isenção de *IPI*, caso se instalem na região nordeste do País. Ora, se a indústria *A* se instalar na região sudeste do País, deixando, assim, de adotar o comportamento descrito na norma isentiva, sua manifestação de vontade terá efeitos apenas

235. Antonio Roberto Sampaio Dória, *Da Lei Tributária no Tempo*, São Paulo, 1968, p. 268 (atualizamos a redação).

indiretos no nascimento do dever de pagar *IPI*, já que ela terá sido anterior à realização do *fato imponível tributário*.

Também não é a vontade do contribuinte que diretamente determina o nascimento da obrigação tributária, quando ele escolhe o tipo de negócio jurídico que praticará (*v. g.*, se uma doação, se uma venda ou se um *leasing*), o que levará a tributações diversas. Na verdade, o contribuinte não pagará um ou outro tributo porque assim o quer, mas porque, com sua vontade – agora sim –, qualificou o negócio jurídico que será a base da tributação.

Um tributo se paga porque a lei assim o determina, como consequência necessária da concretização da *hipótese de incidência*, e, não, porque o contribuinte consente que isso aconteça. Com a assertiva estamos querendo significar que, ainda que o contribuinte pratique o *fato imponível* sem nenhuma intenção de submeter-se ao fisco, o tributo nascerá, justamente por resultar da aplicação inexorável da lei ao caso concreto.

V- O tributo também nascerá se o *fato imponível* for praticado por um menor impúbere, por um interdito, por uma pessoa incapaz para os atos da vida civil, por uma empresa irregularmente constituída etc. Assim, por exemplo, se um menor de cinco anos de idade (absolutamente incapaz, *ex vi* do disposto no art. 3º, I, do Código Civil) auferir rendimentos com os imóveis dos quais, por força de herança, é proprietário, será contribuinte do *IRPF*, embora, falando pelas vias cíveis, não tenha nem inteligência (capacidade jurídica de entender), nem vontade (capacidade jurídica de querer). É que, sendo o tributo uma obrigação *ex lege*, a capacidade tributária passiva independe da capacidade civil do contribuinte.

Mutatis mutandis, o raciocínio aproveita às pessoas jurídicas: realizando o *fato imponível*, fazem nascer a obrigação tributária pertinente, pouco importando a circunstância de estarem, ou não, regularmente constituídas. Basta, para fins fiscais, que formem uma unidade econômica ou profissional, disponham de patrimônio e tenham autonomia funcional, ainda que careçam de personalidade jurídica (caso dos condomínios).

Todas estas ideias estão bem positivadas no art. 126, do Código Tributário Nacional, *verbis*:

> *"Art. 126. A capacidade tributária passiva independe: I- da capacidade civil das pessoas naturais; II- de achar-se a pessoa natural sujeita a medidas que importem privação ou limitação do exercício de atividades civis, comerciais ou profissionais, ou da administração direta de seus bens ou negócios; III- de estar a pessoa jurídica regularmente constituída, bastando que configure uma unidade econômica ou profissional".*

Enfim, cabe à lei – não à vontade do fisco ou do contribuinte – definir as situações ou hipóteses idôneas a sujeitar alguém à obrigação de recolher um dado tributo. Recordamos que não qualquer lei, mas lei da pessoa política competente, nos termos da Constituição.[236]

VI- Embora o art. 114, do *CTN* defina o *fato gerador* como sendo a situação "*necessária e suficiente*" para o nascimento do tributo, melhor teria andado acaso tivesse aludido apenas à situação "*suficiente*" à ocorrência deste fenômeno.

De fato, pode haver – e frequentemente há – várias situações suficientes para produzir um mesmo efeito fiscal. É o caso das três situações jurídicas que determinam o nascimento do dever de recolher o *IPTU*; a saber: *a)* a *propriedade* de imóvel urbano; *b)* a *posse* de imóvel urbano; e, *c)* o *domínio útil* de imóvel urbano. Basta que ocorra uma delas, para que surja a obrigação tributária em tela, pelo que as outras duas não são necessárias para a configuração do fenômeno.

Esta linha de raciocínio nos reconduz à ideia de que, imprescindível ao nascimento do tributo, é a referência à *condição suficiente*; não, à *condição necessária*.

VII- Também é importante assinalar que os tributos se distinguem uns dos outros, tanto na espécie (impostos, taxas

---

236. V., *supra*, Capítulo IV, item 1, da Primeira Parte.

e contribuição de melhoria[237]), como na subespécie (imposto sobre a renda, imposto sobre operações mercantis, imposto sobre serviços de qualquer natureza etc.), por suas *hipóteses de incidência.*[238]

Assim, até por esta razão, todos os tributos devem ter uma *hipótese de incidência* (fato gerador *in abstracto*).

Vem ao encontro da ideia o art. 154, I, da Constituição Federal, que, ao autorizar a União a criar novos impostos, proibiu tenham "*fato gerador e base de cálculo próprios*" dos discriminados nos arts. 153, 155 e 156, deste mesmo Diploma. Com isso, sinalizou nitidamente que a *hipótese de incidência*, tanto quanto a *base de cálculo*, é elemento imprescindível da norma jurídica tributária e que, sob pena de inconstitucionalidade, ambas devem estar em perfeita sintonia. Em apertada síntese, o fato medido na *base de cálculo* do tributo deve ser o mesmo posto em sua *hipótese de incidência.*

VIIa- No que concerne aos impostos (tributos não vinculados a uma atuação estatal), o legislador tem o dever de sempre colocar nas respectivas *hipóteses de incidência* aquilo que Alfredo Augusto Becker chama de *fatos-signos presuntivos de riqueza* (patrimônio, renda, compra importação etc.), isto é, fatos que, *a priori*, façam presumir que, quem os realiza ou por eles é colhido, tem riqueza suficiente para suportar a carga fiscal. Tudo para atender ao *princípio da capacidade contributiva*, que se encontra explicitado no art. 145, § 1º, 1ª parte da Constituição Federal ("*sempre que possível, os impostos terão*

---

237. Procuraremos demonstrar, mais adiante, que o tributo é o gênero, do qual o imposto, a taxa e a contribuição de melhoria são as espécies. A nosso ver, as demais figuras exacionais (*v. g.*, as *contribuições parafiscais*) podem ser reconduzidas a pelo menos uma destas três espécies.

238. O mesmo é o entendimento de Dino Jarach; *verbis*: "*Somente analisando a natureza da hipótese de incidência tributária (hecho jurídico tributário), é possível chegar a uma distinção entre os tributos e as outras obrigações legais, bem como entre diferentes espécies de tributos*" (*El Hecho Imponible*, Abeledo-Perrot, Buenos Aires, 2ª ed., 1971, p. 83 – traduzimos e adaptamos).

caráter pessoal e serão graduados segundo a capacidade econômica do contribuinte").[239]

VIIb- Já, no que se refere às taxas e à contribuição de melhoria, o legislador é obrigado a inserir, em suas respectivas *hipóteses de incidência*, a descrição de uma atuação estatal (prestação de serviço público específico e divisível, no caso das taxas de serviço; prática de ato de polícia de efeitos concretos, no caso das taxas de polícia; realização de obra pública, que valoriza os imóveis a ela adjacentes, no caso da contribuição de melhoria).

VIII- Impende assinalar, ainda, que a lei, ao descrever a *hipótese de incidência tributária*, pode aludir a "*fatos da vida*" (morte, maioridade, idade superior a sessenta e cinco anos etc.) ou a institutos de outros setores do ordenamento jurídico (compra e venda, propriedade, prestação de serviços etc.).

Embora o assunto esteja longe de ser pacífico, temos para nós que quando a lei, ao traçar o *tipo tributário*, faz menção a tais institutos (mormente se próprios do Direito Privado), eles devem ser entendidos com o mesmo significado que lhes é atribuído, no "*ramo jurídico*" do qual provêm. Assim, por exemplo, se um tributo alcança a venda mercantil, esta deve ser considerada na acepção técnica do setor de origem, vale dizer, do Direito Comercial, sob pena de violação ao *princípio da rigidez das competências tributárias*.[240]

---

239. Importante destacar que, em obediência ao *princípio da capacidade contributiva*, o legislador deve, ao descrever a *hipótese de incidência* dos impostos, não só escolher fatos que exibam conteúdo econômico, como atentar para as desigualdades próprias das diferentes categorias de contribuintes, sejam eles pessoas físicas ou jurídicas. Tudo para que, o quanto possível, paguem impostos na proporção de seus índices de riqueza.

Note-se, ainda, que, como observa Ives Gandra da Silva Martins, a capacidade contributiva deve ser "*respeitada 'sempre', e não 'se possível', para que seu desrespeito não implique confisco*" (*Sistema Tributário na Constituição de 1988*, Saraiva, São Paulo, 1989, p. 77).

240. O assunto foi bem compreendido por Heleno Taveira Torres; *verbis*: "*Comparando o teor desse art. 110 com o art. 109 do CTN, temos que 'a lei*

IX- Também não devemos nos esquecer de que, ao lado dos enunciados legislativos que definem o *tipo tributário*, há, em algumas leis, disposições que lhe restringem o âmbito de incidência, vale dizer, a área de aplicabilidade. Dentre estas disposições, merecem destaque as que veiculam isenções tributárias.[241]

Deveras, a lei isentiva também contribui para a delimitação do alcance do gravame tributário; não, subtraindo os pressupostos fáticos da definição genérica contida na *hipótese de incidência*, mas, sim, configurando-a de outro modo, mais restrito.

---

tributária' (não a autoridade administrativa, mediante ato de lançamento) somente poderá alterar a definição, o conteúdo e o alcance de institutos, conceitos e formas de direito privado quando estes não forem tipos constitucionalmente previstos para repartição de competências. O art. 146, I, da CF, impõe na atualidade esta competência. Pudessem a União, Distrito Federal, Estados ou Municípios manipular os conceitos que servem à repartição de competências, mediante leis suas, modificando os tipos prescritos, restaria prejudicada a hierarquia normativa (da Constituição em face das leis) e os princípios garantísticos de certeza e segurança jurídica. Trata-se de reforço ao quanto já se dessume da própria Constituição, mas que é sempre importante. É a mais lídima afirmação das funções de norma geral em matéria de legislação tributária, prescrita pelo art. 146, I, da CF, em favor da eliminação de eventuais conflitos de competência, em matéria tributária.

"A Constituição prescreve limites (tipos dos fatos jurídicos tributários, sujeitos passivos etc.) perante os quais o legislador tributário não encontra opções para inovar, devendo conter-se em reenvios, plenos ou parciais, aos conceitos, formas e institutos de outros ramos jurídicos, mormente ao direito privado. Neste caso, a aplicação dos princípios gerais do direito será de suma importância, mesmo que não sejam determinantes para as consequências tributárias, posto que o ato ou o negócio jurídico é alcançado sempre como 'fato', despido das características típicas do negócio ou ato" (*Direito Tributário e Direito Privado – autonomia privada, simulação e elusão tributária*, Editora Revista dos Tribunais, São Paulo, 2003, p. 81).

241. Em nosso Curso de Direito Constitucional Tributário, assim nos manifestamos: "Isenção é uma limitação legal do âmbito de validade da norma jurídica tributária, que impede que o tributo nasça. Ou, se preferirmos, é a nova configuração que a lei dá à norma jurídica tributária, que passa a ter seu âmbito de abrangência restringido, impedindo, assim, que o tributo nasça in concreto (evidentemente, naquela hipótese descrita na lei isentiva)" (p. 920).

Realmente, no estado atual da dogmática tributária, entende-se que a norma jurídica que veicula a *hipótese de incidência* compreende não só o *pressuposto de fato*, como o *pressuposto de isenção*, que é, assim, também elemento idôneo – e, em certas ocasiões, indispensável – para assegurar as finalidades do sistema tributário e coadjuvar a personalização do gravame, em ordem a evitar uma excessiva e injusta uniformidade de tratamento dos contribuintes.[242]

Desenvolvendo a tese, a lei isentiva define, em termos negativos, a esfera de sujeição tributária. Por meio de bonificações, deduções, benefícios fiscais, exclusões etc., atende aos reclamos instantes da isonomia, fazendo com que os contribuintes sejam o mais possível tributados de acordo com suas forças econômicas.

Por aí se vê que, mediante o concurso das leis isentivas, resta melhor traçado o perfil da *hipótese de incidência*, dando maior segurança aos contribuintes de que sofrerão uma tributação justa e adequada.

X- Também existem leis[243] que dilargam as fronteiras da *hipótese de incidência*, prevendo situações especiais em que o tributo também será exigido. É o que se dá, por exemplo, quando a legislação equipara[244] ao industrial, para fins de tributação

---

242. No mesmo sentido, Clemente Checa González, *Hecho Imponible e Sujetos Pasivos (Análisis jurisprudencial)*, Editorial Lex Nova, Valladolid, 1999; C. Lozano Serrano, *Cuestiones Tributarias Prácticas*, La Ley, Madrig, 2ª ed., 1990; Rafael Calvo Ortega, *Curso de Derecho Financiero – Derecho Tributário (parte general)*, vol. 1, Civitas, Madrid, 2ª ed., 1998.

243. Entendemos que, por força dos princípios *da legalidade* e da *tipicidade cerrada*, somente à lei é dado efetuar tais equiparações; jamais ao regulamento.

244. *Equiparação* é o artifício, usado pelo legislador, para igualar situações que, posto dessemelhantes, apresentam pontos de identificação. Trata-se, pois, de manobra que busca equalizar, sob a óptica do Direito, coisas diferentes, dispensando-lhes o mesmo tratamento.

Como se vê, este fenômeno tem por principal consequência submeter a situação equiparada ao mesmo regime jurídico que lhe seria aplicável, caso efetivamente se tratasse daquela a que se igualou.

por meio de *IPI*, quem efetua operações de acondicionamento ou reacondicionamento de produtos industrializados.[245]

XI- E, leis há – embora raras – que, a uma dada *hipótese de incidência*, impõem ou facultam, a quem a realiza, efeitos especiais, diversos dos aplicáveis à generalidade dos casos, criando, assim, aquilo que Francesco Tesauro denomina "*regime fiscal substitutivo*".[246] Tal ocorre, por exemplo, quando a legislação permite que a empresa adote, para fins de tributação por meio de *IR*, o *sistema do lucro presumido*,[247]

Registramos, no entanto, que a potencialização da eficácia arrecadatória não tem força bastante para justificar o uso indiscriminado de equiparações no campo tributário, que jamais poderão colocar em risco os direitos constitucionais dos contribuintes.

245. O *Regulamento do IPI* – "*Art. 4º Caracteriza industrialização qualquer operação que modifique a natureza, o funcionamento, o acabamento, a apresentação ou a finalidade do produto, ou o aperfeiçoe para consumo, tal como (Lei n. 4.502, de 1964, art. 3º, parágrafo único, e Lei n. 5.172, de 25 de outubro de 1966, art. 46, parágrafo único): (...) IV – a que importe em alterar a apresentação do produto, pela colocação da embalagem, ainda que em substituição da original, salvo quando a embalagem colocada se destine apenas ao transporte da mercadoria (acondicionamento ou reacondicionamento)*".

Permitimo-nos aduzir, a propósito, que o decreto que veicula o *Regulamento do IPI* não dá à estampa um verdadeiro *regulamento de execução*; é, simplesmente um *decreto de consolidação*, ou seja, um decreto que, longe de conferir aplicabilidade plena às leis que disciplinam a tributação por meio de imposto sobre produtos industrializados, limita-se a aglutiná-las sistematicamente, em ordem a proporcionar, nesta matéria, maior segurança jurídica aos contribuintes.

Sempre a respeito, temos por certo que não pode o chefe do Executivo, quando edita *decretos de consolidação*, arrogar-se o poder de impor, inclusive ao juiz, quais leis se encontram em vigor. Na realidade, tais decretos só prevalecerão se, do ponto de vista científico, o rol legislativo por eles indicado for correto. Mas, mesmo neste caso, a vinculação do juiz não deriva de sua dependência ao *decreto de consolidação*, mas da aptidão constitucional para decidir a respeito, de acordo com os cânones gerais da Hermenêutica Jurídica.

246. *Istituzioni di Diritto Tributario*, vol. 1, UTET, Torino, 7ª ed., 2000, p. 81.

247. O *sistema do lucro presumido* é facultativo para a empresa que tiver receita igual ou inferior à legalmente estabelecida no *ano-calendário*. Ao adotá-lo (o que fará sopesadas as vantagens que ele lhe propicia), terá aplicado o

que refoge ao sistema geral, que é o do *lucro real*, obtido no período de apuração.[248]

Com estas palavras, acabamos nos abeirando do *princípio do não-confisco*, que o legislador deve levar em conta, quando descreve a hipótese de incidência da norma jurídica tributária ou prevê sanções para quem descumpre seus deveres fiscais.

Tal nosso próximo tema.

2. O princípio do não-confisco. Sua extensão às multas fiscais

I- O *princípio do não-confisco*, insculpido no art. 150, IV, da Constituição Federal,[249] proíbe usurpar, simulando tributar ou sancionar, o patrimônio do contribuinte.[250] Assim, as leis tributárias não podem compelir os contribuintes a colaborar, além da monta, com os gastos públicos; tampouco, sancioná-los desmedidamente. Entremeia-se com os princípios da *igualdade tributária*[251] e da capacidade contributiva (que também

---

percentual (alíquota) previsto em lei (cf. art. 15 da Lei n. 9.249, de 26.12.1995) sobre a receita bruta experimentada no *ano-calendário* (cf. art. 31 e parágrafo único da Lei n. 8.981, de 20 de janeiro de 1995).

248. Para maior detalhamento do assunto, v. nosso *Imposto sobre a Renda (perfil constitucional e temas específicos)*, Malheiros Editores, São Paulo, 3ª ed., 2009, especialmente nas pp. 99 a 108.

249. Constituição Federal – "*Art. 150. Sem prejuízo de outras garantias asseguradas ao contribuinte, é vedado à União, aos Estados, ao Distrito Federal e aos Municípios: (...) IV- utilizar tributo com efeito de confisco*".

250. É certo que a tributação ou a apenação fiscal, por meio de multas, implicam transferência, aos cofres públicos, de porções do patrimônio do contribuinte. Isto, no entanto, deve ser feito com estrita observância dos ditames constitucionais.

251. Klaus Tipke pugna no mesmo sentido; *verbis*: "*O que num caso concreto é igual ou desigual não se pode estabelecer abstratamente ou de um modo geral, mas apenas através de recurso ao sistema e aos princípios de determinado ramo jurídico. (...) No direito tributário a capacidade de contribuição fiscal e econômica desempenham um papel especial. Quem não tem esta capacidade deve ser tratado de modo diverso de como se trata o que a tem. (...) Dentro de uma pirâmide de sistema distinguem-se princípios preferenciais e princípios*

encontram limites nas forças econômicas dos contribuintes) e, nesta medida, tanto quanto eles, define *garantia fundamental*, que, além de ter eficácia plena e aplicação imediata (Cf. art. 5º, § 1º, da CF), pertence ao núcleo imodificável da Lei Maior (Cf. art. 60, § 4º, IV, da CF[252]), não podendo, pois, ser restringido ou anulado.

A nosso sentir, confiscatórios são os tributos ou as multas fiscais que, por assim dizer, *esgotam* (ou têm a potencialidade de *esgotar*) a *riqueza tributável* das pessoas. Ou, se preferirmos: que ignoram a aptidão de uma pessoa, física ou jurídica, de entregar parte da riqueza que possui, ou a sancionam de modo escorchante, sem nenhuma correlação com a infração por ela cometida.

Logo, o conceito de confisco, ainda que o termo padeça da ambiguidade e da imprecisão características da linguagem do direito positivo, pode ser singelamente definido como a situação que revela, *prima facie*, que o contribuinte está sendo onerado, além da conta, seja a título de tributo, seja de multa fiscal.

Aliomar Baleeiro, debruçando-se sobre os enunciados dos §§ 1º, 11 e 22, do art. 153, da Emenda Constitucional n. 1, de 1969, que tratavam dos tributos confiscatórios, assim entendia: "(são confiscatórios os tributos) *que absorvem parte considerável do valor da propriedade, aniquilam a empresa ou impedem o exercício de atividade lícita e moral*".[253]

---

secundários. Em um sistema monístico põe-se no ápice um princípio fundamental. Um sistema pluralístico é dominado por vários princípios fundamentais. Estes princípios fundamentais são, por exemplo, o princípio da tributação segundo a capacidade contributiva" ("*Princípio da Igualdade e ideia de sistema no direito tributário*", in *Direito Tributário: estudos em homenagem ao Prof. Ruy Barbosa Nogueira*, São Paulo, Saraiva, 1994, pp. 520/1).

252. Constituição Federal – "*Art. 60 ('omissis') – § 4º. Não será objeto de deliberação a proposta de emenda tendente a abolir: (...) IV- os direitos e garantias individuais*".

253. *Limitações Constitucionais ao Poder de Tributar*, Rio, Forense, 7ª ed., 1.997 (atualizada por Misabel Abreu Machado Derzi), p. 564 (esclarecemos no parêntese).

A propósito, não devemos perder de vista que, entre nós, a ação de tributar excepciona o princípio constitucional que protege a propriedade privada (CF, arts. 5º, XXII e 170, II).

Isto explica – pelo menos em parte – a razão pela qual nossa Carta Magna disciplinou, de modo tão rígido, o *mecanismo de funcionamento* da tributação, ao mesmo tempo em que amparou os contribuintes com grande plexo de direitos e garantias contra eventuais excessos do Poder Público.

Pois bem. Na medida em que a Constituição brasileira reconhece e garante o *direito de propriedade* (embora o submeta aos princípios *da função social* e *da dignidade de pessoa humana*), é evidente que a tributação ou a apenação fiscal não podem, por via indireta, torná-lo ilusório.

Com efeito, a tributação ou a apenação fiscal não podem agredir a propriedade privada, a ponto de colocá-la em risco. Em termos mais técnicos, não podem assumir feições confiscatórias.

A propósito, Hugo de Brito Machado levanta interessantes pontos:

> *"Há quem sustente ser a vedação aos tributos confiscatórios uma decorrência da garantia constitucional da propriedade. Em sendo assim, mesmo sem um dispositivo constitucional vedando, especificamente, o tributo com efeito de confisco, essa vedação seria decorrência lógica, em todas as Constituições que garantem o direito de propriedade. Qual seria, então, a significação da norma contida no art. 150, item IV, da vigente Constituição? Seria ela meramente explicitante?".*[254]

E, logo adiante, trata de responder às indagações por ele próprio formuladas:

> *"Colocando entre as limitações ao poder de tributar a utilização do tributo com efeito de confisco, a Constituição em*

254. *Os Princípios Jurídicos da Tributação na Constituição de 1.988*, São Paulo, Editora Revista dos Tribunais, 1989, p. 66.

> *vigor evitou controvérsias a respeito da questão de saber se a garantia do direito de propriedade estaria, ou não, preservada, pelo fato de serem os tributos instituídos por lei. E da questão de saber se a adoção do regime da livre empresa, implica realmente, como sustentamos, uma implícita proibição ao tributo confiscatório.*
>
> *"Assim, o tributo com efeito de confisco, no regime da vigente Constituição, está proibido sob todos os aspectos, seja qual for a interpretação adotada para os dispositivos pertinentes ao direito de propriedade (art. 5º, XXII), e ao regime econômico prevalente (art. 170, II e IV). O disposto em seu art. 150, item IV, não permite dúvidas a este respeito".*[255]

Daí o art. 150, IV, da Carta Magna, haver expressamente proibido o *confisco*.

II- Estamos a confirmar, destarte, que a norma que impede que os tributos (e, por extensão, as multas fiscais) sejam utilizados com efeito de confisco, além de criar um limite explícito às discriminações arbitrárias de contribuintes, reforça o *direito de propriedade*. Assim, nenhuma pessoa, física ou jurídica, pode ser tributada por fatos que estão fora da *regra-matriz constitucional* do tributo que lhe está sendo exigido, porque isto faz perigar o direito de propriedade. Também nenhuma pessoa pode ser apenada desmedidamente, por haver infringido alguma norma tributária.

Tudo se conjuga, pois, no sentido de que o *princípio do não-confisco* exige do legislador e do aplicador condutas marcadas pelo equilíbrio, pela moderação e pela medida, na quantificação dos tributos ou das multas, tudo tendo em vista um Direito Tributário *justo*.

III- É certo que, *a priori*, é difícil precisar a partir de qual montante um tributo ou uma multa fiscal passam a ser confiscatórios. É igualmente certo, porém, que isso se saberá

255. *Idem, ibidem*, p. 68.

analisando cada caso concreto, ao lume dos princípios constitucionais. Neste sentido, a lição escorreita de Estevão Horvath:

> *"Somente em cada caso concreto, por outro lado, é que se poderá dizer que um tributo é ou não confiscatório. Dependerá, como se viu, de ter sido criado com finalidades extrafiscais, da natureza intrínseca de cada um deles, do tipo de riqueza gravado etc."*.[256]

De qualquer modo, temos para nós que, ainda que a lei não ultrapasse a materialidade constitucionalmente traçada do tributo, a repentina e excessiva majoração de sua base de cálculo, a ponto de dar ao contribuinte a impressão de que está sendo sancionado, agride o *princípio do* não-confisco, porque trará sérias repercussões em seu patrimônio, que levarão considerável tempo para serem neutralizadas.[257]

Em adendo, destacamos que, para as empresas, o confisco está presente quando o tributo e/ou a multa fiscal, de tão gravosos, dificultam-lhes sobremodo a exploração das atividades econômicas habituais.

Efetivamente, os tributos e as multas fiscais devem ser dosados com *razoabilidade*, de modo a valorizar a *livre iniciativa*, um dos fundamentos de nosso Estado Democrático de

---

256. *O princípio do não-confisco no Direito Tributário*, Dialética, São Paulo, 2002, p. 148.

257. Concordamos, pois, com Fábio Brun Goldschmidit, que, em preciosa monografia, anotou: "*Na perspectiva dinâmica, a ofensa ao art. 150, IV, pode ocorrer pelo repentino e excessivo alargamento da base de cálculo do tributo pela nova legislação. O aumento excessivo de tributos, como vimos, é também objeto de controle pelo princípio do não-confisco. Ainda que não se exceda as fronteiras possíveis da hipótese legal de incidência ou da materialidade constitucionalmente desenhada, o tributo poderá atingir o efeito de confisco quando houver uma abrupta e substancial majoração da sua base, que resulte em um aumento tal de seu montante, que o contribuinte tenha a nítida sensação de penalização, de inadequação, de excessividade e, por que não dizer?, de injustiça do aumento*" (*O Princípio do Não-Confisco no Direito Tributário*, Ed. Revista dos Tribunais, São Paulo, 2004, p. 132).

Direito, a teor dos arts. 1º, IV e 170, *caput*, ambos da Constituição Federal. É, em síntese, requisito de validade das normas jurídicas tributárias, não maltratarem, além da conta, o exercício das atividades produtivas lícitas.

IV- Tudo o que acabamos de escrever vale também para o descumprimento dos deveres ínsitos às obrigações acessórias, que adiante serão estudadas. As penalidades pecuniárias que advém de tais infrações, posto inevitáveis – desde que, é claro, previstas em lei –, devem ser razoáveis, sob pena de se burlar o princípio constitucional que veda o confisco.

É o que pensa Sacha Calmon Navarro Coêlho; *verbis*:

> *"... uma multa excessiva, ultrapassando o razoável para dissuadir ações ilícitas e para punir os transgressores (caracteres punitivo e preventivo da penalidade), caracteriza, de fato, uma maneira indireta de burlar o dispositivo constitucional que proíbe o confisco. (...)*
>
> *A aplicação de uma medida de confisco é algo totalmente diferente da aplicação de uma multa. Quando esta é tal que agride violentamente o patrimônio do cidadão contribuinte, caracteriza-se como confisco indireto e, por isso, é inconstitucional".*[258]

No mesmo sentido já se posicionou o Pleno do Supremo Tribunal Federal, ao julgar a Ação Direta de Inconstitucionalidade n. 551-1, assim ementada:

> *"Ação Direta de Inconstitucionalidade. §§ 2º e 3º do art. 57 do Ato das Disposições Constitucionais Transitórias da Constituição do Estado do Rio de Janeiro. Fixação de valores mínimos para multas, pelo não-recolhimento e sonegação de tributos estaduais. Violação ao inciso IV do art. 150 da Carta da República.*
>
> *"A desproporção entre o desrespeito à norma tributária e sua consequência jurídica, a multa, evidencia o caráter*

258. *Curso de Direito Tributário Brasileiro*, Forense, Rio de Janeiro, 10ª ed., 2009, p. 681.

> *confiscatório desta, atentando contra o patrimônio do contribuinte, em contrariedade ao mencionado dispositivo do texto constitucional federal.*
>
> *"Ação julgada procedente".*[259]

Em suma, o *princípio do não-confisco* veda excessos, seja na tributação, seja na apenação de condutas de contribuintes que não cumprem a preceito suas obrigações tributárias (principais ou acessórias).

Seguindo nesta trilha, são expressivas as manifestações de nossa Corte Suprema, no sentido de declarar a invalidade de normas penais tributárias, por atentarem contra a capacidade contributiva[260] e a vedação do confisco.[261]

V- Dirigidos literalmente aos impostos (a capacidade contributiva) e aos tributos em geral (que não podem ser utilizados com efeito de confisco), estes postulados, entretanto, têm alcance bem mais amplo, estendendo-se às multas fiscais em sentido lato, abrangendo as decorrentes do descumprimento de obrigações acessórias, tal como explicitado no art. 113, § 3º, do *CTN*; *verbis*:

> *"Art. 113 – ('omissis') (...)*
>
> *"§ 3º. A obrigação acessória, pelo simples fato de sua inobservância, converte-se em obrigação principal relativamente à penalidade pecuniária".*

Vale, a respeito, antiga lição do eminente Min. Bilac Pinto, expendida no exercício de suas funções judicantes no Supremo Tribunal Federal; *verbis*:

---

259. Rel. Min. Ilmar Galvão, DJ de 14.2.2003, ementário n. 2098-1.

260. Constituição Federal – "*Art. 145 ('omissis'). § 1º. Sempre que possível os impostos terão caráter pessoal e serão graduados segundo a capacidade econômica do contribuinte...*".

261. Constituição Federal – "*Art. 150. Sem prejuízo de outras garantias asseguradas ao contribuinte, é vedado à União, aos Estados, ao Distrito Federal e aos Municípios: (...) IV- utilizar tributo com efeito de confisco*".

> *"Devemos deixar claro, que não apenas os tributos, mas também as penalidades fiscais, quando excessivas ou confiscatórias, estão sujeitas ao mesmo tipo de controle jurisdicional".*[262]

Sobremais, a própria equidade, que permeia todo o Direito Tributário brasileiro, vem ao encontro da ideia de que cabe ao Poder Judiciário, sempre que provocado, exercer amplo controle sobre os atos do Poder Executivo, mormente quando afetam o direito que todo o contribuinte tem, de somente recolher multas adequadas.

Também claras referências a esta linha de pensamento emergem das seguintes observações de Aliomar Baleeiro; *verbis*:

> *"Em todos os Tribunais, inclusive no nosso STF, resplandecem arestos em que seus mais prestigiosos membros reconheceram que, em certas situações especialíssimas, experimentaram a necessidade invencível de inserir certa ductibilidade ao texto* (que só alude aos tributos em geral e, não, às obrigações acessórias e às multas fiscais)*, vergando-o às circunstâncias do tempo ou das peculiaridades raras do caso concreto, arisco à generalidade da norma".*[263]

Como se nota, as palavras do ilustre jurista bem revelam que a preocupação de preservar os valores subjacentes ao *princípio da proporcionalidade*, que logo mais estudaremos em detalhe,[264] de há muito está consolidada em nossa Suprema Corte.

Tanto é assim que, recentemente, o mesmo Tribunal reafirmou sua fidelidade ao princípio em pauta, na apreciação de dispositivos da Constituição do Estado do Rio de Janeiro, que, em casos de não-pagamento de tributos, fixavam *multas mínimas* correspondentes a duas vezes o valor envolvido, ou cinco vezes, caso se tratasse de sonegação.

---

262. *Revista Trimestral de Jurisprudência*, 82/84.

263. *Direito Tributário Brasileiro*, Forense, Rio de Janeiro, 11ª ed., 1999, p. 683 (esclarecemos no parêntese).

264. *Infra*, Capítulo II, *item 2*, da Segunda Parte.

Ao declarar a inconstitucionalidade de tais multas, a Augusta Corte assim se pronunciou:

> *"O eventual caráter de confisco de tais multas não pode ser dissociado da proporcionalidade que deve existir entre a violação da norma jurídica tributária e sua consequência jurídica, a própria multa.*
>
> *"Desse modo, o valor mínimo de duas vezes o do tributo, como consequência do não recolhimento, apresenta-se desproporcional, atentando contra o patrimônio do contribuinte, em evidente efeito de confisco.*
>
> *"Igual desproporção constata-se na hipótese de sonegação, na qual a multa não pode ser inferior a cinco vezes o valor da taxa ou imposto, afetando ainda mais o patrimônio do contribuinte".*[265]

Evidencia-se, pois, nesta manifestação, que o *princípio da proporcionalidade* operou como ponto de referência para revelar a inadequação por excesso (ausência de justa medida), de que se ressentiam os preceitos estaduais instituídos na tutela da arrecadação tributária. Daí a inexorável declaração de inconstitucionalidade que lhes foi imposta.

A respeito deste importante tema, Eduardo Domingos Bottallo assim se posicionou:

> *"... a proporcionalidade conduz à adoção de um processo de interpretação da lei voltado essencialmente para a valorização de seu conteúdo ético. Pode-se afirmar, portanto, que a presença do princípio, em seus diversos matizes, no âmbito das relações de natureza tributária, tem a singular virtude de velar para que sejam adotadas condutas decisórias capazes de garantir tanto a correta e adequada cobrança de tributos, como a preservação da capacidade econômica e o respeito aos direitos fundamentais dos contribuintes".*[266]

---

265. *ADI 551-1-RJ*, j. 24.10.2002, v. u.

266. *Curso de Processo Administrativo*, Malheiros Editores, São Paulo, 2ª ed., 2009, p. 49.

Em suma, sanções de natureza tributária – ainda quando formalmente previstas em lei –, na tutela de interesses fiscalizatórios, são inconstitucionais, caso excedam os limites da proporcionalidade, de modo a se tornarem confiscatórias.

Tratemos, agora, das obrigações acessórias.

Capítulo II

O ART. 115, DO *CTN* (*FATO GERADOR DA OBRIGAÇÃO TRIBUTÁRIA ACESSÓRIA*) E SUAS IMPLICAÇÕES JURÍDICAS

Sumário: *1. Introdução. 2. O princípio da proporcionalidade. 3. O princípio da eficiência.*

1. Introdução

I- Sabemos que a prestação tributária por excelência é o objeto da obrigação tributária principal, que nasce com a realização do *fato imponível*. Além dela, porém, há outras prestações, também impostas pela lei, sem as quais o correto pagamento do tributo não poderia se realizar. Tais prestações são o objeto das obrigações tributárias acessórias.

Noutros falares, a obrigação tributária entendida como a relação jurídica que tem por objeto a entrega de uma soma de dinheiro em favor do Estado, não é o único vínculo que pode surgir entre a Administração Fazendária e os administrados.

Pelo contrário, as normas jurídicas tributárias amiúde impõem aos administrados (contribuintes e terceiras pessoas a eles relacionadas) uma série de encargos, de conteúdo não-patrimonial, tais como apresentar declarações, escriturar e exibir os livros contábeis, suportar inspeções no local onde desenvolvem suas atividades comerciais, introduzir, em pontos certos do País (nas repartições alfandegárias), as mercadorias importadas, não transportar mercadoria desacompanhada da nota fiscal correspondente etc.[267] Estes encargos têm o nome técnico de *obrigações tributárias acessórias* ou simplesmente *obrigações acessórias*.[268]

Reforçando a ideia, o dever jurídico ínsito às obrigações acessórias consiste em prestações positivas ou negativas, despidas de conotação patrimonial, para facilitar a arrecadação ou a fiscalização dos tributos, com os quais não se confundem.

Abona este entendimento o art. 115, do *CTN*, que dispõe:

> "*Art. 115. Fato gerador da obrigação acessória é qualquer situação que, na forma da legislação aplicável, impõe a prática ou a abstenção de ato que não configure obrigação principal*".[269]

Note-se que a obrigação acessória, tanto quanto a principal, impõe um dever jurídico, de observância compulsória,

---

267. Obrigação acessória no mínimo curiosa foi instituída pela Lei n. 12.685/2007, do Estado de São Paulo, que criou o chamado "*Programa Nota Fiscal Paulista*", de participação obrigatória para os estabelecimentos comerciais ou prestadores de serviços de transporte transmunicipal, localizados no Estado de São Paulo. Com efeito, o § 1º, do seu art. 7º, estipula sanções para o contribuinte *de iure*, que "*dificultar ao consumidor o exercício dos direitos previstos nesta lei, inclusive por meio da omissão de informações ou pela criação de obstáculos procedimentais*". Melhor explicitando, o contribuinte *de iure* do *ICMS* tem o dever de indagar do contribuinte *de facto*, se ele quer exercer seu direito à cidadania fiscal, para ulterior recebimento de créditos e participação em sorteios de prêmios. Trata-se de uma obrigação acessória inédita, que se perfaz *num fazer* uma indagação oral.

Para o aprofundamento do assunto, *v.*, de Sandra Lúcia Guilardi Ferreira, *Nota Fiscal Paulista: Programa de Estímulo à Cidadania Fiscal do Estado de São Paulo*, in *Direito Tributário Eletrônico*, coord. Maria Rita Ferragut, Saraiva, São Paulo, 2010, pp. 181 a 203.

268. Pessoalmente preferimos denominá-las *deveres instrumentais tributários*.

269. Grifamos.

quando se implementa, no mundo fenomênico, o pressuposto fático descrito na lei que a criou *in abstracto*. Tem por objeto um *fazer*, um *não-fazer* ou um *suportar*.

Ia- O assunto encontra-se regulado no art. 113, § 1º, do *CTN*, que estatui que obrigações acessórias são "*prestações, positivas ou negativas, nela* (na legislação) *previstas no interesse da arrecadação ou da fiscalização dos tributos*".[270]

Portanto, tendo em vista o perfeito funcionamento do sistema arrecadatório, a lei costuma impor aos contribuintes – ou, em alguns casos, indicados na própria lei, a terceiros a eles de algum modo relacionados[271] – grande número de *obrigações acessórias*.[272]

De fato, existem, como que "*gravitando*" em torno do tributo (*obrigação tributária principal*), outras relações jurídicas, não-aferíveis em pecúnia, que, como acima consignamos, determinam um *fazer* (*facere*), um *não-fazer* (*non facere*) ou um *suportar* (*patere*): as *obrigações acessórias*.[273]

Ib- As *obrigações acessórias* são, pois, deveres, de conteúdo não-patrimonial, que se traduzem em *comportamentos positivos* (expedir notas fiscais, fazer declarações, realizar

---

270. Esclarecemos no parêntese.

271. As obrigações acessórias endereçam-se *in primis* ao contribuinte, mas, com muita frequência, a outros sujeitos a eles relacionados, sempre no interesse da Administração Fazendária.

272. A imposição das *obrigações acessórias*, aos contribuintes ou a terceiros, implica integrá-los àquilo que poderíamos chamar de *administração tributária indireta* ou *ad hoc*.

273. A respeito, escrevemos: "*Os deveres instrumentais (obrigações acessórias), que não possuem, em si mesmos, expressão pecuniária, relacionam-se com a atividade administrativa tributária. Embora, na maioria dos casos, seus destinatários sejam os contribuintes, nada impede recaiam sobre pessoas públicas ou privadas, estranhas à obrigação tributária principal, que reúnam condições de cooperar com o Estado na descoberta dos fatos imponíveis, na precaução contra possíveis fraudes, enfim, no perfeito funcionamento do sistema tributário*" (*O Regulamento no Direito Tributário Brasileiro*, Ed. Revista dos Tribunais, São Paulo, 1981, p. 30 – esclarecemos no parêntese).

registros, emitir faturas, reter impostos na fonte etc.) e *negativos* (manter a escrituração contábil de modo correto, conservar os documentos e os livros fiscais por, pelo menos, cinco anos, tolerar a presença dos agentes fiscais no estabelecimento comercial, para que examinem a documentação da empresa etc.), sempre no interesse da Administração Fazendária.

II- Confirmamos, deste modo, que as *obrigações acessórias* não se confundem com os tributos (que têm por objeto um dar: *dare pecuniam*).[274] Apenas, por assim dizer, "*documentam*" a incidência, em ordem a permitir que os tributos venham lançados e cobrados com exatidão.

São, porém, importantíssimas para a Administração Fazendária, porque controlam e viabilizam o bom funcionamento do sistema fiscal.

III- As *obrigações acessórias* devem necessariamente relacionar-se com o tributo que a pessoa política está a exigir (tendo, é claro, competência constitucional para tanto).

Insistimos que o art. 113, § 2º, do Código Tributário Nacional, ao tratar das "*obrigações acessórias*", deixa claro que visam instituir prestações, positivas ou negativas, "*no interesse da arrecadação ou da fiscalização dos tributos*".

Uma racional interpretação deste dispositivo facilmente nos revela que a pessoa política só pode criar *obrigações acessórias* pertinentes, isto é, que se ajustem aos tributos compreendidos em seu *campo tributável*. De fato, seria ilógico que a pessoa política *A* criasse *obrigações acessórias* relativas a tributo de competência da pessoa política *B*. Em suma, nenhum ente tributante pode exigir o cumprimento de *obrigações acessórias* relacionadas a tributo de que não seja titular.

Ademais, o dever de cumprir *obrigações acessórias* alcança o contribuinte (pessoa a quem cabe o cumprimento da

274. Cumprir a obrigação acessória não é o mesmo que pagar o tributo; mas é o cumprimento daquela, que torna possível, quando for o caso, o exato pagamento deste.

obrigação tributária principal) ou, quando pouco, um terceiro a ele relacionado.

Assim, se a pessoa não estiver, efetiva ou potencialmente, sujeita ao pagamento do tributo (ou não tiver nenhuma relação jurídica com tal pessoa), não pode ser compelida a cumprir *obrigações acessórias* a ele relativas.[275] Admite-se, no entanto, que terceiro, vinculado ao *fato imponível*, seja chamado, por meio de lei, a recolher, na condição de responsável, o tributo devido pelo contribuinte.[276]

Enfim, nenhum ente tributante pode exigir, de contribuinte ou de terceira pessoa a ele relacionada, o cumprimento de *obrigações acessórias* concernentes a tributo que não lhe compete. Como corolário, a Administração Fazendária não está habilitada a punir pessoa, sob o fundamento de que descumpriu obrigação acessória que não diz respeito a tributo de sua competência.

A proibição em tela deriva do próprio *princípio federativo*, que não admite que uma pessoa política comande o agir arrecadatório ou fiscalizatório de outra, ou dê ordens para serem cumpridas por contribuintes (ou terceiros a eles relacionados) de exações de competência tributária alheia.

IV- Não se eximem do dever de cumprir obrigações acessórias nem mesmo as entidades que gozam de imunidade tributária, como, por exemplo, as instituições de educação e de assistência social, sem fins lucrativos (art. 150, VI, *c*, da *CF*).

---

275. Juridicamente inadmissível, por exemplo, eventual pretensão da Fazenda Pública do Estado-membro, de exigir, de advogado ou médico, a prova de cumprimento de deveres instrumentais tributários relacionados com o *ISS*.

276. Foi o que autorizou, por exemplo, o art. 6º, da Lei Complementar n. 116/2003; *verbis*: "*Art. 6º. Os Municípios e o Distrito Federal, mediante lei, poderão atribuir de modo expresso a responsabilidade pelo crédito tributário a terceira pessoa, vinculada ao fato gerador da respectiva obrigação, excluindo a responsabilidade do contribuinte ou atribuindo-a a este em caráter supletivo do cumprimento total ou parcial da referida obrigação, inclusive no que se refere à multa e aos acréscimos legais*".

Com efeito, as imunidades restringem-se à *obrigação tributária principal*; não às *obrigações acessórias* a ela concernentes. Segue-se, assim, que mesmo as pessoas imunes, devem escriturar livros, fornecer declarações, emitir faturas, efetuar retenções na fonte de tributos etc.[277]

V- Impende notar, ainda, que as obrigações acessórias só podem ser criadas por meio de lei *lato sensu*, ou seja, ato normativo com força de lei. Com este asserto estamos querendo significar que não apenas à lei ordinária é dado instituí-las, como, também à medida provisória (quando preenchidos os requisitos do art. 62, da *CF*) e, até, à lei delegada (desde que obedecidos os requisitos do art. 68, da *CF*). Apenas não podem surgir de atos normativos infralegais (*v. g.*, de portarias).

De fato, conquanto o supramencionado art. 115, do *CTN*, aluda à *legislação*, o *princípio da legalidade* fala mais alto do que os simples nomes ou fórmulas linguísticas, pelo que também a obrigação acessória é uma obrigação *ex lege*.

Observe-se que, na medida em que o *princípio da legalidade* irradia efeitos sobre todos os elementos essenciais da relação jurídico-tributária, não vemos como bani-lo do campo do dever de colaborar com o fisco – sempre mais atribuído compulsoriamente aos contribuintes ou a terceiros a eles relacionados – para a boa aplicação das leis tributárias.

Sempre a propósito, ressalte-se que, mais do que indicar o dever a ser cumprido (pelo contribuinte ou por terceiro a ele relacionado), a lei deverá apontar o modo pelo qual isso se dará. Melhor dizendo, cabe à lei que cria a obrigação acessória indicar os contornos básicos de como e quando adotar a conduta, positiva ou negativa, em favor dos interesses fazendários.

---

277. É o que, aliás, didaticamente proclama o art. 9º, § 1º, do *CTN*: "*Art. 9º – (...) O disposto no inciso IV não exclui a atribuição, por lei, às entidades nele referidas, da condição de responsáveis pelos tributos que lhes caiba reter na fonte, e não as dispensa da prática de atos, previstos em lei, assecuratórios do cumprimento de obrigações tributárias por terceiros*".

Às normas infralegais (regulamentos, portarias, atos declaratórios etc.) cabe apenas pormenorizar tal conduta, em ordem a viabilizar a boa execução da lei que a determinou.

José Souto Maior Borges abona este entendimento; *verbis*:

> *"Por força do art. 5º, II, qualquer pretensão ao cumprimento de obrigações acessórias deverá ser submetida à regência de lei, e não de atos infralegais do Executivo, como os decretos regulamentares. E compreende-se que assim o seja, porque não é só pela via da exigência de prestações pecuniárias compulsórias que o Estado se insinua nas relações entre particulares, a demandar-lhes, com voracidade insaciável, uma crescente ordem de obrigações (deveres administrativos) instituídas por simples comodidade burocrática. Porque é muito mais fácil à Administração do que assumi-las, sub-rogar os particulares no exercício de funções que lhe são – a ela, Administração – constitucionalmente atribuídas".*[278]

Ademais, o cumprimento das *obrigações acessórias* acarreta aquilo que a doutrina norte-americana chama de *custos de conformidade*, vale dizer, significativas despesas para a prática do ato. Com efeito, para manter livros, emitir faturas, fazer declarações, elaborar laudos contábeis etc., o contribuinte ou terceiro a ele relacionado deve, não raro, suportar grandes gastos, que acabam superando os próprios montantes do tributo a pagar. Mais um motivo, pois, para que tais encargos somente possam advir de lei, votada pela pessoa política tributante.

VI- Saliente-se, ainda, que, embora nem sempre o cumprimento das obrigações acessórias acarrete um decesso no patrimônio dos contribuintes ou de terceiros a eles relacionados, o certo é que, impondo-lhes ações ou abstenções, acabam por afetar-lhes direitos, liberdades e garantias. Exatamente por isso, devem ser instituídas com rigorosa observância dos

---

278. "*Princípio constitucional da legalidade e categorias obrigacionais*", in *RDT* 23-4, p. 89 (atualizamos a referência ao artigo constitucional).

princípios *do não-confisco*[279] e *da proporcionalidade*,[280] de sorte a não criarem, para os destinatários, encargos exagerados, ônus financeiros absurdos ou entraves que venham a impedir ou mesmo dificultar o regular desempenho de suas atividades profissionais. Eventuais abusos sempre serão corrigíveis pelo Poder Judiciário.

VII- Conquanto não pretendamos descer a detalhes que nos desviariam do rumo colimado, registramos que a norma jurídica da obrigação acessória comporta duas regras-matrizes, que assim podem ser formalizadas: *a)* a *regra-matriz da obrigação acessória propriamente dita*, que obriga o contribuinte a realizar controles contábeis, emitir notas, expedir guias etc.; e, *b)* a *regra-matriz da sanção*, que obriga o sujeito passivo a pagar, ao sujeito ativo uma prestação pecuniária a título de multa, caso descumpra o dever instrumental prescrito.

VIII- Tudo se conjuga, pois, no sentido de que o cumprimento dos deveres ínsitos às obrigações acessórias é, com frequência, mais oneroso, para o contribuinte – mormente quando este for pessoa jurídica – do que o próprio recolhimento dos tributos.[281]

Daí porque, não é dado ao Poder Legislativo – muito menos à Administração Fazendária –, ainda que a pretexto de facilitar a arrecadação dos tributos ou fiscalizá-la, valer-se do arbítrio, criando obrigações acessórias abusivas ou descabidas. Pelo contrário, estas devem ser marcadas pelo equilíbrio e pela racionalidade, onerando, o mínimo possível, os contribuintes ou os terceiros a eles relacionados.

---

279. *V.*, *supra*, Capítulo I, *item 2*, da Segunda Parte.

280. *V.*, *infra*, *item 2*.

281. Realmente, foi-se o tempo em que, para as empresas, cumprir obrigações acessórias era, em última análise, escriturar, manual ou mecanicamente, as notas fiscais ou os livros contábeis. Hoje, com a entrada em cena dos computadores, é preciso contratar funcionários qualificados, com ótimos conhecimentos de informática, adquirir *softwares* caros, manter complexos sistemas de computação etc., o que, por óbvio, demanda grandes gastos que, em muitos casos, superam o valor dos próprios tributos a pagar.

IX- Também a imposição de obrigações acessórias há de ser feita de modo a não turbar a fruição de direitos constitucionalmente assegurados, como a liberdade de iniciativa econômica, a livre concorrência, o tratamento favorecido das micro e pequenas empresas, o adequado tratamento tributário para as cooperativas e assim por diante.

Logo, a sanção imposta pelo descumprimento de obrigação acessória deve ser adequada a cada caso concreto, de modo a não atropelar o *princípio da proporcionalidade*, que é, como adiante veremos, uma das decorrências de nosso Estado Democrático de Direito.

Em suma, as obrigações acessórias não podem ser impostas sem critério nem método, de modo a impossibilitar ou, mesmo, dificultar além da conta, as atividades empresariais. Caberá ao Poder Judiciário, quando adequadamente provocado, por cobro a exigências excessivamente onerosas ou irrazoáveis, ainda que efetuadas a pretexto de assegurar a correta arrecadação dos tributos.

X- Ainda a respeito, muitas vezes, a obrigação tributária principal e a obrigação tributária acessória nascem de um mesmo fato. É o que ocorre, por exemplo, quando um comerciante pratica uma operação mercantil. Este evento lhe acarreta o dever de recolher o *ICMS* (obrigação tributária principal) e o encargo de emitir a nota fiscal (obrigação tributária acessória).

Outras vezes, porém, a *hipótese de incidência* da obrigação tributária acessória é diferente da *hipótese de incidência* da obrigação tributária principal. Tanto é assim, que o comerciante é obrigado, por lei, ainda que não pratique a operação mercantil, a suportar o exame de seus livros fiscais, pelos agentes da Receita. Ainda nessa linha – como acima adiantamos –, pessoas imunes à tributação são, não raro, chamadas a cumprir obrigações acessórias. Também mesmo quando extinta a obrigação principal pelo pagamento, perduram obrigações acessórias do tipo fazer declarações, conservar, por cinco anos, os documentos que comprovam a ocorrência da causa extintiva do crédito tributário etc. À obrigação acessória não se aplica, pois, a clássica parêmia *acessorium sequitur suum principale*.

Em suma, as obrigações acessórias têm, como já se disse, *vida própria*, seguindo regime jurídico independente do das obrigações tributárias principais. Vai daí que, em rigor, o acessório, em relação aos tributos, são os seus consectários diretos: juros, multas, correção monetária etc..

XI- Convém também que se destaque que as obrigações acessórias não se confundem com as chamadas *sanções políticas*.

Por *sanções políticas* entendem-se as restrições ou vedações impostas ao contribuinte, como forma de compeli-lo ao recolhimento do tributo.[282] É o caso da interdição do estabelecimento, da apreensão de mercadorias, do regime especial de fiscalização etc.

Temos para nós que as sanções políticas, por implicarem cerceamento da liberdade de exercer atividade lícita, são inconstitucionais, já que entram em conflito aberto com o disposto nos arts. 5º, XIII e 170, parágrafo único, da Constituição Federal.[283] Vêm ao encontro destas diretrizes, as Súmulas nºs. 70, 323 e 547, do Supremo Tribunal Federal.[284]

---

282. Em Direito Constitucional são "*sanções políticas*" o *impeachment*, a cassação do mandato, a inabilitação pra o exercício das funções públicas durante certo lapso de tempo etc. A expressão, no entanto, também é empregada em Direito Tributário, na acepção dada no texto.

283. Constituição Federal – "*Art. 5º ('omissis') (...) XIII – É livre o exercício de qualquer trabalho, ofício ou profissão, atendidas as qualificações profissionais que a lei estabelecer. (...)*

"*Art. 170 ('omissis') Parágrafo único. É assegurado a todos o livre exercício de qualquer atividade econômica, independentemente de autorização de órgãos públicos, salvo nos casos previstos em lei*".

284. Supremo Tribunal Federal – Súmulas nºs. 70 ("*É inadmissível a interdição de estabelecimento como meio coercitivo para cobrança de tributos*"), 323 ("*É inadmissível a apreensão de mercadorias como meio coercitivo para pagamento de tributos*") e 547 ("*Não é lícito à autoridade proibir que o contribuinte em débito adquira estampilhas, despache mercadorias nas alfândegas e exerça suas atividades profissionais*").

Ademais, nosso sistema normativo não acolhe a ideia de que o exercício de atividades econômicas lícitas possa estar atrelado ao recolhimento de tributos. Mesmo o mais impenitente infrator à legislação tributária (aí incluído o autor de crimes contra a ordem tributária) não pode ser impedido de exercer ofício, emprego, profissão ou atividade econômica lícita. Para os próprios sonegadores inexiste respaldo constitucional para tal pena.

Nada obstante, são comuníssimas, na prática, as sanções políticas. E, não raro, manifestam-se da maneira mais censurável: retaliando, com fiscalizações descabidas, empresas que "*se atrevem*" a bater às portas do Poder Judiciário, para ver fulminadas exigências fiscais absurdas; negando certidões negativas de débitos fiscais extintos por causas diversas do pagamento; recusando autorização para imprimir notas fiscais de contribuintes em débito para com o fisco; e assim por diante.

Mas as sanções políticas são ainda mais odiosas, porque padecem de outra inconstitucionalidade, qual seja, a de constranger o pretenso contribuinte a recolher o tributo, sem a observância do *direito à ampla defesa* e do seu consectário, o *direito ao devido processo legal*.

Em boa verdade científica, o Poder Público, para receber seu crédito, não pode agir *manu militari*, mas, pelo contrário, deve valer-se exclusivamente dos meios em direito admitidos (basicamente os constantes do processo de execução fiscal, disciplinado na Lei n. 6.830/1980).

Daí que o emprego de sanções políticas, inclusive no que concerne à tributação, pode ser coibida mediante mandado de segurança, ação declaratória, ação anulatória e, até, ação indenizatória por perdas e danos (materiais ou morais) contra a entidade pública, com eventual ação de regresso contra a autoridade fazendária que perpetrou a injuridicidade (cf. art. 37, § 6º, da *CF*).

Aqui chegados, trataremos do *princípio da proporcionalidade*, que impede que sejam criados, para os contribuintes, encargos exagerados, ônus financeiros absurdos ou entraves que venham a impedir ou, mesmo, dificultar, o regular desempenho de suas atividades profissionais, mormente as que fazem parte de seu dia-a-dia.

2. O princípio da proporcionalidade

I- O *princípio da proporcionalidade*, também conhecido como *princípio da proibição do excesso* (*Übermassverbot*), por controlar os atos do Poder Público, influi, de modo significativo, na imposição não só de tributos, como de deveres instrumentais tributários.

Começamos por dizer que este princípio encerra, parafraseando Robert Alexi, um *comando de otimização*,[285] que impõe que se busque a melhor maneira de exigir seu cumprimento,[286] sem acarretar ônus excessivos para os contribuintes, nem lanhar, além do estritamente necessário, *valores* consagrados na Carta Constitucional.

Portanto, as medidas adotadas pelo Poder Público para a prossecução dos objetivos fazendários devem ser apropriadas, isto é, ter *a menor ingerência possível* nos negócios dos contribuintes. Afinal, por mais respeitáveis que sejam os interesses

---

285. *Teoria de los Derechos Fundamentales*, trad. de Ernesto Garzón Valdés, Centro de Estudios Constitucionales, 1993, p. 86.

286. Quem bem captou a essência desta ideia foi Humberto Ávila, para quem, "(O princípio da proporcionalidade) *se aplica apenas a situações em que há uma relação de causalidade entre dois elementos empiricamente discerníveis, um meio e um fim, de tal sorte que se possa proceder aos três exames fundamentais: o da adequação (o meio promove o fim?), o da necessidade (dentre os meios disponíveis e igualmente adequados para promover o fim, não há outro meio menos restritivo dos direitos fundamentais afetados?) e da proporcionalidade em sentido estrito (as vantagens trazidas pela promoção do fim correspondem às desvantagens provocadas pela adoção do meio?)*" ("*Proporcionalidade e Direito Tributário*", in *Direito Tributário*, vol. I, Homenagem a Alcides Jorge Costa, Editora Quartier Latin do Brasil, São Paulo, 2003, pp. 330/1 – esclarecemos no primeiro parêntese).

fazendários a tutelar, não chegam ao ponto de sobrepor-se ao direito fundamental das pessoas físicas ou jurídicas, de conduzirem seus negócios com liberdade e dignidade.

Há de haver, pois, *racionalidade* na imposição, ainda que por meio de lei, de obrigações acessórias. Mesmo a pretexto de garantir a correta e adequada arrecadação fiscal, não podem ir *além da marca*, isto é, ter extensão e intensidade desmedidas, capazes de inviabilizar as atividades normais dos contribuintes.

II- Também não é admissível que os custos necessários ao cumprimento de obrigações acessórias ultrapassem o limite do razoável, agredindo o patrimônio do contribuinte e prejudicando-lhe o exercício de seus misteres. Quando tal se dá, burla-se de modo indireto – mas igualmente injurídico – o dispositivo constitucional que proíbe o confisco (art. 150, IV, da *CF*).

A ordem jurídica não tolera os agravos à liberdade dos contribuintes, que vão além do indispensável à satisfação dos lídimos interesses arrecadatórios.

Daí falar-se em "*justa proporção*" entre o gravame a ser suportado pelo contribuinte e o fim arrecadatório que se pretende atingir.

III- O *princípio da proporcionalidade* veda leis tributárias (*lato sensu*) que, a pretexto de alavancar a arrecadação, restrinjam, irrazoável e inadequadamente, o direito que os contribuintes têm de conduzir seus negócios sem empeços desnecessários.

Rememore-se que o sempre louvável propósito de lançar e cobrar os tributos com exatidão, absolutamente não abre espaço a que o Poder Público lance mão de quaisquer expedientes para atingi-lo. Antes, exige que se conduza com equilíbrio, empregando os meios estritamente necessários para atingir os objetivos arrecadatórios almejados.

A proporcionalidade traduz-se, em suma, na correlação entre os motivos, meios e fins utilizados pelo Estado e os direitos fundamentais dos contribuintes.

IV- É por isso que a doutrina moderna tem como inafastável o *princípio da proporcionalidade*, para assegurar a eficácia das ações fiscalizatórias do Estado, contra os contribuintes e a sociedade em geral. Calham, a respeito, estas pertinentes reflexões de Gilmar Ferreira Mendes; *verbis*:

> *"A doutrina constitucional mais moderna enfatiza que, em se tratando de imposição de restrições a determinados direitos, deve se indagar não apenas sobre a admissibilidade constitucional da restrição eventualmente fixada (reserva legal), mas também sobre a compatibilidade das restrições estabelecidas com o princípio da proporcionalidade.*
>
> *"Essa nova orientação, que permitiu converter o princípio da reserva legal (...) no princípio da reserva legal proporcional (...), pressupõe não só a legitimidade dos meios utilizados e dos fins perseguidos pelo legislador, mas também a adequação destes meios para a consecução dos objetivos pretendidos (...) e a necessidade de sua utilização (...).*
>
> *"Um juízo definitivo sobre a proporcionalidade ou razoabilidade da medida há de resultar da rigorosa ponderação entre o significado da intervenção para o atingido e os objetivos perseguidos pelo legislador (proporcionalidade ou razoabilidade em sentido estrito).*
>
> *"O pressuposto da adequação (...) exige que as medidas interventivas adotadas mostrem-se aptas a atingir os objetivos pretendidos. O requisito da necessidade ou da exigibilidade (...) significa que nenhum meio menos gravoso para o indivíduo revelar-se-ia igualmente eficaz na consecução dos objetivos pretendidos.*
>
> *"Assim, apenas o que é adequado pode ser necessário, mas o que é necessário não pode ser inadequado".*[287]

Seguindo nesta trilha, os Tribunais tiveram o ensejo de decidir, em mais de uma oportunidade, que as *obrigações*

---

287. "*A proporcionalidade na jurisprudência do Supremo Tribunal Federal*", <u>in</u> *Repertório IOB de Jurisprudência* n. 23/94, p. 475.

acessórias, ainda quando previstas em lei e tendo por escopo a tutela de interesses fiscalizatórios, são inconstitucionais, caso imponham limitações à atividade comercial ou atentem contra a garantia da liberdade ao exercício profissional, tal como consagrado no art. 5º, XIII, da Constituição Federal.[288]

As *obrigações acessórias* devem, em suma, ser impostas com comedimento, isto é, não podem acarretar, a contribuintes ou não-contribuintes, encargos, administrativos ou financeiros, desproporcionais aos objetivos arrecadatórios colimados.

V- Também não se pode, por meio de *obrigações acessórias*, restringir, de modo desnecessário e excessivo, a atuação das empresas, sob pena de violação ao *princípio da livre iniciativa*.

A recíproca, no entanto, é igualmente verdadeira: não se pode permitir que o princípio venha violado com a desídia da Administração Fazendária, quando esta se mostra complacente com as empresas que escamoteiam os *fatos imponíveis* (*fato geradores "in concreto"*) ocorridos e, com isso, acabam suportando carga fiscal menor do que as demais, que cumprem, a preceito, seus deveres tributários.

Em resumo, a Administração Fazendária tem também o dever de obedecer aos imperativos da eficiência, como a seguir veremos.

3. O princípio da eficiência

I- O agir do fisco – que nada mais é que a própria Administração Pública, enquanto voltada para o lançamento e a arrecadação de tributos – há de também pautar-se pelo *princípio da eficiência*, nos expressos termos do art. 37, *caput*, da Constituição Federal.[289]

---

288. A título de exemplo, veja-se *ERE* n. 155.452, rel. Min. Carlos Velloso; *RE* 231.543-0/MG, rel. Min. Ilmar Galvão.

289. Constituição Federal – "*Art. 37. A administração pública direta e indireta de qualquer dos Poderes da União, dos Estados, do Distrito Federal e dos*

Embora nunca se tenha duvidado que o Poder Executivo deva agir com eficiência, em ordem a atingir os objetivos que lhe são assinalados, seja pela Constituição, seja pelas leis, o fato é que, com a menção expressa a este *princípio* (o que se deu pela porta da Emenda Constitucional n. 19, de 4 de junho de 1998), restou incontroverso que os administradores públicos – aí compreendidos evidentemente os agentes fiscais – devem atuar com a maior economicidade possível, para a consecução do bem comum.

O dito princípio acarreta para a Administração o dever inafastável de buscar, com racionalidade, os meios mais expeditos, adequados e seguros para promover o pleno atingimento dos objetivos da legislação *lato sensu*.[290]

II- Voltando ao campo tributário, o *princípio da eficiência* exige que toda intervenção da Fazenda Pública se dê na justa medida e de modo adequado, tendo em vista a máxima eficácia e otimização dos direitos concorrentes do fisco e do contribuinte.

A Administração Fazendária deve não só adotar, como velar para que venham adotados (pelos contribuintes ou por terceiros a eles relacionados), comportamentos capazes de garantir, *a priori*, que os tributos serão lançados e cobrados com exatidão.

Afinal, é dever do Estado assegurar a normal percepção da renda pública, até para que se cumpra o *dever fundamental de pagar tributos*, evitando-se a evasão fiscal, que, de fora a parte os prejuízos que acarreta ao Erário, constitui-se em nocivo fator de desequilíbrio da livre concorrência.

III- Não nos esqueçamos de que as pessoas políticas devem, respeitados os direitos e garantias individuais, envidar

---

Municípios obedecerá aos princípios de legalidade, impessoalidade, moralidade, publicidade e eficiência e, também, ao seguinte:..." (grifamos).

290. Tomamos a expressão "*legislação lato sensu*" no sentido de *conjunto de atos normativos com força de lei*.

todos os esforços para que cada contribuinte (pessoa física ou jurídica) cumpra, com exatidão, seus encargos tributários. Com isso, elas, de um lado, obtêm os recursos pecuniários que lhes permitirão conferir efetividade aos objetivos que a Constituição e as leis lhes indicam e, por outro, impedem que empresas, recolhendo tributos *a menor*, façam concorrência desleal às que cumprem, a preceito, seus encargos fiscais.

Esta ideia, diga-se de passagem, rima com a diretriz fixada no art. 146-A, da Constituição Federal (acrescentado pela Emenda Constitucional n. 42, de 19-12-2003), no sentido de que lei complementar nacional deve "*estabelecer critérios especiais de tributação, com o objetivo de prevenir desequilíbrios da concorrência*".

IV- Anote-se, ainda, que o *princípio da eficiência* exige a adoção de uma política tributária capaz de promover a justiça fiscal, ou seja, de fazer com que *(i)* os tributos atendam ao primado da capacidade contributiva, não assumam feições confiscatórias, atinjam os contribuintes de modo isonômico e respeitem os direitos e garantias individuais, e *(ii)* as obrigações acessórias, caminhando na mesma direção, se restrinjam ao mínimo indispensável para que a tributação se desenvolva de modo adequado, sem, no entanto, pôr em risco as fontes produtivas da nação, que, como se sabe, geram empregos e bem estar social.

O excesso de obrigações acessórias, com os custos que lhes são inerentes, briga com o *princípio da eficiência*. O mesmo podemos dizer dos ônus excessivos (abuso de "*custos de conformidade*") impostos aos contribuintes, para que o Estado apure o que devem pagar, a título de tributos.[291]

---

291. Estudo feito por Thais Helena Morando (*A natureza jurídica da obrigação acessória e os princípios constitucionais informadores*, Programa de Pós-Graduação em Direito da PUC/SP, tese de doutorado, 2010, inédita) revela que uma empresa, para recolher adequadamente o *IRPJ*, a *CSLL*, o *PIS* e a *COFINS*, precisa cumprir obrigações acessórias que, contas feitas, exigem da empresa gastos equivalentes a 30% (trinta por cento) dos valores somados destes tributos federais. Ora, tais *custos de conformidade* não se coadunam com o *princípio da eficiência*.

Capítulo III

O ART. 116, DO *CTN* (*SITUAÇÃO DE FATO* E *SITUAÇÃO JURÍDICA*)

Sumário: *1. Introdução. 2. O fato gerador futuro. Sua injuridicidade. 3. O parágrafo único do art. 116, do CTN.*

1. Introdução

I- O art. 116, do *CTN*, trata do crucial problema da identificação do preciso instante em que ocorre o *fato imponível*, determinando, após serem tomadas as providências administrativas de estilo, o surgimento do liame abstrato que tem por objeto o pagamento do tributo.

Estabelece o art. 116, do *CTN*:

> *"Art. 116. Salvo disposição de lei em contrário, considera-se ocorrido o fato gerador e existentes os seus efeitos:*
>
> *"I- tratando-se de situação de fato, desde o momento em que se verifiquem as circunstâncias materiais necessárias a que produza os efeitos que normalmente lhe são próprios;*
>
> *"II- tratando-se de situação jurídica, desde o momento em que esteja definitivamente constituída, nos termos do direito aplicável".*

Note-se que este artigo usa de uma linguagem leiga, já que alude a fato gerador que é *situação de fato* e a fato gerador que é *situação jurídica*. Na realidade, a lei que traça a *hipótese de incidência* do tributo já converte a situação de fato ou a situação jurídica a que se reporta, em fato jurídico-tributário. As situações de fato, em suma, quando contempladas em lei, já são situações jurídicas.

Segundo pensamos, o melhor modo de compreender o dispositivo é aceitar que, quando ele refere *situações de fato*, quer aludir a situações oriundas de fatos de natureza civil ou comercial, aptos, em si mesmos, a gerar obrigações tributárias (a propriedade, a transmissão imobiliária, a doação, a herança etc.).

Também merece observação, a circunstância de o dispositivo haver consignado que a lei pode dispor em sentido contrário. A nosso ver, somente poderá postergar a verificação do *fato imponível*. Jamais antecipá-lo, sob pena de atropelar os princípios da segurança jurídica e da tipicidade fechada da tributação.[292]

II- A teor do art. 116, do *CTN*, o tributo seguirá o regime jurídico da lei que estiver em vigor, quando da ocorrência do *fato imponível*. Isto também vale para o lançamento, como, aliás, estatui expressamente o art. 144, do *CTN*.[293]

Assim deve ser porque o Estado Democrático de Direito, no qual vivemos, traz consigo a segurança jurídica. Nele impera a certeza de que da conduta das pessoas não derivarão outras consequências jurídicas além das previstas, em cada caso e momento, pela lei já vigente.

De fato, é ponto pacífico que a segurança jurídica, em sua dupla manifestação – certeza do Direito e proibição do

---

292. *V., infra, item 2*, deste Capítulo.

293. Código Tributário Nacional – "*Art. 144. O lançamento reporta-se à data da ocorrência do fato gerador da obrigação e rege-se pela lei então vigente, ainda que posteriormente modificada ou revogada*".

arbítrio –, impõe que as leis, aí compreendidas as de cunho tributário, projetem seus efeitos para o futuro.

Portanto, a segurança jurídica vem reforçada pela irretroatividade da lei, exigência que, de resto, tem assento na própria Constituição (art. 5º, XXXVI). A lei que agrava a situação do contribuinte não pode retroagir.

Quando o Poder Legislativo edita leis retroativas, alteram-se as condições básicas do Estado de Direito, já que se quebra irremediavelmente a confiança que as pessoas devem ter no Poder Público. Com efeito, se isto acontecer, elas já não terão segurança, pois ficarão à mercê não só do direito vigente (o que é correto e normal), como também de futuras e imprevisíveis decisões políticas, que se podem traduzir em regras retroativas.

Observe-se que a lei nova – inclusive a que trata de questões tributárias – não pode nem alterar o fato acontecido, nem os efeitos que ele já produziu. É o que argutamente percebeu Misabel Derzi; *verbis*:

> *"A Constituição Federal brasileira, por meio da irretroatividade, protege tanto os efeitos irradiados pelo fato como o próprio fato, o que está de acordo não apenas com a lógica jurídica, mas, sobretudo, com os valores que o princípio abriga. O art. 5º, XXXVI, por tradição histórica, refere os efeitos, mas o art. 150, III, 'a', destaca o fato jurídico, vedando a retroação da lei. Em um ou outro caso, as consequências são similares, porque alterando-se os efeitos jurídicos já desencadeados, a lei nova terá modificado fato pretérito".*[294]

A segurança jurídica exige, assim, que as leis (tributárias ou não-tributárias) sejam irretroativas. Tal se dá pela própria necessidade de assegurar-se às pessoas a intangibilidade dos atos e fatos lícitos por elas praticados.

---

294. *Modificações da Jurisprudência no Direito Tributário*, Noeses, São Paulo, 2009, p. 434.

Em suma, as leis que agravam a situação do contribuinte nunca poderão retroagir. Qualquer lei que sinalize de outro modo será inconstitucional.

Deveras, se as exigências do *princípio da legalidade* pudessem ser atendidas por meio de uma simples lei formal, ainda que retroativa, isto é, reportável a acontecimentos ocorridos em outroras, a garantia de segurança às pessoas que ele encerra seria, mais do que despicienda, inexistente.

O assunto, como podemos perceber, é presidido pelo aforismo *tempus regit actum*: a lei tributária em vigor à época da ocorrência do *fato imponível* é que deve ser aplicada (art. 150, III, *a*, da *CF*).

É certo que, por razões ideológicas, que nosso Direito encampou, se aceita que algumas leis tributárias retroajam. São as que de alguma forma beneficiam o contribuinte (*lex mitior*), como se dá com as que lhe concedem um parcelamento, um prazo mais lato para o recolhimento do tributo, um crédito presumido etc. Entretanto, só poderão retroagir se contiverem cláusula expressa nesse sentido. Do contrário, seguirão a regra geral, vale dizer, a da irretroatividade.[295]

Do exposto, temos que, salvo eventual retroação benéfica, a lei nova, isto é, posterior à ocorrência do *fato imponível*, não poderá atingir situações pretéritas, modificando-lhes as consequências jurídicas.

III- Como observa Misabel Derzi, os fatos geradores de tributos podem advir: *a)* de situações de execução de atos ou negócios jurídicos; *b)* de situações jurídicas em si mesmas consideradas; ou, *c)* de fatos ocorridos *por período*.[296]

Então, vejamos.

---

295. *V.*, a propósito, nosso *Curso*, pp. 366-367.

296. *Notas* ao livro *Limitações Constitucionais ao Poder de Tributar*, de Aliomar Baleeiro, Forense, Rio de Janeiro, 7ª ed.,1997, p. 711.

IIIa- O art. 116, I, do *CTN*, cuida da hipótese *a*, em que a regular ultimação do contrato ou ato jurídico não basta para fazer nascer a obrigação tributária; é mister, ainda, ocorra a situação de fato que o legislador reputou relevante para a realização *in concreto* da *hipótese de incidência* do tributo. É o caso da entrada no território nacional do bem estrangeiro regularmente importado, para fins de *imposto sobre a importação;* da saída da mercadoria do estabelecimento mercantil, como consequência da operação mercantil realizada, para fins de *ICMS*; da entrega do serviço ao tomador, em razão da ultimação do serviço prestado em caráter negocial, para fins de *ISS* e assim por diante.[297] Em todos estes casos, é a execução material do ato ou contrato jurídico que deflagra os efeitos tributários, fazendo assim nascer *in concreto* a exação.

IIIb- Já o art. 116, II, do *CTN*, trata da hipótese *b*, em que a simples situação jurídica existente, categorizada pelo Direito Privado (propriedade, doação, herança etc.), já opera o nascimento da obrigação tributária, sem necessidade, pois, de uma execução material (entrega das chaves, para fins de *IPTU*; circulação física do veículo automotor, para fins de *IPVA*; amanho da terra, para fins de *ITR* etc.). O tributo nasce, "*desde o momento em que esteja definitivamente constituída* (a situação de fato), *nos termos do direito aplicável*".

IIIc- Por fim, como anota a mesma autora,[298] os *fatos imponíveis* ocorridos *por período* não foram cogitados pelo art. 116, do *CTN*. Nem por isso, no entanto, deixam de existir e de gerar

---

297. Com muita frequência, estes "*fatos de exteriorização*", como os chama Alcides Jorge Costa (*ICM na Constituição* e na Lei Complementar, Resenha Tributária, São Paulo, 1978, p. 103), não têm maior relevância no plano do direito privado. É o caso da saída da mercadoria, para fins de caracterização da operação mercantil, que, para o Direito Comercial, já pode ter ocorrido (se a *tradictio* se deu no estabelecimento do vendedor) ou ainda vir a ocorrer (se a entrega só se efetivar na sede do comprador). Para o Direito Tributário, no entanto, os *fatos de exteriorização* são, muita vez, de importância cabedal.

298. *Op. cit.*, p. 112.

relevantes efeitos jurídicos. Embora os tributos, *in casu*, somente nasçam após estar concluído o período aquisitivo (caso do imposto sobre a renda, que nasce quando se verifica, ao longo do exercício financeiro, o *excedente* ou *acréscimo patrimonial*), quando este começa a correr já se fazem sentir alguns efeitos jurídicos (deveres, obrigações, direitos, pretensões etc.). É o que se dá com o imposto sobre a renda, em que o período aquisitivo, conquanto só se complete ao cabo do exercício financeiro, possibilita, assim que começa a fluir, retenções na fonte, realização de ganhos, realização de despesas dedutíveis e assim por diante.

Em homenagem ao princípio da segurança jurídica, com seu consectário de proteção da confiança e da previsibilidade, a lei aplicável, em tributos deste tipo, é a que estava em vigor desde o início do período; se modificada em meio ao período aquisitivo, somente valerá no próximo exercício financeiro, ou seja, quando já estiver completado o *fato imponível* do exercício anterior.

É o que, em outras palavras, preceitua o art. 105, do *CTN*; *verbis*:

> *"Art. 105. A legislação tributária aplica-se imediatamente aos fatos geradores futuros e aos pendentes, assim entendidos aqueles cuja ocorrência tenha tido início, mas não esteja completa nos termos do artigo 116".*

Este art. 105, desconsideradas suas atecnias,[299] veda a retroatividade imprópria ou "*retrospectiva*" da lei instituidora

---

299. Não podemos deixar de censurar a alusão que o art. 105, do CTN, faz aos "*fatos geradores pendentes*" e aos "*fatos geradores futuros*", que, em rigor, não são, ainda, "*fatos geradores*", justamente por não reunirem – e talvez jamais virem a reunir – as condições necessárias e suficientes para determinar os efeitos que lhes são próprios. Trata-se de fatos que começam a se configurar e tendem a se tornar "*fatos geradores*", mas que ainda não produzem o efeito de fazer nascer obrigações tributárias. Ademais, *pendentes* não são os fatos geradores, mas os negócios jurídicos que aguardam o implemento da condição, quando, aí sim, determinarão a gênese *in concreto* do tributo. Também *futuros* não são os fatos geradores, mas os eventos que ainda não ocorreram, embora exista *(i)* a expectativa de que ocorrerão ou *(ii)* uma data certa para que ocorram.

do tributo, vale dizer, sobre um período que já estava iniciado e em vias de formar o *fato imponível* (fatos geradores pendentes de condição). Assim, por exemplo, um aumento de alíquotas do imposto sobre a renda da pessoa física, operado no dia 31 de dezembro, não poderá fazer-se sentir naquele exercício financeiro, que começou no dia 1º de janeiro anterior. Tal aumento somente operará efeitos no próximo ano-base.

2. O "fato gerador futuro". Sua injuridicidade

I- Há ainda a considerar a questão do *"fato gerador futuro"*, figura canhestra prevista na Emenda Constitucional n. 3/1993, que introduziu um § 7º, no art. 150, da Constituição Federal; *verbis*:

> *"Art. 150 – ('omissis'): (...)*
>
> *"§ 7º. A lei poderá atribuir a sujeito passivo de obrigação tributária a condição de responsável pelo pagamento de imposto ou contribuição, cujo fato gerador deva ocorrer posteriormente, assegurada a imediata e preferencial restituição da quantia paga, caso não se realize o fato gerador presumido".*

A referida emenda constitucional "*criou*" a absurda figura da *responsabilidade tributária por fato futuro*, também chamada *substituição tributária "para frente"*. Deveras, o supracitado preceito "*autoriza*" a lei a determinar o nascimento de obrigações tributárias, a partir de fatos que ainda não ocorreram, mas que, ao que tudo indica, ocorrerão. Noutros termos, permite que a lei crie presunções de acontecimentos futuros e, com base nelas, exija, antecipadamente (antes do tempo), o pagamento de tributos.

Como se vê, na *substituição tributária "para frente"*, parte-se do raciocínio de que o *fato imponível* (*fato gerador "in concreto"*) mais dia menos dia ocorrerá e que, portanto, é perfeitamente justificável a cobrança antecipada do tributo, ainda mais quando há fundados receios, baseados na experiência comum, de que o realizador do *fato futuro* venha a praticar *evasão fiscal*.

Assim, para acautelar os interesses fazendários, tributa-se fato que ainda não aconteceu e, bem por isso, ainda não existe e, em tese, poderá nunca vir a existir.

Ora, a toda evidência, a Lei Maior veda a tributação baseada em fatos de provável, mas não certa ocorrência. Para que o mecanismo da *substituição tributária* venha adequadamente utilizado é preciso que se estribe em fatos concretamente ocorridos[300]; nunca em fatos futuros, de ocorrência incerta. Esta é uma barreira constitucional inafastável, pois integra o conjunto de direitos e garantias fundamentais do contribuinte. Daí não ser juridicamente possível a *substituição tributária "para frente"* (ou "*progressiva*").

Pensamos ser oportuno lembrar que, se o pagamento é modalidade extintiva de obrigações tributárias (cf. art. 156, I, do *CTN*), é logicamente impossível extinguir tributo que ainda não nasceu.

Depois, se não ocorreram os pressupostos necessários ao surgimento da própria obrigação tributária – e, portanto,

---

300. Aceitamos a *substituição tributária para trás* (ou *regressiva*), na qual a lei, tendo em vista comodidades arrecadatórias, atribui ao contribuinte a responsabilidade pelo recolhimento do tributo, nascido em operação anterior. Nela, há apenas o *diferimento* (adiamento para um momento posterior) do pagamento do tributo.

Em matéria de *ICMS*, o *diferimento* costuma ser concedido para favorecer o contribuinte economicamente mais fraco (v. g., o *sucateiro*), que, além de enfrentar maiores dificuldades financeiras, não tem reais condições de manter a escrita fiscal em dia. Por isso, o recolhimento do tributo fica a cargo do próximo contribuinte (*v. g.*, a empresa de ferro-velho), que adquire a mercadoria e promove sua revenda. Este recolherá *(i)* o *ICMS* devido pela operação mercantil que efetivamente realizou e *(ii)* o relativo à operação mercantil anterior, alcançada pelo *diferimento*.

Também não vemos, pelo menos em tese, obstáculos jurídicos à *substituição tributária concomitante*, em que a lei atribui a responsabilidade pelo recolhimento do tributo a terceiro, que não o que acaba de realizar o *fato imponível*. É o que se dá, por exemplo, na substituição tributária dos serviços de transporte interestadual ou intermunicipal. O *ICMS*, no caso – esta é uma inovação da Lei Complementar n. 87/1996 (art. 6º, § 1º e 8º, I)s –, poderá ser exigido seja do prestador, seja do fruidor do serviço.

ainda não há falar em tributo –, por muito maior razão (argumento *a fortiori*) não se pode cogitar da substituição de um sujeito passivo que também ainda não existe. Eis aí outro limite lógico: somente se pode substituir pessoa certa, perfeitamente identificada. Ora, se ainda não surgiu a obrigação tributária, seu sujeito passivo não existe e, deste modo, presumir que ele surgirá afronta os princípios constitucionais, mormente o da *não-confiscatoriedade*.

Tudo isso foi bem observado por Ives Gandra da Silva Martins; *verbis*:

> *"A substituição tributária em relação a fato gerador inexistente (...) gera, por haver cobrança de tributo sem fato econômico a sustentá-la, o efeito confisco e fere o princípio da legalidade, ambos cláusulas pétreas, que a EC n. 3/93 não poderia atingir.*
>
> *"O § 7º introduzido no art. 150 pela EC n. 3/93 fala, inclusive, em 'fato gerador presumido' e presumido, sequer entre os léxicos, pode ser considerado 'fictício'. Presume-se fato existente embora desconhecido, mas não se presume fato inexistente. Pode-se criar uma ficção sobre o fato inexistente, que nunca será presumido pelo simples fato de inexistir. E a EC n. 3, embora fazendo clara menção a fato gerador presumido, explique que o fato gerador presumido, de rigor, não é presumido, mas fictício, pois não existe e, se nunca vier a existir, a imposição tributária se transformará em empréstimo compulsório e deverá ser devolvida, imediata e preferencialmente, a quantia confiscada, ao sujeito passivo escolhido para suportá-la".*[301]

Portanto, nem se alegue que o Direito pode *equiparar*, por meio do mecanismo das presunções e ficções, o *fato futuro* ao *fato presente*.

É certo que o Direito cria suas próprias realidades e, ao fazê-lo, pode, valendo-se de presunções e ficções, ignorar as

---

301. *Questões Atuais de Direito Tributário*, Del Rey, Belo Horizonte, 1999, pp. 82 e 83.

realidades do mundo fenomênico. Há, porém, um limite para isso: a Constituição. Dito de outro modo, o emprego das ficções e presunções deve ser feito com critério e método, de modo a preservar direitos e garantias fundamentais, como este de somente ser tributado após haver ocorrido o *fato imponível*.

É o quanto basta para que se afaste a *tributação por fato futuro*, de controle impossível.

A respeito, Paulo de Barros Carvalho foi sobremodo feliz, ao observar:

> *"Ora, se pensarmos que o direito tributário se formou como um corpo de princípios, altamente preocupado com minúcias do fenômeno da incidência, precisamente para controlar a atividade impositiva e proteger os direitos e garantias dos cidadãos, como admitir um tipo de percussão tributária que se dê à margem de tudo isso, posta a natural imprevisibilidade dos fatos futuros? Se é sempre difícil e problemático exercitar o controle sobre os fatos ocorridos, de que maneira lidar com a incerteza do porvir e, ao mesmo tempo, manter a segurança das relações jurídicas"*.[302]

Em suma, a denominada *substituição tributária "para frente"* é um falso problema de substituição, pois, nela, o legislador exige tributo sobre fato que ainda não ocorreu.[303]

II- Remarque-se que em nenhum momento a Constituição, tal como editada pelo *poder constituinte originário*, abre espaço à exigência de tributos sobre *fatos futuros* (*fatos geradores presumidos*). Pelo contrário, reporta-se, tão-somente, a fatos concretamente realizados, até para dar efetividade, no campo tributário, ao *princípio da segurança jurídica*.

---

302. "Sujeição passiva e responsáveis tributários", in Direito n. 2 (Revista do Programa de Pós-Graduação em Direito da PUC/SP), p. 285.

303. A *substituição tributária "para frente"* não deve ser confundida com a figura da *antecipação do pagamento do tributo*. Nesta, a obrigação tributária já existe, ao passo que, naquela, ainda não há tributo e, talvez, jamais haja "*caso não se realize o fato gerador presumido*".

Ora, não poderia uma emenda constitucional (a EC n. 3/1993) subverter todo o sistema tributário, desconstituindo um direito fundamental do contribuinte, qual seja, o de só ser compelido a suportar exações, após a ocorrência dos respectivos *fatos imponíveis*. É, portanto, inconstitucional.[304]

Lembramos que as emendas constitucionais (fruto do exercício do *poder constituinte derivado*) podem modificar a Constituição, desde que, no entanto, observem limitações (materiais e formais, implícitas e explícitas), tecnicamente conhecidas como "*cláusulas pétreas*" (cláusulas de identidade constitucional), dentre as quais se inscrevem as que garantem a segurança e a certeza da tributação.

É que o *poder constituinte derivado*, no rigor dos princípios, é *poder constituído* e, bem por isso, subordinado, condicionado e secundário. *Subordinado*, porque regrado pelas próprias normas constitucionais. *Regrado*, porque seu exercício deve obedecer à forma prefixada na própria Constituição. E, *secundário*, porque seu *fundamento de validade* é a Constituição vigente, que atualiza e – insista-se – desde que não esbarre em *cláusulas pétreas*, completa.

Continuamos convencidos, pois, de que o direito fundamental de só ser compelido a pagar tributo após a ocorrência (efetiva) do respectivo *fato imponível* é "*cláusula pétrea*" e, nessa medida, não poderia ter sido atropelado por emenda constitucional (cf. art. 60, § 4º, da *CF*).

Daí nos sentirmos confortáveis para prosseguir sustentando a inconstitucionalidade do § 7º, do art. 150, da Constituição Federal, nela introduzida pela Emenda Constitucional n. 3/1993.

---

304. Observe-se que não estamos diante daquilo que Otto Bachof, em célebre conferência proferida em 1951, chamou de "*inconstitucionalidade de norma constitucional*", o que, a nosso ver, tratando-se de normas constitucionais originárias, isto é, votadas por uma Assembléia Nacional Constituinte, não é possível.

Estamos, sim, em face de *emenda constitucional inconstitucional*, por afrontar *cláusulas pétreas*, mais especificamente a que garante aos contribuintes o direito fundamental de não pagar tributos que ainda não existem.

III- Sabemos que a substituição tributária "*para frente*" foi adotada por razões de praticidade.

Apenas para nos situarmos no assunto, a praticidade (ou *princípio da praticidade* ou, ainda, *da praticabilidade*) recomenda que se evitem execuções muito complicadas das leis, sobretudo quando estas devam ser cumpridas *em massa* (caso das que se ocupam com os *tributos sem lançamento*, impropriamente chamados de tributos que aceitam *lançamento por homologação*[305]). Embora não encontre formulação escrita em nossa Carta Magna, está embutida em vários de seus comandos (p. ex., no § 7º, do art. 150), que sinalizam em favor da execução econômica e viável dos atos normativos.

Em matéria tributária, a praticidade possibilita o cumprimento simplificado, econômico e viável das leis, que, com suas *abstrações generalizantes*, garantem a potencialidade arrecadatória do Estado, ao mesmo tempo em que permitem que os contribuintes atendam aos seus deveres sem custos econômicos adicionais ou desnecessárias perdas de tempo.

Entretanto, há um limite intransponível para a praticidade, no campo fiscal: a Constituição, com seus grandes princípios.[306]

Ora, é justamente por burlá-los, que o § 7º, do art. 150, da Constituição Federal, padece de incontornável inconstitucionalidade.

Sendo mais específicos, temos para nós que as razões de praticidade, que levaram à inserção, por emenda constitucional, do § 7º, ora em exame, não têm primazia sobre a *segurança* e a *certeza da tributação*, postulados constitucionais que exigem que os contribuintes só se submetam ao recolhimento de tributos, quando a eles tiverem dado causa, realizando seus respectivos *fatos imponíveis*; nunca, antes. Do contrário, haverá, da parte da pessoa política tributante, *enriquecimento sem*

---

305. *V.*, *infra*, Terceira Parte, Capítulo I, item VI.

306. A respeito desse assunto, *v.*, de Regina Helena Costa, *Praticabilidade e Justiça Tributária*, Malheiros Editores, São Paulo, 2007.

causa, fenômeno que, além de não encontrar guarida no ordenamento jurídico, a Teoria Geral do Direito repele e o senso comum inadmite.

IV- Evidentemente, a inconstitucionalidade perdura, mesmo "*assegurada a imediata e preferencial restituição da quantia paga, caso não se realize o fato gerador presumido*". Deveras, a eventual recomposição do dano não restabelece o primado da segurança jurídica, que, aliás, resta esmigalhado com a tributação de *fato imaginário*, isto é, que ainda não aconteceu (mesmo que, depois, realmente aconteça).

A respeito, merecem ser trazidas à colação as palavras elucidativas de Geraldo Ataliba:

> *"... se, de um modo geral, as leis civis, comerciais, administrativas, podem prudentemente estabelecer presunções e ficções, a Constituição veda que isso seja feito em matéria penal e tributária ('nullum crimen, nullum tributum sine lege'). Isto integra o art. 5º e está protegido pelo § 4º do art. 60. Além do mais, o § 1º, do art. 145 – mero desdobramento do art. 5º, I, e por isso expletivo – refere-se à 'capacidade econômica' como critério de tratamento igual dos contribuintes. Ora, essa 'capacidade econômica', atribuível a cada contribuinte, em cada caso, revela-se e realiza-se pela exigência de que todo fato tributável tenha conteúdo econômico mensurável. Ora, esse conteúdo há de ser real, efetivo, comprovado, concreto. Não pode ser presumido. Não pode resultar de ficção, do mesmo modo que não se pode punir alguém por crime não cometido. Não se tributa por fato provável, plausível, possível. Só por fato ocorrido, consumado".*[307]

E, como que complementando estas ideias, o mesmo jurista, no VII Congresso Brasileiro de Direito Tributário, realizado em São Paulo, de 15 a 17 de setembro de 1993, teve o ensejo de, valendo-se da ironia (*ridendo castigat moris*), arrancar prolongados aplausos do auditório; *verbis*:

---

307. *Revista Trimestral de Direito Público*, n. 4, p. 175.

> "*... estou disposto a aceitar tributação de fato futuro, como se prevê nessa Emenda Constitucional (a EC n. 3/1993). Estou disposto a aceitar que um fato que ainda não aconteceu possa ser um fato 'gerador' de obrigação tributária. Posso aceitar isso, estou disposto, no instante em que também se emende a Constituição para dizer que nós poderemos, cidadãos, ser punidos por crimes que ainda não cometemos*".[308]

Tudo se conjuga, portanto, no sentido de que a *tributação antecipada* – tanto quanto a *tributação por estimativa* e outros artifícios largamente empregados para coibir possíveis fraudes – não resiste ao *teste da constitucionalidade*.

Ignorar tamanhos desconchavos equivale a destruir o "*Estatuto do Contribuinte*" (Louis Trotabas) plasmado pela Constituição, porque o Estado não teria mais nenhuma bandeira, que não a própria voracidade, para tributar. O legislador presumiria futuros *fatos imponíveis* e, com base neles, tributaria antecipadamente, inclusive sem levar em conta, no caso dos impostos, a *capacidade econômica* dos potenciais contribuintes (já que, em rigor, sequer ainda não existiriam). Tornar-se-iam, assim, inúteis as "*limitações constitucionais ao poder de tributar*".

V- Sem embargo de nossa opinião acerca da inconstitucionalidade do § 7º, do art. 150, da Carta Magna, nela inserido – reitere-se – pela Emenda Constitucional n. 3/93, o fato é que o Supremo Tribunal Federal acabou por convalidá-lo, pelo menos no que tange ao *ICMS*.[309]

---

308. *Inovações no Sistema Tributário II*, in *Revista de Direito Tributário* n. 63, pp. 136-137 (esclarecemos no parêntese).

309. No julgamento, ocorrido em 2.8.1999, do RE 213.396-5-SP (Pleno, rel. Min. Ilmar Galvão) ficou decidida, por maioria de votos (vencidos os Ministros Carlos Velloso, Marco Aurélio e Sepúlveda Pertence), a constitucionalidade do regime de *substituição tributária "para frente"*, no *ICMS*.

Mesmo assim – e sempre com o devido acatamento – continuamos convencidos de que, ainda que possa atender a "*necessidades de política tributária*" (conforme consta do voto vencedor), tal regime desatende ao *Estatuto do Contribuinte*.

Mais: na ADI 1.851-4 (DJU 22.11.2002), além de haver chancelado a tese de que o *ICMS* pode ser cobrado antes da ocorrência do *fato imponível*, com base no valor presumido de venda futura da mercadoria, decidiu pela inexistência do dever de devolução, ainda que a operação final ocorra por montante inferior ao estimado.[310]

Cientificamente, pedimos vênia, porém, para discordar dessas linhas de raciocínio.[311] E o fazemos, não pelo simples amor à controvérsia dialética, mas porque o tema continua em aberto, podendo a qualquer tempo ser repensado e, eventualmente, revisto. Ademais, os Ministros que integram o Pretório Excelso são homens de pensamento, sempre abertos a mudanças de opinião, quando se convencem da pertinência das teses opostas àquelas que já sufragaram.

3. O parágrafo único, do art. 116, do CTN

I- A evasão fiscal deve ser combatida por todos os meios, já que este fenômeno, de fora parte violar a igualdade entre os contribuintes, perturba o funcionamento do mercado, pois enseja concorrência desleal entre as empresas.

Esclarecemos que estamos empregando a expressão "*evasão fiscal*" no sentido genérico de fuga ilícita aos tributos.

---

310. A nosso ver, esse *excesso* equivale à não-realização do "*fato gerador presumido*". Por isso, tipifica confisco, a ensejar a "*imediata e preferencial restituição da quantia paga*" a mais.

311. Para maior aprofundamento do assunto, *v.* nosso *ICMS* (Malheiros Editores, São Paulo, 14ª ed., 2009, pp. 327 a 354). Sem descer a detalhes, que não vêm para aqui, permitimo-nos registrar que a substituição tributária "*para frente*", no *ICMS*, também frustra o *princípio da não-cumulatividade*, que garante, ao contribuinte, o direito de creditar-se de *todo* o montante de tributo "*cobrado nas* (operações ou prestações) *anteriores, pelo mesmo ou por outro Estado ou pelo Distrito Federal*" (art. 155, § 2º, I, da *CF* – esclarecemos no parêntese). Com efeito, o substituído, tendo o tributo já sido recolhido pelo substituto, não tem como beneficiar-se deste direito constitucional.

Pratica evasão fiscal a pessoa que, com o intuito de evitar ou reduzir tributo devido ou, mesmo, adiar seu recolhimento, adota conduta (omissiva ou comissiva) que a ordem jurídica não abona.

A imaginação criadora do homem tem, ao longo do tempo, urdido vários comportamentos que levam ao não-pagamento do tributo, a uma tributação menos onerosa ou, quando pouco, à procrastinação do cumprimento das obrigações tributárias.

Facilmente podemos dar exemplos típicos destas condutas reprováveis. Um deles é o da venda de mercadoria sem emissão da imprescindível nota-fiscal (venda *a descoberto* de nota-fiscal) ou com a emissão do documento, mas por preço que não corresponde ao realmente praticado, tudo com o evidente intuito de ilaquear o fisco. Outro, é o da não-declaração de rendimentos, que leva à sonegação do imposto respectivo (o *imposto sobre a renda*). Outro, ainda, é o da lavratura de escritura de venda e compra de imóvel, nela fazendo consignar preço menor do que o efetivamente praticado, com o propósito de diminuir o *quantum* de *ITBI* (*SISA*) a pagar. Enfim, os exemplos de práticas dolosas, omissivas ou comissivas, que levam à evasão fiscal, poderiam ser multiplicados, que são legião.

Mas as condutas ilícitas acima citadas são, digamos assim, *padronizadas* e, por isso, mais facilmente detectáveis.

Com o passar do tempo, porém, os infratores foram se sofisticando. Pouco a pouco, perceberam que há meios mais sutis que também levam à evasão fiscal. Noutras palavras, notaram que a evasão fiscal pode ser alcançada com condutas e artifícios menos identificáveis pelas autoridades fazendárias.

Aprofundando o raciocínio, deram-se conta de que não é difícil enganar a Fazenda Pública, mediante o artifício de esconder, ou revelar apenas em parte, os negócios jurídicos praticados, máxime quando envolvem processos de comercialização em larga escala.

Agora a evasão fiscal é obtida à sorrelfa, ou seja, de modo dissimulado, mas, nem por isso, menos danoso ao Erário. Pelo contrário, a conduta sub-reptícia, mais difícil de ser captada, tem grande potencialidade lesiva, além de revelar maior periculosidade da parte dos agentes infratores.

Estas condutas exigem que o Poder Público redobre seus atos fiscalizatórios, seja para não prejudicar a arrecadação, seja – e especialmente – para evitar que bons contribuintes, que cumprem à risca seus deveres tributários, tenham seus negócios prejudicados.

O que estamos querendo significar é que a evasão fiscal constitui-se em sério fator de desequilíbrio da *livre concorrência*.

Pois bem. Para combater a evasão fiscal foi editada a Lei Complementar n. 101, de 10 de janeiro de 2001, que inseriu um parágrafo único, no art. 116, do Código Tributário Nacional, que logo passou a ser designado de "*norma anti-elisiva*" (quando, na realidade, trata-se de "*norma anti-evasiva*").

É sobre a juridicidade e o alcance da impropriamente chamada "*norma anti-elisiva*" que passamos a discorrer.

II- Dispõe o parágrafo único do art. 116, do *CTN*:

> *"Art. 116. ('omissis') (...)*
>
> *"Parágrafo único. A autoridade administrativa poderá desconsiderar atos ou negócios jurídicos praticados com a finalidade de dissimular a ocorrência do fato gerador do tributo ou a natureza dos elementos constitutivos da obrigação tributária, observados os procedimentos a serem estabelecidos em lei ordinária".*

Este parágrafo único visa, como é fácil notar, proteger a Fazenda Pública contra a "*esperteza*" do contribuinte.

E nem se diga que tal "*esperteza*" não passa de *elisão fiscal*, meio lícito de evitar ou diminuir a carga tributária.

IIa- Com efeito, a *elisão fiscal* se expressa pela conduta legítima do contribuinte, adotada com o escopo de evitar a ocorrência do *fato imponível* (*fato gerador "in concreto"*). Quando pouco, busca assegurar que, dentre as alternativas lícitas possíveis, perante a ordem jurídica, prevaleça a que traga, ao contribuinte, as consequências tributárias menos gravosas.

Como se vê, não há nada de errado com a elisão fiscal, porque ela não envolve nenhuma violação à legislação tributária.

IIb- A *elisão fiscal* pode ser definida como sendo a conduta lícita, omissiva ou comissiva, do contribuinte, que visa evitar o nascimento da obrigação tributária, mitigar seu montante ou adiar seu cumprimento. É alcançada, pois, pela não-realização, pura e simples, do *fato imponível*, ou pela prática, permitida pela lei, de negócio jurídico tributariamente menos oneroso, como, por exemplo, a importação de um produto, via *Zona Franca de Manaus*. Tais manobras, que beneficiam o contribuinte, não são condenadas por nosso direito positivo.

Em boa verdade, a elisão fiscal é perfeitamente lídima. Afinal, conforme cuidamos de demonstrar *supra*, o contribuinte, desde que não afronte a ordem jurídica, tem todo o direito de organizar seus negócios, da maneira que lhe for fiscalmente menos onerosa.

É o que também ensina Diva Malerbi; *verbis*:

> *"O particular visa a obter com sua atividade econômica, um determinado resultado, e compreende que, para tanto, o direito positivo lhe empresta formulações jurídicas diversificadas, mas de alguma forma equivalentes, que recebem, outrossim, tributações mais ou menos gravosas. Daí então, elege para alcançar aquele resultado econômico perseguido, a via que se lhe oferece, em termos fiscais, menos gravosa".*[312]

Ademais, o direito de buscar alternativas tributárias mais convenientes, decorre da própria Constituição Federal, que,

312. *Elisão Tributária*, Revista dos Tribunais, São Paulo, p. 12.

em seus arts. 170, parágrafo único, e 173, garante aos particulares o livre e preferencial exercício de quaisquer atividades econômicas lícitas.

IIc- Não bastasse tudo isso, com o aumento da concorrência entre as empresas, estas, até por uma questão de sobrevivência no mercado, se vêem compelidas a reduzir os custos tributários, por meio da adoção de estratégias lícitas, que as levem a não pagar tributos ou a fazê-lo de modo mais brando.

Enfim, na elisão fiscal, o contribuinte consegue evitar a prática do *fato imponível tributário (i)* deixando de realizar o fato jurídico que a lei considerou necessário e suficiente ao nascimento do tributo (*hipótese de incidência tributária*), ou *(ii)* realizando outro, a que a mesma lei não atrelou consequências fiscais ou as atribuiu de modo mais ameno. Daí que, na elisão fiscal, o contribuinte não entra na relação jurídica tributária, que tem por objeto a dívida tributária ou, quando nela ingressa, suporta uma prestação menor.

IId- Já a evasão, como visto, é uma conduta infracional (ilícito fiscal) que, em certas hipóteses, pode configurar até crime contra a ordem tributária. Consiste, em essência, na atitude intencional do contribuinte de, valendo-se de alternativas ilícitas, furtar-se, total ou parcialmente, dos efeitos resultantes da prática do *fato imponível*.

É certo que, na evasão, o contribuinte também afasta, reduz ou retarda a ocorrência do *fato imponível*. Só que, para atingir a um destes desideratos, vale-se dolosamente de artifícios que distorcem a realidade econômica da conduta realizada, já que o negócio jurídico que adota é anormal e atípico, tendo por único escopo eliminar ou reduzir a carga fiscal.

Na evasão, a *intentio facti* (o não-pagamento do tributo, o pagamento *a menor* ou o pagamento diferido no tempo) não corresponde, em razão do emprego abusivo das formas jurídicas, a uma adequada *intentio iuris*.

Portanto, na evasão tributária, os meios que o contribuinte emprega, para chegar ao colimado resultado tributário mais favorável, não são abonados pelo Direito, porquanto não traduzem nenhum propósito negocial (*business purpose*), mas, apenas, o fito de atenuar os ônus fiscais. Não é por outro motivo que deve ser sancionada, ignorando-se a forma externa dos fatos jurídicos praticados, para dar-se prevalência ao seu *substractum* econômico.

IIe- Como se vê, conquanto seja tênue a linha que aparta a elisão da evasão, é perfeitamente possível distinguir uma da outra. De fato, na elisão, a economia de tributos é obtida percorrendo-se caminhos lícitos, ou seja, adotando-se comportamentos que a ordem jurídica não veda. Na evasão, ao invés, o contribuinte minimiza ou até ilide seus encargos tributários, só que, agora, valendo-se de expedientes ilícitos, porque, ao arrepio da lei, usa de artifícios que desvirtuam os atos ou negócios jurídicos praticados.

IIf- Reprimir a elisão é, em última análise, o mesmo que frustrar o regular exercício de um direito; de outra parte, para reprimir a evasão, não haveria necessidade de novas leis, pois, as existentes já o fazem, tanto no campo fiscal, como no penal.

Convém remarcar que não é dado negar ao contribuinte o direito de inibir a ocorrência de situações sujeitas a incidências fiscais, desde que o faça, é claro, valendo-se dos meios lícitos, que o Direito lhe possibilita. É o que explicita Ruy Barbosa Nogueira; *verbis*:

> *"... desde que o contribuinte tenha estruturado os seus empreendimentos, as suas relações privadas, mediante as formas normais, legítimas do Direito Privado e com essa estruturação incida em menor tributação, ele está apenas utilizando-se de faculdades asseguradas pela ordem jurídica. O Fisco não pode influir na estruturação jurídico-privada dos negócios do contribuinte, para provocar ou exigir maior tributação".*[313]

313. *Da interpretação e da aplicação das leis tributárias*, Revista dos Tribunais, São Paulo, 1965, p. 65.

Realmente briga com a autonomia da vontade privada, a livre iniciativa e a liberdade econômica, compelir o contribuinte a pagar mais tributo, quando, adotando caminho igualmente legal (e, portanto, lícito), pode pagar menos. Isso a cultura fiscalista que impera em nosso País resiste em aceitar, pois pretende que o contribuinte sempre seja levado à condição de pagar o máximo de tributos. Ora, se é certo que ele deve satisfazer suas obrigações tributárias, é igualmente certo que tem o direito de organizar seus negócios, de modo a pagar o mínimo possível, ou até não pagar nada, bastando – insista-se – que o faça sem atropelar a ordem jurídica.

IIg- O que absolutamente não se pode fazer é levar em conta apenas a "*realidade econômica*" do fato jurídico, para considerá-lo evasivo, se dele resultar economia de tributo. Fazê-lo, implica ultrapassar os limites da *estrita legalidade*, para ingressar no campo da tributação por analogia, que nossa ordem jurídico-tributária não aceita (cf. art. 108, I, do *CTN*). Deveras, não pode haver subsunção tributária por via transversa, considerando *imponível* fato que não guarda rigorosa correspondência com o descrito na *hipótese de incidência* da exação.

Tal modo de proceder levaria à absurda concessão de poderes discricionários à Administração Fazendária, para, valendo-se de critérios indeterminados e imprecisos, exigir tributos, sempre que suas "*intuições*" a levassem a supor que o contribuinte, ao realizar seus negócios jurídicos, valeu-se de instrumentos "*atípicos*".

Na realidade, o que a ordem jurídico-tributária não tolera é a fraude à lei, que – seja-nos autorizada a reiteração – somente ocorre quando o contribuinte evita ou retarda a prática do *fato imponível*, mediante atos em si mesmo ilícitos. Pelo contrário, quando a prática do *fato imponível* é regida por normas permissivas, ou seja, cujo cumprimento pode ser licitamente afastado pelo contribuinte, há legítimo *planejamento tributário*, por ausência de dolo.

Tudo confirma, pois, que o que se pretendeu com o parágrafo único, acrescentado ao art. 116, do Código Tributário Nacional, foi reafirmar a ideia, de resto já consagrada em nosso direito positivo, de que é vedado ao contribuinte valer-se de expedientes simulatórios, para evitar ou reduzir a carga tributária.

Noutros falares, o parágrafo único, do art. 116, do *CTN* trata de hipótese de *evasão fiscal*. Não, de *elisão fiscal* (*planejamento tributário*), que deve ser considerado, por traduzir-se em atos jurídicos verdadeiros, que não afrontam a lei.

III- A norma contida no parágrafo único, do art. 116, do *CTN*, colima evitar a *simulação*, figura jurídica bem disciplinada no vigente Código Civil.[314]

De modo bem resumido, para não sairmos dos limites deste estudo, temos que *simulação* é a divergência entre a vontade e a declaração, fruto de acordo celebrado com o fito de enganar terceiros.[315]

Como bem o percebeu Francesco Ferrara, em preciosa monografia[316], para que a simulação se verifique é necessário haja: *a)* divergência intencional entre a vontade e a declaração; *b)* *pactum simulationis* (pacto simulatório); e, *c)* propósito de enganar terceiros.

A simulação, em apertada síntese, é um ato fictício, que mal consegue esconder a declaração enganosa da vontade de

---

314. No mesmo sentido Alberto Xavier, *Tipicidade da Tributação, Simulação e Norma Antielisiva*, Dialética, São Paulo, pp. 156-157.

315. *Simular*, em apertada síntese, é esconder o que se tem; *dissimular* é fingir ter o que não se tem. Conquanto, em matéria cível, a simulação se distinga da dissimulação, inclusive quanto aos seus efeitos, em matéria tributária os dois fenômenos se superpõem, pois produzem os mesmos efeitos: evitam, por meio de manobras ilícitas, o nascimento de deveres fiscais. Assim, passaremos a utilizar apenas o termo "*simulação*", mesmo quando estivermos nos referindo a uma conduta dissimulada do contribuinte.

316. *La simulazione nei negozi giuridici*, Turim, UTET, 5ª ed., 1.922, p. 236.

quem o pratica, que, na verdade, quer, mediante ardil, alcançar objetivo diverso daquele expressamente indicado. Nela há flagrante descompasso entre a forma extrínseca do ato e a vontade de quem o pratica.

Pelo diploma anterior (Código Civil de 1916), a simulação era vício que tornava o ato jurídico anulável, tanto quanto o erro, o dolo e a coação. O ato, mesmo simulado, produzia efeitos, até ser declarado nulo; e havia prazo para propor a ação visando sua anulação.

O novo diploma dá outro tratamento ao tema, considerando *nulo* o ato simulado. Confira-se:

> *"Art. 167. É nulo o negócio jurídico simulado, mas subsistirá o que se dissimulou, se válido for na substância e na forma".*

Mas, a quem compete declarar a simulação e a consequente nulidade do negócio jurídico praticado?

A resposta nos é dada pelo art. 168 e seu parágrafo único, do Código Civil; *verbis*:

> *"Art. 168. As nulidades dos artigos antecedentes podem ser alegadas por qualquer interessado, ou pelo Ministério Público, quando lhe couber intervir.*
>
> *"Parágrafo único. As nulidades devem ser pronunciadas pelo juiz, quando conhecer do negócio jurídico ou dos seus efeitos e as encontrar provadas, não lhe sendo permitido supri-las, ainda que a requerimento das partes".*

Portanto, no caso concreto, a simulação deve ser declarada pelo Poder Judiciário, a requerimento da Fazenda Pública.

Todavia, o parágrafo único, do art. 116, do Código Tributário Nacional, atropelou esta regra, investindo a "*autoridade administrativa*" do poder de desconsiderar, de ofício, atos ou negócios jurídicos "*dissimulados*", em ordem a retirar-lhes a "*eficácia tributária*". Ao assim estatuir, pretendeu introduzir, em nosso ordenamento jurídico, a inconstitucional "*interpretação econômica do direito tributário*". Inconstitucional, porque ofende ao magno *princípio da segurança jurídica*, já que "*permite*" que a autoridade administrativa, com base em seus particulares e subjetivos juízos, desconsidere negócios jurídicos, negando-lhes validade.

Eduardo Domingos Bottallo critica com acrimônia a larga margem de discricionaridade que o preceito contido no parágrafo único, do art. 116, do *CTN*, confere à autoridade administrativa encarregada do lançamento; *verbis*:

> "*Tão formidável competência há de ser veementemente rejeitada, por levar à própria desconstrução dos atos ou negócios postos sob 'suspeita' – efeito que, segundo entendemos, não encontra na legislação tributária adequado campo de deliberação.*
>
> "*Deveras, a 'autoridade administrativa' não dispõe de poderes originários capazes de negar validade aos efeitos decorrentes de atos ou negócios jurídicos. A aceitação dessa possibilidade – de atribuir ao direito tributário 'autonomia' que ele não tem – implicaria admitir que obrigações tributárias podem nascer do juízo discricionário da 'autoridade administrativa', hipótese que o ordenamento jurídico rejeita*".[317]

Com apoio nestas lições, é com convicção que reiteramos que somente o Poder Judiciário está investido de autoridade para, reconhecendo a simulação, determinar a desconsideração do negócio jurídico praticado pelo contribuinte. Para tanto, deverá, evidentemente, observar os parâmetros constitucionais e legais.[318]

---

317. *Curso de Processo Administrativo Tributário*, Malheiros, São Paulo, 2ª ed., 2009, p. 133.

318. A desconsideração de "atos ou negócios jurídicos praticados com a finalidade de dissimular a ocorrência do fato gerador do tributo ou a natureza dos elementos constitutivos da obrigação tributária" só pode ser efetivada se for observado o devido processo legal, com o contraditório e o direito à ampla defesa.

IV- Não fosse isto suficiente, ainda cabem, a propósito, outras considerações, que decorrem do § 1º, do art. 167, do Código Civil, que estabelece:

> *"Art. 167. ('omissis'): (...)*
>
> *"§ 1º Haverá simulação nos negócios jurídicos quando:*
>
> *"I – aparentarem conferir ou transmitir direitos a pessoas diversas daquelas às quais realmente se conferem, ou transmitem;*
>
> *"II – contiverem declaração, confissão, condição ou cláusula não verdadeira;*
>
> *"III – os instrumentos particulares forem antedatados, ou pós-datados".*

Notamos, pois, que o dispositivo enumera taxativamente os defeitos do ato ou do negócio, que podem levar à caracterização da simulação; a saber: *a)* conferência ou transmissão de direitos a pessoas diversas daquelas às quais estas conferências ou transmissões são efetivamente feitas; *b)* registro de declaração, confissão, condição ou cláusula não verdadeira; e, *c)* em se tratando de instrumentos particulares, apresentarem-se antedatados ou pós-datados.

Estas as hipóteses taxativas autorizadoras da desqualificação, por simulação, de atos ou negócios jurídicos, que passam a ser reconhecidas como inafastáveis parâmetros objetivos para determinação do alcance da norma do parágrafo único, do artigo 116, do Código Tributário Nacional.

IVa- Observe-se que a simulação, em rigor, é uma só, não havendo porque distingir, como fazem alguns, a *simulação civil* da *simulação fiscal*.

Assim, mesmo quando o terceiro prejudicado por este defeito do ato jurídico é a Fazenda Pública, a simulação não é considerada infração fiscal autônoma.

Uma coisa, porém, precisa ficar definitivamente clara: o fisco não pode conhecer diretamente da simulação, declarando, *de ofício*, o defeito do ato jurídico e tributando – pelo lançamento – a realidade oculta pela aparência enganosa. Precisa, para tanto, valer-se do Poder Judiciário, aguardando o trânsito em julgado da decisão que declare a invalidade deste mesmo ato jurídico.

Logo, a nulidade dos atos simulados não pode ser declarada no próprio *lançamento* (ou no *auto de infração*). Isto só é possível por intermédio de um *processo judicial*, intentado pelo representante da Fazenda Pública.

Assim, mesmo que a Fazenda Pública tenha fundadas suspeitas de que um dado ato jurídico, que lhe trouxe prejuízos, é simulado, deverá, num primeiro momento, considerá-lo válido, efetuando o lançamento de acordo com as aparências. De seguida, deverá pleitear, junto ao Poder Judiciário, a declaração da nulidade deste mesmo ato jurídico. Só depois de obtida a decisão favorável é que poderá alterar o lançamento[319]. Não poderá, em suma, *fazer justiça pelas próprias mãos*, ainda que para satisfazer pretensão que reputa legítima.

IVb- E nem se diga que esta necessidade de intervenção judicial limita odiosamente a ação do fisco. É que, nos termos dos arts. 149, VII e 150, § 4º, ambos do Código Tributário Nacional, não flui o prazo decadencial do direito de lançar o tributo, de proceder à revisão do lançamento ou de homologar o pagamento, quando se comprove que o sujeito passivo ou terceiro, em benefício daquele, agiu com *simulação*. A natural demora no desfecho da demanda não esgarçará sequer o direito que a Fazenda Pública tem, de lançar ou lavrar o auto de infração.

Acrescente-se que, assim como não se pode reconhecer, na "*autoridade administrativa*", competência para negar eficácia a atos ou negócios jurídicos, sob o argumento de que contrariam interesses arrecadatórios, é inaceitável que, para

---

319. Nossa posição conta com o prestigioso respaldo de Alberto Xavier (*"Liberdade Fiscal, Simulação e Fraude no Direito Tributário Brasileiro"*, in *Revista de Direito Tributário nºs. 11/12*, pp. 298 e 299) e de Pontes de Miranda (*"Parecer 71"*, de 8.3.50, in *Questões Forenses* 2, p. 170).

fins tributários, venham erigidas hipóteses de simulação, distintas das expressamente apontadas no Código Civil.

Permitimo-nos insistir que o parágrafo único, do art. 116, do *CTN*, veio apenas explicitar (desnecessariamente, a nosso ver) o que já se encontrava disposto no art. 149, VII, do mesmo diploma normativo, qual seja, que a autoridade administrativa pode realizar lançamento *ex officio* ou rever lançamento já efetuado, "*quando se comprove que o sujeito passivo, ou terceiro em benefício daquele, agiu com dolo, fraude ou simulação*", para prejudicar a arrecadação fiscal.

Também esta linha de raciocínio vem abonada por Eduardo Domingos Bottallo; *verbis*:

> *"De tudo quanto foi até aqui exposto, ressalta o caráter, que poderíamos chamar de 'não-inovatório' ou de meramente 'ratificador', de que se reveste o parágrafo único do art. 116 do CTN. (...)*
>
> *"Em suma, a norma veiculada pela Lei Complementar 101/2001 nada mais fez senão confirmar o que já está expresso no art. 149, VII, do CTN: o lançamento pode ser revisto quando ficar demonstrado que o sujeito passivo, ou terceiro em seu benefício, agiu com simulação".*[320]

Logo, quer sob a óptica procedimental (competência e meios de apuração), quer sob a estrutural (hipóteses de caracterização), é no Código Civil que haverão de ser buscados os critérios para o balizamento da norma tributária.

V- Daí não ser dado à fiscalização, olhos fitos apenas em seus interesses fazendários, "*desconstituir*" negócios jurídicos dos contribuintes, com o único escopo de exigir-lhes tributos ou de fazê-lo *a maior*.

Não resta dúvida de que o interesse fazendário é importante. Só que não sobrepaira o interesse público, mas a ele se

---

320. *Curso...*, pp. 131/132.

subordina e, por isso mesmo, só poderá prevalecer quando houver perfeita sintonia entre ambos.

Ora, o interesse público inadmite que se faça *tabula rasa* do direito dos contribuintes, de serem adequadamente tributados.

Poder-se-ia dizer – o que é correto e verdadeiro – que há uma predominância do interesse público sobre o interesse privado. Só que *predominância do interesse público* não é o mesmo que *subtração de direitos do contribuinte*.

Em suma, não se pode invocar o interesse fazendário para justificar iniciativa que não se contém dentro dos parâmetros constitucionais e legais.

VI- Importa assinalar, por fim, que, como o parágrafo único, do art. 116, do *CTN*, remete aos "*procedimentos a serem estabelecidos em lei ordinária*", enquanto esta não for editada, as autoridades fazendárias estarão impedidas de efetuar a desconsideração do ato ou do negócio que entenderem inquinados de simulação.

Deveras, o dispositivo em foco não confere aos agentes do fisco poderes discricionários para levarem a efeito a desconsideração, mas, pelo contrário, condiciona a adoção de tal medida à observância de procedimentos, a serem fixados em lei ordinária.

Assim, sem prejuízo do quanto foi acima exposto, à míngua da lei ordinária exigida pelo art. 116, parágrafo único, *in fine*, do *CTN*,[321] não é dado, à Fazenda Pública desconsiderar, ela própria, atos e negócios que considere *simulados*.

---

321. Atualmente está em trâmite no Congresso Nacional, a Proposta de Lei n. 536/2007, que visa fixar "*os procedimentos para desconsideração de atos ou negócios jurídicos, para fins tributários, conforme previsto no parágrafo único do art. 116 da Lei n. 5.172, de 25 de outubro de 1966 – Código Tributário Nacional (CTN), introduzido pela Lei Complementar n. 104, de 10 de janeiro de 2001*". Tal proposta, porém, se nos afigura inconstitucional, pois "confere" à Administração Fazendária poderes arbitrários para *(i)* desconsiderar

Adiantamos, a propósito, que o art. 118, do Código Tributário Nacional impede que, no campo das nulidades em geral, os atos da Administração Pública gozem de *auto-executoriedade*.

qualquer ato ou negócio jurídico que considere praticado com o escopo de ocultar algum elemento do *fato imponível*, e *(ii)* valer-se da analogia, para, com base em critérios subjetivos, alargar a abrangência das hipóteses de incidência dos tributos.

Capítulo IV

O ART. 117, DO *CTN* (*CONDIÇÃO SUSPENSIVA* E *CONDIÇÃO RESOLUTIVA*)

I- O art. 117, I e II, do *CTN*, prescreve:

> *"Art. 117. Para os efeitos do inciso II do artigo anterior e salvo disposição de lei em contrário, os atos ou negócios jurídicos condicionais reputam-se perfeitos e acabados:*
>
> *"I- sendo suspensiva a condição, desde o momento de seu implemento;*
>
> *"II- sendo resolutória a condição, desde o momento da prática do ato ou da celebração do negócio".*

Note-se, antes de tudo, que este dispositivo também alude ao aspecto temporal da *hipótese de incidência tributária,*[322] só que agora quando conectada a atos ou negócios jurídicos condicionais, que dependem, para se perfazerem, do elemento volitivo das partes.

Por isso mesmo, o art. 117, do *CTN* só tem aplicabilidade para os impostos (tributos não-vinculados a uma atuação estatal), que, como se sabe, nascem de *fatos regidos pelo Direito*

---

322. *V., supra, item 3.3,* do *Capítulo IV,* da Primeira Parte.

Privado (*negócios privados*), nos quais a vontade das partes tem relevância jurídica (doação, venda mercantil, prestação negocial de serviço, transmissão imobiliária etc.); não, para as taxas e a contribuição de melhoria (tributos vinculados a uma atuação estatal), que advém de *fatos regidos pelo Direito Público* ou *fatos de Estado* (ato de polícia, serviço público, obra pública que valoriza os imóveis a ela adjacentes), que prescindem, para surgir, do elemento volitivo dos contribuintes.[323]

Feito este esclarecimento prévio, lembramos meteoricamente que condição é a cláusula, celebrada livremente pelas partes contratantes, que subordina a eficácia do ato ou negócio jurídico a evento futuro ou incerto. Ou, na precisa dicção do art. 121, do Código Civil, é "*a cláusula que, derivando exclusivamente da vontade das partes, subordina o efeito do negócio jurídico a evento futuro e incerto*".

A condição, para gerar o nascimento do imposto, há de ser *lícita* (isto é, não vedada pelo Direito), *não-potestativa* (vale dizer, que não sujeita a eficácia do ato à vontade de apenas uma das partes[324]) e de configuração *possível*, quer física, quer juridicamente.

II- Pois bem. Enquanto a *condição suspensiva* não se implementa, inocorre o ato ou o negócio jurídico que, nos termos da lei, faz nascer a obrigação tributária. Esta só surgirá quando se verificar o evento havido por apto a completar o ato ou negócio jurídico. É o que preceitua o art. 125, do Código Civil:

---

323. Voltamos a recordar que, pela nossa óptica, o tributo é o gênero, do qual o imposto, a taxa e a contribuição de melhoria são as espécies. Assim, para nós, os *impostos extraordinários*, os *empréstimos compulsórios* e as *contribuições* podem ser reconduzidos a pelo menos uma destas três espécies tributárias.

324. *Direitos potestativos* são aqueles que se traduzem na faculdade que uma pessoa tem de determinar o nascimento, a modificação ou a extinção de direitos subjetivos de outra, sem o concurso de sua vontade. É o caso do direito, tanto do empregador, como do empregado, de pôr termo ao contrato de trabalho. Com esse exemplo, fica fácil perceber que quem deve suportar um direito potestativo nada pode fazer, senão sofrer suas consequências jurídicas.

"*Subordinando-se a eficácia do negócio jurídico à condição suspensiva, enquanto esta se não verificar, não se terá adquirido o direito, a que ele visa*". Assim, o imposto somente será devido depois de verificada a condição.[325] Este – repetimos – é o marco temporal de sua *hipótese de incidência*.

Em exemplário armado ao propósito, se uma doação for condicionada ao casamento do donatário, enquanto tal não se der não nascerá o dever de recolher o *ITCMD* estadual.

III- De revés, na condição resolutiva (ou *resolutória*, como prefere o *CTN*), regulada pelo art. 127, do Código Civil ("*Se for resolutiva a condição, enquanto esta se não realizar, vigorará o negócio jurídico, podendo exercer-se desde a conclusão deste o direito por ele estabelecido*"), o ato ou negócio jurídico já está perfeito e acabado quando as partes o praticam ou o celebram e, a partir desse momento, nasce o imposto previsto na lei. A realização da cláusula resolutória não ilide o tributo já nascido.

Noutras palavras, o contribuinte não tem o direito de pedir repetição do imposto pago, sob o argumento de que, com o implemento da condição resolutiva é como se a obrigação tributária nunca tivesse existido. Por quê? Simplesmente porque já ocorrera o *fato imponível*, tendo produzido seus regulares efeitos.

Socorramo-nos novamente de um exemplo. Digamos que um cliente firme, com uma instituição financeira, um contrato de mútuo bancário, para pagamento em um ano, e receba o empréstimo avençado. A partir deste momento, ocorre o *fato imponível* do *IOF* e o tributo é devido, ainda que o aludido contrato venha desfeito, pela verificação de uma condição resolutiva nele constante (*v. g.*, a depreciação da moeda acima de um determinado índice).

---

325. É o que, em outras palavras, prescreve o já mencionado art. 105, do *CTN*.

Capítulo V

O ART. 118, DO *CTN* (A TRIBUTAÇÃO DOS ATOS ILÍCITOS)

Sumário: *1. Introdução. 2. O art. 118, do CTN e o interesse público.*

1. Introdução

I- Estabelece o art. 118, do *CTN*:

> *"Art. 118. A definição legal do fato gerador é interpretada abstraindo-se:*
>
> *"I- da validade jurídica dos atos efetivamente praticados pelos contribuintes, responsáveis, ou terceiros, bem como da natureza do seu objeto ou dos seus efeitos;*
>
> *"II- dos efeitos dos fatos efetivamente ocorridos".*

Note-se que este dispositivo refere-se aos "*atos efetivamente praticados*" e aos "*fatos efetivamente ocorridos*".

Portanto, ao contrário do que pode parecer à primeira vista, ele não encerra uma regra de interpretação da lei que criou "*in abstracto*" o tributo, traçando sua *hipótese de incidência*. Encerra, sim, uma regra de interpretação do *fato imponível*, isto é, do acontecimento que fez nascer concretamente o tributo.[326]

Noutras palavras, este comando normativo é no sentido de que o fato ocorrido no mundo fenomênico deve ser perfeitamente caracterizado, antes de ser declarado subsumido à hipótese de incidência tributária.

E isto é feito pelo fisco, enquanto pratica o ato administrativo de lançamento.

Aí está: o art. 118, do *CTN*, tem por *destinatário imediato* o fisco (não o Judiciário, que prescinde, para decidir, de regras hermenêuticas impostas pelo Legislativo). A ele cabe, apenas, efetuar o lançamento ou lavrar o auto de infração com imparcialidade, sopesando os atos ou fatos que vai declarar subsumidos, respectivamente, a *hipóteses de incidência tributárias* e a *tipos penais tributários*.

Falece-lhe, porém, competência para conhecer, de ofício, dos defeitos destes mesmos atos e fatos jurídicos. Não é a Fazenda Pública que vai decidir acerca da eventual nulidade (absoluta ou relativa) ou anulabilidade dos mesmos.[327] Pelo contrário, deverá promover o lançamento ou expedir o auto de infração, com total abstração destes vícios jurídicos, isto é, sem aferir-lhes a juridicidade.

---

326. Merecem ser consideradas, a respeito, as seguintes reflexões de Rubens Gomes de Sousa: "... *não se pretenda que o CTN, no art. 118, tenha autorizado, muito menos determinado, a adoção da interpretação 'funcional' ou 'econômica'. Esse dispositivo, que traça norma de interpretação, não da lei mas do fato gerador (fato imponível), dispõe que a definição deste é de ser entendida abstraindo-se da validade dos atos praticados e da natureza do seu objeto ou dos seus efeitos. Ora, o verbo 'abstrair' significa 'ignorar', 'não levar em conta'*" (*Pareceres-3 – Imposto de Renda*, São Paulo, Ed. Resenha Tributária, 1976, p. 221 – esclarecemos no parêntese).

327. A nosso ver, pouco importa, se os atos jurídicos padecem de nulidade absoluta, de nulidade relativa ou de simples anulabilidade: o art. 118, do *CTN*, alcança todos eles.

É o Poder Judiciário que, provocado pelo fisco, averiguará a validade e a eficácia dos atos jurídicos que formam o *fato imponível*.

Nisto estamos com Alberto Xavier, quando proclama:

> *"No procedimento administrativo de lançamento o Fisco pode declarar a inexistência jurídica de um ato, mas tem de abstrair da sua validade e eficácia. Colocado perante um ato jurídico existente o Fisco deve presumir a sua validade e eficácia praticando o lançamento como se válido e eficaz for. E isto quer se trate de ato absoluto nulo (atingido por incapacidade absoluta, ilicitude do objeto ou falta de forma), quer se trate de ato válido mas anulável (ferido por incapacidade relativa, erro, dolo, coação e simulação). Caso, porém, o Fisco (ou o contribuinte) tenha dúvidas quanto à validade e eficácia dos atos deverá promover a instauração de competente ação judicial, que culminará com sentença operadora de caso julgado no procedimento de lançamento, envolvendo a automática reforma deste ato, que se deverá conformar com a realidade declarada pelo Poder Judiciário".*[328]

Assim, se o Poder Judiciário, dando guarida à pretensão fazendária, declarar a nulidade do ato jurídico, o fisco tem o dever de alterar o anterior lançamento.

Tornamos a repetir, porém, que o fisco só poderá invocar a nulidade após o trânsito em julgado da decisão (judicial) que a declarou.

Logo, a aparência sobrepõe-se à realidade no lançamento, até que a *verdade material* venha declarada pelo Poder Judiciário.

II- Retornando ao ponto que mais de perto nos interessa, a simulação, que leva à evasão fiscal, só pode ser considerada, pela Fazenda Pública, após decisão judicial, com trânsito em julgado, dando pela existência deste vício jurídico.

---

328. Artigo citado, p. 297 – grifamos.

O art. 118, do *CTN* consagra a tese de que, para a configuração do *fato imponível tributário*, é irrelevante a circunstância dos atos praticados ou dos fatos ocorridos serem válidos ou inválidos, nulos ou anuláveis, no âmbito do Direito Privado: desde que ocorrida a situação descrita na lei como apta a desencadear obrigações tributárias, o tributo nascerá e será exigível. Mesmo episódios eticamente condenáveis, se configuram *fatos imponíveis*, rendem ensejo à tributação, sem prejuízo, se for o caso, da aplicação de sanções cíveis ou administrativas a quem os praticou.

III- No que concerne aos atos nulos (depois de assim declarados pelo Poder Judiciário), sua prática, a nosso ver, não pode fazer nascer obrigações tributárias, já que, juridicamente falando, é como se nunca tivessem existido.[329] Lembramos, com base no art. 166, do Código Civil, que são nulos os atos e negócios jurídicos que: *a)* forem celebrados por pessoa absolutamente incapaz (inc. I); *b)* tiverem objeto ilícito, impossível ou indeterminável (inc. II); *c)* apresentarem motivo determinante ilícito (inc. III); *d)* não revestirem a forma prescrita em lei (inc. IV); *e)* forem praticados sem solenidade que a lei considere essencial à sua validade (inc. V); *f)* visarem fraudar lei imperativa (inc. VI); e, *g)* a lei taxativamente declare nulos ou lhes proíba a prática, sem cominar sanção (inc. VII).

Pois bem. Na medida em que o nascimento da obrigação tributária requer a subsunção de um fato a uma *hipótese de incidência*, temos por incontroverso que se um fato juridicamente não ocorreu, porque nulo, não pode produzir este efeito.

IIIa- Mas, caso um ato venha a ser declarado nulo, é possível a repetição do indébito, observado o prazo de 5 anos, apontado no art. 168, I, do *CTN*?

Sem embargo de doutas opiniões no sentido de que, mesmo declarado nulo o ato jurídico, permanecem as obrigações

329. Cf. Alberto Trabucchi, *Instituciones de Derecho Civil*, Editorial Revista de Derecho Privado, Madrid, 1967, vol. I.

tributárias que dele decorreram,[330] temos para nós que, neste caso, o direito à restituição é de rigor.

Concordamos, pois, com Heleno Taveira Torres, quando observa:

> *"Fossemos levar às últimas circunstâncias o pensamento daqueles que propugnam pela indevolutividade dos tributos pagos por atos posteriormente declarados pelo próprio Estado como nulos, o art. 118 do CTN seria de todo inconstitucional, por desrespeitar a fiel demonstração de capacidade contributiva ou mesmo a tipicidade, ou legalidade material, como fundamentos de tributação, preferindo dar prevalência à forma jurídica, antes que à efetiva substância, em absoluta contradição com as demais normas do sistema que reclamam o cumprimento de atos com base numa verdade material, como o art. 145, § 1º, da CF, e o próprio parágrafo único do art. 116 do CTN".*[331]

Assim, o princípio da verdade real (objetiva) está a exigir que, uma vez declarada a nulidade de ato jurídico, o tributo, com base nele lançado e cobrado, seja objeto de restituição.

IV- Já, os atos anuláveis (nulidade relativa), conquanto praticados em descompasso com normas jurídicas (*v. g.*, por pessoa relativamente incapaz ou com vícios de consentimento, resultantes de erro, dolo, coação, simulação ou fraude), são, se confirmados por quem poderia intentar a ação de anulação, válidos. Nesse caso, gerarão efeitos jurídicos e, quando se subsumirem a uma *hipótese de incidência tributária*, serão relevantes, ou seja, farão nascer as exações pertinentes.

Por outro lado, enquanto o ato anulável não for fulminado pelo Poder Judiciário, em regular processo, produzirá efeitos, inclusive o de fazer nascer obrigações tributárias. Portanto, a

---

330. Caso de Aliomar Baleeiro (*op. cit.*, p. 714).

331. *Direito Tributário e Direito Privado*, Editora Revista dos Tribunais, São Paulo, 2003, p. 382.

eventual anulação destes atos não tem o condão de acarretar o desaparecimento das obrigações tributárias que se constituíram com a realização do *fato imponível*; tampouco, o nascimento do direito à repetição da quantia paga.

V- Estas linhas de raciocínio, no entanto, não valem, em linha de princípio, para os atos ilícitos, que são suportes fáticos de sanção; não de tributo.

Tenhamos em mira que a norma jurídica tributária não pode prever, em seu antecedente, que, uma vez ocorrido um ato ilícito, nascerá uma exação. Pelo contrário, sempre há de estipular que, verificado um fato lícito, quem o praticou deverá realizar uma prestação pecuniária, em favor da pessoa política tributante.

Assim, não é possível a existência de uma *hipótese de incidência tributária* que descreva um ato ilícito, como pressuposto para o nascimento de uma exação.

Porém, quando se diz que os atos ilícitos não são passíveis de tributação, quer-se simplesmente significar que não podem figurar na *hipótese de incidência* do tributo (*v. g.*, prestar serviços de lenocínio). Dito de outro modo, a *causa próxima* do tributo não pode ser um ato ilícito.

Mas, nada impede que um infrator venha a ser contribuinte, enquanto pratica um *fato imponível*, que tenha, por *causa remota*, a prática de um ilícito. Exemplificando para melhor esclarecer, se uma pessoa for proprietária de um veículo automotor, presumivelmente adquirido com o produto de um roubo, nem por isso se eximirá do recolhimento do *IPVA*.[332]

A ideia conta com o prestigioso abono de Hugo de Brito Machado, que, depois de inadmitir um tributo cuja *hipótese de incidência* descreve a prática de um crime, aduz:

---

332. Neste caso, o *IPVA* será devido, a menos que o veículo automotor seja sequestrado, em razão de haver sido provado, pelos meios em Direito admitidos, que foi adquirido com o produto do crime.

> *"A compreensão do que se está afirmando é facilitada pela distinção, inegável, entre 'hipótese de incidência' e 'fato gerador' do tributo. Cuida-se, com efeito, de dois momentos. O primeiro é aquele em que o legislador descreve a situação considerada necessária e suficiente ao surgimento da obrigação tributária. Nessa descrição a ilicitude não entra. O outro momento é o da concretização daquela situação legalmente descrita. Nessa concretização pode a ilicitude eventualmente fazer-se presente. Aí estará, assim, circunstancialmente. Sua presença não é necessária para a concretização da hipótese de incidência do tributo. Mas não impede tal concretização, até porque, para o surgimento da obrigação tributária, como já visto, a concretização do previsto é bastante. Por isso, a circunstância ilícita, que sobra, que não cabe na hipótese de incidência tributária, é, para fins tributários, inteiramente irrelevante".*[333]

Enfim, não é possível tributação que incida diretamente sobre atos ilícitos, mormente quando tipificam crimes. Assim, não vislumbramos a menor possibilidade jurídica de exigir *ICMS* de quem vende substâncias entorpecentes; tampouco *IPI*, de quem as fabrica.

Entretanto, o proprietário da casa onde estas práticas delituosas ocorrem, ainda que sejam por ele patrocinadas, pode validamente ser compelido a recolher o *IPTU*, que, como se sabe, tem por *hipótese de incidência ser proprietário, ter a posse ou deter o domínio útil de um imóvel urbano*. Por quê? Simplesmente porque não há relação direta (não, pelo menos, para fins tributários) entre o imóvel e a atividade ilícita nele desenvolvida.

Va- Aliás, abrindo um ligeiro parêntese, a tributação dos atos ilícitos é uma questão que está longe de ser resolvida.

Com efeito, há quem sustente[334] que, na medida em que uma atividade, ainda que ilícita, gera ganhos econômicos, a

---

333. *Curso de Direito Tributário*, Malheiros Editores, São Paulo, 21ª ed., 2001, pp. 116 e 117.

334. Achille Donato Giannini (*Istituzioni di Diritto Tributario*, Giuffrè Editore, Milão, 1956, p. 381).

pessoa que os obtém deve ser submetida à tributação, porque releva possuir capacidade contributiva. Ademais – acrescentam estudiosos do assunto[335]–, vulneraria o *princípio da igualdade*, submeter um cidadão honesto à tributação, afastando-a de quem logra obter vantagens econômicas, mercê de atividades desonestas. Depois – completam outros tributaristas[336]–, o Estado é livre para considerar tributáveis, mesmo fatos que ele próprio considera, administrativa ou penalmente, ilícitos.

Já, pugnando em sentido oposto, juristas entendem que o Poder Público não pode tributar atos ilícitos, sob pena de tornar-se cúmplice dos infratores, já que auferiria benefícios derivados das condutas por eles desenvolvidas.[337] Além disso, se um setor do Direito declara que um ato ilícito não produz efeitos jurídicos, é ilógico que, outro, o considere gerador de obrigações tributárias.[338] Por fim, a própria sanção penal excluiria, de plano, a possibilidade de nascimento de tributos, sob pena de violação ao princípio *non bis in idem*.[339]

Embora reconheçamos que todas essas posições são sustentáveis, pensamos, sempre com o devido acatamento, que não há uma solução universal e definitiva para o problema. Tudo vai depender do exame do caso concreto e do tributo que estiver sendo pretendido.

---

335. Amílcar de Araújo Falcão (*Fato Gerador da Obrigação Tributária*, Forense, Rio de Janeiro, 6ª ed., 3ª tiragem, 1997, pp. 42 a 46).

336. Por exemplo, Maria Teresa Soler Roch ("La tributación de atividades ilícitas", in *Revista de Derecho Financiero*, n. 85, 1995, p. 18).

337. É o caso de César Galarza ("*Existen trabas éticas o morales para la tributación de los actos ilícitos?*", in *La Ley Periódico Econômico Tributario* n. 298, 2004.

338. Esta é a posição de Clara Gimenez ("*Tributación de los rendimientos ilícitos: STS 21/12/1999, una nueva lectura del artículo 31 de la Constitución.* Pronunciamiento sobre una cuestión pendiente de desarrollo en la Jurisprudencia y Doctrina Españolas", in *Revista de Contabilidad y Tributación* n. 204, 2000, p. 132).

339. É o que pensa Alejandro Altamirano, "*Sanciones anômalas o impropias en el Derecho Tributario*", in *AAVV, Tratado de Derecho Tributario*, Palestra Editores, Lima, 2003, pp. 257 e ss.

Assim, em se tratando de imposto sobre a renda, a tributação é devida, ainda que se comprove que os acréscimos patrimoniais experimentados pela pessoa são fruto de crime por ela cometido. Entretanto, se, em consequência do delito praticado, houver, como manda a legislação penal,[340] o perdimento destes valores, não haverá espaço jurídico para a tributação em tela. É que o arrecadador tributário, neste caso, terá chegado tarde demais,[341] porque o juiz penal, em obediência à lei, a ele terá se antecipado, determinando a expropriação dos resultados provenientes do delito, ou seja, das vantagens econômicas obtidas com sua prática. Em suma, mesmo os atos ilícitos são tributáveis, enquanto seus resultados econômicos favoráveis se fizerem sentir.

Reforçando a ideia: se houver a insubsistência do *fato imponível*, com o perdimento dos bens, valores ou direitos do delinquente, o tributo que havia nascido desaparece, por perda do objeto. É o que se dá, *e. g.*, quando o infrator, que auferira renda com o furto, tem confiscados os valores ilicitamente obtidos.

Por outro lado, em caso de dúvida sobre a origem dos bens ou ganhos do contribuinte, presume-se que a origem dos mesmos foi lícita e a tributação é possível, com os encargos de praxe

---

340. O nosso sistema jurídico-penal prevê o perdimento de bens, direitos ou valores, no caso de comprovadamente serem produto de crime. Com efeito, o Código Penal, em seu art. 91, II, *b*, determina a perda, em favor da União, ressalvado o direito do lesado ou de terceiro de boa-fé, "*do produto do crime ou de qualquer bem ou valor que constitua proveito auferido pelo agente com a prática do fato criminoso*". Também o Código de Processo Penal determina, em seus arts. 125 a 133, o sequestro de bens móveis ou imóveis adquiridos pelos acusados, com os proventos do crime. De seu turno, o Decreto-lei n. 9.760, de 05 de setembro de 1946, estabelece, em seu art. 1º, *k*, que se incluem entre os bens da União, os que forem "*perdidos pelo criminoso condenado por sentença proferida em processo judiciário federal*". Mais recentemente, seguindo na mesma trilha, a Lei n. 9.613/1998, ao tratar dos crimes de "*lavagem de dinheiro*", determinou, em seu art. 7º, I e II, como efeito da condenação, a perda dos bens, direitos e valores objeto do crime.

341. A expressão é de Hector Villegas (*Curso de finanzas, derecho financiero y tributario*", Ástrea, Buenos Aires, 8ª ed., 2002, p. 364).

(multas, juros, correção monetária), decorrentes da omissão de informações ao fisco.

Inteira guarida merecem, pois, as palavras de Misabel Derzi; *verbis*:

> *"Imposto poderá incidir sobre a ostentação de riqueza ou o crescimento patrimonial incompatíveis com a renda declarada, no pressuposto de ter havido anterior omissão de receita. Receita, em tese, de* ***origem lícita****, porém nunca comprovadamente criminosa. Não seria ético, conhecendo o Estado, a origem criminosa dos bens e direitos, que legitimasse a ilicitude, associando-se ao delinquente e dele cobrando uma quota, a título de tributo. Portanto, põem-se alternativas excludentes, ou a origem dos recursos é lícita, cobrando-se em consequência o tributo devido e sonegado, por meio da execução fiscal, ou é ilícita, sendo cabível o perdimento dos bens e recursos, fruto da infração".*[342]

Assim, se um explorador da loteria denominada *jogo do bicho* (art. 58, do Decreto-lei n. 3.688/1941) for proprietário de imóvel urbano, deverá recolher o tributo correspondente (o *IPTU*), ainda que seja razoável presumir que este bem foi integrado ao seu patrimônio em decorrência dos ganhos obtidos com a prática da referida contravenção penal. É que a hipótese de incidência deste tributo é simplesmente "*ser proprietário de imóvel urbano*", não sendo necessário, para a realização do respectivo *fato imponível*, que esta situação jurídica advenha do exercício de atividade lícita. Haverá, aí, a tributação de um fato lícito, ainda que tendo por causa remota um ato ilícito. É o princípio do *non olet*, aplicado ao Direito Tributário.

2. O art. 118, do CTN e o interesse público

I- Somos os primeiros a concordar que os atos da Administração Pública gozam de um atributo particularmente

---

342. *Notas* ao livro *Limitações Constitucionais ao Poder de Tributar*, de Aliomar Baleeiro, Forense, Rio de Janeiro, 7ª ed., 1997, p. 716 (os grifos são da autora).

agressivo, que há nome *executoriedade* (ou *auto-executoriedade*, como preferem alguns).

Melhor explicitando, os atos administrativos em geral operam efeitos na ordem jurídica, independentemente de qualquer convalidação legal ou judicial.

E nem poderia ser de outra forma, já que, do contrário, a Administração Pública ver-se-ia irremediavelmente atrelada ao Legislativo e ao Judiciário, numa afronta aberta ao princípio constitucional da harmonia e separação dos Poderes.

No caso, porém, a ordem jurídica sinaliza em outra direção.

II- Sabemos que os atos inválidos dos contribuintes não podem produzir efeitos jurídicos. Mas isso só após serem formalmente anulados pelo Poder Judiciário.

Para melhor podermos desenvolver esta ideia, retomemos o art. 118, do Código Tributário Nacional, que dispõe, que "*a definição legal do fato gerador é interpretada abstraindo-se... a validade jurídica dos atos efetivamente praticados*" e "*dos efeitos dos fatos efetivamente ocorridos*".

Pois bem. Ao contrário do que pode parecer à primeira vista, este dispositivo não encerra uma regra de interpretação da lei que criou "*in abstracto*" o tributo, traçando sua *hipótese de incidência*. Encerra, sim, uma regra de interpretação do *fato imponível*, isto é, do acontecimento que fez nascer concretamente o tributo.[343]

Noutras palavras, este comando normativo é no sentido de que o fato ocorrido no mundo fenomênico deve ser perfeitamente

343. Merecem ser consideradas, a respeito, as seguintes reflexões de Rubens Gomes de Sousa: "*... não se pretenda que o CTN, no art. 118, tenha autorizado, muito menos determinado, a adoção da interpretação 'funcional' ou 'econômica'. Esse dispositivo, que traça norma de interpretação, não da lei mas do fato gerador, dispõe que a definição deste é de ser entendida abstraindo-se da validade dos atos praticados e da natureza do seu objeto ou dos seus efeitos. Ora, o verbo 'abstrair' significa 'ignorar', 'não levar em conta'*" (*Pareceres-3 – Imposto de Renda*, São Paulo, Ed. Resenha Tributária, 1976, p. 221).

caracterizado, antes de ser declarado subsumido à hipótese de incidência tributária.

E isto é feito pelo fisco, enquanto pratica o ato administrativo de lançamento.

Aí está: o art. 118, do *CTN*, tem por *destinatário imediato* o fisco, a quem cabe, apenas, efetuar o lançamento, com imparcialidade, sopesando os atos ou fatos que vai declarar subsumidos às *hipóteses de incidência tributárias*.

III- Portanto, quando há simulação, o tributo pode vir exigido (com as sanções cabíveis) de terceira pessoa, que não aquela que, *ostensivamente* realizou o *fato imponível*. Mas tal exigência, em rigor, atinge o *verdadeiro* realizador do *fato imponível* (portanto, a pessoa diretamente vinculada ao nascimento da obrigação tributária). Neste caso, não há falar, nem mesmo em *sujeição passiva indireta*, mas, sim, em *sujeição passiva direta*, que o contribuinte-infrator, por meios juridicamente condenáveis, estava tentando afastar.

Mais e mais se aclara a ideia de que exigir o tributo de quem não realizou o *fato imponível*, só é possível nos restritos casos apontados na lei (*numerus clausus*) ou depois de insofismavelmente provado que houve simulação e que, portanto, o verdadeiro contribuinte não é quem se apresenta, num primeiro momento, mas, sim, uma interposta pessoa (justamente o infrator).

Neste último caso, porém, exige-se a prova do *dolo* (vontade livre e consciente dirigida ao resultado ilícito) ou, se preferirmos, da manifesta malícia (*mala fides*).

Em resumo, a alocação de terceiro na contingência de pagar tributo realmente cabe em havendo ilícitos fiscais, como a simulação. Para tanto, porém, é imprescindível que se demonstre, ponto por ponto, que ele, deliberada e conscientemente, foi o realizador ou mentor do evento delituoso.

IV- É por isso que entendemos que a *teoria da desconsideração da personalidade jurídica* não se aplica ao Direito Tributário.[344]

Se não, vejamos.

Começamos por afirmar que, em termos de direito positivo, a *teoria da desconsideração da personalidade jurídica* só se encontra disciplinada no *Código do Consumidor* (Lei n. 8.078, de 11 de setembro de 1.990).

Realmente, dispõe o art. 28, deste diploma normativo:

> *"Art. 28. O juiz poderá desconsiderar a personalidade jurídica da sociedade quando, em detrimento do consumidor, houver abuso de direito, excesso de poder, infração da lei, fato ou ato ilícito, ou violação dos estatutos ou contrato social. A desconsideração também será efetivada quando houver falência, estado de insolvência, encerramento ou inatividade da pessoa jurídica, provocados por má administração".*

O § 5º, deste mesmo dispositivo, complementa que "*também poderá ser desconsiderada a pessoa jurídica sempre que sua personalidade for, de alguma forma, obstáculo ao ressarcimento de prejuízos causados aos consumidores*".

Se quisermos adotar este padrão legislativo, para determinar as possibilidades de utilização desta teoria, em nosso direito, desde logo ficam evidentes alguns requisitos, de observância obrigatória; a saber: *a)* apenas o Juiz pode *desconsiderar* a personalidade jurídica; *b)* incumbe ao interessado na desconsideração provocar a manifestação judicial; e, *c)* a desconsideração só é possível quando patenteados os supramencionados vícios (*abuso de direito, excesso de poder, infração da lei, fato ou ato ilícito, ou violação dos estatutos ou contrato social*).

---

344. *V.*, *supra*, Capítulo III, *item 3* (comentários ao art. 116, parágrafo único, do *CTN*).

A estas limitações, que podemos chamar de *explícitas*, somam-se as seguintes, ditadas pelos princípios gerais de direito e pela própria elaboração jurisprudencial: *a)* a desconsideração somente pode alcançar a pessoa dos sócios, que se escondem atrás da pessoa jurídica (nunca terceiros que não tenham *poder de controle* sobre ela); e, *b)* a aplicação desta teoria exige *prova inequívoca* de que a sociedade tenha sido utilizada para *acobertar* a figura dos sócios e tornar-se instrumento de fraude.[345]

Logo, pela teoria da *desconsideração da personalidade jurídica*, sempre que uma empresa é utilizada como *fachada*, escondendo fraudes ou abusos de seus controladores, deve ser ignorada, imputando-se as condutas ilícitas, a estes últimos.

No campo do Direito Tributário, porém, não é possível, a nosso ver, a aplicação desta teoria que, em nosso ordenamento jurídico, apenas foi admitida no âmbito das *relações de consumo* e, por *construção pretoriana*, em outras poucas hipóteses excepcionais (falência, ilícitos civis etc.).

Deveras, os princípios da *estrita legalidade* e da *tipicidade fechada* impedem que esta teoria – detrimentosa aos direitos dos sujeitos passivos tributários (diretos e indiretos) – seja aplicada sem expressa previsão legal (ou seja, por mero processo de *extensão*), no âmbito tributário.

Nem a *simulação fiscal* rende ensejo à aplicação da *teoria da desconsideração da personalidade jurídica*.

É certo que a *simulação fiscal* pode – e deve – ser sancionada. Mas, para isso, deve ser *provada* pelo fisco e *declarada*, por provocação deste, pelo Poder Judiciário, facultando-se ao *acusado* o exercício do direito à ampla defesa.[346]

---

345. Cf. *Revista dos Tribunais* n. 479, p. 194; 552, p. 181. Ainda, Ac. Un. da 4ª Câmara do 1º TACiv/SP, prolatado no Agr. Instr. n. 554.563/3 (rel.: Juiz Octaviano Santos, j. em 27.10.93, in *Repertório IOB de Jurisprudência n. 6/94*, 2ª quinzena de março de 1.994, p. 97).

346. *V.*, *infra*, *item 2*, do *Capítulo II*, da Terceira Parte.

Conclusão da Segunda Parte

Ao cabo de tudo quanto foi exposto, podemos dizer, *brevitatis causae*, que: *a)* a Constituição elegeu os fatos que, desde que previstos em lei, poderão acarretar, para as pessoas físicas ou jurídicas, a obrigação de pagar tributos; *b)* ao fazê-lo, discriminou quais fatos poderão, em caráter exclusivo, ser tributados pela União, pelos Estados, pelos Municípios e pelo Distrito Federal (é dizer, outorgou competências tributárias privativas a cada uma das pessoas políticas); *c)* a pessoa política, ao exercitar, por meio de lei, sua competência tributária, faz surgir potencialmente, no universo jurídico, o tributo, descrevendo sua *hipótese de incidência*; *d)* o tributo nasce, *in concreto*, quando alguém realiza, no mundo fenomênico, o *fato imponível*, isto é, a situação hipoteticamente descrita, na lei da entidade tributante, como idônea a gerá-lo; e, *e)* a Administração Fazendária (só ou com o concurso do contribuinte) leva a efeito o *lançamento* do tributo, declarando, formal e solenemente, quem é seu sujeito passivo e qual é o *quantum debeatur*.

Pois bem. Na dinâmica da tributação, é fácil agora notar por que a *hipótese de incidência* ocupa merecida posição de destaque.

Com efeito, entre a faculdade que a pessoa política recebeu da Constituição para tributar (competência tributária) e o nascimento *in concreto* do tributo, com o consequente direito subjetivo de exigi-lo (capacidade tributária ativa), há, por assim dizer, uma lacuna.

Ora, tal lacuna é colmeada pela *hipótese de incidência*, que, como vimos e revimos, descreve minudentemente o fato que, quando acontecido (*fato imponível*), abrirá espaço para que, após o lançamento, a pessoa política possa fazer valer sua pretensão tributária.

Aqui chegados, é o caso de tecermos algumas considerações acerca do lançamento tributário.

Terceira Parte

CONSIDERAÇÕES ACERCA DO LANÇAMENTO TRIBUTÁRIO

Capítulo I

DA FORMALIZAÇÃO DO CRÉDITO TRIBUTÁRIO PELO LANÇAMENTO

I- Como vimos na primeira parte deste estudo, a pessoa política, dentro de seu campo competencial, cria, por meio de lei, o tributo, descrevendo a respectiva norma jurídica geral e abstrata. O tributo nasce quando se verifica, no mundo fenomênico, o *fato imponível*, isto é, o conjunto de circunstâncias abstratamente previstas na lei e por ela consideradas aptas a provocar o surgimento, *in concreto*, de obrigações tributárias principais.

O tributo, ao nascer, possui – como, aliás, toda e qualquer relação jurídica – um *sujeito ativo*, um *sujeito passivo* e um *objeto*.

Rememoramos que o *sujeito ativo* é o *credor* do tributo, isto é, a pessoa que tem o direito subjetivo de arrecadá-lo.

O *sujeito passivo*, de seu turno, é o devedor do tributo, ou seja, a pessoa que tem o dever jurídico de efetuar seu pagamento.

Por fim, o *objeto* do tributo é o crédito tributário, vale dizer, a quantia que o contribuinte deve recolher, em favor do fisco ou de quem lhe faça legalmente as vezes.

Dentro de nossa óptica, como é fácil notar, inexiste obrigação – aí compreendida a obrigação tributária – sem o correspondente crédito. O crédito tributário, pois, é ínsito à obrigação tributária, e surge no exato instante em que esta última nasce, vale dizer, quando ocorre o *fato imponível*.

Entretanto, para que o nascimento da obrigação tributária produza, no mundo jurídico, os efeitos que lhe são próprios, é preciso que ocorra o chamado *processo de positivação*, isto é, que venha produzida, pelo agente competente, uma norma individual e concreta, que declare, nos estritos termos da lei, a existência do tributo, seu sujeito ativo e seu sujeito passivo, bem como a importância que este deverá pagar àquele.

Assim, o agente competente deve *(i)* declarar, observados os procedimentos adequados, que ocorreu o *fato imponível* e, em consequência, *(ii)* baixar uma norma individual e concreta, imputando a relação jurídica tributária, de acordo com os critérios identificativos contidos no consequente da norma geral e abstrata.

Dito de outro modo, a partir do momento em que ocorre o *fato imponível*, já se pode falar na existência do direito subjetivo do fisco (ou de quem lhe faça as vezes), à prestação tributária. Todavia, enquanto não vem praticado o ato administrativo de lançamento, o crédito tributário fica suspenso, não podendo, ainda, ser validamente exigido.

A incidência tributária, pois, longe de ser automática e infalível, depende da participação do homem, a quem compete, com base na lei pertinente, reconhecer oficialmente a existência do *fato imponível* e identificar, *in concreto*, os vários elementos da relação jurídica tributária (sujeito ativo, sujeito passivo, base de cálculo e alíquota), tudo em ordem a apontar, com precisão, o *quantum debeatur*, vale dizer, a quantia que o contribuinte deve ao fisco (ou a quem lhe faça as vezes), a título de tributo.

É certo que a obrigação tributária, ao nascer, já tem um crédito: o *crédito tributário*.[347] Este crédito, porém, no mais das

347. De fato, o crédito tributário integra a obrigação tributária, até porque não há obrigação sem crédito (tanto quanto não há obrigação sem débito). Assim, não faz sentido lógico afirmar que o crédito *decorre* da obrigação. O crédito tributário (tanto quanto o débito tributário) faz parte da obrigação tributária.

vezes, nasce com características de iliquidez e de incerteza, que precisam ser afastadas.

Em termos mais precisos, o crédito tributário demanda *liquidação*, isto é, deve ser tornado certo quanto a sua existência e determinado quanto ao seu objeto.

II- A liquidação do crédito tributário é levada a efeito por intermédio de um ato administrativo que há nome *lançamento*.[348]

O *lançamento*[349] nada mais é do que o ato administrativo de aplicação da norma tributária material ao caso concreto[350]. Não faz nascer o tributo, mas dá resposta, em caráter oficial, às seguintes indagações: 1ª) quem é o contribuinte?; 2ª) quanto ele deve ao fisco?; 3ª) onde ele deve efetuar o pagamento do tributo?; 4ª) como ele deve efetuar o pagamento do tributo?; e, 5ª) quando ele deve efetuar o pagamento do tributo?

Tais respostas, é bem de ver, não são dadas arbitrariamente pelo fisco, mas, pelo contrário, sempre a partir da lei tributária. Nela, todavia, apresentam-se, no mais das vezes, de modo *embrionário* ou, se preferirmos, *implícito*, sendo difíceis de encontrar pelo contribuinte, máxime se ele não for assistido por conhecimentos técnico-jurídicos especializados.

---

348. Temos para nós que o lançamento é um ato administrativo e, não, um procedimento administrativo. Pode ser, é certo, o resultado de um procedimento administrativo (assim como a sentença é o resultado de um processo), mas com ele não se confunde. Neste caso, o ato administrativo de lançamento aplica a lei tributária, ao caso concreto, com base nos elementos coligidos no procedimento administrativo. É, pois, ato conclusivo de um procedimento administrativo.

349. O vocábulo "*lançamento*" vem do verbo latino "*lancere*", que significa "*jogar a lança*". Tem, pois, uma conotação dinâmica, de algo que vai *aperfeiçoar* o crédito tributário, em ordem a possibilitar o recolhimento do tributo, que nasceu com a ocorrência, no mundo real, da situação prevista na *hipótese de incidência tributária*.

350. Para Alberto Xavier, o lançamento é "*o ato administrativo de aplicação da norma tributária material ou o acto de aplicação de uma norma tributária material praticado por um órgão da Administração*" (*Do Lançamento no Direito Tributário Brasileiro*, Resenha Tributária, São Paulo, 1977, p. 58).

Daí a imperiosa necessidade do lançamento, que vai acrescentar ao crédito tributário os requisitos da liquidez e certeza, garantidores de sua exigibilidade.

Um pensamento, porém, sempre deve estar presente, quando se está a tratar do lançamento tributário: a Fazenda Publica se sujeita ao *princípio da legalidade*. Seus atos administrativos só podem validamente surgir para executar as leis tributárias. São, neste sentido, *normas complementares* às leis tributárias, concretizando, ainda mais, seus dispositivos. Por isso, pressupõem, necessariamente, leis que lhes sirvam de calço.

Afinal, ninguém pode ser compelido a pagar tributos que não tenham sido criados, lançados e cobrados com base em lei, editada em sintonia com a Constituição. Esta é uma garantia fundamental do contribuinte, expressa no célebre aforismo "*nullum vectigal sine lege*", que se concretiza no direito individual de não suportar tributos ilegais.[351]

Portanto, o tributo tem por fonte a lei, dela derivando imediatamente. O lançamento – a ele lógica e cronologicamente posterior – não passa do *mecanismo jurídico* que dá liquidez e certeza ao tributo, sem, no entanto, modificar-lhe a natureza ou o conteúdo; nesse sentido, é, em suma, um ato administrativo do tipo *vinculado*.

IIa- Apenas para registro, *ato administrativo vinculado* é aquele que a Administração Pública – aí compreendida a Administração Fazendária – é obrigada a expedir exatamente do modo preestabelecido pela lei, sempre que se verifica a situação nela descrita. Nenhum critério de conveniência e oportunidade norteia, no caso, o agir da autoridade competente (ao contrário do que se dá com os atos administrativos discricionários)[352], que, portanto,

351. *Cf.* Domingos Pereira de Sousa, *As Garantias dos Contribuintes*, Universidade Lusíada, Lisboa, 1991, p. 38.

352. *Atos administrativos discricionários* são aqueles que a Administração Pública expede de acordo com critérios de conveniência e oportunidade, mas sempre dentro dos parâmetros da lei. Embora tenha autonomia de escolhas,

não tem autonomia de escolhas; simplesmente *(i)* verifica se estão presentes os pressupostos legais; e, em caso afirmativo, *(ii)* cumpre e faz cumprir, sem subjetivismos, a *voluntas legis*.

Em matéria tributária, a questão ganha tomo, já que, como preceitua o parágrafo único, do art. 142, do Código Tributário Nacional, "*a atividade administrativa de lançamento é vinculada e obrigatória, sob pena de responsabilidade funcional*".

III- Retomando o fio do raciocínio, quando a Administração Fazendária leva a efeito o lançamento, ela, com base na lei, declara, formal e solenemente, quem é o sujeito passivo do tributo e qual o *quantum debeatur a seu cargo.*[353]

O lançamento é fundamental para que o Poder Público possa satisfazer sua pretensão tributária. De fato, uma vez produzido pelo agente público competente e dele tendo sido regularmente notificado o contribuinte, confere ao crédito tributário as precitadas liquidez e certeza, tornando o tributo "*atendível*" (como quer Alberto Xavier[354]) ou "*pagável*" (como preferimos nós), vale dizer, em condições de ser satisfeito.

O assunto encontra-se disciplinado no art. 142, *caput*, do Código Tributário Nacional (que, neste passo, faz as vezes da lei complementar a que alude o art. 146, III, *b*, da *CF*[355]); *verbis*:

---

vale dizer, disponha de certa margem de liberdade para decidir de acordo com as circunstâncias de cada caso concreto, a autoridade que os pratica deve – como o faz quando edita *atos administrativos vinculados* – cumprir a *voluntas legis*, tendo em vista o superior interesse público. Positivamente, discricionariedade não é sinônimo de arbitrariedade.

353. Como preleciona Renato Alessi (*Istituzioni di Diritto Tributario*, 1ª ed., Torino, UTET, s/d., p. 15), a eficácia do tributo fica suspensa até a autoridade administrativa formalmente reconhecer e qualificar o *fato imponível*, declarando sua subsunção à hipótese de incidência tributária e quantificando-o.

354. *Do Lançamento – Teoria Geral do Ato, do Procedimento e do Processo Tributário*, Forense, Rio de Janeiro, 2ª ed., 1997, p. 588.

355. Constituição Federal – "*Art. 146. Cabe à lei complementar: (...) III- estabelecer normas gerais em matéria de legislação tributária, especialmente sobre: (...) b) obrigação, lançamento, prescrição e decadência tributários*" (grifamos).

> *"Art. 142. Compete privativamente à autoridade administrativa constituir o crédito tributário pelo lançamento, assim entendido o procedimento administrativo tendente a verificar a ocorrência do fato gerador da obrigação correspondente, determinar a matéria tributável, calcular o montante do tributo devido, identificar o sujeito passivo e, sendo o caso, propor a aplicação da penalidade cabível"*[356].

Esta definição legal põe em destaque que o lançamento apenas declara o montante de tributo a pagar. Neste sentido, é um ato de eficácia declaratória.

Por isso mesmo, produz, sempre com base na lei, uma norma individual e concreta, que explicita, para o contribuinte, o montante a pagar, a título de tributo (*quantum debeatur*).

IV- Salientamos que, como ato administrativo que é, o lançamento reveste-se da presunção *iuris tantum* de liquidez e certeza.

Daí porque demanda fundamentação, exatamente para que o contribuinte tenha a efetiva possibilidade de, querendo, impugnar a pretensão fiscal, como, de resto, lhe faculta o art. 145, I, do *CTN*.[357]

Compete, pois, ao lançamento, determinar o exato montante de tributo a pagar. Para tanto, deverá revestir-se de um mínimo de densidade descritiva, que permita ao contribuinte *(i)* saber, com segurança, porque a exação lhe está sendo exigida e, em caso de *vício material* ou *formal*, *(II)* afastar, na própria sede administrativa, a pretensão do Erário.

---

356. A expressão "*procedimento administrativo*" foi tomada, como aguisadamente observa Zuudi Sakakehara (*Código Tributário Nacional Comentado*, São Paulo, Ed. Revista dos Tribunais, 1999, p. 561), não no sentido técnico de "*uma série de atos, que se conjugam objetivamente, formando um todo unitário*", mas no sentido vulgar de "*atuação administrativa*".

Por outro lado, a referência à "*aplicação da penalidade cabível*" é inadequada, eis que pertinente ao *auto de infração*.

357. Código Tributário Nacional – "*Art. 145. O lançamento regularmente notificado ao sujeito passivo só pode ser alterado em virtude de: I- impugnação do sujeito passivo*".

Oportuno lembrar que, em meio aos conceitos de liquidez e certeza, apresenta-se a ideia de ausência de vícios, ilícitos, ilegitimidades, ilegalidades etc., quer formais, quer materiais.

Por outro lado – repise-se –, também o lançamento está sob a égide do *princípio da estrita legalidade*.[358] O fisco não pode, sob pena de nulidade, adotar, enquanto pratica este ato administrativo, critérios difusos ou subjetivos, apoiados em meras suposições. Inteira razão tinha, pois, Hans Nawiasky, quando frisava: "*a Administração Fazendária não pode fazer nada sem que a lei a tenha autorizado*".[359]

Ademais, a Constituição Federal, ao estabelecer ser vedado às pessoas políticas "*exigir... tributo sem lei que o estabeleça*" (art. 150, I), impede, por via oblíqua – mas, nem por isso, menos cogente –, que obrigações tributárias sejam constituídas e cobradas com base em decisões arbitrárias ou imotivadas.

Realmente, os atos de aplicação da lei tributária ao caso concreto devem ser devida e expressamente justificados e

---

358. Remarcamos que, no Brasil, em matéria tributária, vigora, mais do que o simples princípio da legalidade, o *princípio da estrita legalidade* (ou *da reserva absoluta da lei formal*), entendido no sentido de que a lei, necessariamente minuciosa, deve indicar, a seu aplicador, não só o fundamento da decisão, como o critério de decidir e as medidas que está autorizado a adotar, para que a arrecadação do tributo se processe com exatidão.

Em decorrência deste princípio, a conduta do fisco é obtida, como enfatiza Alberto Xavier, "*... por mera dedução da própria lei, limitando-se o órgão de aplicação a subsumir o fato à norma, independentemente de qualquer valoração pessoal*" (*Conceito e Natureza do Acto Tributário*, Coimbra, Livraria Almedina, 1972, p. 291).

Deste modo, também o lançamento e o auto de infração devem seguir os angustos ditames da lei.

Nunca é demais lembrar que os contribuintes possuem o direito de verem a atividade fazendária amarrada à lei, que, inclusive, deve conferir-lhes adequados meios de defesa de seus direitos constitucionais.

359. *Cuestiones Fundamentales de Derecho Tributario*, tradução e notas de Juan Ramallo Massanet, Madrid, Instituto de Estudios Fiscales, Obras Básicas de Hacienda Publica, 1982, p. 26 (traduzimos para o português).

fundamentados. Tudo para que o contribuinte possa exercitar seu direito constitucional à ampla defesa.

Nunca é demais sublinhar que, se nem a lei pode ferir direitos fundamentais do contribuinte, muito menos pode fazê-lo a Administração Fazendária, cuja missão é simplesmente aplicar a lei tributária de ofício, tendo por paradigma a Constituição.

É por isso que Maria da Glória Ferreira Pinto foi sobremodo feliz ao averbar:

> *"A Administração movimenta-se nas malhas da legalidade, uma legalidade que num Estado de Direito material se pretende não seja meramente formal, e sim portadora em cada momento da própria 'ideia de direito'".*[360]

Depois, a Constituição, regulando as limitações ao exercício das competências tributárias e elencando os direitos e garantias fundamentais dos contribuintes, protegeu-os – e muito bem – contra as arremetidas do fisco.

Afinal de contas se, por um lado, os contribuintes devem pagar tributos, em ordem a manter a *coisa pública*, por outro, têm, ao alcance das mãos, uma série de direitos e garantias, oponíveis *ex ante* ao próprio Estado, que os protegem das eventuais arbitrariedades fiscais.

Logo, sem se afastar dos estritos termos da lei, o lançamento declara oficialmente o acontecimento do *fato imponível*, identifica o sujeito passivo do tributo daí nascido, determina sua base de cálculo "*in concreto*" (*base calculada*) e sobre ela faz incidir a alíquota. Em resumo, é este ato administrativo que dá exigibilidade ao crédito tributário.

V- Como acabamos de acenar, nosso direito positivo consagrou a *teoria declarativista do lançamento*, por isso que este ato administrativo não passa do *instrumento jurídico* que

---

360. *Considerações sobre a Reclamação Prévia ao Recurso Contencioso*, Cadernos de Ciência e Técnica Fiscal, Lisboa, 1983, p. 12.

confere liquidez e certeza ao tributo, que lhe é lógica e cronologicamente anterior, já que – permitimo-nos insistir – nasce com a ocorrência do *fato imponível*.

Todavia, se é certo que o tributo passa a existir a partir do momento da realização do *fato imponível*, não é menos certo que somente adquire *eficácia* com o lançamento, que, no dizer expressivo de Alberto Xavier, é o "*título jurídico da obrigação de imposto*".[361]

Logo, embora o lançamento não altere o regime jurídico do tributo, isso está longe de significar que dele não decorram efeitos. E nem poderia ser de outro modo, porquanto um ato que não cria nenhuma nova situação jurídica não tem relevância para o Direito.

Na verdade, ao rotularmos de *declaratório* um ato, estamos simplesmente a reconhecer que, embora não altere uma dada situação jurídica, modifica outras, correlatas, sendo, assim, sob esta perspectiva, *constitutivo*.

É justamente o caso do lançamento, que, a par de reconhecer uma obrigação tributária já surgida, quantificando-a e personalizando-a (daí seu caráter declaratório), acrescenta um *plus* à obrigação tributária (dá-lhe novos efeitos jurídicos, dentre os quais sobreleva o da *exigibilidade*) e, paralelamente, constitui uma série de outras situações jurídicas.

Assim, por exemplo, é ele que impede a consumação da *decadência* do direito da Fazenda Pública constituir o crédito tributário. Também é ele que marca o *dies a quo* da fluência do lapso prescricional para a regular cobrança do crédito tributário. Ambos os fenômenos jurídicos serão mais adiante estudados.[362]

Antes, porém, urge verificarmos se existem modalidades de lançamento.

VI- A doutrina tradicional costuma apregoar que, de acordo com a maior ou menor participação do contribuinte na

---

361. *Conceito...*, *cit.*, p. 535.

362. *Infra*, Capítulo II, itens 3 e 4.

prática do ato administrativo de lançamento, este pode ser: *a) direto (de ofício)*; *b) misto (por declaração)*; ou, *c) por homologação (autolançamento)*. O lançamento *direto* seria o realizado exclusivamente pela autoridade fazendária competente; o *lançamento misto*, com o somatório dos esforços da autoridade fazendária competente e do contribuinte ou de terceiro; o *lançamento por homologação*, exclusivamente pelo contribuinte, "*ad referendum*" da autoridade fazendária competente, que o chancelaria.

A nosso ver, tal entendimento é juridicamente equivocado.

VIa- Temos para nós que o lançamento é sempre *direto (de ofício)* sendo feito, em alguns tributos, com total prescindência da colaboração do contribuinte ou de terceiro a ele relacionado e, em outros, com o concurso de um destes, que, no cumprimento de obrigações acessórias, fornece, ao fisco, os dados e documentos necessários à apuração do "*quantum debeatur*".

Deveras, tributos há em que o fisco, por intermédio apenas de seus agentes competentes, identifica o contribuinte e discerne o "*quantum debeatur*" (*cf.* art. 149, incs. I a VII, do *CTN*[363]) ou o revê, desde que não tenha decaído o direito de lançar

---

363. Código Tributário Nacional – "*Art. 149. O lançamento é efetuado e revisto de ofício pela autoridade administrativa nos seguintes casos: I- quando a lei assim o determine; II- quando a declaração não seja prestada por quem de direito, no prazo e na forma da legislação tributária; III- quando a pessoa legalmente obrigada, embora tenha prestado declaração nos termos do inciso anterior, deixe de atender, no prazo e na forma da legislação tributária, a pedido de esclarecimento formulado pela autoridade administrativa, recuse-se a prestá-lo ou não o preste satisfatoriamente a juízo daquela autoridade; IV- quando se comprove falsidade, erro ou omissão quanto a qualquer elemento definido na legislação tributária como sendo de declaração obrigatória; V- quando se comprove omissão ou inexatidão, por parte da pessoa legalmente obrigada, no exercício da atividade a que se refere o artigo seguinte; VI- quando se comprove ação ou omissão do sujeito passivo, ou de terceiro legalmente obrigado, que dê lugar à aplicação de penalidade pecuniária; VII- quando se comprove que o sujeito passivo ou terceiro em benefício daquele, agiu com dolo, fraude ou simulação*".

(Cf. art. 149, parágrafo único, do *CTN*[364]). É o que se dá com o *IPTU* e o *IPVA*.

Todavia, o contribuinte ou terceiro a ele relacionado também pode ser compelido pela lei a coadjuvar o fisco, vale dizer, a cumprir *obrigações acessórias* que levem à apuração do "*quantum debeatur*", ou, como estatui o art. 147, do *CTN*, a prestar informações à autoridade administrativa sobre *matéria de fato*, que levem à prática do lançamento.[365] Observe-se que, mesmo nesse caso – do qual, atualmente, não conhecemos nenhum exemplo concreto –, quem pratica o lançamento é o fisco, que, diga-se de passagem, mesmo diante da ausência, inidoneidade ou incompletude de tais informações, vale-se do recurso do arbitramento, para quantificar o montante de tributo a ser pago.

VIb- Mas, conforme referimos, a formalização do crédito tributário também pode dar-se por meio de um comportamento do sujeito passivo da exação, hipótese em que se costuma falar, sem maior compromisso com a cientificidade, em *lançamento por homologação.*

É que o denominado *lançamento por homologação* não é, em rigor, um verdadeiro lançamento, mas apenas um ato praticado pelo contribuinte ou terceiro, que, em cumprimento à lei, apura o "*quantum debeatur*". Anote-se que a *homologação* – ato administrativo que atesta a regularidade formal do comportamento do contribuinte ou do terceiro – pode, até, ser tácita, se, ao cabo de cinco anos, contados da data da ocorrência do *fato imponível*, a Fazenda Pública permanecer em estado de inércia (art. 150, § 4º, do *CTN*[366]), que, convém que se diga, é o que habitualmente acontece.

---

364. Código Tributário Nacional – "*Art. 149 ('omissis') – Parágrafo único. A revisão do lançamento só pode ser iniciada enquanto não extinto o direito da Fazenda Pública*".

365. Código Tributário Nacional – "*Art. 147. O lançamento é efetuado com base na declaração do sujeito passivo ou de terceiro, quando um ou outro, na forma da legislação tributária, presta à autoridade administrativa informações sobre matéria de fato, indispensáveis à sua efetivação*".

366. Código Tributário Nacional – "*Art. 150. ('omissis'): (...) § 4º. Se a lei não fixar prazo à homologação, será ele de 5 (cinco) anos, a contar da ocorrência*

VIc- Repudiamos, pois, a tese, que costuma passear entre nós como verdade absoluta, de que o lançamento é imprescindível à formalização do crédito tributário e, por isso, até o contribuinte pode ser chamado pela lei a realizá-lo, aplicando, ele próprio, a lei tributária ao caso concreto, e recolhendo a quantia que supõe devida. Sempre de acordo com essa linha de pensamento – que, seja-nos permitido insistir, não é a nossa –, a Administração Fazendária limitar-se-ia, no caso, a averiguar a regularidade dos cálculos e pagamentos efetuados, homologando-os, quando os considerasse corretos, e glosando-os quando neles detectasse equívocos ou omissões.[367]

É certo que, no mais das vezes, a eficácia do tributo fica suspensa até a autoridade administrativa formalmente reconhecer e qualificar o *fato imponível*, declarando sua subsunção à *hipótese de incidência*, identificando o sujeito passivo e fixando o "*quantum debeatur*".[368]

Por vezes, no entanto, o ordenamento jurídico dispõe que certos tributos sejam exigíveis desde logo, vale dizer, assim que nascem (em razão da ocorrência, é claro, do *fato imponível*). São os *tributos sem lançamento*, aos quais aludem Paulo de Barros Carvalho e Alberto Xavier.

VId- Logo, no impropriamente chamado *lançamento por homologação*, o contribuinte ou o terceiro não se sub-roga na

---

do fato gerador; expirado esse prazo sem que a Fazenda Pública se tenha pronunciado, considera-se homologado o lançamento e definitivamente extinto o crédito, salvo de comprovada a ocorrência de dolo, fraude ou simulação".

Frise-se que, mesmo que comprovada, pelos meios em direito admitidos, a ocorrência de dolo, fraude ou simulação, há um prazo para a homologação: é de 5 anos, contados da data em que um destes vícios jurídicos for comprovado.

367. Contribui para a perpetuação dessa erronia a letra do art. 150, caput, do Código Tributário Nacional, que estabelece: "*Art. 150. O lançamento por homologação, que ocorre quanto aos tributos cuja legislação atribua ao sujeito passivo o dever de antecipar o pagamento sem prévio exame da autoridade administrativa, opera-se pelo ato em que a referida autoridade, tomando conhecimento da atividade assim exercida pelo obrigado, expressamente a homologa*".

368. No mesmo sentido: Renato Alessi, *Istituzioni di Diritto Tributario*, 1ª ed., Torino, UTET, s/d, p. 15.

função administrativa de lançar, mas simplesmente executa, por imposição legal, os atos materiais conducentes à realização dos efeitos próprios desta mesma função administrativa.

Valem, a respeito, as seguintes anotações de Estevão Horvath:

> *"O 'autolançamento' é o ato, ou o conjunto de atos do particular, que, materialmente, tem o mesmo conteúdo do lançamento, mas não pode produzir os efeitos próprios deste – uma vez que não provém da Administração – a não ser mediante uma ficção jurídica, ou equiparação ao ato de lançamento, o que ocorrerá no caso de ser confirmado (o autolançamento) pela Administração, expressamente, ou pelo decurso de tempo apto a provocar os efeitos do silêncio positivo do Fisco".*[369]

De fato, há no *lançamento por homologação* uma estrita colaboração do contribuinte ou de terceiro para com a Fazenda Pública, que se traduz na apuração do "*quantum debeatur*" e no "*pagamento antecipado*" (art. 150, § 1º, do *CTN*[370]) do tributo.

O que se homologa, portanto, é o "*pagamento antecipado*"; não o lançamento, que é ato privativo da Administração Fazendária (cf. art. 142, parágrafo único, do *CTN*). Tal "*pagamento antecipado*" produz uma *quitação provisória*, que só se tornará definitiva após a "*homologação*", ainda que tácita (por decurso de prazo), da Fazenda Pública.

Entretanto – como adiante veremos – inexistindo "*pagamento antecipado*", nada há que homologar, pelo que não há falar em *lançamento por homologação*. Haverá espaço, nesse caso, apenas para o *lançamento direto*, obedecidos os prazos do art. 173, do Código Tributário Nacional.

---

369. *Lançamento Tributário e "Autolançamento"*, São Paulo, Dialética, 1997, p. 79.

370. Código Tributário Nacional – "*Art. 150 ('omissis') § 1º. O pagamento antecipado pelo obrigado nos termos deste artigo extingue o crédito, sob condição resolutória da ulterior homologação do lançamento*".

VIe- Adaptando, para o campo tributário, a conhecida *teoria dos níveis de eficácia das relações jurídicas*,[371] temos que as exações que aceitam "*lançamento por homologação*" nascem em *grau eficacial médio* e, deste modo, o contribuinte, aplicando a lei ao caso concreto, tem condições de saber *quanto*, *quando*, *como*, *onde* e *a quem pagar*.

A trajetória destes tributos é bastante simples: ocorrido o *fato imponível*, o contribuinte deve – de imediato ou com a maior brevidade, dependendo do que a lei de regência estipular – extinguir a obrigação tributária. Assim, entre a ocorrência do *fato imponível* e a *solutio* da obrigação tributária, não medeia nenhum lançamento da Administração Pública.

Como sempre mais se nota, estes tributos prescindem da celebração do ato administrativo do lançamento, para se tornarem exigíveis. Neles, o próprio sujeito passivo – pelo menos em circunstâncias normais – realiza as operações necessárias e suficientes à formalização do crédito tributário. Nesses casos, a autoridade fazendária apenas confere a regularidade formal dos cálculos e recolhimentos, o que faz por meio da *homologação*, ato administrativo distinto que não se confunde com o lançamento tributário.

---

371. Adaptando, para o campo tributário, a *teoria dos níveis de eficácia das relações jurídicas*, concebida na Alemanha, temos, em síntese, que: *a)* ocorrido o *fato imponível*, o tributo nasce, mas em *grau eficacial mínimo*, não podendo, ainda, nem ser voluntariamente pago pelo contribuinte, nem, muito menos, exigido coativamente pela Fazenda Pública; *b)* praticado o ato administrativo de lançamento, o tributo ganha *grau eficacial médio*, podendo, agora, ser voluntariamente pago pelo contribuinte, mas, ainda não, ser exigido coativamente pela Fazenda Pública; e, *c)* patenteado o inadimplemento do contribuinte, o tributo alcança o *grau eficacial máximo*, podendo não só ser voluntariamente pago pelo contribuinte (agora com os consectários de praxe), como ser coativamente exigido pela Fazenda Pública.

Tributos há, no entanto, que fogem deste esquema, já que nascem em *grau eficacial médio*, podendo, sem a intervenção da Fazenda Pública, materializada no lançamento, ser de logo pagos pelo contribuinte, bastando, para tanto, que este faça a aplicação sumária da lei ao caso concreto, de modo a quantificar a exação a seu cargo.

Regina Helena Costa descreve bem este *iter*; *verbis*:

> *"... o sujeito passivo, dispondo de todos os elementos necessários à apuração do crédito tributário, efetua o respectivo cálculo e antecipa o pagamento correspondente. A extinção da obrigação somente ocorrerá após sua homologação pelo Fisco, usualmente de natureza tácita, consumada com o decurso do prazo de cinco anos da data da ocorrência do fato jurídico tributário".*[372]

Apenas para ilustrarmos a ideia, o *ICMS* é um tributo deste tipo. É, pois, um *tributo sem lançamento*, já que se torna pagável por iniciativa do próprio contribuinte, ou seja, sem que a Fazenda Pública tenha a necessidade de apurar o *quantum debeatur*, mediante a prática do ato administrativo de lançamento.[373] Ou, se preferirmos, o *ICMS*, como tem sido dito e redito, não depende do lançamento para se tornar exigível; tanto não, que o próprio contribuinte apura o montante a pagar. Somente se ele se omite é que é dado à Fazenda Estadual entrar em ação, lavrando o competente auto de infração e praticando o *lançamento de ofício*.

Em circunstâncias normais, portanto, o *ICMS* prescinde do lançamento para ser exigível. Isso obviamente não impede que a lei atribua (como de fato atribuiu) à Fazenda Pública um instrumento idôneo para reafirmar a exigibilidade do tributo, quando vem a saber que, apesar da ocorrência do *fato imponível* (e, assim, do consequente nascimento de seus direitos e pretensões), ele, no momento oportuno, não foi recolhido, ou

---

372. *Curso de Direito Tributário*, Saraiva, São Paulo, 2009, p. 229.

373. Atualmente, a maioria dos tributos não demanda lançamento. É o que se dá com o *IR*, o *IPI*, o *ISS*, as *contribuições* e assim por diante. Neles, ocorre o fenômeno que Ferreiro Lapatza chama de "*privatização da gestão tributária*", ou seja, em que a aplicação da norma tributária material ao caso concreto fica a cargo do contribuinte ou de terceiro a ele relacionado, sendo facultado à Fazenda Pública simplesmente homologar, expressa ou tacitamente, os atos praticados para a formalização e extinção do crédito tributário.

foi recolhido *a menor*, pelo devedor. Este instrumento idôneo outro não é senão o *auto de infração "lato sensu"*.

VIf- Podemos ter por assente, pois, que, quando, nos tributos sem lançamento, o contribuinte se torna inadimplente, o fisco tem o dever-poder de lavrar, contra ele, o *auto de infração "lato sensu"*, reabrindo-lhe o prazo para que salde o débito fiscal, só que, agora, acrescido de encargos (multa, juros moratórios, correção monetária etc.). Sendo mais específicos, a Fazenda Pública, uma vez constatado o inadimplemento do contribuinte, ratifica, por meio do *auto de infração "lato sensu"*, deveres tributários que já deveriam ter sido satisfeitos pelo devedor, a eles acrescentando os ônus e penalidades previstos em lei.

Em remate: se, nos *tributos sem lançamento*, houve, a critério do fisco, irregularidades que impediram a correta formalização e extinção do crédito tributário, a Fazenda Pública, promoverá o *lançamento direto*, mediante a lavratura de *auto de infração "lato sensu"*, assunto que passamos a examinar.

Capítulo II

DO AUTO DE INFRAÇÃO *LATO SENSU*

Sumário: *1. Introdução. 2. O direito constitucional à ampla defesa, com seus consectários: o contraditório e o devido processo legal. 3. Da necessidade de motivação do auto de infração: 3.1. Das provas: 3.1.1. Da pouca importância da "confissão", em matéria fiscal – 3.2. Das presunções – 3.3. Das ficções – 3.4. Dos indícios. 3.5. Síntese conclusiva. 4. Considerações adicionais.*

1. Introdução

I- Como vimos na primeira parte deste estudo, o descumprimento de deveres jurídico-tributários, por contribuintes ou por terceiros a eles relacionados, acarreta-lhes inexoravelmente as sanções previstas em lei, a serem aplicadas pelas autoridades competentes.[374]

De fato, estas detêm a chamada *potestade punitiva*, ou seja, o dever-poder de impor, aos infratores, correções proporcionais às ações ou omissões ilícitas por eles realizadas.

---

374. *V.*, *supra*, *inc. IV*, do Capítulo II, da Primeira Parte.

O exercício da *potestade punitiva*, em matéria tributária, materializa-se por meio da lavratura do *auto de infração*, documento no qual vem relatado o evento ilícito e imputada, ao faltoso, a penalidade legal cabível.[375]

Como é fácil notar, o auto de infração também é um ato administrativo vinculado, de efeitos concretos. Nesse sentido, guarda, com o lançamento, estreita relação, embora, no rigor dos princípios, com ele não se confunda.

Com efeito, enquanto o lançamento pressupõe a simples ocorrência do *fato imponível*, o auto de infração presume a prática de ilícito fiscal, a que a ordem jurídica comina uma sanção (em geral, uma penalidade pecuniária).

Insistimos que, tanto quanto o lançamento, o auto de infração é ato administrativo, de aplicação da norma tributária material ao caso concreto. Só que, ao invés de identificar o contribuinte e apurar o *quantum debeatur*, aponta o infrator e aplica-lhe as penalidades cabíveis, isto é, formaliza a sanção tributária. Tudo, evidentemente, com base em lei.

---

375. Sob pena de nulidade, o auto de infração deve conter: *a)* o local, a data e a hora do início e do término dos trabalhos que levaram à sua lavratura; *b)* o nome e a qualificação do autuado, bem como seu endereço; *c)* a descrição circunstanciada do ilícito perpetrado; *d)* a capitulação do fato, com a indicação dos dispositivos legais infringidos; *e)* a intimação do autuado para, querendo, apresentar, dentro do prazo legal, sua defesa (impugnação) ou efetuar o pagamento do tributo e das penalidades, com os acréscimos de estilo; *f)* a assinatura do infrator ou de seu representante, mandatário ou preposto, ou, em havendo recusa ou impossibilidade de assinar, a menção ao episódio; e, *g)* a assinatura da autoridade autuante, bem como do cargo por ela ocupado.

Cumpre salientar que se revestem de fundamental importância a data e a hora, quer do início dos trabalhos fiscais (pois indicarão o momento em que não se tornou mais possível a *denúncia espontânea*), quer de seu encerramento (uma vez que servirão para demonstrar se houve, ou não, eternização dos trabalhos, com a consequente violação do princípio constitucional garantidor do livre exercício de atividade ou profissão).

Podemos assim dizer que, mesmo tendo natureza e essência distintas, o ato de aplicação de penalidade tributária e o ato de lançar o tributo, foram equiparados, por nosso direito positivo.

Assinalamos, por outro lado, que, conquanto o art. 142, *in fine*, do Código Tributário Nacional, aluda à proposta de aplicação da penalidade cabível, o auto de infração efetivamente aplica a sanção à pessoa que descumpriu seu dever jurídico-tributário.

É importante consignar, ainda, que o auto de infração só pode ser lavrado quando a Administração Fazendária demonstra ter havido o descumprimento do dever jurídico tributário.[376] Em resumo, ela – atenções voltadas para a lei – aplica *de ofício* o Direito ao caso concreto, não só registrando a existência de um ato ilícito, como impondo, a quem o praticou, a penalidade legalmente cabível[377].

II- Voltamos a insistir que, conquanto o auto de infração não se confunda com o lançamento, é muito comum um mesmo documento (ou suporte físico) – rotulado simplesmente *auto de infração* – vir a conter estes dois atos administrativos, como bem o percebeu José Souto Maior Borges:

> *"O auto de infração é ato procedimental que se formaliza mediante um só documento, relacionado com uma realidade jurídica complexa que lhe é subjacente. Mas sob essa unidade formal se esconde sua diversidade de funções técnicas. Trata-se de ato procedimental cuja complexidade é revelada pela circunstância de que no auto de infração, como nota comum à multiforme legislação pertinente à matéria, vem*

---

376. O descumprimento do dever jurídico-tributário pode referir-se, tanto à *obrigação principal* (*v. g.*, falta de recolhimento do tributo devido), como à *acessória* (*v. g.*, escrituração insuficiente de livros contábeis).

377. A penalidade é aplicada ao contribuinte quando for detectada e comprovada a omissão, escusa ou inexatidão, no cumprimento do dever que lhe é imposto pelo ordenamento jurídico.

> *normalmente mescladas (a) a aplicação das normas que disciplinam a cobrança do tributo, inconfundível com (b) a aplicação das normas que prescrevem a sanção de ato ilícito, a cominação de penalidades tributárias e, finalmente, (c) a aplicação da norma processual tributária, pela intimação ao autuado para cumprir a exigência fiscal ou impugná-la, no prazo que lhe for assinalado*"[378].

Dada a unidade de tratamento, inclusive legislativa (art. 142, do *CTN*), que o assunto recebeu, o auto de infração deve, *mutatis mutandis*, obedecer aos mesmos pressupostos do lançamento.

Todavia, por veicular uma norma individual de caráter sancionatório, o *auto de infração*, ao ser lavrado, deve, mais até do que o lançamento, indicar, *motivadamente*, ou seja, com clareza e detalhamento, qual o comportamento irregular do contribuinte e quais as consequências dele decorrentes, no que concerne ao pagamento de tributos e multas fiscais. Deve, enfim, conter a descrição minuciosa da conduta ilícita imputada ao contribuinte, detalhando as circunstâncias em que ela ocorreu. Tudo para que este tenha elementos aptos a, quando for o caso, rechaçar a pretensão do fisco.

À falta de qualquer destes requisitos, não se pode dizer, perante a ordem jurídica, que houve ilícito fiscal.

Melhor explicitando, se a conduta ilícita não for precisamente descrita, não há como comprová-la, perante o Direito. E, não havendo como comprová-la, não se abre adequadamente ao irrogado a possibilidade de defesa, isto é, de desconstituir a acusação. Quanto mais imprecisa a acusação, mais difícil torna-se o exercício de seu sagrado direito de defesa. Até chegar-se ao ponto de inviabilizá-lo, transformando-o num mero expediente formal. Com isso, *kafkianamente*, o imputado não sabe exatamente do que se defender.

---

378. *Lançamento Tributário*, São Paulo, Malheiros Editores, 2ª ed., 1999, p. 157.

Se o contribuinte desconhece as *razões determinantes* da lavratura do auto de infração, bem assim, as provas em que elas se apóiam, não terá como exercer efetivamente seu direito de defesa.

III- Como estamos a perceber, a lavratura do auto de infração apresenta-se como um dos momentos mais importantes de toda a dinâmica da tributação. Por isso deve cercar-se da cautela mínima da *fundamentação*.

Quando o auto de infração não alberga, de modo expresso, suficiente e claro, os fundamentos em que a Administração Fazendária se apoiou, ao lavrá-lo, inexiste a possibilidade real de recurso, por parte do contribuinte. Ora, a ausência de fundamentação, equivale, como quer Diogo Leite de Campos, a "*exaurir de significado o princípio da legalidade, no seu conteúdo ou eficácia de garantia*"[379].

Como se tudo não bastasse, o auto de infração deve estribar-se em dados, documentos e provas, idôneos a permitir ao contribuinte, seja no âmbito administrativo, seja no judicial, o pleno acesso à ampla defesa e aos seus consectários: o *contraditório* e o *devido processo legal*.

Então, vejamos.

2. O direito constitucional à ampla defesa, com seus consectários: o contraditório e o devido processo legal

I- A Constituição Federal garante, a todas as pessoas – aí incluídos os contribuintes e os que infringem a legislação tributária – o direito à ampla defesa: "*aos litigantes, em processo judicial ou administrativo, e aos acusados em geral são assegurados o contraditório e a ampla defesa, com os meios e recursos a ela inerentes*" (art. 5º, LV).

---

379. *Fundamentação dos Actos Tributários*, conferência proferida na Associação Industrial Portuguesa, 1984, p. 6 (*apud*, Domingos Pereira de Souza, *op. cit.*, p. 6).

Este direito é tão importante, que nem uma emenda constitucional poderá revogá-lo ou, de algum modo, diminuir-lhe a extensão. Por muito maior razão, também não o poderão fazer a lei e o ato administrativo.

É que o inciso constitucional em análise encerra *normas constitucionais de eficácia plena* (cfr. art. 5º, § 1º, da *CF*) e, portanto, de *aplicabilidade imediata*.

Pontes de Miranda, versando o tema, teve o ensejo de averbar:

> *"A regra do texto (CF, art. 5º, LV) não é regra jurídica vazia, não é, como diriam os juristas alemães, Leerlaufend; trata-se de direito subjetivo (constitucional) de defesa. Dela nasce direito constitucional a defender-se ou a ter tido defesa; em consequência disso, é nulo o processo em que se não assegura ao réu a defesa, ainda que tenha o juiz aplicado alguma 'lei'".*[380]

Calha referir que a *defesa* a que alude o inciso em foco é aquela em que há acusado *lato sensu*, se por mais não fosse, em decorrência do que estatui o próprio art. 5º, LV, da Carta Magna. Tem-se, portanto, que, mesmo num procedimento administrativo-tributário, ela deve ser amplamente assegurada, sob pena de irremissível inconstitucionalidade e, destarte, nulidade.

Observe-se, que a Constituição de 1967 limitava-se a estabelecer, em seu art. 153, § 15, que "*a lei assegurará aos acusados ampla defesa, com os recursos a ela inerentes*", acrescentando que "*não haverá foro privilegiado nem tribunais de exceção*". Já, a Constituição atual, indo além, mais do que "*aos acusados*", alude aos "*litigantes em processo judicial ou administrativo e aos acusados em geral*".

---

380. *Comentários à Constituição de 1967*, 2ª ed., t. V, São Paulo, Ed. RT, 1971, p. 233 – os grifos são do autor – esclarecemos no primeiro parêntese e o adaptamos à atual Constituição Federal.

Caminhando na mesma direção, Hely Lopes Meirelles esclarece:

> *"A defesa, como já vimos, é garantia constitucional de todo acusado, em processo judicial ou administrativo, (...), e compreende a ciência da acusação, a vista dos autos na repartição, a oportunidade para oferecimento de contestação e provas, a inquirição e reperguntas de testemunhas e a observância do devido processo legal (due process of law). É um princípio universal dos Estados de Direito, que não admite postergação nem restrições na sua aplicação. Processo administrativo sem oportunidade de ampla defesa ou com defesa cerceada é nulo"*[381].

Aos requisitos acima apontados acrescentamos o direito à expressa consideração de todos os argumentos oferecidos pelo administrado-contribuinte. Em outras palavras, a Constituição impõe que lhe seja dado imediato e total conhecimento do processado, com a possibilidade de intervir ativamente no próprio procedimento fiscalizatório, e, deste modo, rebater as provas, presunções ou indícios contra ele levantados.

Enfim, a defesa, com o contraditório que pressupõe, confere, por assim dizer, *caráter dialético* ao processo administrativo-tributário, permitindo que o Poder Público autuante, depois de ter exposto suas razões (tese) conheça as do contribuinte (antítese), tudo em ordem a chegar-se a uma decisão (síntese) justa, adequada e, é claro, jurídica.

II- Estamos a notar, deste modo, que o *direito à ampla defesa* traz atrelado o *direito ao devido processo legal* (art. 5º, LIV, da *CF*). Ambos são inseparáveis, de modo que vulnerar um, é o mesmo que ferir de morte o outro.

---

381. *Direito Administrativo Brasileiro*, 21ª ed., São Paulo, Malheiros Editores, 1996, p. 595 – grifamos.

Afinal, como bem observa José Luís Saldanha Sanches, "*todo o contencioso tributário se deve encontrar ordenado para proporcionar aos contribuintes uma tutela contra a possível violação de seus direitos por parte da Administração*".[382]

É sempre oportuno termos presente que, no caso tributário, está em jogo a propriedade do contribuinte, valor sobremodo prestigiado por nosso ordenamento jurídico. Vai daí que, se, por um lado, o Estado tem o direito de criar encargos fiscais, por outro, tem o dever de assegurar, ao contribuinte, a possibilidade de exercer o controle da juridicidade das imposições tributárias – aí compreendido o auto de infração –, tudo sem prejuízo do direito ao amplo acesso ao Judiciário, assegurado pelo art. 5º, XXXV, da Constituição Federal.

Por isso mesmo, urge tornar efetivo o direito à ampla defesa já na esfera administrativo-tributária, evitando, o quanto possível, a necessidade de o contribuinte ter de recorrer ao Judiciário, para só então obter justiça.

Em suma, a Administração Fazendária, quando quer apurar a prática de eventuais irregularidades, por parte de um contribuinte, para, se for o caso, sancioná-lo, **deve necessariamente** observar um processo legal, em que se enseje, ao interessado, o exercício do direito à ampla defesa, com os meios (provas) e recursos (duplicidade de instância) a ela inerentes.

III- No processo administrativo-tributário a *defesa eficaz* pressupõe que tudo será decidido nos estritos limites da lei, seguindo rigorosamente seus trâmites, o que na prática nem sempre acontece.

Valem, a propósito, as oportunas observações de Sérgio Ferraz:

---

382. *Princípios do Contencioso Tributário*, Editorial Fragmentos, Lisboa, 1987, p. 32.

> "(A Administração Pública) *se julga senhora e dona do processo administrativo, decidindo, a seu talante, quando e como instaurá-lo, seu 'iter', a dimensão da atividade dos administrados em seu bojo, sua publicidade ou reserva etc.*".[383]

Indubitável, que, também no auto de infração, deve ser garantida, ao contribuinte, a perfeita cognição dos fatos, exatamente para que, querendo, possa intervir em sua lavratura e refutar as imputações que lhe forem feitas.

Concluindo o raciocínio, os contribuintes devem ser informados dos motivos que levaram à prática do lançamento ou à lavratura do auto de infração, a fim de que possam, eventualmente, impugná-los, exercitando seu direito ao contraditório e à ampla defesa. Segue-se, destarte, que estes atos administrativos, sob pena de invalidade, devem trazer, de modo expresso, claro e suficiente, os fundamentos de fato e de direito que os embasaram.

A especificação dos procedimentos adotados pelo fisco, para lançar ou lavrar o auto de infração, tem por escopo a descoberta da *verdade material* que dará um *juízo de certeza* (e não apenas uma *verossimilhança*) acerca dos fatos tributários e de quem realmente os promoveu.

Sobre este ponto, algumas considerações se impõem.

3. Da necessidade de motivação do auto de infração

I- O auto de infração, como, de resto, todo e qualquer ato administrativo, deve ser motivado.

Observe-se que *motivar*, mais do que simplesmente alegar, é expor de maneira transparente, explícita e apropriada as razões de fato e de direito que levaram à edição deste ato administrativo.

---

383. "*O Direito na Década de 80*", in, *Estudos em Homenagem a Hely Lopes Meirelles*, São Paulo, Ed. RT, 1985, p. 125 (esclarecemos no parêntese).

Portanto, a motivação há de pautar-se por critérios fundados e pertinentes, traduzidos em justificação adequada (exposição formal escrita), sob pena de irremissível injuridicidade.

Dito de outro modo, as razões que ensejam a lavratura do auto de infração devem levar em conta *fatos reais*, idôneos a explicar as sanções impostas ao contribuinte.

A ausência de tal demonstração implica *invalidade* do ato administrativo, se por mais não fosse, porque impossibilita seu controle judicial.

Nesse mesmo sentido, temos a lição de Marçal Justen Filho; *verbis*:

> *"A motivação é necessária para permitir o conhecimento dos motivos que nortearam a conduta, propiciando o controle quanto à regularidade do ato. Suprimir a motivação dificulta a avaliação dos motivos e gera o risco de que atos defeituosos sejam considerados como válidos".*[384]

Mas, não basta que o auto de infração seja motivado: é mister, ainda, que a motivação seja *verdadeira* e *coerente*. Do contrário, isto é, se nela forem indicados motivos falsos ou incoerentes, este ato administrativo, tanto quanto o imotivado, será *nulo de pleno direito*, conforme, de resto, têm decidido, vezes iterativas, nossos Tribunais Superiores.[385]

Caso inexista *pertinência lógica* entre os fatos ocorridos e o auto de infração lavrado, o contribuinte não terá como defender adequadamente seus direitos.

II- Por outro lado, não devemos nos esquecer de que o dever de apresentar motivação decorre da própria Constituição Federal. Daí falar-se em *princípio constitucional da motivação* (ou, simplesmente, *princípio da motivação*).

Aí está: os atos administrativos – pouco importa se vinculados ou discricionários – devem, sem exceção, ser

---

384. *Curso de Direito Administrativo*, Editora Saraiva, São Paulo, 2005, p. 259.

385. *V.*, p. ex., *RDA* 48:122.

motivados.[386] Seus destinatários têm o direito subjetivo de saber quais fundamentos os justificam.

Mas não basta isso. É mister, ainda, que a motivação seja *verdadeira*. Do contrário, o ato será *nulo*, até porque não permitirá que seu destinatário exercite, como a ordem jurídica lhe faculta, seus direitos.

É evidente que a motivação não precisa reproduzir os procedimentos mentais que levaram o agente fiscal a lavrar o auto de infração, até porque não interessa ao Direito o que aconteceu *in interiore homine*, ou seja, quais itinerários lógico-psicológicos foram por ele percorridos.

O que importa, sim, é o relato dos fatos que o agente fiscal considera violadores da ordem jurídico-tributária. Portanto, a motivação deve assinalar, com critérios objetivos e racionalmente controláveis, as razões pelas quais o agente fiscal lavrou o auto de infração. Do contrário teremos um auto de infração *oracular*, não-justificado e, destarte, nulo.

Melhor explicitando, o relatório que o agente fiscal efetua, ao lavrar o auto de infração, deve compor um conjunto ordenado de enunciados, cada um deles haurido das provas coletadas e valoradas, e que o levaram a concluir que enunciam a verdade dos fatos.

III- Reafirme-se que a obrigação de motivar exige que a justificação do auto de infração não só exista, como seja completa e, sobretudo, coerente e congruente.

Portanto, a motivação deve, a um tempo, ser *(i) formal*, traduzível em palavras que acompanhem a parte dispositiva

386. Na esfera federal não há dúvidas a respeito, já que a Lei n. 9.764/1999, em seu art. 50, determina que todos os atos administrativos, sem exceção, devem ser motivados. Milita no mesmo sentido, o art. 93, X, da Constituição Federal, que exige que as decisões administrativas dos tribunais sejam motivadas. Ora, se até elas devem ser motivadas, por muito maior razão, como pondera Lúcia Valle Figueiredo (*Curso de Direito Administrativo*, Malheiros Editores, São Paulo, 7ª ed., 2004, p. 53), devem sê-lo os atos administrativos em geral, independentemente da pessoa política que os editar.

do auto de infração, descrevendo como a ação ou omissão do contribuinte ocorreu, e *(ii) material*, contendo um arrazoado adequado, apto a demonstrar o que foi enunciado.

Absolutamente não pode haver motivação fictícia, vale dizer, na qual haja incompatibilidade entre os fatos e a fundamentação adotada.

Daí ser imprescindível que o agente fiscal, ao lavrar o auto de infração, explicite os critérios que, a seu sentir, foram suficientes para que deduzisse que o contribuinte descumpriu seu dever jurídico-tributário.

Enfim, irracionalismos, intuições ou íntimas convicções do agente fiscal, não se revelam capazes de legitimar o auto de infração. É que elas afetam a argumentação racional e, por conseguinte, inquinam de nulidade este ato administrativo.

IV- Sempre a propósito, estamos convencidos de que cabe à Administração Fazendária o encargo da prova contra o contribuinte. Caso não demonstre a verdade dos fatos, sua pretensão aluirá.

De fato, ela se comporta de maneira incorreta se faz uma acusação, com a pretensão de que seja assumida como verdadeira, descarregando, na pessoa do contribuinte, o encargo de provar sua falsidade.

Detalhando a ideia, o agente fiscal que autua por autuar, mesmo sabendo que não tem como provar a veracidade do alegado, conduz-se de maneira arbitrária e prevaricadora, além de não render as devidas homenagens ao *princípio da moralidade*, insculpido no art. 37, da Constituição Federal.

Como se vê, ainda que navegando contra a corrente do uso – e, portanto, correndo o risco de pregar *in partibus infidelium* –, somos visceralmente contrários à difundida tese de que, em face da supremacia do interesse público sobre o interesse privado, quando a Administração Pública (no caso, a Administração Fazendária) é parte, o ônus da prova compete ao administrado (no caso, ao contribuinte).

Pelo contrário, estamos sempre mais convencidos de que, também para a Administração Fazendária, máxime quando lavra o auto de infração contra o contribuinte, vale o brocardo *onus probandi incumbit ei qui dicit.*[387]

Atribuir à Administração Fazendária, a possibilidade de impor sua versão, sem demonstrar que os fatos alegados ocorreram verdadeiramente, tipifica privilégio odioso, totalmente inconstitucional, porque fere a posição de paridade que deve existir entre ela e o contribuinte, pela idêntica subordinação de ambos à lei tributária.[388]

Além de tudo, sendo *negativa*, no caso, a prova a produzir, a inversão do *onus probandi* é impossível (*negativa non sunt probanda*). Daí os antigos terem-na expressivamente chamado de *prova diabólica.*

V- O fundamental, em suma, é que os atos administrativos retratem a verdade jurídica, que é sempre formal.

Realmente, a verdade material somente ingressa no mundo jurídico quando se transforma em *verdade jurídica*, por

---

387. Evidentemente, nos fatos incontroversos, que pertencem ao âmbito do notório, a regra não se aplica.

388. Nesse sentido, não apoiamos a tese de que o juiz, ao decidir lide envolvendo o fisco e o contribuinte, deve, acima de tudo, pensar no interesse fazendário, assumindo, em homenagem a este último, uma atitude que alguns chamam de "*parcialidade positiva*" (*sic*).

As razões de nossa visceral aversão à ideia são variadas e não podem ser exibidas aqui de forma exaustiva. Pensamos, porém, que vale a pena fazer uma sintética referência a algumas delas.

Em primeiro lugar, a aludida "*parcialidade positiva*" parte do falso pressuposto de que os interesses do contribuinte são mais bem defendidos do que os da Fazenda Pública e que, portanto, o juiz tem o dever de reequilibrar a posição das partes, a fim de tornar possível ou, quando pouco, facilitar, a tutela do direito do sujeito processualmente mais débil (que, repita-se, seria o fisco).

Depois, esta linha de raciocínio absurdamente permite que o juiz manipule as posições probatórias das partes, em favor daquela que ele considera merecedora de vencer a demanda (no caso, a Fazenda Pública), o que fere o *princípio da igualdade*, também presente nos processos judiciais.

intermédio dos meios hábeis, em Direito admitidos (documentos, perícias, depoimentos idôneos etc.). Do contrário, não se pode dizer – não, pelo menos, nos quadrantes jurídicos – que um dado *fato* ocorreu.

Numa frase: a verdade material é apenas o *ponto de partida* para que se chegue à verdade formal, que, nos patamares do Direito – permitimo-nos insistir – é a única que importa.

E nem se alegue ser aceitável a utilização de provas obtidas ilicitamente, desde que isso possa representar, em termos

---

Não bastasse tudo, a prática que estamos a vergastar permite que o juiz crie presunções que a lei não prevê e, pior, que, longe de serem genéricas e previamente conhecidas pelas partes, se referem às peculiaridades do caso em julgamento. Isso anula a possibilidade de o contribuinte construir suas estratégias processuais, o que lhe viola o direito à ampla defesa.

Ainda a respeito, a malfadada "*parcialidade positiva*" do juiz faculta-lhe exigir depósitos, cauções, garantias, mesmo quando o contribuinte tem o direito de obter liminares ou tutelas antecipadas. Sirvam-nos de exemplo, as decisões, não de todo infrequentes, que, embora reconheçam a existência do *fumus boni iuris* e do *periculum in mora*, em mandados de segurança impetrados por contribuintes, condicionam a concessão da liminar ao depósito prévio da quantia em litígio. Tais decisões, diga-se de passagem, estribam-se no art. 7º, III, *in fine*, da Lei n. 12.016/2009 (Lei do Mandado de Segurança), que prescreve: "*Art. 7º. Ao despachar a inicial o juiz ordenará: (...) III- que se suspenda o ato que deu motivo ao pedido, quando houver fundamento relevante e do ato impugnado puder resultar a ineficácia da medida, caso seja finalmente deferida, sendo facultado exigir do impetrante caução, fiança ou depósito, com o objetivo de assegurar o ressarcimento à pessoa jurídica*" (grifamos). Temos para nós, que a possibilidade "*aberta*" pela lei, de fora parte revestir-se de força persuasiva quase irresistível para o magistrado, é flagrantemente inconstitucional, já que mutila aquilo que o mandado de segurança possui de mais relevante, qual seja, a plena possibilidade de, desde a impetração, "*proteger direito líquido e certo, não amparado por 'habeas corpus' ou 'habeas data', quando o responsável pela ilegalidade ou abuso de poder for autoridade pública ou agente de pessoa jurídica no exercício de atribuições do Poder Público*" (art. 5º, LXIX, da *CF*).

Pois bem. Todos estes fatores desconsideram a regra do contraditório, pois chancelam critérios de decisão *ad hoc* e, assim, facultam ao juiz atribuir a vitória ao fisco, de forma substancialmente arbitrária, não só manipulando o resultado da controvérsia, como violando as garantias fundamentais dos contribuintes.

práticos, a obtenção de benefícios para o Erário. De fato, embora a ideia possa seduzir o comum dos homens, juridicamente não encontra apoio em nosso sistema constitucional.

Assim, cabe ao Poder Judiciário, quando provocado, fazer com que a verdade formal venha à tona, ainda que, para tanto, os interesses meramente arrecadatórios tenham que ser postos de lado, para que prevaleçam os direitos fundamentais dos contribuintes.

A propósito, Luís Roberto Barroso, invoca a lição de Herbert Wechsler, que bem se aplica ao nosso direito positivo:

> *"O que caracteriza as decisões judiciais, em contraste com os atos dos outros Poderes, é a necessidade de que sejam fundadas em princípios coerentes e constantes, e não em atos de mera vontade ou sentimento pessoal. Discordo, assim, com veemência daqueles que, aberta ou encobertamente, sujeitam a interpretação da Constituição e das leis a um teste de virtude, para verificar se o resultado imediato limita ou promove os seus próprios valores e crenças.*
>
> *"Quem julga com os olhos no resultado imediato e em função das próprias simpatias ou preconceitos, regride ao governo dos homens e não das leis. Nada é mais grave em Direito, nenhum problema é mais profundo do que este tipo de avaliação e de julgamento 'ad hoc'".*[389]

Enfim, nosso direito positivo não permite que alguém seja acusado sem provas adequadamente coligidas. Tampouco permite sejam aceitas provas obtidas ilicitamente ou delas decorrentes.

VI- Ainda a respeito, relembramos[390] que a infração é o comportamento que se traduz no descumprimento de um dever jurídico.

---

389. "*A Viagem Redonda: habeas data, direitos constitucionais e as provas ilícitas*", in *Revista de Direito Administrativo*, vol. 213, p. 162.

390. *V., supra, item IV*, do Capítulo II, da Primeira Parte.

Quando este é de natureza fiscal, estaremos diante de uma *infração tributária*. Dependendo de sua gravidade, pode tipificar um *ilícito administrativo* ou um *ilícito penal* (crime ou contravenção).

Em matéria tributária, ganhou foros de cidade a ideia de que a responsabilidade por infrações é *objetiva* e, não, *subjetiva*. Contribuiu, para que prevalecesse este entendimento, a literalidade do art. 136, do Código Tributário Nacional; *verbis*:

> *"Art. 136. Salvo disposição de lei em contrário, a responsabilidade por infrações da legislação tributária independente da intenção do agente ou do responsável e da efetividade, natureza e extensão dos efeitos do ato".*

Embora não neguemos que, no âmbito tributário, há condutas infracionais que independem, para tipificar-se, da intenção do agente, menos verdade não é que, outras – e, não por coincidência, as mais graves (tanto que acarretam sanções maiores) –, somente se caracterizam quando demonstrados, cabalmente, o dolo ou a culpa do autor.

Está-se, aí, no campo das chamadas "*infrações subjetivas*", cuja prova há de ser produzida pela Fazenda Pública, como ensina Paulo de Barros Carvalho; *verbis*:

> *"Tratando-se da primeira (infração objetiva), o único recurso de que dispõe o suposto autor do ilícito, para defender-se, é concentrar razões que demonstrem a inexistência do fato acoimado de antijurídico, descaracterizando-o em qualquer dos seus elementos constitutivos. Cabe-lhe a prova com todas as dificuldades que lhe são inerentes. Agora, no setor das infrações subjetivas, em que penetra o dolo ou a culpa na compostura do enunciado descritivo do fato ilícito, a coisa se inverte, competindo ao fisco, com toda a gama instrumental dos seus expedientes administrativos, exibir os fundamentos concretos que revelem a presença do dolo ou da culpa, como nexo entre a participação do agente e o resultado material que dessa produziu. (...)*

> *"É justamente por tais argumentos que as presunções não devem ter admissibilidade no que tange às infrações subjetivas. O dolo e a culpa não se presumem, provam-se".*[391]

Em suma, cabe ao fisco provar a presença do dolo ou da culpa, na conduta do infrator. E tal prova – convém que se frise – há de ser coligida na estrita conformidade com os princípios gerais de Direito.

Aqui chegados, é o momento de ingressarmos no importante assunto das provas em matéria tributária.

3.1. Das provas

A prova reveste-se de fundamental importância na apreciação dos fatos, pois é ela que norteia o aplicador da lei, em suas decisões[392].

Provar, nada mais é que formar a convicção do magistrado ou do administrador público, acerca da existência ou inexistência de fatos relevantes (Chiovenda).

Neste contexto, merece ser trazida à baila a bem dosada lição de Enrico Tulio Liebman:

> *"Denominam-se provas, os meios aptos a divulgar um fato e, destarte, a demonstrar sua ocorrência e a formar a convicção sobre a verdade deste fato em si mesmo considerado"*[393].

Estamos notando, pois, que a prova pode ser encarada sob o ângulo *objetivo* e sob o ângulo *subjetivo*. Com efeito, ela serve para demonstrar a existência dos fatos em exame (ângulo

---

391. *Curso de Direito Tributário*, Saraiva, São Paulo, 16ª ed., 2004, pp. 510 e 511 (esclarecemos no parêntese).

392. As Ordenações Filipinas, com muita propriedade, continham dispositivo pelo qual "*a prova é o farol que deve guiar o juiz nas suas decisões*".

393. *Manuale di Diritto Processuale Civile*, vol. 2, Milano, Giuffrè, 3ª ed., 1.974, p. 68 (traduzimos). No original está: "*si chiamano prove i mezzi che cervono a dare la conoscenza di um fatto e perciò a fornire la dimostrazione e a formare la convinzione della verità del fatto medesino*".

objetivo) e, ao mesmo tempo, para formar, no espírito de quem a aprecia, a convicção de que são verdadeiros (ângulo *subjetivo*).

As provas são, assim, instrumentos fundamentais para que o Direito venha corretamente aplicado.

O objeto da prova (*thema probandum*) é sempre um fato, cuja existência e verdade precisam ser demonstradas. Mas, os *meios de prova* (meios para produzir *verdades jurídicas*, gerando *certezas*) estão longe de ser ilimitados. Realmente, só os legais e os moralmente legítimos são admissíveis para provar-se a verdade dos fatos[394].

Em outras palavras, como já vimos, a *verdade material* só ingressa no mundo jurídico, quando se transforma em *verdade jurídica*,[395] obtida pelos meios jurídicos adequados.

Neste contexto, reveste-se de pouca importância, em matéria fiscal, a verdade obtida por meio de *confissão*.

3.1.1. Da pouca importância da "confissão", em matéria fiscal

I- A confissão, embora no passado tenha sido muito valorizada, a ponto de merecer o galardão de "*a rainha das provas*", nem sempre tem a importância que os leigos lhe atribuem.

A proclamação que acabamos de fazer cresce de ponto quando estamos, como agora, no campo do Direito Tributário, todo ele presidido pelos magnos princípios *da legalidade* e *da segurança jurídica*.

---

394. O Código de Processo Civil adnumera os seguintes meios de prova: o depoimento pessoal, a confissão, os documentos públicos e particulares, a prova testemunhal, as perícias e a inspeção judicial. Todavia, além dessas provas, é dado às partes lançar mãos de outras, desde que moralmente legítimas (art. 332).

395. A *verdade jurídica* deve, o quanto possível, aproximar-se da *verdade objetiva*, isto é, da verdade do mundo real. O Direito, em suma, interage com a realidade. Quando se diz, portanto, que a verdade jurídica é sempre *formal*, quer-se apenas significar que o Direito transforma, com os meios de prova que ele admite, a *verdade objetiva*, em *verdade jurídica*.

Mas, só para nos situarmos no assunto, temos que confissão, é o reconhecimento que uma das partes litigantes, sendo capaz, faz, acerca da veracidade dos fatos alegados pela outra.

Tal, diga-se de passagem, a clássica lição de Moacyr Amaral Santos, para quem ela é:

> *"O reconhecimento que um dos litigantes, capaz e com ânimo de se obrigar, faz da verdade, integral ou parcial, dos fatos alegados pela parte contrária como fundamento da ação ou da defesa"*[396].

Explicitando os elementos desta definição, notadamente aquele que se refere ao "*ânimo de se obrigar*", dilucida o insigne processualista de São Paulo:

> *"Quer dizer que não basta, para a existência de uma confissão válida, que a pessoa reconheça fatos dos quais resultam consequências contra ela. É mister mais alguma coisa. É necessário que, com sua declaração, queira ela criar ou, mais precisamente, tenha a intenção de criar, com o reconhecimento de tais fatos, uma prova em favor do adversário. Tal a importância desse elemento – a intenção de criar uma prova em favor do adversário – que não pode ela deixar de integrar, de modo expresso, a definição da confissão"*[397].

Impende notar, ainda, que não existe confissão *de direito*, mas, apenas, confissão *de fatos*, como bem observa Pontes de Miranda; *verbis*:

> *"O direito incide: está, portanto, fora do âmbito da confissão. Ninguém confessa que o contrato é de mútuo ou de hipoteca; confessa fatos de que pode resultar tratar-se de mútuo ou de hipoteca".*[398]

---

396. *Prova Judiciária no Cível e Comercial*, Max Limonad Editor, São Paulo, 1953, vol. II, p. 17.

397. *Op. cit.*, pp. 74 e 75.

398. *Comentários ao Código de Processo Civil*, vol. IV, Forense, Rio de Janeiro, 3ª ed., 2001, p. 320.

Estes preciosos escólios deixam claro que a confissão, sobre versar apenas *fatos*, deve revelar a livre disposição do confitente em armar seu adversário de *prova* que o favoreça.

II- Em se tratando de matéria tributária, a confissão de débito quando muito se mostrará apta a revelar que o confitente admite haver praticado determinado fato, que pode, ou não, ser causa do surgimento de uma obrigação tributária.[399]

Frise-se, porém, que a quantificação desta obrigação, sua extinção, a eventual imposição de penalidades, em suma, a qualificação jurídica do fato e tudo o mais que disser respeito à sua composição e dimensionamento, dependerá da rígida aplicação da Constituição e – por força do *princípio da legalidade tributária* – da lei.

Estamos, portanto, em campo que não admite nem comporta confissão, uma vez que diz respeito a *direito indisponível* de que o contribuinte é titular, qual seja, o de ser tributado rigorosamente segundo os ditames da Constituição.

Daí porque, em matéria fiscal, a confissão perde muito de seu significado. É que a vontade do sujeito passivo não é decisiva para o nascimento do tributo, que, justamente por ser uma obrigação *ex lege*, origina-se da subsunção de um fato (o *fato imponível*) à lei.[400]

---

399. O contribuinte não pode confessar que deve um dado tributo ou que se submeterá a uma alíquota *x*. Admitirá, quando muito, que omitiu certas receitas, que vendeu uma mercadoria sem a emissão da competente nota fiscal, que escriturou de modo incorreto livros fiscais etc. Sempre lhe será dado, porém, demonstrar, pelos meios em Direito admitidos, que incidiu em erro, hipótese em que sua confissão será ineficaz.

400. De longa data tem-se entendido que, em segmentos onde a liberdade individual sofre mais restrições (caso do segmento tributário), deve-se buscar, a *verdade real*. Assim, por exemplo, para que um tributo possa ser exigido, é imprescindível a comprovação dos fatos alegados pelo fisco. E

Nesse caso, a responsabilidade tributária molda-se na Constituição e na lei; não, em eventuais manifestações subjetivas, seja do credor (Fazenda Pública), seja – e especialmente – do devedor (contribuinte).

A confissão do contribuinte não poderá levar à criação de um tributo não previsto em lei. Com efeito, o tributo só pode nascer de lei; não, de confissão do contribuinte. Em face do *princípio da legalidade* e da indisponibilidade do crédito tributário (matéria de estrito Direito Público) é inválida confissão de dívida fiscal inexistente.

III- Logo, confissão de dívida do sujeito passivo, como condição para obtenção de uma vantagem fiscal (*v. g.*, um parcelamento tributário), não constitui, em absoluto, impedimento para que ele questione – inclusive junto ao Poder Judiciário – a juridicidade das imposições que vier a sofrer.

Note-se que a jurisprudência, a respeito, é bastante elucidativa:

> *"Provada a inexistência de imposto, à luz de que a obrigação tributária é 'ex lege', e nunca contratual ou potestativa, segue-se pela inexpressividade da tese alusiva à não retratabilidade da confissão de débito".*[401]

E, mais recentemente:

---

esta comprovação passa pelo *devido processo legal*, um dos consectários do *princípio da segurança jurídica*.

Melhor dizendo, o Direito Tributário deve aproximar-se o mais possível dos fatos, por isso que ele tem um compromisso inafastável com a *verdade real*. Por si só, a "*confissão*" do pretenso contribuinte não tem o condão de ilidir qualquer discussão em torno da existência do tributo. Este – é sempre oportuno lembrar – tem origem diretamente na lei; não, na vontade, ainda que "*confessada*" do contribuinte.

401. Acórdão da 2ª Turma do TRF na apelação n. 38.113 – Pr – *DJU* de 28.5.80, p. 3857. No mesmo sentido, Acórdão da 3ª Turma do mesmo Tribunal, na apelação n. 48.112 – SP, *DJU* de 24.5.79, p. 4.808.

> *"A confissão de débitos, feita como condição do respectivo parcelamento administrativo, não impede sua discussão, porque a obrigação tributária resulta de lei, nada valendo o crédito tributário que dela destoe".*[402]

Em suma, a teor de uma série de princípios constitucionais, mormente o *da estrita legalidade*, a vontade do sujeito passivo é irrelevante para fins de caracterização de sua responsabilidade tributária. Pelos mesmos motivos, ela também o é para a sua descaracterização.

James Marin segue esta linha de pensamento; *verbis*:

> *"É importante que se ressalte que a 'confissão de débitos' que se exige como um dos requisitos para ingresso no programa de parcelamento não se reveste de força legal que impeça posterior discussão quanto aos valores envolvidos. Esta espécie de documento não tem eficácia jurídica modificadora da real situação jurídica do contribuinte, não faz cicatrizar vícios da cobrança de tributos ilegais ou inconstitucionais, nem mesmo sedimenta definitivamente os acessórios e suas fórmulas aritméticas que não estejam ajustadas à ordem jurídica tributária".*[403]

Incontroverso, pois, que a "*confissão irretratável de débito*" (exigência tão comum em leis que possibilitam a obtenção de parcelamentos de débitos tributários) não impede os contribuintes de submeterem ao crivo do Poder Judiciário as questões que entenderem pertinentes (nulidade do lançamento efetuado, decadência, prescrição, compensação, confusão etc.).

IV- Reforçando a ideia, a natureza *ex lege* da obrigação tributária acarreta a irrelevância jurídica de hipotéticas "*confissões*" dos contribuintes, sobretudo quando elas são postas

---

402. TRF, 4ª Região, mandado de segurança n. 92.04.34874-7 – SC, Primeira Turma, votação unânime, j. 14.10.93 – JSTJ e TRF, *Lex* 57, p. 559.

403. *Direito Processual Tributário Brasileiro (Administrativo e Judicial)*, Dialética, São Paulo, 4ª ed., pp. 317/318.

pela lei como "*condições*" para fruir de benefícios fiscais.[404] Assim, qualquer confissão que o contribuinte vier a fazer, "*abrindo mão*" de seus direitos indisponíveis, não operará efeitos jurídicos. Afinal, direitos indisponíveis não são passíveis de renúncia, ainda mais quando se está em face de direitos imediatamente emergentes do Texto Constitucional.

IVa- Abrimos um rápido parêntese para aduzir que renunciar é deixar de lado direito que se tem sobre algo. A renúncia, como quer o erudito De Plácido e Silva, "... *importa sempre num abandono ou numa desistência voluntária, pela qual o titular de um direito deixa de usá-lo ou anuncia que não o quer utilizar*".[405]

Desta definição ressai que, na renúncia, há de estar sempre presente, sob pena de invalidade, o fator "*vontade do renunciante*". Tal vontade, livre e espontânea (e, não, violentada ou enganada), pode manifestar-se de maneira *expressa* ou *tácita*. *Expressa*, quando o renunciante declara ou anuncia o abandono de seu direito; *tácita*, quando se verifica a omissão ou inexecução do ato, dentro do prazo legal, que viria assegurar a fruição deste mesmo direito.

IVb- Mas não basta isto, para que a renúncia seja válida: é mister, ainda, que o direito a abandonar ou desistir seja

---

404. Andou mal, pois, a Lei Federal n. 11.941/2009, quando, em seu art. 5º, prescreveu: "*Art. 5º. A opção pelos parcelamentos de que trata esta Lei importa confissão irrevogável e irretratável dos débitos em nome do sujeito passivo na condição de contribuinte ou responsável e por ele indicados para compor os referidos parcelamentos, configura confissão extrajudicial nos termos dos arts. 348, 353 e 354 da Lei n. 5.869, de 11 de janeiro de 1973 – Código de Processo Civil, e condiciona o sujeito passivo à aceitação plena e irretratável de todas as condições estabelecidas nesta Lei*" (grifamos).

A nosso sentir, os contribuintes que, para obterem o parcelamento de seus débitos tributários, não tiveram outra alternativa senão a de confessá-los de forma "*irrevogável e irretratável*", aceitando, plenamente e, também, de modo "*irretratável*", todas as condições estabelecidas na Lei n. 11.941/2009, podem, perfeitamente, bater às portas do Judiciário, para que este Poder restabeleça, em favor dos mesmos, o primado da Constituição.

405. *Vocabulário Jurídico*, vol. IV, Forense, Rio de Janeiro, 1991, 3ª ed., p. 96.

disponível, isto é, *passível de transação*. Não se renuncia ao que não se tem ou não se pode exercer.

Nesse particular, desconhecemos quaisquer divergências doutrinárias. Pelo contrário, há, a respeito, sólido consenso entre os jurisconsultos, valendo citar, por todos, os consagrados mestres Pontes de Miranda,[406] Humberto Theodoro Jr.[407] e Nelson Nery Jr.[408]

Enfim, direitos acerca dos quais não se pode dispor são irrenunciáveis. É o caso do direito de ser tributado de acordo com a Constituição e as leis que a ela se ajustam. Este é um limite tão incontornável e intransponível, que nem a vontade do contribuinte-confitente pode superar.

Reiteramos que tributos somente podem nascer de lei; não, de "*confissão irrevogável e irretratável*" dos contribuintes.

V- Temos para nós, pois, que quando os contribuintes confessam, de modo "*irrevogável e irretratável*", a existência de débitos fiscais, para terem acesso a benefícios (*v. g.*, reduções de multas), tal conduta não implica nem "*capitulação*" diante das posições fazendárias, nem, tampouco, perda de direitos constitucionais, máxime o de discutir, em juízo, a pertinência jurídica de exigências tributárias.

Dito de outro modo, a confissão "*irretratável e irrevogável*" feita pelos contribuintes, para poderem ver parcelados seus débitos tributários, absolutamente não os impede de pugnar, junto ao Poder Judiciário (graças ao *princípio da universalidade da jurisdição*), pelo reconhecimento de seus direitos fundamentais.

É que, como acima procuramos demonstrar, os princípios *da estrita legalidade* e da *segurança jurídica* (dentre outros),

---

406. *Comentários...*, p. 202.

407. *Curso de Direito Processual Civil*, Vol. I, Forense, Rio de Janeiro, 32ª ed., 2000, p. 285.

408. *Código de Processo Civil Comentado e Legislação Extravagante*, Revista dos Tribunais, São Paulo, 7ª ed., 2003, p. 541.

não admitem confissão que ilida direitos fundamentais, que são indisponíveis e irrenunciáveis.

Insistimos que nenhum contribuinte (pessoa física ou jurídica) pode validamente concordar com a privação, definitiva ou temporária, total ou parcial, de seus direitos tributários, que lhe são conferidos pela Constituição Federal.

Positivamente, as provas em matéria tributária, obtidas por meio de "*confissão*" do contribuinte, só valem se forem confirmadas por outros elementos de convicção, coligidos de modo regular e adequado.

Mas, extremamente vinculadas às provas, estão as *presunções*, que passam a fazer nossos cuidados.

3.2. Das presunções

I- Presunção é a suposição de um fato desconhecido, por consequência indireta e provável de outro conhecido. Nisto difere da prova, já que, ao contrário desta, não produz certeza, mas simples *probabilidade*.

Quem presume, extrai, de um fato notório, outro ignorado. Assim, por exemplo, faz uso da presunção quem considera realizado o serviço de transporte no momento em que ele se inicia (justamente porque, normalmente, o serviço de transporte que se inicia acaba concluído).

A presunção[409] é um elemento importantíssimo na dialética jurídica, pois torna verdadeiros, fatos apenas possíveis, dando maior segurança às relações entre as pessoas (relações intersubjetivas). Fruto do raciocínio, pouco importa se obtida por dedução ou indução[410].

---

409. *Presumir* deriva do verbo latino *praesumere*, que significa *tomar antecipadamente*.

410. Estamos, pois, com a doutrina anglo-saxônica, quando considera irrelevante a presunção advir de um raciocínio dedutivo ou indutivo. Registre-se,

A probabilidade existente na presunção é tomada como *certeza*, dispensando, assim, a prova da existência do fato desconhecido.

Convém salientarmos, desde já, que as presunções somente versam sobre *matérias de fato*; nunca sobre *matérias de direito*.

As presunções, em nosso ordenamento jurídico, derivam da lei (por isso mesmo, *presunções legais*) ou do senso comum (*presunções hominis*).

Algumas *presunções legais* – as *iuris et de iure*[411] ou *absolutas* – eliminam completamente a possibilidade de *prova em contrário* criando, assim, *total certeza* diante de um determinado fato (v. g., a comoriência, num acidente de avião em que não há sobreviventes). Outras – as *iuris tantum*[412] ou *relativas* –, admitem que a parte contrária demonstre a inveracidade daquilo que lhe está sendo irrogado[413]. Têm-se por verdadeiras, até prova em contrário, comportando, deste modo, dilação probatória (*v. g.*, a legitimidade de um ato administrativo-tributário).

---

porém, que alguns autores consideram a presunção uma *indução* (Clóvis, Geny, Aubry e Rau etc.); outros, uma *dedução* (Planiol e Ripert, Coniglio etc.); outros, ainda, uma *combinação* dos dois métodos de raciocínio (Moacyr Amaral Santos).

411. A conhecida parêmia "*in dubio pro reu*" encerra a presunção *iuris et de iure*, de que nenhuma pessoa pode ser condenada se pairarem dúvidas sobre a autoria ou a materialidade do ilícito que lhe é imputado.

412. Como exemplo de presunção *iuris tantum* podemos citar a da culpa do transportador que fere o passageiro. Àquele cabe demonstrar que agiu de modo correto e adequado. Nunca ao passageiro demonstrar que seu transportador agiu com culpa. Como ensinam os civilistas, ao transportador cabe provar a culpa exclusiva da vítima ou, quando pouco, sua *não-culpa* pela ocorrência de *caso fortuito* ou *motivo de força maior*.

413. Autores há, como Pontes de Miranda, que colocam, entre as *presunções absolutas* e as *presunções relativas*, as *presunções intermediárias*, que só admitem as provas em contrário que a lei especifica. Estas, porém, não passam de *presunções relativas*, com a ressalva de que somente podem ser desconstituídas pelos meios de prova apontados na própria lei que as criou.

II- A presunção, conquanto seja elemento importantíssimo na dialética jurídica, não torna invariavelmente verdadeiros, fatos apenas possíveis.

Com a presunção, apenas se obtém o convencimento antecipado da *verdade provável* sobre um fato desconhecido, *a partir de fatos conhecidos* a ele conexos.

Nestes *fatos conhecidos* se exige, porém, um *alto grau de probabilidade*; ou, se preferirmos, uma *certeza verossímil*. Noutros falares, exige-se aquilo que mais frequentemente acontece, ou seja, o que costuma acontecer, segundo a experiência comum ("*praesumptio sumitur ex eo quod plerunque fit*"). Nisto estamos com Clóvis Beviláqua, para quem "*a presunção é a ilação que se tira de um fato conhecido para provar a existência de outro desconhecido*"[414].

Estamos percebendo, destarte, que o ponto de partida da presunção precisa ser conhecido (fato conhecido). Não se pode presumir de um fato desconhecido ou, mesmo, altamente improvável.

Deveras, em homenagem à *segurança jurídica* são inequiparáveis à presunção os meros indícios, sinais ou suspeitas. Do contrário, não haveria mais mãos a medir: com base em tênues indícios, dificilmente alguém escaparia de ser tributado, enquadrado num procedimento investigatório e, até – ousamos dizer –, condenado criminalmente.

III- Tudo o que acaba de ser escrito vale para as presunções que giram em torno de supostas irregularidades fiscais. Também elas ajudam o Direito a estabelecer a ordem e a segurança, agora no campo tributário. O empenho em extrair, como quer Becker, "*do fato conhecido, cuja existência é certa,... o fato desconhecido, cuja existência é provável*"[415], não chega ao ponto de justificar a formalização de exigências tributárias, com base em meras suposições do agente fiscal.

---

414. *Código Civil Comentado*, 4ª ed., vol. 1, p. 392.

415. *Teoria Geral do Direito Tributário*, Saraiva, São Paulo, 1972, 2ª ed., p. 462.

Ao presumir a irregularidade fiscal, a autoridade administrativa faz conjecturas, isto é, intui que ocorreu um ilícito, que lhe cabe, por dever de ofício, apurar e fazer sancionar.

Em seu espírito, tudo se passa livremente, escapando, por óbvio, de qualquer controle, inclusive judicial. Como pitorescamente dizem os italianos "*pensiero non paga gabella*" (o pensamento não paga impostos, não paga direitos). De fato, só a Deus cabe sondar as consciências e castigar os maus pensamentos.

A partir do momento, porém, em que as conjecturas da autoridade administrativa começam a materializar-se em atos concretos contra o contribuinte, é mister venham observados alguns pressupostos e requisitos, de modo a não lhe violentar direitos subjetivos fundamentais.

Não nos esqueçamos de que, em nosso Estado Constitucional de Direito, vigora a presunção de inocência até prova em contrário. Uma pessoa só pode ser havida por violadora da ordem jurídica, com base em fatos e dados consistentes e incontroversos.

IV- A presunção de inocência que a Constituição estabelece, em seu art. 5º, LVII, longe de estar confinada à matéria penal *stricto sensu*, espraia-se sobre todos os episódios em que há um *acusado*. Melhor explicitando, sempre que há o risco de uma sanção ou de ser atingido um bem jurídico prestigiado pela ordem constitucional (liberdade, honra, propriedade etc.), todos se presumem inocentes, até demonstração cabal em contrário, cujo ônus, desde a esfera administrativa, pertence ao acusador.

Vem ao encontro destas ideias, o axioma "*in dubio contra fiscum*". De fato, não pode haver uma *flexibilização* em favor da Fazenda Pública, parte indubitavelmente mais forte do que o contribuinte, na relação jurídica tributária.

Noutros falares, o Estado, aqui tomado no sentido de pessoa política (União, Estado-membro, Município e Distrito

Federal), deve comprovar a responsabilidade do contribuinte, constitucionalmente presumido inocente. Eis aí – insistimos – uma *presunção iuris tantum*, que só pode ceder passo com provas produzidas, já na órbita administrativa, dentro do devido processo legal e com a garantia da ampla defesa.

Em síntese, o direito constitucional ao qual estamos nos referindo, acarreta o dever incontornável de provar cabalmente a responsabilidade (tributária, administrativa ou de qualquer outra natureza), porquanto o ônus da prova é sempre do acusador *lato sensu*. Positivamente não se pode exigir da defesa produção de provas referentes a fatos negativos (*provas diabólicas*).

Tampouco se pode sancionar inexistindo as necessárias provas, coligidas ao longo do *devido processo legal* (*due process of law*). Note-se que o acusado pode utilizar-se de todos os meios de prova pertinentes à sua defesa (ampla defesa) e à destruição das imputações feitas pela acusação (contraditório).

De fato, "*ninguém será privado da liberdade ou de seus bens, sem o devido processo legal*" (art. 5º, LIV, da *CF*), assegurado o *direito ao contraditório* e à *ampla defesa* (art. 5º, LV, da *CF*). Isto vale também em matéria tributária

V- O que estamos pretendendo ressaltar é que, no campo tributário, a utilização de presunções deve ser feita com parcimônia – quando não com mão avara – para que não restem desconsiderados os princípios da segurança jurídica e da *estrita legalidade* dos tributos e das sanções fiscais.

A pretexto de combater a fraude ou agilitar a arrecadação, à Fazenda Pública não é dado presumir fatos para compelir os contribuintes – ou terceiros – a pagar tributos ou suportar multas fiscais.

É que a liberdade e a propriedade das pessoas não podem navegar ao sabor das presunções. Muito menos, podem fazê-lo, como veremos em seguida, as ficções e os indícios.

3.3. Das ficções

I- A ficção difere da presunção. Esta, afirma o que é provável; aquela, aceita como verdadeiro o que se sabe imaginário. Ou, como quer Cujacio, finge o que sabe não ser real.

Acerca do assunto, o *Corpus Iuris Civilis* já registrava: *fictio est falsitas pro veritate accepta* (a ficção é a falsidade tomada por verdade).

Estamos percebendo, pois, que, na ficção, o ato, mais do que improvável ou inverossímil, é falso e, nesta medida, jamais será real. É um artifício do legislador, que transforma uma impossibilidade material, numa possibilidade de natureza jurídica. Nesse sentido, é uma criação do legislador, que faz nascer uma verdade jurídica diferente da verdade real.

Como ensina, com propriedade, José Luis Pérez de Ayala, a ficção jurídica "*... existe sempre que a norma trata algo real como distinto, sendo igual; como igual, sendo diferente; como inexistente, tendo sucedido; como sucedido, sendo inexistente; mesmo com a consciência de que, 'naturalmente' não é assim*"[416].

A ficção está na esfera da imaginação e, portanto, é uma invenção do Direito ou, se quisermos, é uma disposição legal que toma por verdadeiro, o que na realidade inexiste.

É, em suma, um artifício técnico, criado pelo legislador, para transformar uma impossibilidade material, numa possibilidade jurídica. Deforma a realidade, considerando verdadeiro o que sabidamente é falso (*v. g.*, o horário de verão). Vai daí que a ficção só pode ser empregada com base em lei específica e, ainda assim, enquanto não ferir direitos subjetivos constitucionais. Jamais pode ser criada para atentar contra a liberdade, o patrimônio e a honra das pessoas, valores que nossa Carta Magna prestigiou ao extremo.

---

416. José Luis Pérez de Ayala, *Las Ficciones en el Derecho Tributario*, Editorial de Derecho Financiero, Madrid, 1970, p. 16 (traduzimos).

Neste contexto, merecem ser trazidas à colação as argutas observações de Vicenzo Colacino:

> *"Recorre-se à ficção quando, por meio da interpretação extensiva e analógica, não se pode subsumir uma determinada situação de fato ao império da norma. O campo de aplicação da ficção começa onde termina o campo de aplicação da interpretação extensiva e analógica. Isto explica por que o recuo à ficção só se dá através de específica determinação normativa"*[417].

Portanto, tinha razão Ihering quando apregoava que a ficção contorna as dificuldades, ao invés de resolvê-las e, nesse sentido, pode ser chamada de *mentira técnica* consagrada pela necessidade.

II- Em matéria tributária, a ficção tem aplicação restrita, justamente porque distorce a "*verdade real*". Assim, somente pode ser aceita caso não afronte princípios constitucionais (estrita legalidade, capacidade contributiva, seletividade, não-confisco, tipicidade cerrada etc.).

Como se vê, a ficção, conquanto possa restringir direitos, não pode transformar um inocente num infrator à legislação tributária, ou uma pessoa alheia ao *fato imponível*, num contribuinte. Acima de tudo, não pode passar por cima do dever que o Estado tem, de provar as imputações que faz contra os contribuintes, seja para exigir-lhes tributos, seja para impor-lhes penalidades.

Do contrário, os direitos subjetivos dos contribuintes seriam banalizados. Ficções encarregar-se-iam de produzir "*contribuintes*" e "*culpados*" em série, para atender às necessidades arrecadatórias.

III- O Código Tributário Nacional traz pelo menos dois dispositivos relacionados ao emprego das ficções. São os já

---

417. Verbete "*fictio juris*", in *Novissimo Digesto Italiano*, 3ª ed., Torino, 1957 (traduzimos e grifamos).

estudados arts. 109 e 110, que, em essência, vedam à lei instituidora do tributo ou tipificadora do ilícito fiscal ignorar ou alterar conceitos e formas do Direito Privado. Isto jamais pode ser feito, mormente para prejudicar a contribuintes ou para submetê-los a sanções.

Deveras, a ficção, na medida em que deforma a realidade, transformando o falso em verdadeiro, há de ser empregada com extrema cautela, nos patamares do Direito Tributário. Mais: por força do *princípio da segurança jurídica*, a utilização desta *mentira técnica* só pode decorrer de norma jurídica expressa. Mesmo assim, ela nunca poderá transformar uma pessoa totalmente estranha ao *fato imponível* num contribuinte, nem, muito menos, um inocente num infrator.

Tudo considerado, a conclusão a que se chega é que a potencialização da eficácia arrecadatória não tem força bastante para justificar o uso indiscriminado de ficções no campo tributário, especialmente quando isto põe em risco os direitos constitucionais dos contribuintes.

Cuidemos, agora, dos indícios, em matéria tributária.

3.4. Dos indícios

I- Nenhuma prova tem sido tão combatida e abalada, ao longo dos séculos, como o *indício*, também conhecido como *prova indiciária* ou *prova circunstancial.*

A noção de indício vem indissoluvelmente associada à operação mental de inferência. De um fato conhecido, chega-se, pela via do raciocínio, a concluir pela existência de um outro, desconhecido, mas a ele pertinente.

Só que, sob o prisma da certeza ou convencimento, o indício nunca leva a uma conclusão absolutamente segura. De fato, a mais alta probabilidade de certeza não exclui a possibilidade de erro.

O indício, como genialmente percebeu Shakespeare, na famosa peça *O Mercador de Veneza*, "*só conduz às portas da verdade*". Nunca – permitimo-nos acrescentar – à certeza da verdade.

Por isso, é próprio do indício não concluir certamente, mas, apenas, inferir, conjecturar. Ele sempre deixa no ar um clima de incerteza.

Será simulada a venda em que o comprador é amigo íntimo do devedor? *Provavelmente*. Este *advérbio de modo* encerra tanto um *sim* (*provavelmente sim*), quanto um *não* (*provavelmente não*). Só outras provas poderão afastar o dilema. O indício isolado – ainda mais quando vago[418] – não tem força jurídica para levar a uma conclusão certa, até porque alberga várias explicações ou significados, conforme as circunstâncias que o cercam e as conexões que guarda com o conjunto probatório.

Ademais, para que a conclusão tomada indiciariamente seja *em princípio* aceitável, é mister, ainda, haja: *a)* um *fato certo*, isto é, incontroverso, comprovado plenamente; *b)* um segundo fato (justamente o *indiciário*); e, *c)* uma correlação entre ambos.

Além disso, é regra clássica e universal que, quando vários indícios referem-se a um só e quando os argumentos sobre um fato dependem de um único argumento, a soma deles, por numerosos que sejam, <u>não</u> <u>formam</u> plena prova. Todos juntos não constituem mais do que um só indício.

II- Com base no que acabamos de escrever, sentimo-nos confortáveis para afirmar que os indícios não passam de *começos de prova*, insuficientes, em si mesmos, para gerar tributos ou penalidades.

---

418. Vago – e nesta medida, imprestável – é o indício de que o autor de um furto, cuja identidade se ignora, é o homem mais pobre da aldeia, porque "*a miséria gera o crime*". Ora, se a miséria gera o crime, também fortalece o caráter e, não raro, é companheira inseparável da honradez.

A necessidade de proteger a Fazenda Pública da eventual má-fé do contribuinte não basta para permitir a utilização acriteriosa de indícios contra ele, até porque isto fatalmente atropelaria os princípios constitucionais tributários que o protegem.

Não havendo certeza quanto aos fatos, nem o tributo pode ser exigido, nem, muito menos, a sanção, aplicada. Noutros termos, os indícios não exoneram a Fazenda Pública do *onus probandi*.

É que os indícios possuem *valor probatório mínimo*, não podendo ser utilizados isoladamente. Pelo contrário, são sinais que precisam ser reforçados por outras provas coligidas pelo fisco. Sem tal corroboração, não se mostram prestáveis para lançar um tributo ou impor uma penalidade.

Cumpre, enfim, à Administração Fazendária, averiguar se, por detrás dos indícios, existe o suspeitado *fato imponível* ou a possível infração tributária. Quando desacompanhados de provas, não podem *produzir* nem "*contribuintes*", nem, muito menos, "*infratores à legislação tributária*".

3.5. Síntese conclusiva

I- As realidades jurídicas, como vimos, nem sempre coincidem com as do mundo que nos cerca.[419] De fato, muita vez, somente com o emprego de presunções e ficções, o Direito consegue disciplinar o comportamento das pessoas, na vida social. A propósito, já se disse que as presunções e ficções operam no campo do Direito, como as hipóteses, no da Matemática. Sem elas, a ordem jurídica não teria condições de funcionar.[420]

---

419. Sirva-nos de exemplo o chamado "*horário de verão*", que, por óbvio, não interfere no movimento dos astros, mas, sem dúvida, produz efeitos jurídicos, já que, quando implantado, faz com que a *hora oficial* seja *adiantada* 60 minutos, em relação à *hora astronômica*. Tanto que, se uma dada repartição pública tiver que encerrar seu expediente às 18 horas, juridicamente continuará a fazê-lo neste horário, embora, astronomicamente, ainda sejam 17 horas.

420. É o caso da presunção contida no vetusto brocardo *ignorantia legis neminem excusat*.

Em resumo, as presunções e ficções não passam de *artifícios técnicos*, previstos em lei, que tornam possível a aplicação do Direito.

Há, porém, um limite para elas: a Constituição da República. Dito de outro modo, o emprego das presunções e ficções não pode ser feito sem régua nem compasso, de modo a levar de roldão direitos e garantias fundamentais.

Assim, por exemplo, na medida em que a Constituição declara inviolável a *casa* (art. 5º, XI), não pode uma lei – sob pena de irremissível inconstitucionalidade – *esvaziar* este direito fundamental, estabelecendo que não se considera casa, para este fim, o imóvel localizado a até três quilômetros de uma repartição policial. Bem precário seria o direito constitucional à inviolabilidade da casa (agora, mais do que do simples domicílio, como constava da Carta anterior), se fosse possível costeá-lo com artifícios deste tipo.

Por isso tudo, o agente fiscal não se pode valer de presunções ou ficções para suprir lacunas da realidade que se lhe apresenta e, assim, tributar ou sancionar as pessoas. Seria o mesmo que agir à míngua de lei.

Ora, nessa altura de nossa evolução jurídica, absolutamente não se admite possa a Fazenda Pública legislar, máxime em matéria tributário-penal. Menos ainda, legislar para alterar a Constituição. Sim, porque, "criar", sem lei, *hipóteses de incidência* e *tipos infracionais tributários*, ou, mesmo, aplicar acriteriosamente os já existentes, equivale a redefinir o papel do Estado em face dos contribuintes, o que só o Congresso Nacional, no exercício de seu *poder constituinte derivado*, pode fazer e, ainda assim, com reservas, já que não lhe é dado atropelar as chamadas *cláusulas pétreas*.

Em homenagem aos direitos fundamentais dos contribuintes, o agente fiscal só pode lançar se tiver efetivo conhecimento da ocorrência do *fato imponível*. Também só lhe é dado lavrar o *auto de infração*, tendo real ciência de determinados fatos que, em tese, tipificam ilícitos tributários. E, ao lançar ou lavrar o auto de infração, deve observar os procedimentos formais, previstos em lei, para provar motivadamente que tais fatos ocorreram.[421]

II- É o caso de aqui lembrarmos que a Lei das Leis, no § 2º, de seu art. 5º, implicitamente confere, ao contribuinte, duplo direito: *(i)* o de não pagar tributo criado ou lançado em desacordo com os ditames constitucionais, e *(ii)* o de não ser abusivamente sancionado.

Além disso, o Diploma Constitucional não se limitou a reconhecer a possibilidade de os contribuintes se insurgirem contra a tributação indevida. Também lhes conferiu os meios processuais para tanto: o direito ao livre acesso ao Judiciário, o direito à repetição do indébito, o mandado de segurança, o direito de serem indenizados contra atos ou omissões ilegais dos agentes fiscais, e assim por diante.

III- Avulta, neste contexto, a importância do art. 5º, LVI, da Constituição Federal, que prescreve serem "*inadmissíveis, no processo, as provas obtidas por meios ilícitos*".

Rememoramos que ilícitas as provas coligidas com infringência aos direitos, liberdades e garantias fundamentais. Nem mesmo a verdade – valor por todos os títulos sagrado – pode ser alcançada a qualquer preço, num *Estado Democrático de Direito*.

Deveras, em nosso ordenamento jurídico, só são consideradas *provas* as que o Direito admite. Assim, apenas para darmos um exemplo, uma *escuta clandestina*, ainda que altamente elucidativa, não pode respaldar um edito condenatório.

---

421. Não devemos nos esquecer de que os agentes fiscais, como, de resto, todos os funcionários públicos, têm o dever de resolver, motivadamente, os casos que lhes são afetos, observados os direitos e garantias fundamentais.

Portanto, o contribuinte tem o direito subjetivo de saber por que os atos administrativo-tributários foram praticados, isto é, quais motivos os ensejaram. Mais: a motivação deve ser verdadeira, isto é, corresponder à realidade, pois, do contrário, não permitirá o exercício do direito à ampla defesa.

Mais: as provas que, em função desta *escuta*, forem coligidas, também se entremostram imprestáveis, já que não têm força bastante para sancionar o infrator. Trata-se da teoria dos *frutos da árvore envenenada* (*fruits of the poisonous tree*), criada pela jurisprudência norte-americana e que nosso Supremo Tribunal Federal acolheu.[422]

Sempre a propósito, pensamos que não só a escuta clandestina deve ser ignorada, como os *conhecimentos fortuitos* que derivaram de uma escuta judicialmente autorizada. Digamos que haja autorização judicial para, por meio de escuta telefônica, apurar o *fato A* e que, ao invés disso, acabe sendo apurado o *fato B*, completamente desvinculado do primeiro. A prova assim obtida é, a nosso ver, nula.

Nesse sentido, a lição de Manuel Monteiro Guedes Valente:

> *"A exegese sobre os 'conhecimentos fortuitos' ['Zufallsfunde' ou 'descubrimientos ocasionales'] em geral e especial nas escutas telefónicas não pode seguir o caminho da visão do 'político pragmático' que 'quer soluções rápidas para os problemas que o preocupam, tratando-os geralmente numa perspectiva puramente conjuntural, marcada pela cadência das datas eleitorais', pois deve seguir o caminho tocquevilleano da substituição da violência – física ou psicológica, sentida ou escondida, legítima ou ilegítima – pela justiça. Nesta linha de pensamento e em um espírito apuleiano, não podemos rasgar a herança legada pelos nossos antepassados de uma acção punitiva do Estado segundo os ditames da legalidade e do respeito pelos direitos, liberdades e garantias fundamentais do cidadão.*
>
> *"A demanda da verdade e da justiça não é um processo automático de refracção de causa-efeito-resultado enquadrado em uma eficácia tacticamente edificada sob os auspícios de 'os fins justificarem os meios', sob pena de a finalidade primeira de ressocialização do delinquente se*

422. Cf. HC n. 72.588/PB – rel. Min. Maurício Corrêa; HC n. 73.351/SP – rel. Min. Ilmar Galvão; HC n. 73.461/SP – rel. Min. Octávio Gallotti.

> *metamorfosear em dessocialização, por não aceitar que a legitimidade punitiva do Estado (ou dos seus operadores) se furte aos princípios de que se arroga para prevenir e investigar condutas delituosas".*[423]

Portanto, também os *conhecimentos fortuitos* e as provas que deles derivarem, devem ser desconsiderados.

Não devemos, porém, confundir os *conhecimentos fortuitos* (conhecimentos de fatos que não se referem à infração que legitimou a autorização judicial para a escuta telefônica, a violação de correspondência, a infiltração de agentes policiais, o registro de voz ou imagem, as buscas e apreensões etc.) com os *conhecimentos de investigação* (conhecimentos de fatos conexos ao delito que está sendo apurado), que, estes sim, devem ser levados em conta. Só para ilustrar a ideia, digamos que haja autorização judicial para uma escuta telefônica, a fim de apurar um roubo e que, por meio dela, se descubra a figura do receptador ou do terceiro que deu auxílio material à prática do delito. Neste caso, entendemos que as provas obtidas são válidas, pois que se relacionam com o crime investigado (*crime catálogo*).

IV- Dando fecho ao raciocínio, estamos sempre mais convencidos de que o desrespeito ou a violação dos direitos, liberdades e garantias fundamentais, por parte do Estado, causa maior dano à sociedade, que a não descoberta da verdade e a consequente responsabilização do infrator. Esta não pode ser obtida a qualquer preço, mormente com a violação da dignidade da pessoa humana.[424]

---

423. *Conhecimentos Fortuitos – a busca de um equilíbrio apuleiano*, Livraria Almedina, Coimbra, 2006, pp. 13 e 14.

424. Abominamos o denominado "*direito penal do inimigo*", em que, determinados infratores (*v. g.*, os terroristas) são considerados "*não-pessoas*". Também eles são amparados pelo Estado Democrático de Direito, estando protegidos, destarte, contra arbitrariedades e violências (torturas, coações, abusivas intromissões na vida privada, ofensas à integridade moral), quer administrativas, quer judiciais.

4. Considerações adicionais

I- De todo o exposto neste capítulo, podemos inferir que, enquanto efetua o lançamento ou lavra o auto de infração, o fisco tem o *dever de especificar* quais atos ou fatos considera subsumidos, respectivamente, à *hipótese de incidência tributária* e ao *tipo infracional tributário*. E, evidentemente, de comprová-los.

É que, como já tivemos o ensejo de demonstrar, o lançamento e o auto de infração estão sob a égide do *princípio da estrita legalidade*. O fisco não pode, sob pena de nulidade, adotar, enquanto dá à estampa estes atos administrativos, critérios difusos ou subjetivos, apoiados em meras suposições.

Ademais, a Constituição Federal, ao estabelecer ser vedado às pessoas políticas "*exigir... tributo sem lei que o estabeleça*" (art. 150, I), impede, por via oblíqua – mas, nem por isso, menos cogente –, que obrigações tributárias, aí compreendidas as sanções delas derivadas, sejam constituídas e cobradas com base em decisões administrativas arbitrárias ou imotivadas.

Realmente, os atos de aplicação da lei tributária ao caso concreto, máxime os contidos nos chamados "*autos de infração*", devem ser devida e expressamente justificados e fundamentados. Tudo para que o contribuinte possa exercitar seu direito constitucional à ampla defesa.[425]

II- No caso do auto de infração, o Estado deve provar, por pouco que seja, a culpabilidade do contribuinte, que, como não se ignora, é constitucionalmente presumido inocente. Esta é uma *presunção iuris tantum*, mas que só pode ceder passo com um mínimo de provas produzidas por meio de um devido processo legal e – tornamos a insistir – com a garantia da ampla defesa.

425. *V.*, *supra*, *item 2*, do Capítulo II, desta Terceira Parte.

Nosso direito positivo não permite que alguém seja acusado sem provas. Destarte, quando o fisco imputar ao contribuinte a prática de ato contrário à lei tributária, a ele caberá exibir, desde logo, um mínimo de provas que comprovem suas alegações.

Nesse sentido, orienta-se o consenso unânime da doutrina, bem representada por Geraldo Ataliba; *verbis*:

> *"Na verdade, em matéria punitiva, todo ônus da prova incumbe à Administração, ficando ao acusado simplesmente a prova das circunstâncias do fato que sejam excludentes, elidentes ou de quaisquer atenuadores das circunstâncias que o prejudiquem. (...)*
>
> *"A aplicação de sanções depende de prova, que deve ser exaustivamente promovida pelo fisco, de tal forma a convencer, por meios não indiciários mas diretos ao julgador, a procedência do alegado".*[426]

De fato, não é porque o Estado, para manter-se, necessita de tributar, que os contribuintes, inclusive quando têm contra si lavrados autos de infração, podem ver atropelados seus direitos fundamentais.

III- A propósito, convém afastar, de uma vez por todas, a superadíssima ideia de que o *interesse fazendário* (meramente arrecadatório) equivale ao *interesse público*.

Em boa verdade científica, o *interesse fazendário* não se confunde, nem, muito menos, sobrepaira o *interesse público*. Antes, a ele se subordina e, por isso, somente poderá prevalecer quando ambos estiverem em perfeita sintonia.

Nem mesmo o objetivo, sem dúvida louvável, de solucionar "*problemas de caixa*" das pessoas políticas, tem força bastante para subverter os princípios fundamentais do sistema constitucional tributário brasileiro.

---

426. *Princípios do Procedimento Tributário*, in *Novo Processo Tributário*, Editora Resenha dos Tribunais, São Paulo, 1975, pp. 31/32.

Por outro lado, também não são os *valores pecuniários* (maiores ou menores) em jogo, que irão determinar se os direitos fundamentais dos contribuintes devem, ou não, ser preservados, por ocasião da lavratura do auto de infração.

IV- É o caso de relembramos que, muita vez, o documento rotulado "*auto de infração*", além de sancionar o contribuinte, impõe-lhe o dever de recolher o tributo. Neste caso, há, na realidade, no mesmo instrumento (suporte físico), dois atos administrativos, perfeitamente distintos: um de lançamento *de ofício*, apurando, em face da omissão do contribuinte, o *quantum debeatur*; outro, de aplicação da penalidade, indicando-lhe a multa a pagar, decorrente do descumprimento do dever jurídico-tributário.

Embora juridicamente – como já vimos – cada um desses atos administrativos tenha sua função, costuma-se, por amor à brevidade, amalgamá-los, o que leva à tão difundida frase de que o *auto de infração* também realiza o lançamento tributário *de ofício*. A posição, no entanto, não é tecnicamente correta.

O ideal seria que cada um destes atos administrativos fosse veiculado num instrumento (auto) próprio. Não raro, porém, o mesmo instrumento hospeda a ambos. Isto não significa evidentemente que se está diante de um único ato administrativo, mas de dois, embora reunidos, por uma questão de expediência, num mesmo instrumento físico.

Em suma, a circunstância de o mesmo instrumento físico acomodar o auto de infração e o lançamento tributário, absolutamente não significa que este seja englobado por aquele.

V- Deixando de lado, porém, tais questões acadêmicas, há um prazo para que se constitua o crédito tributário pelo lançamento, ao cabo do qual se opera a *decadência tributária*. E, depois de efetuado o lançamento, há outro prazo para que seja intentada a ação de cobrança do crédito tributário, sob pena, agora, de ocorrer a *prescrição tributária*.

Como se vê, o lançamento é um verdadeiro "*divisor de águas*" entre a decadência e a prescrição tributárias. Antes do lançamento, só há falar em decadência tributária; após, em prescrição tributária.

Entretanto, existe um ponto em comum entre estes dois fenômenos jurídicos: ambos surgem de um prolongado comportamento omissivo do fisco, que, dentro do tempo legalmente fixado, deixa de promover o lançamento do tributo (ensejando a *decadência tributária*) ou, tendo efetivado o lançamento, não move a ação judicial para exigir seu crédito tributário (dando causa à *prescrição tributária*).

Tais nossos próximos assuntos.

Capítulo III

DA DECADÊNCIA E DA PRESCRIÇÃO TRIBUTÁRIAS

SUMÁRIO: *1. Observações gerais. 2. O papel da lei complementar veiculadora de normas gerais em matéria de legislação tributária, no que se refere à decadência e à prescrição tributárias. 3. Da decadência tributária. 4. Da prescrição tributária.*

1. Observações gerais

I- É ponto bem averiguado que, nascida a obrigação tributária, com a ocorrência do *fato imponível*, o sujeito passivo fica vinculado ao sujeito ativo. Em termos mais técnicos, seu patrimônio fica onerado, até que, nos termos da lei, ele se liberte de tal *estado de sujeição*.

Desdobrando a assertiva: por força do *princípio da legalidade*, a lei deve, não só criar "*in abstracto*" a obrigação tributária, como estabelecer a forma e o momento de sua extinção.

Muito bem. A lei atribui a certos fatos a propriedade de, uma vez ocorridos, dar nascimento ao tributo. E adota a técnica de conferir a outros, a virtude de fazê-lo desaparecer.

Enfim, o sujeito passivo tributário encontra na lei os critérios para liberar-se do *jugo jurídico* do sujeito ativo. Quando estes critérios ocorrem, desaparece, "*ipso facto*", o liame abstrato que constringia seu patrimônio. A obrigação tributária está extinta.

II- O que acabamos de sumariar leva-nos a inferir que o tributo não se perpetua no tempo. Pelo contrário, nasce para desaparecer. Mais dia menos dia, deixa de existir, libertando o contribuinte (sujeito passivo) daquele *estado de sujeição* que o prendia ao fisco (sujeito ativo). Assim é, porque o desfecho natural das obrigações (e o tributo – permitimo-nos relembrar – é uma *obrigação "ex lege"*) é seu cumprimento.

Muito bem. O tributo extingue-se com o *pagamento* ou com a verificação de qualquer outra *causa extintiva da obrigação tributária.*[427]

Causa extintiva da obrigação tributária é o ato ou fato a que a lei atribui o efeito de libertar o sujeito passivo, do liame abstrato (vínculo jurídico) que o prendia ao sujeito ativo, desde a ocorrência do *fato imponível.*

São causas extintivas da obrigação tributária o pagamento, a remissão, a compensação, a transação, a decadência, a prescrição etc.[428] Cada uma delas, ao se verificar, fulmina o supra-referido *estado de sujeição*, em que se encontrava o contribuinte, em face do fisco.

Portanto, todas as causas extintivas da obrigação tributária, sem exceção, têm algo em comum: quando ocorridas, têm

---

427. O Código Tributário Nacional chama as *causas extintivas da obrigação tributária* de *causas extintivas do crédito tributário*. Impropriamente, porque o tributo não se extingue apenas quando desaparece o *crédito tributário*, mas, também, quando se fere de morte seu *sujeito ativo* ou seu *sujeito passivo*. Ademais, extinto o crédito tributário, extinta está toda a obrigação tributária.

428. Algumas *causas extintivas do crédito tributário* estão arroladas no Código Tributário Nacional, em seu art. 156 (o pagamento, a remissão, a compensação etc.). Outras, foram discernidas pela doutrina (a confusão, o desaparecimento, sem sucessor, do sujeito ativo, o desaparecimento, sem sucessor, do sujeito passivo etc.).

a propriedade de impedir que o contribuinte seja molestado pela Administração Fazendária com a cobrança da exação, que, afinal, já não mais existe.

III- Reiteramos que o *pagamento* é a causa extintiva por excelência do crédito tributário. Ou, se preferirmos, é a *forma óbvia* de extinção de obrigações tributárias. De fato, com a entrega da *res debita*, extingue-se a relação obrigacional.

O pagamento (de *pacare*, apaziguar o credor) pode ser conceituado como o cumprimento voluntário do objeto da prestação tributária.[429] Com ele, põe-se termo à relação jurídica entre o fisco e o contribuinte, liberando-se este último.[430]

Figura jurídica das mais conhecidas e estudadas, o pagamento não é um instituto exclusivamente tributário, mas, pelo contrário, espraia-se sobranceiro sobre todos os quadrantes jurídicos. O desconhecimento desta verdade comezinha levou, *data venia*, pessoas menos avisadas a sustentarem que "*o pagamento é um tema de Direito Civil*".[431] Pelo contrário,

---

429. No pagamento, o sujeito passivo entrega, ao sujeito ativo, a importância correspondente ao objeto do crédito tributário.

430. Ensina Achille Donato Giannini (*Instituzioni di Diritto Tributario*, Giuffrè Editore, Milano, 1.972, pp. 271 e sgs.) que, no pagamento do tributo, o devedor entrega uma soma de dinheiro (ou equivalente) ao credor e, com isto, extingue-se, "*ipso facto*", a obrigação tributária. No mesmo sentido, Jose Luis Perez de Ayala (*Derecho Tributário*, Editorial de Derecho Financiero, Madrid, 1968, pp. 346 e sgs.), Antonio Berliri (*Principios de Derecho Tributario*, vol. II, tradução de Narciso Amorós Rica e Eusebio González García, Editorial de Derecho Financiero, 1971, pp. 425 e sgs.), Hector B. Villegas (*Curso de Finanzas, Derecho Financiero y Tributario*, Depalma, Buenos Aires, 1972, pp. 164/165), Giuliani Fonrouge (*Conceitos de Direito Tributário*, tradução de Geraldo Ataliba e Marco Aurélio Greco, Lael, 1973, pp. 175 e sgs.) e Dino Jarach (*Curso Superior de Derecho Tributario*, tomo I, Liceo Profesional Cima, Buenos Aires, 1969, pp. 238 e sgs.), dentre outros.

431. Os civilistas gozam do privilégio, que a tradição didática lhes legou, de verem inseridos, em seu campo de trabalho, praticamente todos os institutos jurídicos. Isto é fácil de ser explicado. O Direito Civil é multimilenar, ao passo que outros "*ramos*" do Direito são bem mais recentes (*v. g.*, o Direito Tributário). Isto, todavia, está longe de significar que o Direito Civil açambarcou institutos

é um fenômeno jurídico, que está presente em todos os patamares do Direito.[432]

Na verdade, o pagamento é uma **categoria geral de direito** (como a compensação, a sanção, a relação jurídica, a prescrição, a decadência etc.), que irradia efeitos também nas hostes do Direito Tributário.

Apenas, como o Direito Tributário é todo ele submetido ao *princípio da legalidade*, o pagamento, em suas fronteiras, é regido por algumas peculiaridades, que não vêm para aqui.

IIIa- Quando o pagamento ocorre, satisfaz-se o direito creditório da Fazenda Pública e o tributo deixa de existir.

Valem, a propósito, as lições de Paulo de Barros Carvalho; *verbis*:

> *"Visto o pagamento pela óptica das possibilidades teóricas de extinção das relações jurídicas, temos que, por seu intermédio, se cumpre o dever jurídico cometido ao sujeito passivo, contranota do direito subjetivo de que está investido o sujeito credor, o qual simultaneamente desaparece. Um vínculo obrigacional jamais poderia remanescer sem os nexos correlatos (direito e dever)..."*.[433]

Em suma, o pagamento é a voluntária entrega, ao sujeito ativo, pelo sujeito passivo, da importância correspondente ao objeto do crédito tributário.

---

como o "*pagamento*", a "*relação jurídica*", a "*obrigação*", a "*prescrição*" e assim avante. Todos estes institutos são categorias gerais do direito, que podem e devem ser objeto das preocupações intelectuais não só dos civilistas, como dos cientistas do Direito em geral.

432. Não podemos nos esquecer, nesse passo – na trilha do que demonstramos na primeira parte desta obra – que o Direito é cientificamente uno. Sua subdivisão em ramos é feita apenas para facilitar o processo de aprendizado. É, portanto, meramente didática. Os chamados "*ramos*" do Direito (Direito Civil, Direito Penal, Direito Processual Civil, Direito Comercial, Direito Tributário etc.), abeberam-se e escoram-se na Teoria Geral do Direito.

433. *Curso de Direito Tributário*, São Paulo, Saraiva, 19ª ed., 2007, p. 492.

IIIb- O pagamento do tributo vem genericamente previsto no art. 156, I, do Código Tributário Nacional e disciplinado, com maior riqueza de detalhes, nos arts. 157 a 164, deste mesmo diploma normativo. Ao assim proceder, o Código Tributário Nacional ora reforçou postulados que já se encontram no Código Civil brasileiro, ora afastou preceitos ali contidos, dando, a este fenômeno jurídico, disciplina específica.

Destarte, a partir do instante em que efetua o pagamento, o contribuinte não mais está jungido à Fazenda Pública (ou a quem legalmente lhe faça as vezes). Torna ao completo estado de adimplência, nada mais dele podendo, a este título, ser exigido, sob pena de torná-lo alvo de um indébito tributário e haver, por parte do fisco, um enriquecimento sem causa.

De fato, se o fisco pretendesse receber tributo já pago, ele, em rigor, estaria, em nome de interesses que positivamente não são públicos, querendo locupletar-se às expensas do contribuinte. Haveria, aí, ilícito enriquecimento fazendário, condenado pelo direito, nos termos da vetusta parêmia "*nemo potest locupletari detrimento alterius*".[434]

---

434. É postulado jurídico, universalmente aceito, que ninguém – muito menos o Poder Público – deve experimentar *enriquecimento sem causa*. Tal se dá, quando o pagamento efetuado não decorre de uma obrigação que o justifique.

Se uma pessoa paga a outra algo que não deve, o enriquecimento desta última é ilegítimo, já que despido de fundamento jurídico. No caso, o *solvens* (aquele que pagou o indevido) passa a ter, em relação ao *accipiens* (aquele que o recebeu), o direito subjetivo à repetição. É que – tornamos a insistir – ninguém deve enriquecer a custa de pagamento indevido.

Salientamos que *pagamento indevido* é o que não se esforça em causa jurídica suficiente. É, se preferirmos, o que deriva de erro. Erro que, no caso dos *impostos*, é presumido diante da só existência do indébito. Noutras palavras, o indébito, nestes casos, já é prova suficiente da existência do erro em que incidiu o *solvens*. Só pelo fato de o contribuinte os haver pagado, já tem direito à restituição.

Sempre a propósito, a pessoa (aí compreendida a pessoa política) que conquistou indevidamente patrimônio alheio tem o dever, jurídico e moral, de restituí-lo espontaneamente. Se não o faz, possui o *solvens* uma ação própria para reavê-lo, que outra não é senão a *ação de repetição do indébito* (ação de *in rem verso*).

Permitimo-nos acrescentar que a ação de repetição do indébito encontra respaldo no *princípio da equidade*, que – convém insistir – não se compadece com o enriquecimento em prejuízo de terceiro.

IV- Muito bem. Embora o pagamento seja a causa extintiva por excelência das obrigações tributárias ou, quando pouco, a mais estimada pela Fazenda Pública, outros fenômenos jurídicos têm a mesma força jurídica, vale dizer, liberam o contribuinte do jugo do fisco.

Dentre estes fenômenos jurídicos, permitimo-nos mencionar, a decadência (também chamada *caducidade*) e a prescrição. Ambas também são modalidades extintivas de tributos, fazendo, destarte, desaparecer o nexo jurídico que prendia o contribuinte ao fisco, em razão da ocorrência do *fato imponível*. E podem ser analisadas seja nas normas jurídicas que as prevêem, seja no plano dos fatos, vale dizer, quando estes fenômenos jurídicos se verificam no mundo fenomênico. Daí podermos falar em decadência *in abstracto* e decadência *in concreto*, bem como em prescrição *in abstracto* e prescrição *in concreto*. A decadência e a prescrição tributária correm *in concreto* quando, decorrido certo trato de tempo, apontado na lei complementar, o fisco permanece inerte.

É o que melhor veremos a seguir.

2. O papel da lei complementar veiculadora de normas gerais em matéria de legislação tributária, no que se refere à decadência e à prescrição tributárias

Como vimos, o art. 146, I, *b*, da Constituição Federal, declara competir à lei complementar veicular *normas gerais*, inclusive e especialmente sobre decadência e prescrição tributárias.

A proibição do "*enriquecimento sem causa*" é chamada, pelo inolvidável Agostinho Alvim, de "*princípio eterno do Direito*". Vale também para o Estado, que, mais até do que qualquer particular, não pode locupletar-se em prejuízo alheio.

De fato, quando o *accipiens* é o Poder Público ele deve ser mais diligente do que o particular no restituir o indébito tributário, até em função do *princípio da moralidade*, que informa e condiciona seu agir, nos termos do art. 37, *caput*, da Constituição Federal.

Note-se, por fim, que a repetição do indébito tributário recompõe a *capacidade contributiva* daquele que recolheu tributo *a maior* (Ricardo Lobo Torres).

Muito bem. Faz as vezes desta lei complementar, o art. 156, do Código Tributário Nacional,[435] que, em seu inciso V, arrola entre as causas extintivas do crédito tributário, a *prescrição* e a *decadência*.[436]

Portanto, a Constituição consagrou a decadência e a prescrição como causas extintas de obrigações tributárias. E, mais do que isto, determinou que lei complementar viesse a discipliná-las, por meio de *normas gerais*, que lhe fixarão os lineamentos básicos, dentre os quais se inscrevem os termos *a quo* e *ad quem* de contagem de seus prazos.

Desnecessário dizer que tais *normas gerais*, vinculam as pessoas políticas, que nem podem ignorar a decadência e a prescrição como causas extintivas de tributos, nem fazer *tabula rasa* das diretrizes que, a propósito, a lei complementar vier a apontar.

O que estamos procurando deixar ressaltado é que os entes tributantes (União, Estados, Municípios e Distrito Federal) têm o dever de, ao cuidarem da dinâmica da tributação, preverem, dentre as formas de extinção dos tributos, a decadência e a prescrição tributárias, acatando os termos "*a quo*" e "*ad quem*" de contagem de seus prazos, fixados na lei complementar.

Com isto, fica assegurado que: *a)* a exigência do crédito tributário jamais se eternizará, mas, pelo contrário, terá *momento certo* para extinguir-se, seja pela decadência, seja pela prescrição; e, *b)* em homenagem à segurança e à certeza da tributação, uma vez consumado um desses fenômenos jurídicos, o tributo não poderá renascer, ainda que haja, neste sentido, a anuência do próprio contribuinte.

---

435. Hoje é pacífico e assente que o Código Tributário Nacional faz as vezes da lei complementar a que alude o art. 146, da Constituição Federal. Embora o Código Tributário Nacional seja formalmente uma lei ordinária (Lei n. 5.172/66), materialmente é uma lei complementar nacional.

436. Código Tributário Nacional – "*Art. 156. Extinguem o crédito tributário: (...) V – a prescrição e a decadência*".

Mas, afinal, em que consistem a decadência e a prescrição tributárias?

A resposta à pergunta será dada na sequência do capítulo.

3. Da decadência tributária

I- *Decadência* é a perda do direito, por sua não-constituição, durante certo lapso de tempo.[437]

Só se decai de *direitos potestativos*,[438] vale dizer, daqueles que a lei confere a determinadas pessoas, para que, mediante declaração unilateral de vontade, alterem situações jurídicas que envolvem terceiros.[439] Os *direitos potestativos* tendem a modificar situações jurídicas existentes, criando, para terceiros, sem que estes contribuam com a própria vontade, *estados de sujeição*.[440]

Por aí já percebemos que a decadência não se aplica a direitos constituídos, mas, apenas, a direitos por constituir ou, se preferirmos, em vias de formação.[441]

---

437. A decadência tem a função de extinguir direitos, sempre que seu titular, podendo exercitá-los, permanece, por largo prazo tempo, inerte. Quem dá tempo ao tempo, manifestando descaso pela salvaguarda de seu direito, acaba por perdê-lo. Daí a milenar parêmia "*domientibus non sucurrit jus*" (o Direito não socorre a quem dorme).

438. A expressão é de Giuseppe Chiovenda, in *Instituições de Direito Processual Civil*, vol. 1º, Ed. Saraiva, São Paulo, 2ª ed., 1942, pp. 40 e ss.

439. Agnelo Amorim Filho ensina que "*os direitos potestativos se exercitam e atuam, em princípio, mediante simples declaração de vontade do seu titular, independentemente de apelo às vias judiciais, e, em qualquer hipótese, sem o concurso da vontade daquele que sofre a sujeição*" ("*Critério científico para distinguir a prescrição da decadência e para identificar as ações imprescritíveis*", in *Revista Forense* n. 193, p. 34).

440. Cf. Giuseppe Chiovenda, *Instituições de Direito Processual Civil*, tradução da 2ª edição italiana por J. Guimarães Menegale, Saraiva, São Paulo, 1965, p. 11.

441. Apenas as pretensões constitutivas (ou desconstitutivas) se submetem ao regime jurídico da decadência.

Tais direitos, também chamados de *facultativos* (San Tiago Dantas) ou *de configuração* (Von Tühr), habilitam seus titulares a, sem a participação dos futuros obrigados, criar novas situações jurídicas.

No caso tributário, a decadência gira em torno do direito que o fisco tem de, unilateralmente, constituir o crédito tributário, pelo lançamento. É o caso, porém, de desde já destacarmos que esta possibilidade – que, verdade seja, traz intranquilidade para os contribuintes – não dura *ad eternum.*

De fato, nosso sistema constitucional tributário assegura aos contribuintes que, na dinâmica das relações jurídicas entre eles e os entes tributantes, o *fator tempo* terá relevância para fazê-las desaparecer. O próprio *princípio da segurança jurídica* não aceita a perduração indeterminada de situações que envolvam controvérsias entre eles.

Assim, se a Fazenda Pública deixa fluir um dado intervalo de tempo, sem realizar, como lhe cabia, o lançamento, perde, pela decadência, o direito de constituir o crédito tributário.

II- Mas, qual é este intervalo de tempo e onde está apontado?

Este intervalo de tempo é de cinco anos e está apontado nos arts. 173 e 150, § 4º, do Código Tributário Nacional. O art. 173 cuida da decadência do direito de lançar tributos que aceitam *lançamento direto*, ao passo que o art. 150, § 4º, disciplina a decadência do direito de lançar tributos que se submetem ao denominado *autolançamento.*[442]

Cumpre salientar que a fluência do lapso decadencial não se suspende, nem se interrompe. Por isso mesmo, a decadência ocorre *ex vi facto.*

Assim, em circunstâncias normais, o prazo decadencial de 5 anos não sofre solução de continuidade, pelo que, se o

---

442. *V., supra, item VI*, do Capítulo I, desta Terceira Parte.

Estado deixar que flua "*in albis*", isto é, não praticar o ato administrativo de lançamento (ou não lavrar o auto de infração, para constituir o crédito tributário), será inevitável a extinção do crédito tributário.

III- Como último ponto – mas não menos importante –, impende assinalar que o lançamento não é mero ato interno da Administração, mas, pelo contrário, por estar voltado ao contribuinte, demanda, para aperfeiçoar-se (e, portanto, poder irradiar efeitos), a regular notificação deste.

Vale, a propósito, a lição de Ruy Barbosa Nogueira, para quem a notificação do contribuinte "*é o último ato do procedimento de constituição formal do crédito tributário que o torna oponível ao contribuinte*".[443]

De fato, como é de compreensão intuitiva, sem que o contribuinte tenha regular ciência de que este ato administrativo foi formalizado, não terá condições reais de a ele responder, seja com o pagamento do tributo (com o que o crédito tributário restará extinto), seja com a impugnação, administrativa ou judicial (com o que estará instaurado o *contencioso tributário*).

Portanto, enquanto o contribuinte não for adequadamente notificado do lançamento, o prazo decadencial tributário continuará a fluir.

Muito bem. Uma vez *(i)* praticado o *lançamento*, *(ii) notificado* o contribuinte, e *(iii)* expirado *in albis* o prazo para que voluntariamente pague o tributo, fica a Fazenda Pública, após a competente inscrição da dívida ativa, credenciada a ajuizar a ação de cobrança do crédito tributário.

Para tanto, porém, também tem um prazo, só que, agora, de prescrição, assunto que passa a fazer nossos cuidados.

---

443. *Curso de Direito Tributário*, Saraiva, São Paulo, 15ª edição, 1999, p. 219.

4. Da prescrição tributária

I- O Brasil, como qualquer Estado Democrático de Direito, não se compadece, de regra,[444] com pretensões *condenatórias* ou *executivas* perpétuas, vale dizer, que não se submetem a prazos prescricionais.[445]

Assim é em função do *princípio da segurança jurídica* que exige que as pessoas tenham não só uma proteção eficaz de seus direitos, como que possam prever, em alto grau, as consequências jurídicas dos comportamentos que adotaram. Tudo para que tenham estabilidade nas relações sociais, ou, se preferirmos, a "*garantia do passado*".

Nesse sentido, as escorreitas lições de Celso Antônio Bandeira de Mello; *verbis*:

> *"Ora bem, é sabido e ressabido que a ordem jurídica correspondente a um quadro normativo proposto precisamente para que as pessoas possam se orientar, sabendo, pois, de antemão, o que devem ou o que podem fazer, tendo em vista as ulteriores consequências imputáveis a seus atos. O Direito propõe-se a ensejar uma certa estabilidade, um mínimo de certeza na regência da vida social. Daí o chamado 'princípio da segurança jurídica', o qual, bem por isso, se não é o mais importante dentre todos os princípios gerais de Direito, é, indisputavelmente, um dos mais importantes entre eles. Os institutos da prescrição, da decadência, da preclusão (na esfera processual), do usucapião, da irretroatividade da lei, do direito adquirido, são expressões concretas que bem revelam esta profunda aspiração à estabilidade, à segurança,*

444. Escrevemos "*de regra*", porque realmente há algumas pretensões condenatórias ou executivas sem prazo para serem exercitadas, como, por exemplo, a ação de proteção ao meio ambiente. Tais exceções – de resto bastante raras – apenas confirmam a regra geral da prescritibilidade destas pretensões.

445. Perpétuas, isto é, sem prazo para serem deduzidas, são apenas as pretensões *declaratórias*, nas quais, como se sabe, se objetiva obter, do Poder Judiciário, o reconhecimento da existência ou inexistência de direito subjetivo ou de relação jurídica subjetiva (cf. art. 4º, do *CPC*).

> *conatural ao Direito. Tanto mais porque inúmeras dentre as relações compostas pelos sujeitos de direito constituem-se em vista do porvir e não apenas da imediatividade das situações, cumpre, como inafastável requisito de um ordenado convívio social, livre de abalos repentinos ou surpresas desconcertantes, que haja uma certa estabilidade nas situações destarte constituídas".*[446]

Como se vê, o Direito não convive com a incerteza. Pelo contrário, existe exatamente como fonte de ordem e, portanto, de paz e segurança.

Daí porque as pessoas devem haurir, do ordenamento jurídico como um todo considerado, a certeza dos efeitos que advirão dos comportamentos que adotaram ou vierem a adotar. Fosse de outro modo, e não saberiam quais objetivos perseguir, já que tudo navegaria ao sabor da álea, do capricho dos governantes, da boa ou da má fortuna. E, pior: não haveria espaço para o planejamento, já que, qualquer conduta que adotassem poderia acarretar-lhes, indiferentemente, consequências positivas ou negativas, dependendo das circunstâncias de momento.

Em suma, reiteramos que uma das funções precípuas do Direito é dar segurança (segurança jurídica às pessoas).

E é aí que entra o fenômeno da prescrição.

II- A prescrição é a perda da ação inerente ao direito e de toda sua capacidade defensiva, por seu não-exercício, durante certo lapso de tempo (Cf. Clóvis Beviláqua, Carpenter, Washington de Barros Monteiro, Caio Mário da Silva Pereira, Câmara Leal etc.). Portanto, é o decurso do *tempus*, fixado no direito positivo, que determina a ocorrência deste fenômeno jurídico.

A prescrição faz desaparecer a ação que viabiliza o direito, sempre que por largo tempo, seu titular permanece inerte.

---

446. *Curso de Direito Administrativo*, Malheiros Editores, São Paulo, 21ª ed., 2006, p. 119 (grifamos).

Como bem o percebeu Antônio Luís da Câmara Leal, em monografia de bela feitura,[447] a prescrição só ocorre quando se implementam quatro requisitos; a saber: *a)* a existência de uma ação exercitável; *b)* a inércia do titular desta ação; *c)* o prolongamento desta inércia, durante certo lapso de tempo; e, *d)* a ausência de qualquer ato ou fato a que a lei atribua o efeito de impedir, suspender ou interromper a fluência do lapso prescricional.

A prescrição, é fácil notar, pressupõe a desídia do titular do direito, que, por largo tempo, não diligencia para fazê-lo valer. Mais dia, menos dia, sua conduta negligente leva ao desaparecimento da ação que tornava possível fazer valer este mesmo direito. É novamente o *deus Chronos* que se manifesta, castigando o titular do direito que o esquece e não lhe rende homenagens.

Mas, deixando as metáforas de lado, a prescrição serve à segurança jurídica, fixando limites temporais à eficácia das ações.

III- Lamentavelmente, alguns ainda sustentam o mito de que as pretensões que giram em torno do Direito Público são imprescritíveis.[448] Nada menos exato, até porque, para que se cumpra o primado constitucional da segurança jurídica, é justamente no campo do Direito Público que mais se faz necessária a estabilização das relações intersubjetivas.

As pretensões estatais, salvo algumas pouquíssimas exceções,[449] também se extinguem por meio do instituto da prescrição.

---

447. *Da Prescrição e da Decadência*, Forense, Rio de Janeiro, 2ª ed., 1969, p. 25.

448. Escrevemos *mito*, porque nosso ordenamento jurídico, em várias passagens, declara a prescritibilidade de pretensões que favorecem o Poder Público. É o caso do art. 21, da Lei n. 4.717/65, que declara que a ação popular prescreve em 5 anos. É o caso, ainda, do art. 174, do *CTN*, que estabelece que *a ação de cobrança do crédito tributário prescreve em 5 anos*. Também os danos ao Erário são prescritíveis. Enfim, os exemplos são múltiplos e põem por terra a tese da imprescritibilidade das pretensões estatais.

449. É o caso da imprescritibilidade do crime de racismo (art. 5º, XLII, da *CF*) e de grupo armado contra a ordem constitucional e o Estado Democrático (art. 5º, XLIV, da *CF*). Essas exceções, porque vão contra a tendência do nosso direito positivo, devem receber interpretação restritiva e, não, ampliativa.

Quando a pretensão do Estado é patrimonial, exercitável mediante ação condenatória, é sempre prescritível. É o que se dá com a pretensão ao crédito tributário.

IV- Como qualquer outro direito de crédito, o crédito tributário extingue-se quando não realizado dentro de certo período de tempo.

Com tal frase pretendemos significar que a prescrição também é modalidade extintiva da obrigação tributária, e implica perda da ação de cobrança do tributo, em razão do prolongado descaso da Fazenda Pública em intentá-la. Noutras palavras, se a Fazenda Pública não ajuiza, no tempo devido, a execução fiscal, perde, pela prescrição, a ação que lhe possibilitava fazer valer seu direito creditório contra o contribuinte.

Este tempo é de cinco anos, conforme reza o art. 174, *caput*, do Código Tributário Nacional[450]; *verbis*:

> *"Art. 174. A ação para a cobrança do crédito tributário prescreve em 5 (cinco) anos, contados da data da sua constituição definitiva".*

Permitimo-nos observar que, em termos rigorosamente técnicos, a "*constituição definitiva*" do crédito tributário somente se dá quando, efetuada a notificação do contribuinte, este não impugna o lançamento ou, em o fazendo, perde a demanda, na esfera administrativa ou judicial e, ainda por cima, deixa expirar, *in albis*, o prazo de trinta dias para efetuar o voluntário pagamento do tributo.

Só a partir desse momento, o crédito tributário passa a ser exigível judicialmente, pelo que este é o *dies a quo* da fluência do lapso prescricional.

---

450. Também nesta passagem, o *CTN* vale como lei complementar, veiculando *normas gerais* em matéria de prescrição tributária, que as pessoas políticas são obrigadas a obedecer.

O mais importante, porém, é termos presente que a cobrança judicial do tributo tem *prazo certo* para ocorrer (5 anos), além do qual se extingue o crédito tributário, pela prescrição.

Tal prazo – a menos que comprovadamente ocorra uma causa suspensiva ou interruptiva da fluência do lapso prescricional tributário[451] – é o máximo, não podendo ser dilargado, como de resto recentemente decidiu o Supremo Tribunal Federal.[452]

Pensamos, porém, que a lei ordinária de cada pessoa política pode reduzi-lo, tendo em vista seus peculiares interesses. Dito de outro modo, cada pessoa política pode abreviar os prazos prescricionais tributários. É que as *cláusulas abreviativas*, ao contrário das *cláusulas extensivas*, está sob a égide da lei local.

V- Não se nega que as pessoas políticas, ao exercerem a tributação, devem obedecer às "*normas gerais em matéria de legislação tributária*", inclusive as que disciplinam a prescrição da ação de cobrança do crédito tributário.

Temos para nós, todavia, que tais normas nem tudo podem fazer.

De fato, também a alínea *b*, do inciso III, do art. 146, da Carta Magna, deve ser interpretada e aplicada em consonância com o sistema constitucional tributário, máxime com o *princípio federativo*, que ele prestigia.

---

451. As causas suspensivas e interruptivas da fluência do lapso prescricional tributário estão apontadas, respectivamente, no art. 151 e 174, parágrafo único, do *CTN*.

452. A Súmula Vinculante 8, aprovada por unanimidade na sessão plenária do STF de 12.6.2008, com o enunciado "*são inconstitucionais o parágrafo único do art. 5º do Decreto-lei n. 1.569/1977 e os arts. 45 e 46 da Lei n. 8.212/1991, que tratam de prescrição e decadência do crédito tributário*" consagrou a tese de que cabe ao legislador complementar fixar os prazos máximos para que ocorram estes fenômenos jurídicos. Não proibiu, porém, que, para determinadas situações, a lei de cada pessoa política estipule, tendo em vista o peculiar interesse local, prazos menores.

O que estamos tentando significar é que a lei complementar, ao regular a prescrição tributária, deverá limitar-se a apontar diretrizes. Não poderá abolir o mencionado princípio, descendo a detalhes que atropelem a autonomia das pessoas políticas tributantes.

Positivamente, o legislador complementar não recebeu um "*cheque em branco*" para disciplinar a prescrição tributária.

Melhor esclarecendo, a lei complementar poderá determinar – como de fato determinou (art. 156, V, do *CTN*) – que a prescrição é causa extintiva de obrigações tributárias. Poderá, ainda, estabelecer – como de fato estabeleceu (art. 174, *caput*, do *CTN*) – o *dies a quo* destes fenômenos jurídicos, não de modo a contrariar o sistema jurídico, mas a prestigiá-lo. Poderá, igualmente, elencar – como de fato elencou (arts. 151 e 174, parágrafo único, do *CTN*) – as causas impeditivas, suspensivas e interruptivas da prescrição tributária. Neste particular, poderá, aliás, até criar causas novas (não contempladas no Código Civil), considerando as peculiaridades do direito material violado. Todos estes exemplos se enquadram perfeitamente no campo das *normas gerais em matéria de legislação tributária*.

Não é dado, porém, a esta mesma lei complementar, entrar na chamada "*economia interna*" das pessoas políticas, de modo a impedi-las de cuidar de todo e qualquer assunto tributário que seja de seu peculiar interesse.

Somos os primeiros a concordar que as pessoas políticas, ao fazerem valer suas competências tributárias, devem obrigatoriamente submeter-se às diretrizes constitucionais. Daí que a criação *in abstrato* de tributos, o modo de apurar o crédito tributário e a forma de se extinguirem obrigações tributárias, inclusive pela prescrição, não estão sob reserva exclusiva de lei complementar nacional.

Note-se, ainda, que a prescrição tributária gira em torno de questões de *direito material*, circunstância que permite que a lei ordinária de cada pessoa política estipule, para determinadas situações, prazos menores, para que o fenômeno ocorra.

Capítulo IV

DA RAZOÁVEL DURAÇÃO DO PROCESSO. QUESTÕES CONEXAS

SUMÁRIO: *1. Introdução. 2. Da perempção. 3. Da prescrição intercorrente. 4. Desdobramentos necessários.*

1. Introdução

I- Nosso sistema constitucional confere, ao contribuinte que se vê alvo de uma cobrança tributária, várias garantias, presentes – convém que se frise – não só no processo judicial, como no administrativo.[453]

Dentre estas garantias, que visam, em última análise, dar efetividade ao direito de defesa do contribuinte, figura a da *razoável duração do processo*.

---

453. O assunto não suscita maiores dúvidas, em face da própria dicção constitucional, que ao tratar do *direito à ampla defesa* (art. 5º, LV) e da *razoável duração do processo* (art. 5º, LXXVIII), faz expressa alusão aos âmbitos judicial e administrativo.

Portanto, a Carta de 1988 estendeu ao contencioso administrativo tributário as garantias do devido processo legal, do contraditório, da ampla defesa etc., podendo-se até falar, com Romeu Felipe Bacellar Filho, num "*núcleo*

Note-se que, conquanto a garantia de celeridade processual constasse do art. 6º, da *Convenção para a Proteção dos Direitos do Homem das Liberdades*, proclamada pelas Nacões Unidas, em 10 de dezembro de 1948, bem como do art. 7º, nºs. 5 e 6, da *Convenção Americana sobre Direitos Humanos* (*Pacto de São José da Costa Rica*), de 1969, ambas assinadas e ratificadas pelo Brasil, somente em 8 de dezembro de 2004, com o advento da Emenda Constitucional n. 45, passou a figurar de modo expresso em nosso Diploma Supremo.[454]

De fato, esta emenda constitucional inseriu um inciso LXXVIII, ao art. 5º, da Constituição da República Federativa do Brasil; *verbis*:

> *"Art. 5º – ('omissis'): (...)*
>
> *"LXXVIII – a todos, no âmbito judicial e administrativo, são assegurados a razoável duração do processo e os meios que garantam a celeridade de sua tramitação".*

Percebe-se, já ao primeiro súbito de vista, que este dispositivo confere aos jurisdicionados *lato sensu* o direito de obter uma decisão em prazo razoável,[455] ou seja, sem protelações além da conta.

Trata-se, como não é difícil notar, de mais uma manifestação do *princípio da segurança jurídica*, que não se compadece com a tramitação desmesurada dos processos.

---

constitucional de processualidade administrativa" (*Princípios de Direito Administrativo e Tributação: Fronteiras e Implicações. Justiça Tributária*, Max Limonad, São Paulo, 1998, p. 769). Em suma, também na esfera administrativa, o contribuinte hoje conta com meios processuais adequados para obter soluções justas e jurídicas, em seus litígios com a Fazenda Pública.

454. É certo que o *princípio da duração razoável do processo*, por girar em torno de um direito fundamental previsto em tratados internacionais, já fora recepcionado por nosso ordenamento jurídico, *ex vi* do disposto no art. 5º, § 2º, da Constituição Federal. Mas é inegável que, em termos pragmáticos, o princípio só deixou de ser "*flatus vocis*", com o advento da EC n. 45/2004.

455. A Constituição italiana, em seu art. 111, usa a expressão "ragionevole durata".

Somos os primeiros a concordar que os processos devem observar um tempo mínimo de maturação, idôneo a assegurar a colheita das provas, a oitiva das testemunhas, a realização das perícias, as manifestações cuidadosas das partes litigantes, a análise percuciente do julgador e por aí afora. Todavia, uma vez assegurada a efetividade da tutela administrativa ou judicial, qualquer procrastinação será patológica e afrontará a garantia veiculada no precitado art. 5º, LXXVIII, do Diploma Magno.

II- Observe-se que tal garantia – de eficácia vinculante e imediata, por se tratar de direito fundamental das pessoas – não pode ser costeada, até para não colocar em risco, pela ausência de celeridade processual, a confiança que os litigantes devem ter no Estado.

Não se cuida, é bem de ver, de mera *diretriz programática*, incapaz de produzir efeitos concretos. Pelo contrário, trata-se de norma imperativa, que compele o Estado a cintar-se de todos os meios necessários, para que os processos, quer judiciais, quer administrativos, tenham duração razoável.

Destaque-se que a melhor doutrina (*v. g.*, Vezio Crisafulli[456]) está de acordo quanto à natureza compulsória do vínculo decorrente das normas constitucionais ditas "*programáticas*" e, destarte, quanto à inconstitucionalidade das leis, decretos, portarias, decisões administrativas etc. que as afrontem.

Portanto, o art. 5º, LXXVIII, da Constituição Federal vale como *standard* também para o juiz, orientando-o no deslinde dos casos concretos submetidos ao seu julgamento.

A respeito do assunto, Geraldo Ataliba borda oportunos comentários; *verbis*:

---

456. *Lezioni di Diritto Costituzionale*, vol. II, Pádua, CEDAM, 2ª ed., 1970, pp. 60 e ss.

> *"Ora, como deixar de reconhecer caráter jurídico a uma disposição constitucional? Na pior das hipóteses a disposição constitucional mais abstrata e vaga possui, no mínimo, a eficácia paralisante de todas as normas inferiores, se contrastantes com seu sentido, bem como determinadora de importantíssimas consequências na compreensão do contexto constitucional e de cada disposição que o integra, bem como determina relevantes consequências exegéticas, relativamente a todo o sistema normativo (incluídas as leis ordinárias e normas inferiores)".*[457]

Apoiados nas lições de tão ilustre mestre, sentimo-nos à vontade para sustentar que o *princípio da razoável duração do processo* tem força cogente e, sempre que possível, deve ter seus efeitos otimizados.

Assim é, porque as normas constitucionais veiculadoras de direitos fundamentais, ainda que rotuladas de "*programáticas*" hão de receber a interpretação que maior efetividade lhes empreste. Daí falarmos, com Gomes Canotilho, em *princípio da interpretação efetiva* das normas constitucionais; *verbis*:

> *"Este princípio, também designado por princípio da eficiência ou princípio da interpretação efetiva, pode ser formulado da seguinte maneira: a uma norma constitucional deve ser atribuído o sentido que maior eficácia lhe dê. É um princípio operativo em relação a todas e quaisquer normas constitucionais, e embora a sua origem esteja ligada à tese da atualidade das normas programáticas (THOMA) é hoje sobretudo invocado no âmbito dos direitos fundamentais (no caso de dúvidas deve preferir-se a interpretação que reconheça a maior eficácia aos direitos fundamentais)".*[458]

Deste modo, em face de qualquer tipo de dúvida quanto à interpretação de uma norma jurídica relacionada a direitos

---

457. *Lei Complementar na Constituição*, São Paulo, Ed. RT, 1971, p. 18.

458. *Direito Constitucional*, Coimbra, Livraria Almedina, 5ª ed., 1991, p. 162 (grifamos).

fundamentais consagrados no Texto Magno, a ela haverá de ser conferida *eficácia reforçada*.

Inconstitucional, pois, qualquer interpretação de norma jurídica, que tenda a retirar ou mesmo restringir aplicabilidade a um princípio constitucional, mormente – repetimos – quando este diz de perto com um direito fundamental.

III- Obviamente, as fórmulas linguísticas de que se vale o constituinte, para veicular princípios constitucionais, sempre devem ser interpretadas, até para que venham corrigidas eventuais insuficiências redacionais do texto.

Mais a mais, é mister que, dado seu alto grau de abstração, as normas contidas na Lei Suprema – máxime as que veiculam princípios que protegem direitos fundamentais – passem por um processo de *construção*, justamente para que alcancem situações que, embora *fora do texto escrito*, apresentam-se atreladas a seu *espírito*. Tudo para que prevaleça a *intentio constitucionis*.

Neste sentido, Claus-Wilhelm Canaris pondera:

> *"... os princípios necessitam, para a sua realização, da concretização através de subprincípios e de valorações singulares com conteúdo material próprio".*[459]

Portanto, os princípios constitucionais devem ser continuamente "*construídos*" (ou se preferirmos "*descobertos*") pelo aplicador e pelo intérprete, a partir dos valores consagrados no ordenamento jurídico como um todo considerado. Do contrário, com o tempo, fragiliza-se a própria vontade da Constituição.

O quanto escrevemos vale, como não poderia deixar de ser, para o *princípio da razoável duração do processo*, que

---

459. *Pensamento Sistemático e Conceito de Sistema na Ciência do Direito*, trad. de A. Menezes Cordeiro, Fundação Calouste Gulbenkian, Lisboa, 3ª ed., 2002, p. 96.

consagra os valores *segurança jurídica* e *estabilidade das relações sociais*.

Sempre a propósito, permitimo-nos observar que do art. 5º, LXXVIII, da Constituição Federal emergem consequências práticas relevantes. Com efeito, a morosidade dos juízes abre espaço a reclamações junto ao Conselho Nacional da Magistratura, cria entraves às suas promoções, possibilita a responsabilização do Estado pelos danos causados aos jurisdicionados etc.

Mas, afinal, que vem a ser *razoável duração do processo*?

IV- Numa primeira aproximação, razoável duração do processo é aquele estipulado na lei. A ultrapassagem do prazo legal, salvo justificativa plausível, implica, em linha de princípio, dilação irrazoável do processo.

De qualquer modo, a questão não é fácil, já que se está diante de um *conceito indeterminado* e, portanto, fluido.[460] Isto está longe de significar, porém, que ele não tem limites.

Realmente, de acordo com a *Teoria da Linguagem*, todo conceito, ainda que vago e impreciso, tem um ponto central, incontroverso, acerca de cuja significação as divergências não encontram campo propício para prosperar.

Como observa Alf Ross "*la mayor parte de las palabras son ambiguas, y que todas las palabras son vagas, esto es, que su campo de referencia es indefinido, pues consiste en un núcleo o zona central y un nebuloso círculo exterior de incertidumbre*".[461]

Sempre haverá, pois, mesmo nos conceitos indeterminados, uma acepção de base, impossível de ser ignorada. Inexistisse

---

460. Os conceitos tanto podem ser *determinados*, nos quais o âmbito de realidade abarcada é preciso, rigorosamente objetivo (*v. g.*, dez anos), quanto *indeterminados*, isto é, algo imprecisos por estarem coligados à experiência ("*premeditação*", "*incapacidade permanente para o trabalho*" etc.) ou ao valor ("*boa fé*", comportar-se como um "*bom pai de família*", agir com "*prudência*", pagar o "*justo preço*" etc.).

461. *Sobre el derecho y la justicia*, Eudeba, 1963, p. 130.

esta área de inquestionável certeza e, absurdamente, os conceitos não passariam de sons sem consequência, despidos de qualquer força comunicativa.

Destarte, é possível sabermos o que significa um conceito, ainda que, para tanto, devamos invocar o que não significa. Nisso estamos com o preclaro administrativista lusitano Afonso Rodrigues Queiró, quando salienta que "*muitas vezes não se pode dizer o que uma coisa é, mas pode-se dizer o que não é*".[462]

Logo, ainda que tenhamos que percorrer esta via negativa, sempre é possível – máxime diante de uma situação concreta – reduzir um conceito indeterminado a um significado mínimo.

V- É o que se dá com o conceito "*razoável duração do processo*", que, em matéria de processo tributário, possui um significado central inafastável: o tempo necessário para que os direitos do contribuinte venham adequadamente tutelados. Ou, se preferirmos, é o tempo apontado em lei para que, sem prejuízo dos direitos do fisco, os interesses do contribuinte recebam *proteção eficaz* e, assim, venha conferida estabilidade às relações jurídico-tributárias.

Neste particular, preserva-se a segurança jurídica, por meio de um processo que se ultima no tempo adequado e, bem por isso, concretiza os anseios das pessoas, por uma justiça célere e com qualidade.

Valem, a respeito, as sempre lúcidas observações do Ministro Celso de Mello, ao relatar o Mandado de Injunção n. 715-DF; *verbis*:

> *"O excesso de prazo, quando exclusivamente imputável ao aparelho judiciário (...) traduz situação anômala que compro-*

462. *Reflexões sobre a Teoria do Desvio de Poder em Direito Administrativo*, Coimbra Editora, 1940, p. 79.

> *mete a efetividade do processo, pois, além de tornar evidente o desprezo estatal pela liberdade do cidadão, frustra um direito básico que assiste a qualquer pessoa: o direito à resolução do litígio, sem dilações indevidas e com todas as garantias reconhecidas pelo ordenamento constitucional".*[463]

Estas ponderações, da lavra de jurista que está fazendo história no Supremo Tribunal Federal, valem, em tudo e por tudo, seja para os processos judiciais, seja para os processos administrativo-tributários, em que, por omissão das autoridades ou órgãos competentes, deixam de ser apreciadas, a tempo e a hora, as petições, defesas ou recursos que lhes são endereçados.

É o caso de aqui recordarmos célebre assertiva de Rui Barbosa: "*Justiça atrasada não é Justiça, senão injustiça qualificada e manifesta*".[464]

Portanto, incumbe ao Poder Público assegurar, nas esferas administrativa e judicial, que a tramitação processual se perfaça "*sem dilações indevidas e com todas as garantias*", na feliz expressão contida no art. 24, item 2, da Constituição espanhola.

Em suma, também o processo tributário deve, o quanto possível, observar os prazos legais de duração.

VI- No que concerne aos processos judiciais tributários, o art. 5º, LXXVIII, da Constituição Federal, criou um estímulo à celeridade de sua tramitação – fiscalizável, em última análise, pelo Conselho Nacional de Justiça (art. 92, I-A, da *CF*).

Com efeito, há de haver maior empenho do Poder Judiciário para tornar mais efetiva a prestação jurisdicional, agilitando o processo. No mínimo, há de congregar esforços para que se cumpram os prazos processuais estabelecidos no próprio ordenamento jurídico. E, em casos de abuso, há de ser menos

463. *RTJ* 187/933-934.

464. *Oração aos moços*, Ediouro, Rio de Janeiro, 1990, p. 74.

condescendente consigo próprio, mandando indenizar, quando provocado, aqueles que tiveram frustrada a expectativa constitucional de uma tutela tempestiva e, por isso, sofreram prejuízos.

Note-se que as influências benéficas do art. 5º, LXXVIII, da Constituição Federal, já se fizeram sentir no âmbito do processo de execução fiscal. De fato, a Lei n. 11.051/2004 inseriu um § 4º, no art. 40, da Lei n. 6.830/1980, determinando que "*se da decisão que ordenar o arquivamento* (do processo de execução fiscal) *tiver decorrido o prazo prescricional, o juiz, depois de ouvida a Fazenda Pública, poderá, de ofício, reconhecer a prescrição intercorrente e decretá-la de imediato*".[465] Agora já não é mais aceitável a tese – que nunca foi nossa – da imprescritibilidade do processo de execução, se o devedor não for localizado ou não tiver bens que a possam garantir.[466]

VII- Mas, conforme adiantamos, o princípio da razoável duração do processo igualmente alcança os processos administrativo-tributários. Eles também devem observar os prazos legais de duração.

No âmbito federal, o prazo legal de duração do processo administrativo é o apontado no art. 24, da Lei n. 11.457/2007; *verbis*:

> *"Art. 24. É obrigatório que seja proferida decisão administrativa no prazo máximo de 360 (trezentos e sessenta) dias a contar do protocolo de petições, defesas ou recursos administrativos do contribuinte".*[467]

---

465. Esclarecemos no parêntese.

466. Esta tese defluia da interpretação literal do art. 40, caput, da Lei n. 6.830/1980 ("*O juiz suspenderá o curso da execução, enquanto não for localizado o devedor ou encontrados bens sobre os quais possa recair a penhora e, nesses casos, não correrá o prazo de prescrição*"). A nosso ver (v., nosso *Curso...*, pp. 443-444), tal interpretação era inconstitucional, porque brigava com o *princípio da segurança jurídica*.

467. Este artigo possuía dois parágrafos, que acabaram vetados pelo Presidente da República, determinando, em síntese, que a ultrapassagem deste prazo

Logo, para garantir a efetividade do *princípio da razoável duração do processo*, no específico âmbito do contencioso administrativo-tributário federal, o dispositivo em foco fixa o prazo máximo de 360 dias, a contar do protocolo de petições, defesas ou recursos administrativos.

Evidentemente, no art. 24, da Lei n. 11.457/2007 não se impõe, à União Federal, o dever de ultimar os processos neste curto (para a realidade brasileira) lapso de tempo, mas, sim, o de decidir, fundamentadamente, em até 360 dias, o que tiver sido objeto de petições, defesas ou recursos administrativos do contribuinte.

Descendo a detalhes, este prazo de 360 dias não é para finalizar o processo administrativo, mas, tão-somente, para decidir acerca de cada petição, defesa ou recurso do contribuinte. Portanto, apresentada a *impugnação* ao auto de infração, o órgão julgador de primeiro grau tem até 360 dias, para decidi-la. Interposto o recurso voluntário, ao agora *Conselho Administrativo de Recursos Fiscais – CARF*, abre-se para o Poder Público novo prazo de 360 dias para julgá-lo.[467-A] E, se no curso do processo administrativo, o contribuinte apresentar uma petição, ela deverá ser apreciada e decidida pela autoridade competente, também no prazo de 360 dias. Como vemos, os prazos são cumulativos, mas, cada um deles, isoladamente considerado, não pode ser descumprido, sob pena de sanção.

Mas que sanção haverá, caso venha ultrapassado o prazo de 360 dias, a que alude o dispositivo em pauta?

A pergunta é oportuna, porque alguma sanção há de necessariamente existir, sob pena de aceitar-se a possibilidade de descumprimento impune de deveres impostos por normas

---

implicaria em decisão favorável ao pleito do contribuinte. Em suas *razões de veto*, o chefe do Executivo observou que tal formidável sanção acabaria por prejudicar o próprio contribuinte, que, como é razoável supor, veria sistematicamente indeferidos seus pedidos, em face do receio da Administração Fazendária de não poder atendê-los a tempo e a hora.

467-A. No mesmo sentido, Fernando Facuri Scaff, "*Duração Razoável do Processo Administrativo Fiscal*", in, *Grandes Questões Atuais do Direito Tributário*, vol. 12, Dialética, São Paulo, 2008, p. 127.

jurídicas válidas. Depois, semelhante raciocínio desconsideraria a difundida e – a nosso ver – corretíssima máxima "*direito sem sanção é fogo que não arde; é luz que não alumia*".

VIII- Conforme vimos na primeira parte deste estudo, não há Direito sem sanção. Quem descumpre um dever jurídico sujeita-se inexoravelmente a uma sanção, que é a resposta que o ordenamento positivo dá à conduta oposta à que ele determina. Qualquer comportamento ilícito gera uma sanção.[468]

Tais ponderações crescem de ponto quando tais deveres são impostos ao Estado. Realmente, a ele cabe, mais até do que aos particulares, conduzir-se de acordo com o que o ordenamento jurídico lhe determina.

Fixada esta premissa, voltamos a indagar, agora de modo mais específico: a que sanções está sujeita a União Federal, caso deixe passar *in albis* o prazo para decidir acerca das petições, das defesas e dos recursos administrativos que lhe forem regularmente encaminhados pelos contribuintes?

IX- A várias sanções, damo-nos pressa em responder.

Tais sanções podem ir da perempção, até a responsabilização do Estado, com ação de regresso ao agente que deu causa à ultrapassagem do prazo (Cf. art. 37, § 6º, da *CF*[469]), passando por vários degraus intermediários, como, a perempção, a prescrição intercorrente e, conforme acrescenta Fernando Facuri Scaff,[469-A] a impossibilidade de negar ao contribuinte a expedição de certidões negativas de débitos, e a proibição de excluí-lo sumariamente de parcelamentos

468. Não utilizamos o termo *antijurídico*, pois a antijuridicidade sempre está legalmente prevista; logo, qualquer conduta, ainda que implique descumprimento de um dever jurídico, não é antijurídica, mas, jurídica, ainda que contra os valores positivados no ordenamento.

469. Constituição Federal – "*Art. 37 ('omissis') – § 6º. As pessoas jurídicas de direito público e as de direito privado prestadoras de serviços públicos responderão pelos danos que seus agentes, nesta qualidade, causarem a terceiros, assegurado o direito de regresso contra o responsável nos casos de dolo ou culpa*".

469-A. *Op. cit.*, p. 129.

especiais (*REFIS*, *PAES*, *PAEX* etc.) ou de incluí-lo no chamado "*canal vermelho*" da Alfândega.[470]

Voltaremos nossas atenções para a perempção e a prescrição intercorrente, dois fenômenos jurídicos que mais de perto interessam ao assunto em exame.

2. Da perempção

A perempção é a "*extinção do direito de ação por força da inércia do agente que deu causa à ultrapassagem do prazo*".[471] Este fenômeno ocorre sempre dentro do processo (judicial ou administrativo), quando, no prazo assinalado pela lei, não se pratica determinado ato, ou não se faz o que devia ser feito. Pressupõe, pois, a ausência da necessária celeridade processual.

A perempção causa a morte do direito, ou, como quer De Plácido e Silva, "*exprime propriamente o 'aniquilamento' ou a 'extinção', relativamente ao direito para praticar um 'ato processual' ou 'continuar o processo', quando, dentro de um 'prazo definido e definitivo', não se exercita o direito de agir ou não se pratica o ato*".[472]

Não se ignora que, nos processos cíveis, os prazos fixados no art. 189, I e II, do *CPC*,[473] para que o juiz despache ou decida, são considerados *impróprios* e, seu descumprimento não tem consequências processuais, podendo, quando muito,

---

470. Não perfilhamos a tese de que o descumprimento do prazo de 360 dias, mencionado no art. 24, da Lei n. 11.457/2007, determina o deferimento automático do pleito do contribuinte, até porque os §§ 1º e 2º deste dispositivo, que dispunham expressamente nesse sentido, foram vetados.

471. Cândido Rangel Dinamarco, *Instituições de Direito Processual Civil*, vol. III, Malheiros Editores, 2001, p. 36.

472. *Vocabulário Jurídico*, vol. III, Forense, Rio de Janeiro, 3ª ed., 1991, p. 350.

473. Código de Processo Civil – "*Art. 189. O juiz proferirá: I- os despachos de expediente, no prazo de 2 (dois) dias; II- as decisões, no prazo de 10 (dez) dias*".

acarretar sanções administrativas para o julgador comprovadamente desidioso.[474]

Como se vê, lamentavelmente estes dispositivos acabaram por cair na vala do esquecimento pela notória impossibilidade de ser cumprido o prazo máximo de dez dias para o juiz sentenciar os feitos.

Não nos parece, porém, que seja o caso do art. 24, da Lei n. 11.457/2007, que, em verdade, estabelece prazos mais do que razoáveis para que o Poder Público federal decida acerca das petições, recursos e defesas administrativas que lhe forem encaminhados, em ordem a dar efetividade ao processo administrativo-tributário.

Em tese, portanto, não vemos empeços irremovíveis para que se declare a *perempção* do processo administrativo-tributário, mormente se o Poder Público não apresenta justificativas plausíveis para sua inércia (morte do julgador, inundação do prédio onde está instalado o Tribunal Administrativo, grave convulsão social etc.), apreciáveis caso a caso.

Pode, é certo, haver uma justificativa válida para a ultrapassagem do prazo processual, mas sua existência deve ser avaliada ao lume do *princípio da proporcionalidade* (*razoabilidade*).[475] Ademais, o ônus da prova compete à Administração Pública federal.

O que estamos querendo significar é que os prazos do art. 24, da Lei n. 11.457/2007, para a prática de atos processuais, na esfera administrativa, revestem-se da potencialidade de ensejar, se descumpridos, a perempção do direito de ação da Fazenda Pública.

---

474. O art. 35, II, da Lei Orgânica da Magistratura Nacional (LOMAN) impõe ao magistrado o dever de não exceder injustificadamente os prazos para sentenciar ou despachar.

475. *V.*, *supra*, *item 2*, do Capítulo II, da Segunda Parte.

Mas também se pode cogitar, como acima adiantamos, do reconhecimento da prescrição intercorrente, no processo administrativo-tributário.

3. Da prescrição intercorrente

I- Como se sabe, a impugnação do auto de infração, por parte do contribuinte, suspende a exigibilidade do crédito tributário (cf. art. 151, III, do *CTN*).

Temos para nós, contudo, que se a Administração Fazendária deixa de praticar os atos que lhe competem, e, em razão de sua inércia, deixa fluir o prazo de 5 anos, sem que decida definitivamente o processo administrativo, ocorre a chamada *prescrição intercorrente*.

Observamos, por vir de molde, que, ao lado da prescrição tributária convencional, há a prescrição tributária intercorrente, que se perfaz quando, apesar de suspensa ou interrompida a exigibilidade do crédito tributário, o processo administrativo ou judicial resta paralisado, por falta de empenho do Poder Público.

No campo administrativo, a prescrição intercorrente afigura-se como uma sanção imposta à negligência da Administração Fazendária que, sem razão justificável, não dá por concluído o processo tributário.

Assinale-se que o art. 5º, LXXVIII, da Constituição Federal, torna irretorquível a possibilidade da ocorrência da prescrição intercorrente, nos processos administrativo-tributários.

Retomando o fio do raciocínio, ao Poder Público compete o dever de promover *de ofício* a impulsão do processo administrativo-tributário (cf. art. 2º, parágrafo único, XII, da Lei n. 9.784/1999[476]). E tal há de ser feito dentro do prazo legal,

476. Lei n. 9.784/1999 – "*Art. 2º A Administração Pública obedecerá, dentre outros, aos princípios da legalidade, finalidade, motivação, razoabilidade,*

justamente para que se estabilizem, o quanto antes, as relações entre o fisco e o contribuinte.

Pois bem. Se o Poder Público permanece inerte por mais de 5 anos (cf. art. 174, do *CTN*), não dando andamento ao processo administrativo-tributário (ou nele praticando atos nulos, sem que ocorra, neste lapso de tempo, qualquer decisão), ocorre a prescrição intercorrente. E isso apesar de o art. 151, III, do *CTN* determinar a suspensão da exigibilidade do crédito tributário com a instauração do processo administrativo, mediante a regular impugnação ao lançamento, por parte do sujeito passivo.

Nessa linha, Eduardo Domingos Bottallo pontifica:

> *"A garantia da celeridade processual, inclusive na esfera administrativa, ao adquirir o 'status' de norma fundamental expressa, ficou investida de eficácia plena e aplicabilidade imediata, nos termos do art. 5º, § 1º, da Constituição. (...)*
>
> *"(...) a injustificada inobservância, nesta espécie de processo, da garantia da duração razoável não pode deixar de gerar consequências para o Estado, a quem cabe assegurar seu andamento. Tal consequência há de se traduzir na perda do direito de arrecadar o crédito tributário.*
>
> *"Não se perca de vista que a paralisação imotivada da tramitação do processo administrativo é defeito que não guarda relação com as hipóteses de suspensão da exigibilidade do crédito tributário. Trata-se, ao revés, de patologia que, longe de ser sanada pelo art. 153, III, do CTN, nele não encontra remição".*[477]

---

proporcionalidade, moralidade, ampla defesa, contraditório, segurança jurídica, interesse público e eficiência.

"Parágrafo único. Nos processos administrativos serão observados, entre outros, os critérios de: (...) XII – impulsão, de ofício, do processo administrativo, sem prejuízo da atuação dos interessados".

477. *Curso de Processo Administrativo Tributário*, 2ª ed., Malheiros Editores, São Paulo, 2009, pp. 163 e 164(os grifos estão no original).

Em suma, ocorre a prescrição intercorrente, nos processos administrativo-tributários, com o transcurso do prazo quinquenal, sem que haja manifestação definitiva da Fazenda Pública.

II- Esta conclusão – pelo menos desde o advento da EC n. 45/2004 – sempre nos pareceu correta, mas faltava um *dies a quo* incontroverso, para o início da fluência deste prazo.

Pois bem. A lacuna foi colmeada pelo art. 24, da Lei n. 11.457/2007, que, dentre outras providências, também marca o *dies a quo* da fluência do prazo para que se verifique, no âmbito do processo administrativo-tributário federal, a prescrição intercorrente.

Recordamos meteoricamente que este dispositivo determina que a Administração Fazendária deve, em até 360 dias, decidir acerca das petições, defesas e recursos que lhe forem apresentados pelo contribuinte.

Portanto, o termo *a quo* da contagem do prazo para a ocorrência da prescrição intercorrente é a data do protocolo das "*petições, defesas ou recursos administrativos do contribuinte*".

Reforçando a assertiva: enquanto não se produz, contra a Fazenda Nacional, o trânsito em julgado administrativo, corre, em favor do contribuinte, a contar da protocolização da primeira destas peças processuais, o prazo de 5 anos da prescrição intercorrente.

De fato, se antes havia dúvidas acerca do marco inicial da fluência da prescrição intercorrente, nos processos administrativo-tributários, hoje ele está perfeitamente apontado na lei: é a data do "*protocolo de petições, defesas ou recursos*". Para que não restem dúvidas: é a data em que tiver sido protocolizado o primeiro destes documentos.

Uma vez fluído o prazo da prescrição intercorrente, esta deve ser declarada de ofício, extinguindo-se, em consequência, o processo administrativo. Caso tal não ocorra, poderá o Poder Judiciário ser acionado, para fazer prevalecer o direito do contribuinte.

4. Desdobramentos necessários

I- O art. 24, da Lei n. 11.457/2007 tem a propriedade de irradiar outros efeitos, em favor do contribuinte, como melhor passamos a expor e a fundamentar.

Ia- É ponto bem averiguado, que o *direito constitucional ao contraditório e à ampla defesa*[478] exige – dentre outras providências – que o contribuinte seja regularmente intimado dos atos praticados nos processos administrativo-tributários em que for parte. Assim, por exemplo, deve ser intimado dos julgamentos dos recursos que interpuser. Se, por qualquer motivo, tal intimação não se der, os atos subsequentes serão havidos por nulos, devendo ser repetidos, agora observadas as cautelas de estilo. A decretação da nulidade de tais atos também será de rigor, na hipótese de a intimação ser feita de modo incompleto (*v. g.*, sem a prévia menção no *site* do *CARF*), desde que, porém, tal omissão acarrete comprovados prejuízos ao contribuinte-recorrente.

Enquanto os atos se renovam e o processo administrativo-tributário não se conclui – pelo julgamento final do recurso interposto pelo contribuinte – continuará a fluir o prazo para a decretação da *prescrição intercorrente*, tendo por *dies a quo* – como já vimos – a data do protocolo da primeira petição, defesa ou recurso.[479]

Ib- Pedimos vênia para recordar que, observado o *princípio da proporcionalidade* (*razoabilidade*),[480] a ultrapassagem do prazo estabelecido no art. 24, da Lei n. 11.457/2007, acarreta a decretação, em favor do contribuinte-recorrente, da *perempção*,[481] da impossibilidade de negar-lhe a expedição de certidões negativas de débitos, da proibição de excluí-lo

---

478. V., *supra*, *item 2*, do Capítulo II, desta Terceira Parte.

479. V., *supra*, *inc. V*, do Capítulo I, desta Terceira Parte.

480. V., *supra*, *item 2*, do Capítulo II, da Segunda Parte.

481. V., *supra*, *item 2*, deste Capítulo IV.

sumariamente de parcelamentos especiais (*REFIS*, *PAES*, *PAEX* etc.) e de incluí-lo no chamado "*canal vermelho*" da Alfândega etc.

III- Também se o auto de infração for anulado – quer na esfera administrativa, quer na judicial[482] – um novo deverá ser lavrado, o que somente será possível, caso não tenha havido a decadência do direito de lançar.

É sempre bom encarecer que o auto de infração leva a efeito o *lançamento direto*, podendo, destarte, ser considerado modalidade deste.[483]

Pois bem. Conforme vimos, no *lançamento direto*, a própria Fazenda Pública identifica oficialmente o contribuinte e efetua os cálculos conducentes à apuração do *quantum debeatur*.[484]

Para tanto, porém, tem o prazo decadencial de cinco anos, contados: *a)* "*do primeiro dia do exercício seguinte àquele em que o lançamento poderia ter sido efetuado*" (art. 173, I, do *CTN*); e, *b)* "*da data em que se tornar definitiva a decisão que houver anulado, por vício formal, o lançamento anteriormente realizado*" (art. 173, II, do *CTN*). Também o direito de lançar "*extingue-se definitivamente com o decurso do prazo nele previsto, contado da data em que tenha sido iniciada a constituição do crédito tributário pela notificação, ao sujeito passivo, de qualquer medida preparatória indispensável ao lançamento*" (art. 173, parágrafo único, do *CTN*).[485]

---

482. Está mais do que consolidado o entendimento de que, quando provocado, o Poder Judiciário tem competência para realizar o controle da juridicidade dos atos administrativos *lato sensu*.

483. *V.*, *supra*, *item 1*, do *Capítulo II*, desta Terceira Parte.

484. *Supra*, *item VI*, do Capítulo I, desta Terceira Parte.

485. A nosso ver, não caracteriza causa extintiva do crédito tributário diversa da decadência, a circunstância de o parágrafo único, do art. 173, do *CTN* indicar um *dies a quo* diferente dos termos iniciais apontados nos incisos I e II, deste mesmo dispositivo.

O auto de infração produz, pois, a constituição provisória do crédito tributário, que somente se torna definitiva *(i)* se não for produzida impugnação administrativa, ou, caso venha produzida, *(ii)* se ocorrer seu julgamento definitivo.

Sublinhamos, a propósito, que o crédito tributário ainda não está definitivamente constituído quando a autoridade notifica o contribuinte do auto de infração, porque este pode ser objeto de reclamação ou recurso. Assim, continua a correr o prazo decadencial, contado – permitimo-nos insistir – da "*notificação, ao sujeito passivo, de qualquer medida preparatória indispensável ao lançamento*".

Como se vê, os atos praticados ao longo do processo administrativo-tributário, iniciados com a impugnação do auto de infração, preparam, por assim dizer, a elaboração definitiva do lançamento.

Vai daí que, anulado o auto de infração e escoado o prazo de 5 anos, contado dos marcos temporais fixados no art. 173 (incs. I e II e parágrafo único), do *CTN*, estará consumada a decadência tributária. O tempo terá completado sua obra destrutiva do direito subjetivo da Administração Fazendária de constituir o crédito tributário.[486]

Em outras palavras, caso venha anulado o primitivo auto de infração, a pessoa política tributante só poderá lavrar um novo, reiniciando, assim, a constituição do crédito tributário, se ainda não tiver ocorrido a decadência. Do contrário, o direito da Fazenda Pública praticar o ao administrativo de lançamento estará definitivamente extinto.

---

486. *V.*, *supra*, *item 3*, do *Capítulo III*, desta Terceira Parte.

Conclusão da Terceira Parte

À vista do exposto nesta terceira parte de nosso estudo, podemos formular as seguintes conclusões:

I- Para que o nascimento da obrigação tributária produza, no mundo jurídico, os efeitos que lhe são próprios, é preciso que ocorra o chamado *processo de positivação*, isto é, que venha produzida, pelo agente competente, uma norma individual e concreta, que declare, nos estritos termos da lei, a existência do tributo, seu sujeito ativo e seu sujeito passivo, bem como a importância que este deverá pagar àquele.

Ia- Tal norma individual e concreta outra não é senão o lançamento, que, em apertada síntese, é um ato administrativo de aplicação da norma tributária material ao caso concreto.

Ib- O lançamento é sempre *direto* (*de ofício*) sendo feito, em alguns tributos, com total prescindência da colaboração do contribuinte ou de terceiro a ele relacionado e, em outros, com o concurso de um destes, que, no cumprimento de obrigações acessórias, fornece, ao fisco, os dados e documentos necessários à apuração do "*quantum debeatur*".

II- O descumprimento de deveres jurídico-tributários, por contribuintes ou por terceiros a eles relacionados, acarreta-lhes inexoravelmente as sanções previstas em lei, a serem aplicadas pelas autoridades competentes.

IIb- O exercício da *potestade punitiva* em matéria tributária materializa-se por meio da lavratura do *auto de infração*, documento no qual vem relatado o evento ilícito e imputada, ao faltoso, a penalidade legal cabível.

IIc- Por veicular uma norma individual de caráter sancionatório, o *auto de infração*, ao ser lavrado, deve, mais do que o lançamento, indicar, *motivadamente*, ou seja, com clareza e detalhamento, qual o comportamento irregular do contribuinte e quais as consequências dele decorrentes, no que concerne ao pagamento de tributos e multas fiscais.

IId- O auto de infração deve estribar-se em dados, documentos e provas, idôneos a permitir ao contribuinte, seja no âmbito administrativo, seja no judicial, o pleno acesso à ampla defesa e aos seus consectários: o *contraditório* e o *devido processo legal*.

III- O tributo extingue-se com o *pagamento* ou com a verificação de qualquer outra *causa extintiva da obrigação tributária*, dentre as quais a *decadência* e a *prescrição*.

IIIa- *Decadência* é a perda do direito de lançar, pela não-constituição do crédito tributário, durante certo intervalo de tempo. Este intervalo de tempo é de cinco anos e está apontado nos arts. 173 e 150, § 4º, do Código Tributário Nacional. O art. 173 cuida da decadência do direito de lançar tributos que aceitam *lançamento direto*, ao passo que o art. 150, § 4º, disciplina a decadência do direito de lançar tributos que se submetem ao denominado *autolançamento*.

IIIb- A prescrição é a perda da ação inerente ao direito de cobrar judicialmente o tributo, por seu não-exercício, durante certo lapso de tempo (cinco anos, conforme dispõe o art. 174, *caput*, do CTN).

IV- Nosso sistema constitucional confere, ao contribuinte alvo de cobrança tributária, várias garantias, presentes não só no processo judicial, como no administrativo. Dentre estas garantias, figura a da *razoável duração do processo* (art. 5º, LXXVIII, da *CF*). Daí falar-se em *princípio da razoável duração do processo*, que dá força cogente aos valores *segurança jurídica* e *estabilidade das relações sociais*.

IVa- No que concerne aos processos judiciais tributários, o art. 5º, LXXVIII, da Constituição Federal, criou um estímulo à celeridade de sua tramitação – fiscalizável, em última análise, pelo Conselho Nacional de Justiça.

IVb- Há de haver maior empenho do Poder Judiciário para tornar mais efetiva a prestação jurisdicional, agilitando o processo. No mínimo, há de congregar esforços para que se cumpram os prazos processuais estabelecidos no próprio ordenamento jurídico. E, em casos de abuso, há de ser menos condescendente consigo próprio, mandando indenizar, quando provocado, aqueles que tiveram frustrada a expectativa constitucional de uma tutela tempestiva e, por isso, sofreram prejuízos.

IVc- Em matéria de processo administrativo, "*razoável duração do processo*" é o tempo apontado em lei para que, sem prejuízo dos direitos do fisco, os interesses do contribuinte recebam *proteção eficaz*.

IVd- No âmbito do contencioso administrativo-tributário federal, o prazo de duração do processo vem indicado no art. 24, da Lei n. 11.457/2007: 360 dias, contados do protocolo de petições, defesas ou recursos administrativos.

IVd.1- Desdobrando a ideia, a União Federal tem o dever de decidir, fundamentadamente, em até 360 dias, o que tiver sido objeto de petições, defesas ou recursos administrativos do contribuinte. Os prazos são cumulativos, mas, cada um deles, isoladamente considerado, não pode ser descumprido, sob pena de sanção.

IVd.2- Tal sanção pode ir da perempção, até a responsabilização do Estado, com ação de regresso ao agente que deu causa à ultrapassagem do prazo (cf. art. 37, § 6º, da *CF*), passando por vários degraus intermediários, como, a perempção, a prescrição intercorrente, a impossibilidade de negar ao contribuinte a expedição de certidões negativas de débitos, e a proibição de excluí-lo sumariamente de parcelamentos especiais (*REFIS*, *PAES*, *PAEX* etc.) ou de incluí-lo no chamado "*canal vermelho*" da Alfândega.

IVe- Aceitável, em tese, que se declare a *perempção* do processo administrativo-tributário, mormente se o Poder Público não apresenta justificativas plausíveis para sua inércia, apreciáveis caso a caso, ao lume do *princípio da proporcionalidade* (*razoabilidade*).

IVe.1- Dito de outro modo, os prazos do art. 24, da Lei n. 11.457/2007, para a prática de atos processuais, na esfera administrativa, revestem-se da potencialidade de ensejar, se descumpridos, a perempção do direito de ação da Fazenda Pública.

IVf- No processo administrativo-tributário federal, também se pode cogitar da prescrição intercorrente.

IVf.1- Este fenômeno ocorre, caso a Administração Fazendária deixe de praticar os atos que lhe competem, e, em razão de sua inércia, vem a fluir o prazo de 5 anos, sem que decida definitivamente o processo administrativo.

IVf.2- O *dies a quo* da contagem do prazo para a ocorrência da prescrição intercorrente é a data do protocolo das "*petições, defesas ou recursos administrativos do contribuinte*" (art. 24, da Lei n. 11.457/2007). Para que não restem dúvidas: é a data em que tiver sido protocolizado a primeira destas peças processuais.

IVf.3- Uma vez fluído o prazo da prescrição intercorrente, esta deve ser declarada de ofício, extinguindo-se, em consequência, o processo administrativo. Caso tal não ocorra, poderá o Poder Judiciário ser acionado, para fazer prevalecer o direito do contribuinte.

IVg- O art. 24, da Lei n. 11.457/2007 tem a propriedade de irradiar outros efeitos, em favor do contribuinte.

IVg.1- O *direito constitucional ao contraditório e à ampla defesa* exige que o contribuinte seja regularmente intimado dos atos praticados nos processos administrativo-tributários em que for parte. Se, por qualquer motivo, tal intimação não se der, os atos subsequentes serão havidos por nulos, devendo ser repetidos, agora observadas as cautelas de estilo. A decretação da nulidade de tais atos também será de rigor, na hipótese de a intimação ser feita de modo incompleto (*v. g.*, sem a prévia menção no *site* do *CARF*), desde que, porém, tal omissão acarrete comprovados prejuízos ao contribuinte-recorrente.

IVg.2- Enquanto os atos se renovam e o processo administrativo-tributário não se conclui – pelo julgamento final do recurso interposto pelo contribuinte – continuará a fluir o prazo para a decretação da *prescrição intercorrente*, tendo por *dies a quo* a data do protocolo da primeira petição, defesa ou recurso.

IVh- Se o auto de infração for anulado – quer na esfera administrativa, quer na judicial – um novo deverá ser lavrado, o que somente será possível, caso não tenha havido a decadência do direito de lançar.

IVh.1- Portanto, caso venha anulado o primitivo auto de infração, a pessoa política tributante só poderá lavrar um novo, reiniciando, assim, a constituição do crédito tributário, se ainda não tiver ocorrido a decadência. Do contrário, o direito da Fazenda Pública praticar o ato administrativo de lançamento estará definitivamente extinto.

IVi- Qualquer tentativa da Receita Federal do Brasil, no sentido de não reconhecer, quando for o caso, seja a *prescrição intercorrente*, seja a *perempção*, seja a própria *decadência*, é sanável pelo Poder Judiciário, mediante *(i)* mandado de segurança, ou *(ii)* ação declaratória.

IVi.1- O mesmo se pode dizer quando, em virtude da ultrapassagem injustificada do prazo do art. 24, da Lei n. 11.457/2007, o fisco, estribando-se na própria desídia (*venire contra factum proprio*), *(i)* negar-se a expedir, em favor do contribuinte, certidões negativas de débitos, *(ii)* o excluir sumariamente de parcelamentos especiais (*REFIS*, *PAES*, *PAEX* etc.), ou *(iii)* o incluir no chamado "*canal vermelho*" da Alfândega.

Posfácio

Nessa obra, que jamais pretendemos fosse exaustiva ou de erudição, esperamos haver apresentado o resultado de um trabalho responsável e consistente.

Nele evitamos as referências de caráter retórico e os agregados *ad colorandum*, feitos com o fito de tornar mais atraente o discurso. Assim procedemos por estamos convencidos de que estes elementos são substancialmente supérfluos e, sobretudo, não se mostram aptos a preencher eventuais lacunas na argumentação desenvolvida pelo expositor.

De qualquer modo, procuramos induzir o leitor à reflexão, àquilo que costumamos chamar de "*co-pensamento*". É de nossa convicção que só assim ele se transforma, de mero "*consumidor*" de ideias, num participante ativo do processo criador. Refletindo, ele sobe, ao nosso lado, a bordo da nave do pensamento e, também como timoneiro, ajuda-nos a descobrir um novo pedaço do infinito.

Afinal, "*o homem é visivelmente feito para pensar*".[487] E – ousamos acrescentar – pensar corretamente, na busca incessante da verdade. Por isso, desde a primeira linha, procuramos concitar todos os leitores a pensar conosco a fenomenologia do

487. *Pensamentos sobre a Política – Pascal*, trad. Paulo Neves, Martins Fontes, São Paulo, 1994, p. 28.

nascimento do tributo e, por extensão, o melhor modo de aperfeiçoar nosso sistema tributário.

Costuma-se dizer que o contribuinte brasileiro, tal qual Prometeu no Cáucaso, está com o corpo acorrentado; seu espírito, porém, continua livre: recusa-se a aceitar a injustiça fiscal. Precisa apenas de amparo. E este amparo deverá vir de pessoas que, como nós, fazem da Ciência do Direito Tributário, o centro de suas preocupações intelectuais.

Os pessimistas certamente dirão que tudo isso não passa de uma utopia. Talvez.

Mas, *venia concessa*, a utopia existe e, como observa Eduardo Galeano[488], se confunde com o horizonte. Com efeito, damos um passo e o horizonte recua um passo; damos dois passos e o horizonte se afasta os mesmos dois passos; damos dez passos e o horizonte corre dez passos além. Por mais que caminhemos, nunca alcançamos o horizonte.

Então, para que serve a utopia? Exatamente para isso: *para caminhar...*

---

488. *Janela para a utopia*, *apud* *"Sobre Eduardo Galeano"*, de Alberto Silva Franco, in Boletim IBCCRIM, ano 9, n. 107, outubro de 2001, p. 2.

Referências Bibliográficas

ALESSI, Renato. *Istituzioni di diritto tributario*. Torino: UTET. s/d

ALEXI, Robert. *Teoria de los Derechos Fundamentales*. Tradução de Ernesto Garzón Valdés. Centro de Estudios Constitucionales, 1993.

ALTAMIRANO, Alejandro. *Las sanciones tributarias anómalas*": in *Grandes Temas do Direito Tributário Sancionador*, coordenador Paulo Roberto Coimbra Silva, Quartier Latin, São Paulo, 2010, pp. 27 a 45.

————. *Sanciones anómalas o impropias en el Derecho Tributario*: in *AAVV, Tratado de Derecho Tributario*. Lima: Editores, 2003.

ÁLVAREZ , Javier Lasarte. *Comentarios a la Ley del Impuesto sobre la Renta de las Personas Físicas*. Madrid : Civitas, 1983.

ALVIM, Agostinho. *Da Doação*. 3ª ed. São Paulo: Saraiva, 1980.

AMORIM FILHO, Agnelo. *Critério científico para distinguir a prescrição da decadência e para identificar as ações imprescritíveis*. *Revista Forense*, n. 193, p.34.

ATALIBA, Geraldo. *ICMS – Semi Elaborados*. In: Revista de Direito Tributário, n. 48, pp. 30 e ss.

————. *Inovações no Sistema Tributário II*. In: Revista *de Direito Tributário*, n. 63, p.136 e ss.

————. *Lei Complementar na Constituição*, São Paulo: Revista dos Tribunais. 1971.

———. *Princípios do procedimento tributário*. Coord.: Péricles Prade. In: *Novo Processo Tributário*. São Paulo: Editora Resenha dos Tribunais, 1975.

———. *Hipótese de incidência tributária*. 6ª ed. São Paulo: Malheiros Editores, 2006.

———. *Sistema Constitucional Tributário Brasileiro*. São Paulo: Revista dos Tribunais, 1966.

ATALIBA, Geraldo, BARRETO, Aires. *ISS e ICM – Conflitos*. In: Suplemento Tributário 72-81/333.

———. *Substituição e responsabilidade tributária*. In: *Revista de direito tributário*, n. 49, pp. 73-96, jul./set., 1989.

ÁVILA, Humberto. *Proporcionalidade e direito tributário*. In: Schoueri, Luís Eduardo, coord. *Direito Tributário: homenagem a Alcides Costa*. São Paulo: Quartier Latin, 2003. v.1., pp. 330 e ss.

———. *Sistema Constitucional Tributário*. 3ª ed. São Paulo: Saraiva, 2008.

AYALA, Jose Luis Pérez de. *Derecho tributario*. Madrid: Editorial de Derecho Financiero, 1968

———. *Las Ficciones en el Derecho Tributario*. Madrid: Editorial de Derecho Financiero, 1970.

BACELLAR FILHO, Romeu Felipe. *Princípios de Direito Administrativo e Tributação: Fronteiras e Implicações, Justiça Tributária*. São Paulo: Max Limonad, 1998.

BACHOF, Otto. Conferência proferida em 1951.

BALEEIRO, Aliomar. *Limitações Constitucionais ao Poder de Tributar*. 7ª ed. atualizada por Misabel Abreu Machado Derzi. Rio de Janeiro: Forense, 1.997.

———. *Direito Tributário Brasileiro*. 11ª ed. Rio de Janeiro: Forense, 1999.

BANDEIRA DE MELLO, Celso Antônio. *Curso de Direito Administrativo*. 21ª ed. São Paulo: Malheiros Editores, 2006.

BARBOSA, Rui. *Oração aos moços*. Rio de Janeiro: Ediouro, 1990.

BARRETO, Aires. *Base de cálculo, alíquota e princípios constitucionais*. São Paulo: Ed. Revista dos Tribunais, 1987.

———. *ISS na Constituição e na Lei*. 2ª ed. São Paulo: Dialética, 2005.

BARROSO, Luis Roberto. *A Viagem Redonda: habeas data, direitos constitucionais e as provas ilícitas*: in *Revista de Direito Administrativo*, vol. 213, p. 160 e ss.

BECHO, Renato Lopes. *Sujeição passiva e responsabilidade tributária*. São Paulo: Dialética, 2000.

BECKER, Alfredo Augusto. *Teoria geral do direito tributário*. 3.ª ed. São Paulo: Lejus, 1998.

BERLIRI, Antonio. *Principios de Derecho Tributario*. Tradução de Narciso Amorós Rica e Eusebio González García. Madrid: Editorial de Derecho Financiero, 1971. v. 2.

BILAC PINTO, Olavo. *Isenção fiscal-fato imponível ou gerador do imposto. Isenções pessoais e reais. Realidade econômica contra forma jurídica. Evasão fiscal. Revista de Direito Administrativo*, v. 21, pp. 357 e ss.

———. Voto prolatado no Supremo Tribunal Federal. In: *Revista Trimestral de Direito Público*, n. 4, p. 175.

BITTENCOURT, Carlos Alberto Lucio. *O Controle Jurisdicional da Constitucionalidade das Leis*. 2ª ed. Rio de Janeiro: Forense, 1968.

BOBBIO, Norberto. *Teoria da Norma Jurídica*. Tradução de Fernando Pavan Batista e Ariane Bueno Sudatti. 3ª ed. São Paulo: Edipro, 2005.

BORGES, José Souto Maior. *Lançamento tributário*. 2ª ed. São Paulo: Malheiros Editores, 1999.

———. *Obrigação Tributária: uma introdução metodológica*. 2ª ed. São Paulo: Malheiros, 1999.

———. *Princípio constitucional da legalidade e categorias obrigacionais*. In: *Revista de Direito Tributário*. nºs. 23/24, 1983, p. 83 a 90.

BOTTALLO, Eduardo Domingos. *Curso de processo administrativo Tributário*, 2ª ed., São Paulo: Malheiros Editores, 2009.

BRECHT, Bertold . *A vida de Galileu*. Coleção Teatro Vivo. Abril Cultural: São Paulo, 1979.

CALIENDO, Paulo. *Comentários ao Código Tributário Nacional*. Obra coordenada por Marcelo Magalhães Peixoto e Rodrigo Santos Masset Lacombe. São Paulo: MP Editora, 2005, pp. 927 a 977.

CAMPOS, Diogo Leite de. *Fundamentação dos actos tributários*. In: Conferência proferida na Associação Industrial Portuguesa, 1984.

CANARIS, Claus-Wilhelm. *Pensamento Sistemático e Conceito de Sistema na Ciência do Direito*. Tradução de A. Menezes Cordeiro. 3ª ed. Lisboa: Fundação Calouste Gulbenkian, 2002.

CANOTILHO, Jose Joaquim Gomes. *Direito Constitucional e Teoria da Constituição*. 4ª ed. Coimbra: Almedina, 2000.

———. *Direito Constitucional*. 5ª ed. Coimbra: Livraria Almedina, 1991.

CARNELUTTI, Francesco. *Teoría general del derecho*. In: *Revista Derecho Privado*. Madrid. 1955. Tradução de F. Osset.

CARRAZZA, Roque Antonio. *Curso de Direito Constitucional Tributário*. 26ª ed. São Paulo: Malheiros Editores, 2010.

———. *ICMS*. 14ª ed. São Paulo: Malheiros Editores, 2009.

———. *Imposto de Renda: perfil constitucional e temas específicos*. 3ª ed. São Paulo: Malheiros Editores, 2009.

———. *O Regulamento no Direito Tributário Brasileiro*. São Paulo: Ed. Revista dos Tribunais, 1981.

———. O *Sujeito Ativo da Obrigação Tributária*. São Paulo: Resenha Tributária, 1977.

CARVALHO, Aurora Tomazini de. *Curso de Teoria Geral do Direito*. São Paulo: Noeses, 2009.

CARVALHO, Paulo de Barros. *A Regra-Matriz do ICM*. Tese de livre-docência (inédita) apresentada na *PUC/SP*, 1984.

———. Conferência proferida no II Curso de Especialização em Direito Tributário. Pontifícia Universidade Católica de São Paulo, 1973.

———. *Curso de Direito Tributário*. 19ª ed. São Paulo: Saraiva 2007.

———. *Direito Tributário: fundamentos jurídicos da incidência*. 2ª ed. São Paulo: Saraiva, 1999.

———. *Direito Tributário, Linguagem e Método*, 3ª ed. São Paulo: Noeses. 2009.

———. *Hipótese de incidência e base de cálculo do ICM*. In: Caderno de Pesquisas Tributárias n. 3. São Paulo: Resenha Tributária, 1978, pp. 328 a 336.

———. *Sujeição passiva e responsáveis tributários*. In: *Repertório IOB de Jurisprudência*, n. 11, 1996.

———. *Teoria da Norma Tributária*. 4ª ed. São Paulo: Max Limonad, 2002.

CHIOVENDA, Giuseppe. *Instituições de Direito Processual Civil*. 2ª ed. Ed. Saraiva: São Paulo, 1942. v. 1.

———. *Instituições de direito processual civil*. Tradução da 2ª ed. Italiana, por J. Guimarães Menegale. São Paulo: Saraiva, 1965.

COSTA, Alcides Jorge. *ICM na Constituição e na Lei Complementar*. São Paulo: Resenha Tributária, 1978.

COSTA, Regina Helena. *Curso de Direito Tributário*. São Paulo: Saraiva, 2009.

———. *Praticabilidade e Justiça Tributária*. São Paulo: Malheiros Editores. 2007.

CRETON, Ricardo Aziz. *Os princípios da proporcionalidade e da razoabilidade e sua aplicação no direito tributário*. Rio de Janeiro: Lumen Iuris, 2001.

DE PLÁCIDO E SILVA. *Vocabulário Jurídico. Edição universitária*. 3ª ed., Rio de Janeiro: Forense, 1991, vols. I, II, III e IV.

DEL FEDERICO, Lorenzo. *Le sanzioni amministrative nel diritto tributario*. Milão: Giuffrè , Milão, 1993.

DERZI, Misabel. *Modificações da Jurisprudência no Direito Tributário*. São Paulo: Noeses, 2009.

————. *Notas* ao livro *Limitações Constitucionais ao Poder de Tributar*, de Aliomar Baleeiro. 7ª ed., Rio de Janeiro: Forense. 1997.

DINAMARCO, Cândido Rangel. *Instituições de Direito Processual Civil*. São Paulo: Malheiros Ed., 2001, v.3.

DOMINGUEZ, Matias Cortés. *Ordenamiento Tributário Español*. Madrid: Tecnos, 1968.

DÓRIA, Antonio Roberto Sampaio. *Da Lei Tributária no Tempo*. São Paulo, 1968.

ENGISCH, Karl. *Introdução ao pensamento jurídico*. 2ª ed. Tradução de João Baptista Machado. Lisboa: Fundação Calouste Gulbenkian, 1968.

FALCÃO, Amílcar de Araújo. *Fato gerador da obrigação tributária*. 6ª ed., 3ª tiragem. Rio de Janeiro: Forense, 1997.

————. *Sistema Tributário Brasileiro: discriminação de rendas*. Rio de Janeiro: Financeiras, 1965.

FERRARA, Francesco. *La Simulazione Nei Negozi Giuridici*. 5ª ed. Turim: UTET, 1922.

FERRAZ, Tércio Sampaio. *Introdução ao Estudo do Direito: técnica, decisão, dominação*. São Paulo: Atlas, 1988.

FERREIRA, Sandra Lúcia Guilardi. *Nota Fiscal Paulista: Programa de Estímulo à Cidadania Fiscal do Estado de São Paulo*. In: *Direito Tributário Eletrônico*, coord. Maria Rita Ferragut. São Paulo: Saraiva, 2010, pp. 181 a 203.

FIGUEIREDO, Lúcia Valle. *Curso de Direito Administrativo.* 7ª ed. São Paulo: Malheiros Editores, 2004.

FOUCAULT, Michel. *As Palavras e as Coisas: uma arqueologia das ciências humanas.* São Paulo: Martins Fontes. 1966.

FONROUGE, Giuliani. *Conceitos de Direito Tributário.* Tradução de Geraldo Ataliba e Marco Aurélio Greco. São Paulo: Lael, 1973.

GALARZA, César. *Existen trabas éticas o morales para la tributación de los actos ilícitos? La Ley. Periódico Econômico Tributario.* n. 298, 2004.

GAMA, Tácio Lacerda. *Competência Tributária – fundamentos para uma teoria da nulidade.* São Paulo: Noeses, 2009.

GIANNINI, Achille Donato. *Instituzioni di Diritto Tributario.* Milão: Giuffrè Editore, 1972.

GIMENEZ, Clara. Pronunciamiento sobre una cuestión pendiente de desarrollo en la Jurisprudencia y doctrina españolas. Revista de Contabilidad y Tributación n. 204, 2000.

———. *Tributación de los rendimientos ilícitos. STS,* 21/12/1999.

GOLDSCHMIDIT, Fábio Brun. *O Princípio do não-confisco no direito tributário.* São Paulo: Ed. Revista dos Tribunais, 2004.

GONÇALVES, José *Artur Lima. Imposto sobre a Renda: pressupostos constitucionais.* São Paulo: Malheiros Editores. 1997.

GONZÁLEZ, Clemente Checa. *Hecho imponible e sujetos pasivos: análisis jurisprudencial.* Valladolid: Editorial Lex Nova, 1999.

GUASTINI, Ricardo. *Das fontes às normas.* Tradução de Edison Bini. São Paulo: Quartier Latin, 2005.

GUIMARÃES ROSA, João. *Entrevista a Günter Lorenz.* In: *Ficção Completa,* vol. I, Editora Nova Aguillar, Rio de Janeiro, 2009, pp. XXXI a LXX.

GUSMÃO, Paulo Dourado de. *Introdução ao Estudo do Direito*. 13ª ed. Rio de Janeiro: Forense, 1988.

HENSEL, Albert. *Diritto tributario*. Tradução de Dino Jarach. Milão: Dott. Giuffrè. Editore, 1956.

HOFFMANN, Susy Gomes. *Teoria da Prova no Direito Tributário*. Campinas: Coppola, 1999.

HORVATH, Estevão. *Contribuições de Intervenção no Domínio Econômico*. São Paulo: Dialética, 2009.

———. *O Princípio do Não-confisco no Direito Tributário*. São Paulo: Dialética, 2002.

HOSPERS, John. *Introdución al Análisis Filosófico*. Buenos Aires: Abeledo Perrot, 1966. t. 1.

JARACH, Dino. *Curso Superior de Derecho Tributario*. Buenos Aires: Liceo Profesional Cima, 1969.

———. *Estrutura e elementos da relação jurídico-tributária*. Tradução de Geraldo Ataliba. *Revista de Direito Público*. v. 16, pp. 337 A 345.

———. *El Hecho Imponible*. 2ª ed. Buenos Aires: Abeledo Perrot. 1971.

JÈZE, Gaston. *Natureza e Regime Jurídico do Crédito Fiscal*. Tradução de Carlos da Rocha Guimarães. *Revista de Direito Administrativo*. v. 3. 1946.

JUSTEN FILHO, Marçal. *O imposto sobre serviços na Constituição*. São Paulo: Revista dos Tribunais, 1985.

KELSEN, Hans. *Teoría General del Estado*. Tradução de Legaz Lacambra. México: Ed. Nacional.

———. T*eoria Pura do Direito*. Tradução de João Baptista Machado. 3ª ed. Coimbra : Arménio Amado, 1974.

LAPATZA, José Juan Ferreiro. *Curso de Derecho Financiero Español*. 12ª ed. Madrid Marcial Pons, 1990.

———. *Direito Tributário: teoria geral do tributo*. Tradução de Roberto Barbosa Alves, Barueri: Marcial Pons – Manole, 2007.

LAUDELINO FREIRE. *Grande e Novíssimo Dicionário da Língua Portuguesa*. 3ª ed., vol. IV, Rio de Janeiro: José Olympio Editora, 1957.

LEAL, Antônio Luís da Câmara. *Da Prescrição e da Decadência*. 2ª ed. Rio de Janeiro: Forense, 1969.

LIMA, Ruy Cirne. *Princípios de Direito Administrativo*. 7ª ed. São Paulo: Malheiros Editores, 2007.

LINS, Robson Maia. *A Mora no Direito Tributário*. 2008. Tese (Doutorado) – Programa de Pós-Graduação em Direito, Universidade Católica de São Paulo. 2010.

LORENZ, Guimarães Rosa a Günter. Congresso de Escritores Latino-Americanos. Gênova, 1965.

MACHADO, Hugo de Brito. *Curso de direito tributário*. 21. ed. São Paulo: Malheiros Editores, 2001.

————. *Os Princípios jurídicos da tributação na constituição de 1.988*. São Paulo: Editora Revista dos Tribunais, 1989.

MALERBI, Diva. *Elisão tributária*. São Paulo: Revista dos Tribunais.

MARÇAL, Justen Filho. *Curso de direito administrativo*. São Paulo: Editora Saraiva 2005.

MARIN, James. Direito Processual Tributário Brasileiro (Administrativo e Judicial). 4ª ed. São Paulo: Dialética.

MARNOCO E SOUZA. *Constituição Política da República Portuguesa*. Coimbra: F. França Amado, 1913.

MARTINS, Ives Gandra da Silva. *Sistema tributário na constituição de 1988*. São Paulo: Saraiva, 1989.

————. *Questões Atuais de direito tributário*. Belo Horizonte: Del Rey, 1999.

MEIRELLES, Hely Lopes. *Direito administrativo brasileiro*, 21ª ed. São Paulo: Malheiros Editores, 1996.

MELLO, Celso de. *Mandado de injunção n. 715-DF*. *Revista Trimestral de Jurisprudência n. 187*, pp. 933-934.

MELO José Eduardo Soares de. *Aspectos Teóricos e Práticos do ISS*. São Paulo: Dialética, 2000.

———. *ICMS, Teoria e Prática*. 8ª ed. São Paulo: Dialética, 2005.

MENDES, Gilmar Ferreira. *A proporcionalidade na jurisprudência do Supremo Tribunal Federal*. In: *Repertório IOB de Jurisprudência: Tributário, Constitucional e Administrativo*, n. 23, 1994.

MICHELLI, Gian Antonio. *VI Curso de Especialização em Direito Tributário*. São Paulo: PUC, 1976.

MORANDO, Thais Helena. *A natureza jurídica da obrigação acessória e os princípios constitucionais informadores*. Tese (Doutorado) – Programa de Pós-Graduação em Direito da Pontifícia Universidade Católica de São Paulo, 2010.

NAZAR CARRAZZA, Elizabeth. *O ISS na Constituição*. Dissertação (Mestrado) – Programa de Pós Graduação em Direito da Pontifícia Universidade Católica de São Paulo, 1976.

NAWIASKY, Hans. *Questiones Fundamentales de Derecho Tributario*. Tradução de Juan Ramallo Massanet. Madrid: Instituto de Estudios Fiscales, 1982.

NERY JR., Nelson. *Código de Processo Civil Comentado e Legislação Extravagante*. 7ª ed., São Paulo: Revista dos Tribunais, 2003.

NEVES, Marcelo. *Teoria da inconstitucionalidade das leis*. São Paulo: Saraiva, 1988.

NOGUEIRA, Ruy Barbosa. *Da interpretação e da aplicação das leis tributárias*. São Paulo: Revista dos Tribunais. 1965.

———. *Curso de Direito Tributário*. 15ª ed. São Paulo: Saraiva, 1999.

ORTEGA, Rafael Calvo. *Curso de Derecho Financiero: Derecho Tributário*. Parte General. 2ª ed. Madrid: Civitas, 1998. v. 1.

PACHECO, Angela Maria da Motta. *Sanções Tributárias e Sanções Penais Tributárias*. São Paulo: Max Limonad, 1997.

PARRAVICINI. *Scienza delle Finanze*. Milão: Giuffrè, 1970.

PASCAL, Blaise. *Pensamentos Sobre a Política*. Tradução de Paulo Neves. São Paulo: Martins Fontes, 1994.

PEIXOTO, Marcelo Magalhães; LACOMBE, Rodrigo Santos Masset (Coords.). *Comentários ao Código Tributário Nacional*. São Paulo: MP Editora, 2005.

PINTO, Maria da Glória Ferreira. *Considerações sobre a Reclamação Prévia ao Recurso Contencioso. Cadernos de Ciência e Técnica Fiscal*, Lisboa, 1983.

POBLET, Abella. Manual del Impuesto sobre la Renta de las Personas Físicas. Madrid, 1980.

PONTES DE MIRANDA, Francisco Cavalcante. *Comentários à Constituição de 1967 (com a Emenda n. 1 de 1969)*, 2ª ed, 2ª tir. São Paulo: Revista dos Tribunais, 1973, tomos I e II.

————. *Comentários ao Código de Processo Civil*. 3ª ed. Rio de Janeiro, Forense. 2001, vol. IV.

————. *Tratado de direito privado*. Rio de Janeiro: Editora Borsoi, 1954. t.1.

————. *Tratado de direito privado*. Rio de Janeiro: Editora Borsoi, 1958. t. 22.

————. *Tratado de direito privado*. 2ª ed. Rio de Janeiro: Editora Borsoi, 1964. t. 47.

QUEIRÓ, Afonso Rodrigues. Reflexões sobre a Teoria do Desvio de Poder em Direito Administrativo. Coimbra: Coimbra Ed., 1940.

RÁO, Vicente. *O Direito e a Vida dos Direitos*. São Paulo: Max Limonad, 1952. v. 1.

REALE, Miguel. *Lições Preliminares de Direito*. 2ª ed. São Paulo: Saraiva, 1978.

RENCK, Renato Romeu. *Imposto de Renda da Pessoa Jurídica: critérios constitucionais de apuração da base de cálculo*. Porto Alegre: Livraria do Advogado Editora, 2001.

ROCH, Maria Teresa Soler. *La Tributatión de Actividades Ilicitas. Revista de Direito Financiero*, n. 85, 1995.

RODRIGUES, Fredy de Souza. In: *Ficção completa*. I. Rio de Janeiro: Editora Nova Aguillar, 2009. v. l.

ROSS, Alf. *Sobre el Derecho y la Justicia*. Eudeba, 1963.

SAAVEDRA, Miguel de Cervantes. *Don Quixote de la Mancha*. Tradução dos Viscondes de Castilho e de Azevedo. São Paulo: Editora Edigraf. 1957, t. 1.

SAKAKEHARA, Zuudi. *Código Tributário Nacional Comentado*. São Paulo: Revista dos Tribunais, 1999, pp. 553 a 614.

SANCHES, José Luís Saldanha. *Princípios do Contencioso Tributário*. Lisboa: Editorial Fragmentos, 1987.

SANTOS, Moacyr Amaral. *Prova Judiciária no Cível e Comercial*. São Paulo: Max Limonad Editor, 1953, vol. II.

SCAFF, Fernando Facury. *Duração Razoável do Processo Administrativo Fiscal Federal*. In: ROCHA, Valdir de Oliveira, coord. *Grandes Questões Atuais do Direito Tributário*, vol. 12. São Paulo: Dialética, 2008, pp. 116 a 130.

SERRANO, C. Lozano. *Cuestiones Tributarias Prácticas, La Ley*. 2. ed. Madrid, 1990.

SCHOUERI, Luís Eduardo, *Discriminação de competências e competência residual*. In: SCHOUERI, Luis Eduardo, coord. ZILVETI, Fernando Aurélio, coord. *Direito tributário: Estudos em homenagem a Brandão Machado*, São Paulo: Dialética, 1998, pp. 82 a 115.

SOUSA, Domingos Pereira de. *As Garantias dos Contribuintes*. Lisboa: Universidade Lusíada, 1991.

SOUSA, Rubens Gomes de. O Fato Gerador do Imposto de Renda. *Revista de Direito Administrativo*. v. 12, 1948.

———. *Pareceres-3: imposto de renda*. São Paulo: Ed. Resenha Tributária, 1976.

———. *Comentários ao Código Tributário* Nacional: parte geral, Rubens Gomes de Sousa, Geraldo Ataliba, Paulo de Barros Carvalho. São Paulo: Revista dos Tribunais, Educ., 1975.

TARUFFO, Michele. *Simplemente la Verdad – El juez y la construcción de los hechos*, Tradução de Daniela Accatino Scagliotti, Madrid : Marcial Pons, 2010.

TESAURO, Francesco. *Istituzioni di Diritto Tributario*. 7ª ed. Torino: *UTET*, 2000. Vol. 1.

TIPKE, Klaus. *Princípio da igualdade e ideia de sistema no direito tributário*: in *Direito tributário: estudos em homenagem ao Prof. Ruy Barbosa Nogueira*. São Paulo: Saraiva, 1994.

TIPKE, Klaus; LANG. Joaquim. *Direito Tributário*. 18ª ed. Tradução de Luiz Dória Furquim, Porto Alegre: Sergio Antonio Fabris Editor, 2008. v. 1.

THEODORO JR., Humberto. *Curso de Direito Processual Civil*. 32ª ed. Rio de Janeiro: Forense, 2000, Vol. I.

TORRES, Heleno Taveira. "*Conflitos de fontes e de normas no Direito Tributário – O princípio de segurança jurídica na formação da obrigação tributária*". In: *Teoria Geral da Obrigação Tributária (estudos em homenagem ao Professor José Souto Maior Borges)*, coord. Heleno Taveira Torres. São Paulo: Malheiros Editores, 2005, pp. 111 a 160.

__________. *Direito Tributário e Direito Privado: Autonomia Privada, Simulação e Elusão Tributária*. São Paulo: Editora Revista dos Tribunais, 2003.

TORRES, Ricardo Lobo. *Curso de Direito Financeiro e Tributário*. Rio de Janeiro: Renovar, 2000.

TRABUCCHI, Alberto. *Instituciones del Derecho Civil*. *Revista de Derecho Privado*. Madrid, 1967, v. 1.

VALENTE, Manuel Monteiro Guedes. *Conhecimentos Fortuitos – a busca de um equilíbrio apuleiano*. Coimbra: Almedina, 2006.

VARELA, Antunes. *Das obrigações em geral*. 10ª ed. Coimbra: Almedina, 2000.

VEZIO Crisafulli. *Lezioni di Diritto Costituzionale*. 2ª ed. Padova: Cedam, 1970.

VILANOVA, Lourival. As Estruturas Lógicas e o Sistema do Direito Positivo. 3ª ed. São Paulo: Noeses, 2005.

————. *Sobre o Conceito do Direito*. Recife: Imprensa Oficial, 1947.

VILLEGAS, Hector. IV Curso de especialização em direito tributário da Faculdade de Direito da Universidade Católica de São Paulo. *Revista de Direito Público* n. 30. 1974, pp. 271 a 294.

————. *Curso de Finanzas, Derecho Financiero y Tributário*. 8ª ed. Buenos Aires: Ástrea, 2002.

VILLEY. *Archives de Philosophie du Droit*. 1959, p. 178.

XAVIER, Alberto. *Conceito e Natureza do Acto Tributário*. Coimbra: Livraria Almedina, 1972.

————. *Do Lançamento* – teoria geral do ato, do procedimento e do processo tributário. 2ª ed. Rio de Janeiro: Forense, 1997.

————. *Tipicidade da Tributação, Simulação e Norma Antielisiva*. São Paulo: Dialética, 2001.

XAVIER DE ALBUQUERQUE, Francisco Manoel. *ISS e "Planos de Saúde" – Inconstitucionalidades do Item 6 da Nova Lista de Serviços*, parecer datado junho de 1992 (inédito).

IMPRESSÃO E ACABAMENTO

Bartira Gráfica e Editora S/A